U0450050

本书出版得到湖北大学马克思主义理论——
湖北省一级重点学科出版资金的资助

湖北大学马克思主义理论研究丛书

个人尊严与社会和谐良性互动研究

刘睿 著

中国社会科学出版社

图书在版编目（CIP）数据

个人尊严与社会和谐良性互动研究/刘睿著.—北京：
中国社会科学出版社，2019.7
ISBN 978-7-5203-4715-0

Ⅰ.①个… Ⅱ.①刘… Ⅲ.①尊严—研究 Ⅳ.①B82

中国版本图书馆 CIP 数据核字（2019）第 144811 号

出版人	赵剑英
责任编辑	孔继萍
责任校对	赵雪姣
责任印制	郝美娜

出　　版	中国社会科学出版社
社　　址	北京鼓楼西大街甲 158 号
邮　　编	100720
网　　址	http://www.csspw.cn
发 行 部	010-84083685
门 市 部	010-84029450
经　　销	新华书店及其他书店
印　　刷	北京君升印刷有限公司
装　　订	廊坊市广阳区广增装订厂
版　　次	2019 年 7 月第 1 版
印　　次	2019 年 7 月第 1 次印刷
开　　本	710×1000　1/16
印　　张	19.75
插　　页	2
字　　数	294 千字
定　　价	108.00 元

凡购买中国社会科学出版社图书，如有质量问题请与本社营销中心联系调换
电话：010-84083683
版权所有　侵权必究

目 录

导 论 …………………………………………………………… (1)
 一 学界关于社会和谐建构路径的探讨 ……………………… (2)
 二 关于"人的尊严"问题的理论研究的兴起
  及其所存在的问题 ………………………………………… (13)
 三 本书的研究任务、篇章结构安排和创新性 ……………… (14)

第一章 基本概念的界定与分析 ……………………………… (16)
第一节 何谓人的尊严 …………………………………………… (16)
 一 人的尊严的基本内涵 ……………………………………… (17)
 二 尊严、尊重的类别、尊严观及其基本范式 ……………… (39)
第二节 何谓有尊严的生活 ……………………………………… (45)
 一 有尊严的生活与物质财富拥有量之间的关系 …………… (45)
 二 有尊严的生活与体面生活的联系与区别 ………………… (48)
 三 有尊严的生活的基本要求 ………………………………… (49)
 小 结 …………………………………………………………… (54)
第三节 何谓社会和谐 …………………………………………… (55)
 一 "社会和谐"的基本界定 ………………………………… (56)
 二 社会和谐的基本维度 ……………………………………… (61)
第四节 社会和谐的基本特征与价值取向 ……………………… (67)
 一 社会和谐的基本特征 ……………………………………… (67)
 二 社会和谐的终极价值取向 ………………………………… (82)

第二章 个人尊严对社会和谐的意义 ……………………… (84)

第一节 "人的尊严"构成社会和谐的内在目标 ………………… (84)
  一 人的发展与尊严构成社会发展的目的 ……………… (84)
  二 "以人为本"内涵"以人的尊严"为本 ……………… (86)
  三 "人的尊严"构成社会和谐三大基本维度的基本价值取向 …… (88)

第二节 当今中国个人对尊严需求的普遍性、必然性 ………… (90)
  一 人对尊严的普遍需求论证 …………………………… (90)
  二 当今中国民众对尊严需求的必然性论证 …………… (92)
  三 个人尊严诉求对社会和谐的双重影响 ……………… (94)

第三节 个人的尊严诉求及其实现对社会和谐的推动作用 …… (95)
  一 个人尊严诉求对社会和谐的促动作用 ……………… (95)
  二 个人尊严的正当维护对社会和谐的促进作用 ……… (99)

第四节 个人尊严诉求及其失败对社会和谐的破坏性作用 …… (109)
  一 个人尊严诉求与社会冲突之间联系的理论分析 …… (109)
  二 人的尊严诉求及其失败与社会冲突的密切
    联系的案例分析 ……………………………………… (116)
  小　结 ……………………………………………………… (122)

第三章 社会和谐对个人尊严的重要作用 ………………… (124)

第一节 社会和谐对个人尊严实现的奠基作用 ………………… (126)
  一 社会安定有序对个人尊严的奠基作用 ……………… (126)
  二 人与自然的和谐对个人尊严的奠基作用 …………… (129)

第二节 社会和谐对个人尊严的保障作用 ……………………… (133)
  一 社会民主法治对个人尊严的保障作用 ……………… (133)
  二 社会公平正义对个人尊严的保障作用 ……………… (139)

第三节 社会和谐对个人尊严的促进作用 ……………………… (148)
  一 社会诚信友爱对个人尊严的促进作用 ……………… (148)
  二 社会充满活力对个人尊严的促进作用 ……………… (155)
  小　结 ……………………………………………………… (158)

第四章　以人的尊严为立足点社会和谐的构建路径 (160)

第一节　加强合理尊严观建设以夯实社会和谐的思想基础 (160)
一　合理尊严观的培育是夯实社会和谐的思想基础 (161)
二　中国流行的几种错误尊严观 (163)
三　以和谐为取向的尊严观建设路径 (168)

第二节　以人的尊严的正当维护为重要途径来推进社会和谐 (178)
一　确立人的尊严的界限以促进人与自然的和谐 (178)
二　以相互尊重为立足点来维护人际和谐 (185)
三　以"自尊"为立足点来保障个人内心和谐与人际和谐 (190)

小　结 (195)

第五章　以社会和谐构建为基础的个人尊严实现路径 (196)

第一节　增强社会活力以奠定保障个人尊严的平台基础 (196)
一　发展生产力、改善民生以构建保障普通民众尊严的物质性平台 (197)
二　增强社会流动性以构建提升普通民众尊严的机会平台 (202)

第二节　加强公平正义与民主法治制度建设以奠定个人尊严的政治基础 (204)
一　进一步推动收入分配制度的公平与正义 (205)
二　进一步推动教育公平的制度改革 (207)
三　进一步完善就业和用人选拔中的公平竞争机制 (210)
四　凸显人的尊严在法治建设中的地位 (215)

第三节　加强诚信友爱建设以奠定保障个人尊严的伦理基础 (219)
一　以个人尊严为目的加强诚信建设的基本路径 (219)
二　以个人尊严为目的加强友爱规范建设与美德培育的基本路径 (223)

第四节　维持社会的安定有序以奠定保障个人尊严的秩序基础 (225)
一　我国当前可能影响社会安定的主要问题 (225)
二　以个人的尊严为目的构建安定有序社会的基本思路 (232)

小　结 (234)

附录 社会若干阶层尊严现状调研 …………………… (237)
 导 言 ……………………………………………………… (237)
  一 调研背景及意义 ……………………………………… (237)
  二 调研的主要内容 ……………………………………… (238)
 第一节 社会若干阶层的尊严观现状 ……………………… (239)
  一 社会若干阶层对人的尊严内涵的认识 ……………… (240)
  二 社会若干阶层对如何捍卫人的尊严的认识 ………… (251)
 第二节 社会若干阶层尊严感现状 ………………………… (261)
  一 社会若干阶层的尊严意识 …………………………… (261)
  二 社会若干阶层的尊严感 ……………………………… (263)
 第三节 社会若干阶层所面临的尊严危机及其化解途径 … (276)
  一 社会若干阶层所面临的尊严危机 …………………… (276)
  二 尊严危机给社会若干阶层带来的影响 ……………… (282)
  三 社会若干阶层化解自我尊严危机的措施 …………… (283)
 第四节 调研结论及启示 …………………………………… (286)
  一 调研结论 ……………………………………………… (286)
  二 调研启示 ……………………………………………… (289)

参考文献 ……………………………………………………… (293)

后 记 ………………………………………………………… (310)

导　　论

建设社会主义和谐社会是我们党、政府和全国各族人民共同的奋斗理念。随着我国向决胜全面建成小康社会和基本实现现代化迈进，广大民众的物质文化生活条件逐步得到明显的改善，然而不可否认的是，社会矛盾与冲突也一直存在，同时也有不少人内心失去宁静与和谐。当前究竟是什么原因引发各种社会冲突和个人内心的冲突？学界从不同的视角给出了不同的答案。当代美国人本主义心理学家马斯洛在其需求层次理论指出，随着人们的生存、安全、情感归属需求的满足，个体对"尊重"和"自我实现"的需求将日趋强烈，后两者属于人的尊严诉求的范畴。尊严诉求作为人的一种高级精神需求，具有主体差异性、内源性、敏感性和促动性。当个人认为自己的尊严诉求得到很好满足时，将可能体验到强烈的自豪感、幸福感，并进而产生对社会和他人的感恩和回报意识，从而促进社会走向良性运转与和谐；当个人尊严诉求失败时，个人可能体验到强烈的沮丧感和屈辱感，并进而采取极端行为来挽救自身的尊严，从而引发各种社会冲突。因而课题组认为，个人的尊严诉求及其满足状况对社会和谐有着重要影响。本书一个重要观点是：中国当下由于种种原因，部分民众的尊严没有得到有效的捍卫与促进，导致其尊严感不高，从而诱发了诸多社会冲突。现实中人们对财富、权力等资源的争夺，对平等、自由、合法权利的重视与捍卫等诸多社会现象都可以从人的尊严诉求的角度得到说明。正是由于深刻意识到这一状况，2010年时任国家总理温家宝将"让人们过上有尊严的生活"作为政府执政理念而提出；党的十八大以来以习近平同志为核心的党中央所提出的社会主义核心价值观乃至一系列治国理政方略也包含了"全体民众都能过上更有尊严的生活"这一基本目标，"尊严"构成个人视域中美好生活的必备要素。

根据马克思主义唯物史观，个人发展与社会发展存在辩证统一的关系，个人尊严与社会和谐之间也存在密切的互动关系：个人发展构成社会发展的基本途径，个人尊严的保障与促进将极大促进社会和谐的实现；社会发展是个人发展的前提与基础，社会和谐将为个人尊严的保障与促进提供必要的外界条件，包括物质基础、制度保障、伦理秩序等。"社会和谐"与"人的尊严"自21世纪以来一直是我国学界关注的两大热点问题。但一方面，目前学界虽然关于如何构建和谐社会的研究成果如汗牛充栋，但对个人尊严与社会和谐之间互动关系的关注却不够充分，很少有人从个人尊严的视角来深入探讨社会和谐的构建路径；另一方面，虽然学界对人的尊严问题的理论研究兴趣与成果都随着政府将之作为执政理念的提出而日益增长，但也很少有人从社会和谐的视角来深入探讨人的尊严的实现路径。本书将以学界关于和谐社会构建路径的探讨，学界对尊严问题研究的兴起及其中所存在的问题为切入点，着力探讨个人尊严与社会和谐之间的互动关系，以及二者相互促进、相辅相成的具体路径，以期为同步推进社会和谐与个人尊严的实现提供新的理论视角。

一 学界关于社会和谐建构路径的探讨

如何推进社会良性建设一直是国内外学界探讨的一个重要问题[①]。在

[①] 国际学界关于如何处理国家和社会的关系，提出了"社会团结""社会整合"等思路。"社会团结论"认为利益和价值的分化造成社会失范和社会冲突，强调通过消除贫困、扩大就业和增进社会和睦等途径来缓和社会关系，国家和政府继续承担处理国家与社会关系的主要责任，同时积极促进新兴社会组织的培育，用业缘关系网络来替代传统的血缘关系和地缘关系网络等途径来维持社会团结。"社会整合论"认为不能仅仅依赖市场竞争的单一机制来构建和谐社会，而是要通过大力发展各种社团和中介组织来建立社会自身的调节机制，以协调政府、市场、社会和个人之间的关系。关于如何协调社会成员利益关系，国际学界和政界的主要观点有"社会公正思想"和"社会福利思想"。至于如何理解和践行"社会公正"，有人主张社会公正就是赋予所有人以同等的权利；有的人主张社会公平就是满足社会成员的基本生活需求，扶助弱者；有人提出，国家制定政策和制度首先要保证的是机会公平和程序公平。"社会福利论"坚持将人的基本需求或公民权利作为核心价值，主张在经济上坚持市场经济体制的同时，通过政府和社会的再分配和第三次分配来协调社会成员的利益关系。关于如何预防现代风险，国际学界指出，当代社会风险越来越个体化、复杂化、影响易扩散，难以预测和控制，世界各国纷纷建立针对金融风险、致命传染病风险、生态环境风险、恐怖袭击、网络风险、化学和物种风险等、城市混乱风险等预防和预警系统。参见勒江好、王郅强《和谐社会建设与社会矛盾调节机制研究》，人民出版社2008年版，第71—76页。

我国，随着社会主义和谐社会理念的提出和得到国人的认可，社会各界对如何构建和谐社会进行了热烈探讨。党在十六届六中全会明确提出构建和谐社会的基本原则：（1）必须坚持以人为本；（2）必须坚持科学发展；（3）必须坚持改革开放；（4）必须坚持民主法治；（5）必须坚持正确处理改革发展稳定的关系；（6）必须坚持在党的领导下全社会共同建设。学界一般认为，构建社会主义和谐社会需要解决的问题有很多，但应该坚持以人为本和维护社会公平正义的基本价值取向，抓住主要矛盾。学者们结合中国国情，借鉴国际社会先进经验，从自己关注的不同视角出发，探讨了构建和谐社会的基本路径。主要观点有：认为应该把中央文件提出的扩大就业、完善社会保障体系、理顺分配关系、发展社会事业落到实处；认为应该把维护社会公平放在首位；认为要把解决新形势下人民内部利益矛盾放在首位；认为应协调好社会各阶层的关系；认为应该解决如收入分配差距问题、地区差距问题、三农问题、就业问题、社会保障问题、反腐败问题、共同价值观问题、舆论环境等突出问题[1]；认为社会建设中应该将深层次先进理念、中层次社会规范体系和外层次的物质手段和物质体现三方面的建设相结合[2]；认为应该将加强和发展法治、道德、文化、生态文明、教育等事业的发展作为构建和谐社会的立足点等。其中有代表性的观点体现在以下几个方面。

（一）以利益协调为基础的社会和谐建构路径探讨

贫穷的社会不可能实现和谐，社会和谐必须以一定的经济发展水平和物质财富为基础。但富裕并不是和谐社会的充分条件，社会是否和谐更取决于财富的分配是否公平和协调。国内很多学者坚持构建和谐社会要以利益协调为基础。打开中国知网，可以收集到近十几年来上百项持相关观点的研究文献。如杨清涛等在其专著《和谐之道——社会转型期人民内部利益矛盾解析》中坚持并专节论述"正确处理人民内部利益矛盾是构建和谐社会的关键"[3]；吴家庆等在《论和谐社会构建中的利益协

---

[1] 参见贾建芳《构建社会主义和谐社会的重点难点问题解析》，《马克思主义研究》2006年第3期。
[2] 郑杭生：《关于和谐社会建设的几个问题》，《江苏社会科学》2005年第5期。
[3] 杨清涛等：《和谐之道——社会转型期人民内部利益矛盾解析》，人民出版社2009年版，第236页。

调》一文中提出"和谐社会最基本要义是利益均衡"①;何影在《利益共享:和谐社会的必然要求》一文中提出"构建和谐社会,解决社会矛盾、缓解社会冲突的根本方法就是要让社会成员共享社会共同利益,即利益共享"②;刘文芳在《统筹协调利益关系在和谐社会建设中的作用》一文中指出"统筹协调各方面的利益关系是和谐社会建设的关键所在"③;郑杭生在《关于和谐社会建设的几个问题》中提出"协调社会利益关系——加强社会建设的基本内容"④。

这些学者从不同角度论证了必须以利益协调作为构建和谐社会基础的原因。他们给出的理论依据往往包括:(1)以利益协调为基础构建和谐社会的观点与马克思关于利益与社会冲突性的基本观点一致。马克思曾指出,人们奋斗所争取的一切,都同他们的利益有关;物质利益关系是最基本的社会关系;利益矛盾是阶级斗争的根源和阶级社会发展的动力等⑤,因而构建和谐社会必须以承认、科学认识和化解利益矛盾为逻辑前提和根本路径。(2)利益协调是和谐社会的应有之义。社会和谐本意就是指社会关系中的各种要素处于相互依存、相互协调、相互促进的状态。利益是一切社会现象的根源和各种社会关系的基本纽带。当人们之间的利益处于相互依存、相互促进和相互均衡状态时,社会处于一种比较和谐的状态;当人们之间利益相冲突,特别是某一群体利益受到严重损害时,社会就很容易处于动荡状态之中。因而社会关系的协调在根本上就是利益的协调。(3)利益协调是构建和谐社会的必要手段和强大动力。随着单一的公有制和计划经济体制被打破,我国社会利益主体及其需要都呈现多元化的特征,不同利益主体之间,局部利益和整体利益之间,眼前利益和长远利益之间等利益差异和矛盾也日益显现。利益协调是解决利益矛盾,使利益各方形成相对满意感,从而自觉遵守法律制度

---

① 吴家庆、吴敏:《论和谐社会构建中的利益协调》,《湖南师范大学社会科学学报》2006年第7期。
② 何影:《利益共享:和谐社会的必然要求》,《求实》2010年第5期。
③ 刘文芳:《统筹协调利益关系在和谐社会建设中的作用》,《山西政报》2009年第12期。
④ 郑杭生:《关于和谐社会建设的几个问题》,《江苏社会科学》2005年第5期。
⑤ 杨清涛等:《和谐之道——社会转型期人民内部利益矛盾解析》,人民出版社2009年版,第8—14页。

和调动其积极性的最主要途径。

学界对如何协调利益关系来促进和谐社会的建设做出大量思考，比较有代表性的理论成果有以下几个方面。

杨清涛在其专著《和谐之道——社会转型期人民内部利益矛盾解析》提出，正确处理人民内部的利益矛盾是构建和谐社会的关键。他专章探讨了如何正确处理人民内部利益矛盾，系统阐明正确处理人民内部矛盾的指导思想、实现目标、基本方针、原则、主要途径、方法、工作机制等。关于指导思想，强调了邓小平理论和"三个代表"重要思想、科学发展观。关于实现目标，阐明首要目标是建立有效的利益矛盾调控机制，确保社会稳定；核心目标是形成相对均衡的利益格局，促进社会和谐；根本目标是形成稳定合理的现代社会主体结构，实现社会进步。关于基本方针，提出坚持服从和服务于改革、发展、稳定大局的基本方针；坚持全体人民利益共享原则；坚持以公有制为主体；坚持统筹兼顾、利益协调；坚持效率优先与注重公平相统一。关于主要途径和方法，提出全面落实科学发展观、大力推进经济社会发展，是正确处理人民内部利益矛盾的重要途径；深化体制改革是正确处理人民内部利益矛盾的根本出路；加强执政党建设是正确处理人民内部利益矛盾的重要保证；加强精神文明建设是正确处理人民内部利益矛盾的基本手段；构建合理的利益协调机制是正确处理人民内部利益矛盾的有效方法。关于工作机制，强调了以"提低""扩中""调高""打非"为思路的利益分配机制、完善的利益补偿和利益保障机制、通畅的利益表达机制、灵敏的利益矛盾预紧机制、有效的利益矛盾化解和处置机制。①

李路路在《和谐社会：利益矛盾与冲突的协调》一文中提出了一种自下而上的、组织化的、通过谈判和契约方式，并由国家作为最后协调者的利益冲突协调机制和体制。包括三个具体步骤，即：主体转换；契约、理性与规范；组织化。所谓"主体转换"是将利益冲突及其协调的主体逐步由国家转向具有相对独立性社会组织和社会群体，国家逐渐不再成为社会资源的主要占有者和分配者，社会资源主要通过市场机制在

---

① 杨清涛等：《和谐之道——社会转型期人民内部利益矛盾解析》，人民出版社2009年版，第236—293页。

个人和社会组织、群体中进行分配，个人、社会组织和群体逐渐成为具有相对独立地位和利益的主体。国家将不再是利益冲突的主体，而是成为整个社会利益的代表者，当社会的各利益主体之间无法协调其利益冲突且这种冲突将可能危及整个社会的秩序时，国家将作为最终利益冲突中的协调者、社会管理者和规则维护者而出现。所谓"契约、理性与规范"，主张市场经济体制下利益冲突的协调不以单向的、一方的命令或权威为基础，而是通过谈判、达成契约的机制来实现协调与整合，要求冲突各方具有足够的理性，能够为了长期和多次的交易，承认对方的权利和利益，能认可和遵守具有普遍性的交易规范，能够将法律作为行为的基本准则和利益冲突协调的最终"仲裁者"。所谓利益协调中的"组织化"，就是将分散的资源与利益诉求整合起来，通过组织化的形式予以表达，从而形成超出个人之上的权力，保障各方利益的实现。组织具有更高的理性化程度，组织存在的共同利益对其成员也具有更高的约束力，组织化可以克服单独孤立个人利益诉求的主观性、差异性、分散性、情感性，能使得利益以更理性的形式表达出来，两个高度组织化的利益冲突主体能够更有效地通过谈判的过程达成合意，以实现利益的协调与整合。①

吴家庆、吴敏在《论和谐社会构建中的利益协调》一文中提出协调利益关系的思路：第一，要把握和谐社会利益协调的理性、法治和制度性特征，既要发挥政府以法律和政策作为手段在区域之间、城乡之间、行业之间和阶层之间协调的主导作用，又要发挥个人、社会各阶层和组织相互之间协商解决利益矛盾的作用。第二，要切实找准和谐社会构建中利益协调的主要矛盾。现阶段我国人民利益矛盾主要体现在：中央和地方、区域之间、城乡之间、行业之间和群体之间的利益矛盾，其中带有根本性的矛盾是中央和地方的矛盾。第三，要始终遵循和谐社会构建中利益协调以人为本的根本原则。第四，要通过解放和发展生产力，坚持科学发展为利益协调筑牢坚实基础。第五，要精心设计涵盖公共利益实现、分配、整合、诉求和补偿五个方面的利益协调机制。②

---

① 李路路：《和谐社会：利益矛盾与冲突的协调》，《探索与争鸣》2005 年第 5 期。
② 吴家庆、吴敏：《论和谐社会构建中的利益协调》，《湖南师范大学社会科学学报》2006 第 7 期。

郑杭生在《关于和谐社会建设的几个问题》一文中提出协调利益关系的基本思路：首先，在思想上真正树立双赢互利的深层次理念和公平正义的思想导向。其次，建设各种正确反映和兼顾不同方面群众利益的长效机制，包括表达和反应机制、协调和兼顾机制、共享和保障机制、共识和责任机制等。最后，要加强对社会利益关系变化的研究。①

(二) 以法治建设为基础的社会和谐构建路径探讨

民主法治是和谐社会的基本特征之一，也是现代社会政治体制的基石。健全的民主必须以法治为前提和保障，因而"法治"普遍被现代国家视为最根本的治国方略。鉴于对法治的重大作用的认识，国内有不少学者主张，法治建设是构建和谐社会的最主要路径，并从不同角度阐明了其必要性。罗豪才和宋功德在《和谐社会的公法建构》一文中指出，在现代社会中，法律因其规范性、普适性和制度性更适合调整陌生人社会的关系，和谐社会只能建立在法治的基础上，无法律则无和谐社会，构建社会主义和谐社会的核心是依法治国。② 顾华祥在《论构建社会主义和谐社会的法制建设》一文中指出，社会和谐是法治所要追求的理想目标，法治精神与法制建设是社会主义和谐社会的灵魂与根本。随着市场经济体制下社会分工和人际关系日益复杂化，社会主义和谐社会的本质不再是伦理社会，也不再是行政社会，而是法治社会。③ 构建社会主义和谐社会的基本途径是完善民主与法治。我国当前经济社会转型期的诸多不和谐因素深层次原因之一就是法制不健全。陈金钊在《和谐社会建设：法制及司法理念》一文中论述了法治建设对社会和谐的基础性作用。首先，"法治"与"和谐"精神具有一致性。一方面，和谐追求稳定的社会秩序，法律的主要特点就是稳定性，法律的稳定性可以维持社会关系的稳定性。另一方面，在一个文化多元、思想开放的时代，只有相互尊重才能实现世界的和谐，因而"和谐"反对"激进"，要求中庸，即协调最"前卫"和最"落后"，"克制、容忍、妥协"是实现和谐的必然途径。法治虽具有外在强制性，但内在却以"宽容"与"克制"为其精神特质：

---

① 郑杭生：《关于和谐社会建设的几个问题》，《江苏社会科学》2005年第5期。
② 罗豪才、宋功德：《和谐社会的公法建构》，《中国法学》2004年第6期。
③ 顾华祥：《论构建社会主义和谐社会的法制建设》，《重庆大学学报》2005年第5期。

立法本身是矛盾与利益相互协调的产物；司法虽强调依法办事，但法官的一个重要职能就是调和法制的严格与事实的复杂多样之间的紧张关系。总之，法治的本质是在法律许可以及根本利益不受损害的范围内的妥协退让。其次，法制作为协调利益关系和社会关系的最重要工具，是控制社会冲突的安全阀。某些社会冲突虽然可能增强群体内部的凝聚力，激起人们对变革的要求，但也可能导致革命或严重的对抗，法制如果运用得成功，可以预防和治理暴烈的社会冲突。①

学界对以法制建设为基础构建社会和谐的具体路径也进行了诸多探讨，课题组在此着重介绍几个比较有代表性的观点。张文显在《构建社会主义和谐社会的法律机制》中提出十方面的构想：其一，民主与共和的法律机制。其二，尊重和保障权利和人权的法律机制，特别是加强对弱势群体的权利保护。其三，激发活力和创造的法律机制。其四，公正合理协调利益的法律机制。其五，确保社会信用的法律机制。其六，维护生态平衡、天人和谐的法律机制，核心是将环境权纳入基本人权范围。其七，保证舆论引导和舆论监督的法律机制。其八，反腐倡廉、守护认同的法律机制。其九，定纷止争、化解纠纷的法律机制。其十，建构和谐社会世界的法律机制。②

顾华祥在《论构建社会主义和谐社会的法制建设》一文中，结合和谐社会的六个基本特征，提出了以下思路：其一，法制建设要保证社会主义民主法治得到进一步发展。其二，法治建设要立足于社会公平与正义。其三，法制建设要重视规范诚信与友爱。其四，法制建设必须保护创新与创造行为。其五，法制建设要积极规范人与自然和谐相处的行为。其六，法制建设要积极维护经济社会发展的安全。③

罗豪才、宋功德在《和谐社会的公法建构》一文中指出，公法是支撑和谐社会的脊梁，社会失调可直接归因于公法的失衡，表现在人与自然的关系、经济与社会之间的关系、城乡之间的关系、不同区域之间的关系、中央和地方之间的关系失调，原因是公法存在逻辑漏洞、公法规

---

① 陈金钊：《和谐社会建设：法制及司法理念》，《法学论坛》2007年第3期。
② 张文显：《构建社会主义和谐社会的法律机制》，《中国法学》2006年第1期。
③ 顾华祥：《论构建社会主义和谐社会的法制建设》，《重庆大学学报》2005年第5期。

范冲突、公法失效、结构性失衡等。社会关系的和谐关键在于理顺公法关系,重点是推动国家与社会、政府与市场关系的理性化,实现公法的平衡。目前推动社会和谐的关键是必须坚持依法行政原则,建设法治政府,打造有限政府、诚信政府、阳光政府和责任政府;解决现有公法存在的逻辑漏洞、规范冲突、实效不足、正当性欠缺等问题;通过调整立法规划,增强不同公法制度之间的匹配性和呼应性来解决公法结构失之偏颇的问题;通过强化公共权力的规范和监督,保护和拓展公民的权利来解决公共权力与公民权利配置格局的结构性失衡问题;通过构建制约与激励相容,内外协调一致的机制来使个人理性和集体理性实现统一,解决公法机制失灵的问题。①

(三) 以文化建设为重要途径的社会和谐建构路径探讨

一个社会的和谐,既需要有雄厚的物质基础、坚强的政治保障,也需要有良好的文化条件。在当代中国,文化的内涵有广义和狭义之分。广义的文化是指人类创造的一切物质成果和精神成果的总和;狭义的文化专指语言、文学、艺术及一切意识形态在内的精神产品。作为人的价值观和信仰体系的精神文化是维系民族团结和国家统一的精神纽带和思想基础,和谐文化则是和谐社会的思想根基和文化源泉。我国有13亿多人口、56个民族,随着社会主义市场经济的发展,社会阶层和利益主体不断分化,人们的利益关系、价值观念日益复杂化、多样化,社会新问题不断涌现。面对新格局、新问题,需要全国民众在思想上达成一定共识,在文化上寻求和谐,以为协调各种矛盾,进而为人与自然的和谐、人际和谐,人自身的和谐提供强大的精神动力。因而在当下中国,文化的和谐对国家发展与和谐社会建构具有特别重要的意义。党中央对社会主义文化建设的性质与构建和谐文化的根本任务曾有过明确规定:和谐文化是社会主义先进文化的重要组成部分,是先进的、民族的、科学的、大众的,面向现代化、面向世界、面向未来的文化;是以马克思主义为指导,继承中国传统文化精华,借鉴世界各国的文明成果,与社会发展的现实需要相适应,以人的全面发展为目的,重在建设的文化。和谐文化建设的根本任务是构建社会主义核心价值体系。

---

① 罗豪才、宋功德:《和谐社会的公法建构》,《中国法学》2004年第6期。

学界对社会主义和谐文化建设的意义、时代方位和具体途径等都进行了广泛探讨。关于和谐文化的意义，主要观点有：建设和谐文化有利于巩固全国人民团结奋斗的思想基础；有利于促进经济社会的协调发展；有利于化解矛盾、凝聚人心；有利于深化体制改革，实现文化自身的和谐；有利于提高个体文明修身自觉性、促进其身心健康；有利于维护世界和平、促进共同发展。① 关于和谐文化建设的时代方位和具体途径，学界主要观点有：国际文化国力竞争的日趋激烈与复杂是和谐文化建设的时代方位②；建设和谐文化必须坚持以人为本为核心；必须坚持马克思主义的指导思想地位；必须把公民道德建设作为构建和谐文化的中心环节，大力倡导社会主义荣辱观；要着眼于增强公民的社会责任意识、人际和谐，促进人的心理健康，促进人与自然的和谐；要营造良好思想舆论氛围；要不断丰富社会文化生活；必须坚持先进文化的前进方向；必须坚持普遍均等原则；协调好精神生产和精神消费两个环节；处理好文化继承与文化创新的关系，文化冲突与文化交融的关系、主导文化和多元文化的关系、文化事业和文化产业的关系；着力提高全民族的思想道德和科学文化素质，形成良好的人际关系，促进人的心理和谐，实现文化自身的和谐，增强我国的文化软实力；依托科学发展观和构建社会主义和谐社会两大战略等。③ 国内还有一些学者从某个侧面深入探讨了和谐文化建设的具体途径，比如研究如何批判继承传统文化中的精髓，特别是儒家文化、道家文化等；如何构建民族精神、发展民族文化等来推进我国当代和谐社会与和谐文化的建设；还有一些学者专门探讨如何通过公民或个人道德建设来推进和谐社会的建设，如何吸收西方民主法治、公平正义等现代思潮来推进我国当代和谐社会与和谐文化建设等。

除了以上介绍的三种构建和谐社会路径之外，学界还从其他很多方面探讨了构建和谐社会的具体路径。比如，一些学者坚持公正是社会主义和谐社会的核心价值取向，主张以公平促和谐，其具体思路则有人强调收入分配公平，有人强调教育公平，有人强调程序公平，还有人强调

---

① 任云丽：《近年来和谐文化建设研究综述》，《思想理论教育导刊》2007 年第 2 期。
② 沈壮海：《社会主义和谐文化建设的若干思考》，《马克思主义研究》2007 年第 8 期。
③ 胡椿、董悦：《社会主义和谐文化研究综述》，《大理学院学报》2009 年第 3 期。

机会公平。有的学者提出应该吸收科塞观点，通过建立安全阀来解决社会冲突和促进社会和谐，即在不破坏群体关系情况下，允许针对原初对象的敌意或冲突行为通过在社会所认可的手段或限度内表现出来。有的学者提出应该吸收哈贝马斯的观点，通过沟通理性来促使社会整合。还有一些学者主张通过生态文明建设、政治体制改革、教育发展、劳资关系改善、新农村建设、新闻网络管理多元路径等不同方面来建设和谐社会。

（四）学界关于社会和谐建构路径探讨的评析

学界所提出的构建和谐社会的已有观点大都具有某种程度的合理性、针对性和启发性，但也具有一定的局限性。其中，主张以利益的满足与协调为基本路径来推进社会和谐的学者在常识中得到较多人的支持这一观点深受理性经济人理论前设的影响，即认为每个心智正常的人都在谋求自己利益的最大化，对利益，特别是物质财富的占有欲是个人行为最根本的内驱力，因而社会中绝大多数的冲突可以追溯到物质利益的冲突，而解决社会冲突的思路也应该以物质利益的满足与协调为切入点和立足点。以利益协调为基础促进和谐社会建设这一观点在某种程度说抓住了当前大量社会矛盾的主要显现形式，即绝大多数社会冲突以利益诉求与冲突为导火索和基线，但这一观点难以经得起推敲。首先，理性经济人的观点在本质上是对人性的理论假设，它建立在人是完全的理性存在者这一基本判断之上，而事实上人总是有限的理性存在者，永远也不可能成为完全的理性存在者，人事实上在很多时候都是非理性的，并不一定总是按利益最大化原则行事。生活中的大量经验也告诉我们，人经常被某些非理性情绪、情感、本能、欲望所支配，并不一定总是能够按利益最大化的原则行事。最为典型的事例就是很多受辱后冲动杀人者就完全被极度愤怒的情绪所支配，将杀人必将受到严厉惩罚的后果抛到九霄云外，也即将自己的长远利益和根本利益置于脑后。还有很多陷入对某一事物狂热钟情之中的人，比如网络沉迷者、嗜赌者和嗜毒者，理智被欲望和激情湮没，对某一不良嗜好的痴迷和沉溺最终对自己的身心健康和个人发展、幸福造成摧毁性后果，其行为就完全背离了自身的最大利益。其次，虽然利益冲突经常导致人与人之间的纷争，但也并不是所有的利益对立都必然引发人的不满，比如通过正当合法途径打败对手的合法竞争行为一般都能为人平静地接受。再次，人不仅有物质需求，还有精神需求，后者包括对真、善、美的追求，对被关爱和被尊重的需求等，由于人们对精神性价值的理解往往存在重大分歧，因而极有可能因此产生冲突，物质利益的满足和协调并不能解决或防止精神追求领域中引发的纷争。最后，很多冲突也不一定都由物质利益冲突引起，比如当前很多群体性冲突都表现为无直接利益的冲突。由以上推论可知，人总是按利益最大化原则行事这一观点得不到证明，以利益协调为基本思路的和谐社会建构路径具有明显的局限性。

主张以法治建设为立足点来构建和谐社会的学者，看到了法治与市场经济体制的共生性，法治对社会秩序维护的基础性作用等，但很少有人从法治对个人的权利尊严、人格尊严的保障作用，对道德尊严的促进作用等角度来论述构建和谐社会的具体途径。主张以文化、道德建设来促进社会和谐的学者显然看到了现代社会中非物质利益冲突的因素，也看到了文化与道德对个体及相互之间关系的巨大影响。其中一些学者，特别是具有哲学理论基础的西方学者，立论很深，论证逻辑性也较强，所提出的观点和措施具有较强的理论与实践意义，但他们对物质利益的满足、协调与个人合法权益的保障对社会和谐的意义又过于忽视，走向了另一个极端，且不少学者观点显得悲观，即认为社会冲突无法协调，社会和谐永远不可能真正实现。更重要的是，随着世界走向现代化、市场化、全球化的进程，随着独立平等的利益主体原则的确立，各种文化和价值观激烈地碰撞、交融，全世界不同程度地感染上文化和道德的情感主义、相对主义和虚无主义，如果没有一种经过合理论证并能形成交叠共识的核心价值的存在，学者们所提出的任何文化建设思路都难以发挥整体性动员作用。而主张从多元化途径来建设和谐社会的学者，由于缺乏核心的共识性理念，无法抓住主要矛盾，难以从根本上解决问题。

总体说来，在当前学界对和谐社会构建探讨的绝大多数理论成果对个人尊严与社会和谐之间的互动关系关注不够。根据马斯洛的需求层次理论，在一个人们物质、文化、安全和情感归属等需求得到较好满足的时代，危及社会和谐的一个重要原因是人们的尊严意识和尊严诉求日渐强烈却得不到恰当的满足和有效的捍卫，因而和谐社会建设应当增强对个人尊严的关注维度。理论界目前一些论及司法、道德、文化及社会心理对社会和谐影响的成果中，虽然偶尔有人提及人格尊严的维护及平等的重要性，也有少量文章直接论述到尊严与和谐的关系，但在有限的成果中，论证很不充分，又且普遍存在一个共同的重要问题，那就是对"尊严"这一内涵极其丰富的概念缺乏深入的分析，因而本书将以探讨何谓尊严作为研究的逻辑起点。

二 关于"人的尊严"问题的理论研究的兴起及其所存在的问题

自从文艺复兴以来，人的价值和尊严就一直是西方思想界所探讨的一个重要理论问题，比较集中和深入论述过人的尊严问题并取得卓越成就的思想家有意大利的皮科·米兰多拉和德国的康德。前者的专著《论人的尊严》经常被后人提起和引用；后者关于人的尊严的论述成为当代任何研究人的尊严问题都不能回避和跨越的思想高峰，并构成德国尊严入宪最为重要的哲学基础。经过"二战"法西斯对人的尊严公然践踏的残酷经历之后，国际社会开始普遍关注人的尊严，"人人具有不可侵犯的尊严"，"国家和社会必须无条件地捍卫人的尊严"这两个基本观点几乎成为西方发达国家的一个基本常识。理论界从不同学科背景、不同视角对人的尊严的各个方面都进行了深入研究，成果如汗牛充栋。

我国传统文化和社会常识中经常论述或使用尊严的邻近概念，比如"威严""庄重""端庄""气节""风骨""脸面""人格""尊重"等，但我国学界对尊严主题的深入探讨始于20世纪"文革"结束后的80年代，这主要是来自国人对"文革"期间公民人格尊严被肆意践踏的深刻教训的反思。随着我国政府在2010年将"让人们过上有尊严的生活"作为执政理念的提出，"尊严"这一概念近些年在媒体与学界中出现的频率日益增高。国内一些学者对尊严的内涵、范式及其捍卫方式都进行了某种程度的探讨与分析。比如，韩德强在其专著《论人的尊严——法学视角下人的尊严理论的诠释》中对"尊严"进行了解释，提出人性尊严是人权的根源，人权是人性尊严的基本形式，尊严具有等级秩序尊严观与平等尊严观两种基本范式。任丑在《人权视阈的尊严理念》一文中探讨了尊严平等论和尊严差异论，阐释了内在尊严说和权利尊严说，提出了法律尊严概念与道德尊严概念。甘绍平在《作为一项权利的人的尊严》一文中提出，尊严从本质上讲就是不受侮辱的权利。本课题组主持人在《论人的尊严》一文中着重分析了尊严的价值内涵与地位内涵及当下人们对尊严的几种误读。一些学者还对某些著名思想家或流派，比如康德、马克思、儒家、道家等的尊严观进行了研究。还有一些学者对捍卫人的尊严方式进行了研究，这方面的成果往往集中在医学、司法等具体应用领域人的尊严的捍卫和对特定的弱势群体，比如雇工、妇女、老人、残疾者等对象的尊严捍卫的研究。鉴于人的尊严是一个极其复杂的概念，课题组将在本书第一章论及何谓尊严这一主题中集中论述学界对人的尊严界定。

我国学界当前关于人的尊严问题的理论研究虽然广有建树，但目前存在四个较为突出的问题。其一，尊严是一个内涵极其丰富的概念，当前学界对这一概念的研究还不够深入和全面。其二，关于尊严问题的理论研究与实践应用具有分离的趋势。对尊严概念从学理进行分析的学者对现实中尊严的捍卫工作往往关注不够，因而不能发挥其理论应有的解释力与指导性；而探讨如何在某一具体领域中捍卫人的尊严的学者又往往缺乏从哲学和伦理学视角对尊严概念和尊严观的深入分析，因而所提出的具体措施和建议往往没有充分的理论依据。其三，对个人尊严与社会和谐之间的互动关系关注不够。其四，对人的尊严的实证研究比较薄弱。

三 本书的研究任务、篇章结构安排和创新性

本书在深入分析和把握人的尊严概念及其基本范式与社会和谐基本内涵的前提下，以个人发展与社会发展的辩证统一为立论前提，着重探讨个人尊严与社会和谐之间的良性互动作用及如何充分发挥这一互动作用以同步推进个人尊严实现与社会和谐构建的进程。"尊严"与"和谐"是两个内涵极其丰富的概念，人们对之理解并不完全一致，笔者将在第一章中对"个人尊严"与"社会和谐"两个基本概念及其相关概念进行界定与分析，以为全书论述奠定必要的概念基础；在第二章中阐述个人尊严对社会和谐的意义；第三章分析社会和谐对个人尊严的重要作用；第四章中对应第二章的基本观点，探讨以实现人的尊严为立足点社会和谐的构

建路径；第五章对应第三章的基本观点，探讨着眼于社会和谐的人的尊严的实现路径；附录部分将主要介绍课题组对人的尊严问题所进行的一项实证研究成果，即对社会若干阶层的尊严观、尊严感和尊严危机及应对的现状进行调研与分析，以试图为我国实践中个人尊严实现与社会和谐建设工作提供一定的参考数据。全书重点集中于前三章，即个人尊严与社会和谐基本概念界定和二者之间的互动关系论证，第四章和第五章是分别对应第二、三章基本观点对社会和谐与个人尊严的实现途径的尝试性探讨，只能算是抛砖引玉，其全面性与针对性都有待学界进一步研究。

学界关于社会和谐的理论研究成果十分丰富，本书关于和谐、社会和谐的界定，用一定篇幅综合介绍了学界已有的研究成果，但也根据学界研究中所存在的不足之处，重点阐明了笔者对这一基本概念的认识与理解。关于人的尊严的界定，以及个人尊严与社会和谐的互动关系部分，笔者在参考学界已有的研究成果和完善、发展本项目负责人已经公开发表的阶段性研究成果的基础上，进行了更为系统和全面的思考与探讨，使全书成为一个相对完整和独立的体系。其中对人的尊严的内涵、有尊严生活的基本要求的阐释和对尊严概念的类别、基本范式和尊重的类别的讨论体现了本书对学界已有相关理论成果的完善与发展。第二章关于个人尊严对社会和谐的重要意义，第三章关于社会和谐对个人尊严的促进作用的分析，第四章对以人的尊严为立足点的社会和谐的构建路径的探讨和第五章对着眼于社会和谐的人的尊严的实现路径的探讨，集中体现了本书对学界目前极其有限的、零星散见于其他研究主题的相关理论观点的深化、系统化与拓展。附录部分主要展示社会若干阶层的尊严观、尊严感、尊严危机及其化解的实证研究成果及其对现实的启迪，由笔者与一组学生耗费巨大精力，经过三个轮回，涉及湖北省不同地区、不同群体的调研对象近三千人，历时六个月完成。学界目前以此类主题为研究对象的实证研究十分薄弱，因而附录部分内容将对人的尊严问题的学理分析与实践应用结合起来，集中体现出本书研究创新性和特色。然而由于尊严这一概念外延的宽广性以及课题组的见解、论证能力和精力的局限性，虽有幸得到国家社会科学基金各位结项专家的指点，但全书各个组成部分尚不可避免有诸多疏漏和不成熟之处，期待和欢迎学界同人进一步批评与指正！

第一章

基本概念的界定与分析

探讨个人尊严与社会和谐的良性互动作用的逻辑前提是必须对"人的尊严"与"社会和谐"这两个概念进行界定。"人的尊严"是一个内涵极为丰富的概念,如"自由""正义"等概念,虽则人人心存向往,言中常及,但几乎每个人都有自己独特的尊严观;学界因其学科背景不同,对这一概念也是意见纷呈。因而当下有必要对何谓尊严从多学科的角度进行厘清,以争取在全社会范围内形成一个能达成相对共识的界定。何谓尊严包括对人的尊严的内涵解析和对有尊严的生活的基本要点的阐释两个大的方面,本章前两节分别对这两个方面做出说明。社会和谐也包含着丰富的内容,虽然政府对社会和谐有过明确的阐述,学界也有多人对社会和谐进行过探讨,但常识中依然有不少人将社会和谐片面理解为社会稳定,本章后两节分别对社会和谐的内涵,社会和谐的基本特征和价值取向做出说明。

第一节 何谓人的尊严

对"人的尊严"基本内涵的解析是明晰何谓人的尊严的前提与基础,而阐释尊严概念的不同分类、与尊严相对应的态度,即"尊重"这一自然情感与道德义务的类别以及人类尊严观的基本范式可以深化对人的尊严概念的理解。在本节中课题组尝试在综述国内外学界对人的尊严的界定的基础上,提出自己对人的尊严内涵的界定,然后从不同角度阐明尊严与尊重的基本类别,最后提炼和分析人类尊严观的两大基本范式。

一 人的尊严的基本内涵

"尊"在甲骨文字形为酒器，本义是祭祀等礼仪中用于盛酒的器具，因与祭祀有关而意味着神圣、不可侵犯，引申发展出贵、大、重、上之义；严，有急、紧、敬、威之义。尊严的英文 dignity 来自拉丁语 dignus 和 dignitas，意思是"有价值的"（worthy）；"应（值）得的"（deserving）。在希腊和古罗马文献中，这两个词指的分别是某种"值得赞誉和崇敬的东西"，或某种杰出和非凡的特性。从中西的词源分析可知，"尊严"的最初含义意指高贵、庄严、价值、敬重、神圣、不容侵犯等，要求他人与社会对尊严的主体及其表现形式采取承认、尊重、捍卫或敬畏的态度。尊严的属性在人际互动关系中彰显出来，表现为尊重对方人格的主动行为和接受对方尊重的被动结果。"尊严"这一概念外延宽广，有时指向人的某一共同体，如人类的尊严、国家的尊严、民族的尊严、教师的尊严等；有时指向一般的或特定身份的个体，如个人的尊严、君主的尊严、领导的尊严等；有时也指向人的价值源泉或物质载体，如生命的尊严、身体的尊严、劳动的尊严、人性与人格的尊严、道德的尊严、理性的尊严等；有时还指向非人的对象，如宇宙的尊严、神的尊严、法律的尊严、权力与地位的尊严等。但自进入近代以来，思想界和常识关注的焦点是人的尊严，本书以探讨人的尊严为主要研究任务。

探讨人的尊严的立论前提是明确人究竟是否具有高于自然他物的尊严，这在学界尚是一个有争议的话题。一些环境主义者与厌恶人类者否认人具有超越动物之上并构成人的尊严根据的特性，提出不同动物也具有高于人的某些特性，比如鹰的视力、豹的速度等。他们强调，人类历史对人本身及大自然的罪行恰恰证明人并不具有所谓的尊严，认为强调"人的尊严"只会导致人的傲慢及其对自然的进一步掠夺与摧毁，因而主张"人的尊严"是一个无意义的、无根据的甚至危险的概念，应该予以批判并加以抛弃。但绝大多数学者主张人具有超越动物之上的尊严，并将之作为人的权利神圣不可侵犯的基础。在承认人具有高于自然其他万物尊严的前提下，关于人的尊严问题的理论研究和实践推进工作的难点聚焦于目前社会各界，尤其是理论界，对人的尊严的概念尚未形成相对稳定的共识。比如关于人的尊严的根据与标志，诉诸人的理性、自由选择、个性、美德、情感、财富、权力等都大有人在，随之提出的关于人的尊严的保障的着力点也各不相同，如有人主张必须尊重人的理性，有的人主张必须尊重人的自由选择，有人主张必须尊重人的情感，有人主张必须尊重人的个性，有人主张必须尊重人的美德等。这一状况显示了关于人的尊严理论研究的复杂性与艰巨性，同时也显示了从哲学与伦理学角度系统梳理和科学界定人的尊严概念的必要性。经过"二战"法西斯对人的尊严公然践踏所引发的惨痛经历，很多国家都将捍卫人的尊严写进宪法，人的尊严成为国际学界探讨的热门话题。国内外不少学者对人的尊严的内涵进行了界定，课题组在综述学界对人的尊严界定的成果的基础上，结合自己的理解，尝试对人的尊严做出较为全面的界定。

(一) 学界对"人的尊严"界定的综述①

"尊严"一词的拉丁文是 dignitas，最早出现在古罗马，意指少数人相对于他人的一种级别的提升，较高的地位带来特权，但也暗含行为和举止必须与其地位相一致的义务，后来西塞罗将尊严用于人本身，意指人作为类因某种独特能力相对于自然界其他事物的提升。文艺复兴时期的米兰多拉将人的尊严理解为人因其自身形象未被先天规定，可以自由选择并通过道德自律、哲学研究等途径不断进取，实现自身完善的高贵性。古典哲学家康德将人的尊严界定为理性存在者相对于自然万物的提升与崇高以及德性和能够具有德性的人性不可侵犯、不可交换、不可替代的绝对价值和内在价值。进入现代，人的尊严主要意指人作为人本身必须或应该得到他人承认与尊重的地位或价值。"二战"之后，"人的尊严"这一概念在日常生活中经常被使用，人们最常见的理解是将之作为人格不受侮辱的权利，还有人将尊严理解为个人的脸面或体面，但人的尊严的内涵远不局限于这两个方面。当代国内外不同学者基于不同的学科背景和研讨目的，对人的尊严从多个视角进行了界定，主要包括以下几个方面。

1. 以人的尊严的内涵、根据、主体为视角的界定

D. 贝尔维尔德和 R. 布朗斯沃德在专著《生物伦理学与生物法学中

---

① 关于学界对人的尊严的界定综述，对国际学者的相关观点的介绍借鉴本项目已经公开发表的阶段性成果的部分观点，参见刘睿《"人的尊严"概念及其演变的研究综述——以康德尊严概念的研究综述为重点》，《成都理工大学学报》2015 年第 2 期。

的人的尊严》第三章"尊严，人的尊严和有尊严的举止"中引用斯派格尔伯格的观点对尊严和人的尊严概念进行了界定与区分：尊严概念能运用人与非人等各种对象，主要指示某物高于他物的某些特定品质，这种意义上的尊严有程度之别，可获得与丧失，常通过荣誉与头衔得以授予，可在尊严的或有损尊严的举止中得到表达。"人的尊严"指属于每个人（就其作为人而言）最低的尊严，无程度之别，平等的属于每一个人，不能获得或丧失。"人的尊严"这一词语直到启蒙运动时期才得到流行，人作为人值得尊重这一观念与个体中内在的权利一起形成。①

乔治·卡特布在其专著《人的尊严》中指出，人的尊严不是一种道德价值，而是一种生存价值，这一价值被赋予人格或人种的同一性。人类的同一性是指其是唯一的不仅仅是动物的动物，唯一的尽管具有代代相传基因的同一性，但其行为不可预测的特定物种。"人的尊严"理念坚持承认每一人格相对于所有其他人格的根本标志和人种相对于所有其他物种的根本标志。当个体不能受到一般人的对待时，当个体不被当作不可与另一个人替换或代替的独特个体时，她/他的同一性都处于危机之中。"普通性"和"独特性"构成人的尊严的两个观念。②

苏珊·M. 谢尔在《康德论尊严》一文中指出，尊严最初意指德性，价值、值得荣耀的职务或卓越，包含"值得尊重"与"某东西被尊重"双重含义。在康德之前，对人的尊严的讨论来自两个交叉的传统：一个根植于圣经，认为人的尊严源于人根据上帝的形象而创造（或以基督的复活）的被造物的地位；另一个来自古典哲学，认为人的尊严源自他作为理性存在者，能够藐视自然并证明人类生存价值的地位。③

我国学者甘绍平在《作为一项权利的人的尊严》一文中对尊严的根据提出了一种与众不同的解释。他指出，对尊严概念的解释一般具有两种模式：其一，属性—尊严说，即将人的尊严归于人类之属性，这一属性或是以上帝的形象被创造或因天赋而成，主张所有的人，无论处于何

---

① Beyleveld and R. Brownsword, *Human Dignity in Bioethics and Biola*, Oxford University Press, 2001, p.50.

② George Kateb, *Human Dignity*, Harvard University Press, 2011, pp.10–11.

③ Susan M. Shell, "Kant on Human Dignity", in *In Defense of Human Dignity*, University of Notre Dame Press, 2003, p.53.

种发育阶段或拥有何种意识水平，都毫无例外、毫无差别享有神圣的尊严。但作者认为，这一解释无法解决当两个同等尊严主体发生冲突时的情况，属于人类大家庭的成员这一点并不能成为获得尊严的条件，只有尊严意识和感受能力才是获得尊严的条件。其二，将人所具有的某种特性或品性视为人享有尊严的原因。具体包括：自主性—尊严说；道德完满性、成就—尊严说；自我目的—尊严说。作者认为自主性尊严说是一种强者的尊严，无法保障弱者的尊严；道德完满性、成就尊严说将尊严和尊荣混为一谈，对尊严的理解接近常识性的解释，将把很多人排除在尊严的保护圈之外；自我目的尊严说容易将"使人纯粹工具化"简单等同于"侵害其尊严"。总之，作者认为，尊严概念的第二种解释模式大大缩小了受尊严保护的范围，强调尊严并不存在于人的理性选择能力和道德完满性，而是存在于人的脆弱性和易受伤害性，导致人产生对尊严的最基本情感和精神需求，尊严意指任何具有尊严感和尊严意识的人所拥有的一项维护自我和不受伤害和侮辱的权利，尊严并非人权的根基，而是人权的一部分。[①]

我国学者任丑在《人权视阈的尊严理念》一文中提出，尊严的人性基础是人能保持低微的高贵性和高贵的低微性的统一性，人的无限性、坚韧性和自我完善能力等人性中的高贵对人性的脆弱性、易受伤害性和有限性等人性的低微的扬弃，这是人性尊严的根据。尊严应该是平等的法律尊严和有差异的道德尊严的结合。法律尊严是客观平等的免于受侮辱的权利，道德尊严是主体基于耻辱感和自尊心，自我完善，获得自尊和他尊的行为，可随着主体修养变化而变化，具有主观性和差异性。[②]

我国学者黄飞在《尊严：自尊、受尊重与尊重》一文中提出，尊严的内涵包括自尊、受尊重与尊重三个方面。自尊是人们对自身价值的总体评价，包括信念和情感，并体现在行为中，自我喜欢和自我能力感是自尊的两个基本维度，自尊与自由、自主、自我控制、程序公正等正相相关，与个人能力、力量、权势和地位也正相相关。尊重包含有认知和情感的成分，认知成分是对他人的能力、地位、身份等的肯定和积极评

---

① 任丑：《人权视阈的尊严理念》，《哲学动态》2009 年第 1 期。
② 同上。

价，而情感成分则有仰慕、钦佩、向往等情感反应。受尊重则是希望社会和他人对自己采取尊重的态度。①

2. 以人的尊严的概念的不同类别为视角的界定

学界对尊严概念依据不同的依据进行了分类，并分别阐述了各自的内涵。D. 贝尔维尔德和 R. 布朗斯沃德从尊严与人的权利义务关系属性出发，提出"人的尊严"可以分为作为授权的人的尊严和作为约束的人的尊严：作为授权的人的尊严，与人的自由选择直接相关，以促进人的自律为中心建构人的权利体制；作为约束的人的尊严，与人的道德能力直接相关。人的尊严还可以划分为作为德性的尊严和作为赋予某一共同体特定同一性的尊严：作为德性的尊严主要指当人面临逆境与人的有限性时，在行为举止中寻求战胜与屈服的平衡，就其实质而言，所体现出来的是一种对生活的态度；作为赋予某一共同体的特定同一性的尊严，关注共同体的自我界定与接受，团体中的每一成员对同人负有尊重使之成为特定团体价值的义务。但尊严总是一个与道德相关涉的问题，每一尊严概念都代表了特定道德理性的锻炼。②

乔治·卡特布则从人的不同存在方式出发，认为构成"人的尊严"概念有两个基本命题：所有个体平等，没有其他任何物种与人性平等。③ "人的尊严"理念只包括"个人尊严"与"人类尊严"两个维度。作者认为群体尊严是一个没有实质意义的概念，认为群体尊严与权利只是个人尊严与权利的缩简，强调群体尊严将导致个体将群体的同一性界定为"附属"，从而鼓励顺从、屈服，群体成员的同一，表面看是自我的扩张，实则是自我的消失。④ 个人尊严是一个消极概念，要求国家不得利用、滥用、损耗个体，不得使个体幼儿化，即要求国家以"避免"和"非干涉"的形式尊重个体的权利与地位。⑤ 个人尊严的核心是地位平等，但并不意指财富或满足的实质平等，而是一种平等的关注与对待，包括道德平等

---

① 黄飞：《尊严：自尊、尊重和受尊重》，《心理科学进展》2010 年第 7 期。
② Beyleveld and R. Brownsword, *Human Dignity in Bioethics and Biola*, Oxford University Press, 2001, pp. 63 – 64.
③ George Kateb, *Human Dignity*, Harvard University Press, 2011, p. 6.
④ Ibid., pp. 11 – 12.
⑤ Ibid., p. 9.

原则与生存平等原则，前者要求个体不因权利的否定或缩减而遭受或忍受道德上被认可的痛苦，后者要求国家不损害任何人作为平等个体的同一性。① 人类的尊严是一个积极概念，其核心是人相对于其他物种更高的地位，关注人独特的非自然能力，人类与其他动物相比，其卓越性不仅体现在相对更高的地位与自然的管理职责，更体现在人性在某些时刻反复展示的令人震惊和难以预料的功绩。②

我国学者任丑在《人权视阈的尊严理念》一文中指出，人们对尊严的认识有尊严平等论和尊严差异论两种对立观点。尊严平等论有两种理论模式：内在尊严说，主张尊严是人作为人类中的一员因其思想、理性、自由意志本身所固有的绝对的、不可丧失的内在价值，构成人权的基础与根源，又称尊严基础论；权利尊严说，主张人权是尊严的基础，尊严源自人权中人人享有的不受侮辱的权利，又称为人权基础论。尊严差异论认为尊严是后天获得的，具有主观差异性的高贵德性。③

我国学者王泽应在《论人的尊严的五重内涵及意义关联》一文中提出，尊严标志着人的道德主体性、道德价值性和道德权利性的自我认同、挺立、培育和护卫，包含人性尊严、人道尊严、人品尊严、人格尊严和人权尊严五种基本内涵。人性尊严指以人的社会性、自主性、自由意志和人所具有的理性认识能力、创造性等人的内在规定性为根基，集中体现在人的理性、思想和道德自律性等方面的尊严，这一尊严不可剥夺，不容侮辱，不因人的出身、地位、财富、知识的不同而不同。人道尊严体现在人与人尊严的道德性对待以及彼此承认的人的关系性对待和规范性诉求，注重待人律己之道，要求自尊和相互尊重。人品尊严主要彰显人的德性修炼和主体自身的精神提升，主张人的尊严通过人的不懈努力，用自己的成就和人品来获得，强调培育德行和铸造道德品质来实现人的尊严。人格尊严主要彰显人的德操，要求人在道德上应当捍卫自己应有的气节和操守，即独立的人格。人权尊严是构成所有人权基础的人的尊严，要求人权必须得到尊重，不能被肆意践踏，又指人的主体地位和人

---

① George Kateb, *Human Dignity*, Harvard University Press, 2011, pp. 29 - 30.
② Ibid., p. 24.
③ 任丑:《人权视阈的尊严理念》,《哲学动态》2009 年第 1 期。

的目的价值不能被忽视，客体化和工具化。①

我国学者文学平在《论尊严的内涵及其类型》一文中指出，尊严是一个人对自己的尊重，他人对我的认可，以及我对他人的贡献的统一；是人对待自我，他人对待自己，自己对待他人的三重关系的复合。就积极方面来看，尊严意指人对待自己的自尊、自重，自强不息；他人对待我时的被认可和被尊重，我对待他人中的守经达权，唯义是从。从消极方面看，尊严意指我对待自己不自暴自弃，不自我作践，他人对待我时没有被轻视，没有被侮辱，我对待他人时的不卑不亢，不忧不惧。人的尊严包括地位尊严、人性尊严和公民尊严。地位尊严是依据社会等级身份而赋予人的尊严，是等级地位较高者对等级地位低者尊严的凌驾与剥夺，同时也是相互之间对这种格局的定义和认可。人性尊严是基于人的自由意志而普遍、平等地享有的尊严，人是目的是人性尊严的核心原则，为他人的幸福和我们自身的完美而努力奋斗是提升人性尊严的有效途径。公民尊严是指任何基于公民身份就具有的合法权利神圣不可侵犯，只要公民没有因为犯罪而被剥夺某些权利，公民就享有由国家提供和保障的完整的公民尊严。②

我国学者代峰在《论人的尊严之向度》一文中指出，捍卫人的尊严的前提是人与人承认彼此的主体性意识与价值。人的尊严是普遍性与独特性的统一。人的尊严的普遍性是人内在的属于人"类"的共性，与人的出身、家境、性别、民族、地区等任何先天因素，人的智慧、才能、贡献、品德等任何后天因素，人的身体状况、自觉意识等任何主体性条件等都无关涉，而只与"人"这个生物共性相关，具有人的基因组和人的生命特征是享有普遍性尊严的资格条件。人的尊严的普遍性是确保人的生存地位的基本尊严，也是"人之为人"的根本标志。作为普遍性的人的尊严是授予性的，平等、客观、绝对，不可废弃、不可让渡、不可替代、不可非法剥夺，这是人所共有的生物性使然。人的尊严的独特性是"我之为我"的特殊符号，体现对人在后天的自我发展中所凸显出来的个性的尊重。作为独特性的人的尊严是获得性的，具有差异、主观

---

① 王泽应：《论人的尊严的五重内涵及意义关联》，《哲学动态》2012年第3期。
② 文学平：《论尊严的内涵及其类型》，《华中科技大学学报》2012年第4期。

性和相对性。作为独特性的人的尊严以耻辱感和自尊心作为其道德心理基础，发动主体追求、实践、完善自我的行为，其实质是人自身中潜藏的无限性、坚韧性和自我完善能力对高贵人性的追求。尊严主体在追求过程中获得自尊和他者的尊重，这种尊严既可以随着尊严主体自身修养的提升、完善而得到加强和扩展，也会随着其自身修养的下降、生活的堕落而减弱、缩小乃至丧失。所以既可获得，使之丰厚、高尚，也可丧失，使之薄寡、卑劣。人的尊严的独特性是人不同的社会性使然。①

3. 以捍卫"人的尊严"为视角的界定

学界中也有不少人对捍卫人的尊严的原则与具体途径进行了探讨，并将之视为人的尊严概念的必要组成部分或本质，其中在实践中产生了很大影响的一种观点是将康德的定言命令表达式人性公式，简称"人是目的"，解读为捍卫人的尊严基本原则或尊严内涵的本质。"二战"之后德国联邦宪法法院基本采纳由杜拉格于20世纪50年代提出的"客体公式"来作为司法审判标准，即认为如果在人际互动关系中，某个人成为客体，成为手段，则构成了对该个人尊严的侵犯。关于如何理解"人是目的"，苏珊·M. 谢尔指出，"将人作为目的自身"在处理人与他人关系时，要求将他人视作"除非他们同意，否则我们不能影响他们"的目的设定者；在处理人与自我的关系时，要求不可以将我的理性、立法或设定目的的能力服务于我的偏好，一个人的意愿准则必须在形式上与其人格中人性的尊严相和谐，撒谎、贪婪、虚伪的人性等这些恶习所采取的原则直接与人的内在的尊严相反，不能允许，特别是他人"以服务于我"方式，自己被他人用作手段。②

有学者将"人的尊严"原则，特别是康德的尊严原则运用到司法、经济学、社会学、医学伦理学等领域，在这个过程中人类生活的很多现实问题都得到关注与讨论，使人的尊严概念也得到进一步深化。如"人的尊严"究竟是人所有权利的基本原则还是一项独立的权利，人拥有尊严的资格的基本标准究竟是什么？特别是生命还是理性？人的生命权与

---

① 代峰：《论人的尊严之向度》，《道德与文明》2011年第3期。

② Susan M. Shell, *Kant on Human Dignity*, in *In Defense of Human Dignity*, University of Notre Dame Press, 2003, pp. 62 – 71.

同意权之间的矛盾如何解决？还有一些具体制度或行动，如死刑与反恐、人妖表演、肉体交易、资本主义的雇佣制、人体器官有偿转让、人流、人体克隆技术等是否违背尊严原则等也得到广泛关注。如马库斯·罗思哈尔在《康德的径路：生物伦理学中人的尊严与人的权利》一文中指出，人的尊严的确定性内容并不是一种独立的法律规范，而是人的权利与生物医学伦理学中任一义务论规范的根据与原则。康德定言命令的人性公式并没有产生一项特殊的"非工具化"的不可抗辩权利。从人性公式得出的是：受行为影响的人格实际同意该行为，否则不可能被普遍化，所以人性公式并没有提出一个决定合法与非法的标准。作者运用康德的尊严观得出应用医学伦理学的结论：人的尊严与生命权不应分离，理性不是尊严拥有者的必要条件，尊严的拥有资格应从受孕开始，其他诸如脑活动都不是人性尊严的条件。[①]

我国学者代峰在《论人的尊严之向度》一文中对人的尊严的实现条件进行了探讨。他指出，人的尊严的实现依赖三类善：其一，保证人的尊严的普遍性的基本善，包括满足个人的生理需要和安全需要的基本物质文化和社会条件。其二，非减性善，即行动者在行动过程中保持特殊善和维持目的—实现水平的能力和条件不受到反向阻碍的条件，包括不被侮辱，不遭受背信弃义，不被骗，不被偷，不被诽谤，隐私不受到侵犯，不受制于非人的、危险的或过度致衰的体力劳动或居住环境等。非减性善更多地依赖于他人对我们的态度。其三，增加性善，即增强和发展行动者实现更多的特殊善和提高善目的—实现水平的能力和条件。包括与自尊感密切相关的勇气、节制、审慎三种德性，以及增进人以其他方式发展行动者实现目的的一般能力的条件，比如财富、知识、教育等。增加性善体现自我的后天努力和造化。[②]

我国学者李累在《宪法上"人的尊严"》一文中指出，人的尊严在"国家—人"关系上，要求每一个人不能被降低对待，不能被作为手段；每一个人应获得必要的生活条件，享有基本的生存保障。国家对人的尊

---

① Markus Rothhaar, *Human dignity and Human Rights in Bioethics: the Kantian Approach*, in *Med Health and Philos*, 2010, pp. 251 – 257.
② 代峰：《论人的尊严之向度》，《道德与文明》2011 年第 3 期。

严有三种义务：其一，尊重的义务，指国家把人作为人或目的自身来对待，免除对人的任何奴役和贬损。其二，保护的义务，指国家排除妨害人的尊严实现的方面。其三，促进的义务，指国家适度给付，确保人人尊严生活。①

（二）人的尊严概念的内涵分析

由以上综述可知，学界从不同学科、不同侧重点对人的尊严的内涵进行了广泛、深入的思考和探讨，内容涉及方方面面，已经取得了大量有意义的成果。但对于人的尊严的认识学界尚未形成相对统一的观点，并且很少有人从人的尊严与社会和谐之间的互动关系为视角进行界定。课题组参考和借鉴学界已有的研究成果，立足于社会和谐的构建，尝试对人的尊严概念的内涵做出较为全面的界定与分析。人作为一物种生活在宇宙之中，必须面对和处理人和自然他物的关系，人与他人之间的关系，人与自我的关系。课题组认为，人的尊严也主要体现在这三种交互关系之中：相对应于自然他物，人的尊严表现为一种优越和崇高的地位；相对于他人，人的尊严体现为一种至高价值意蕴；相对于自我，人的尊严体现为一种道德提升。因而人的尊严包含着地位意蕴、价值意蕴和道德意蕴三个不可或缺的方面。又因为人的尊严对人体现为一种至高的、绝对的价值，所以人的尊严概念应该对人的尊严根据、尊严标志、尊严主体、尊严的实现路径进行阐释，即必须回答人凭什么成为高贵的存在物？人的尊严通过人的什么方面展现出来？哪些人或人的哪些方面承载着人的尊严？人的尊严应该如何得到捍卫和促进？课题组对人的尊严每一内涵的揭示都将围绕这几个方面来进行。另外，人的尊严、人格尊严和人性尊严在日常使用中经常混淆使用，但事实上这些概念具有不同的内涵，因而要准确把握人的尊严的内涵，必须弄清楚人的尊严与人格尊严、人性概念这两个概念之间的联系与区别。最后，由于常识中很多人对人的尊严与人的权利二者之间的联系重视不够，而学界对二者之间的关系的认识存在很大的分歧；另外，尊严与幸福是人普遍欲求的两大基本目标，但二者存在对立统一关系。因而正确把握人的尊严与人的权利之间的关系，人的尊严与人的幸福之间的关系，有助于我们加深对人的

---

① 李累：《宪法上"人的尊严"》，《中山大学学报》2002年第6期。

尊严概念内涵的理解。

1. 人的尊严的地位意蕴

人的尊严首先意味着人的一种更高级别的地位，作为地位的尊严具有两重含义：其一，尊严意指少数人因身份、财富、特权、职位等优势而相对于其他大多数人的更高贵的地位。根据权力、财富、身份、职级的级别不同，不同的人被赋予不同程度的尊重，也承担着不同的义务。这是古代社会对人的尊严的常见解释，但在当今社会常识中依然有很深的影响。其二，尊严意味着人作为类因其自由本质特征相对于自然其他万物的提升与高贵，这是自古希腊罗马以来思想界对尊严的一种理解。作为地位的尊严第一层次内涵虽一直存在于人类社会中，但随着人生而平等这一观念逐步深入人心，这一解释逐渐遭到思想界的批判和扬弃，目前主要存在于人的心理潜意识和社交礼仪之中。相比较而言，作为地位的尊严的第二层内涵得到思想界很多人，尤其是理性主义哲学流派的肯定。人具有无机物、植物和一般动物所不具备的人性特征，这一特征构成人作为类的尊严的根据。一些环保者和厌恶人类者否认人有超越于动物的根本特性，提出动物往往也具有人所没有的某种优越性，比如狗的嗅觉、鹰的视力、虎的力量等，因而表明人的尊严是一个没有根据的概念。但一个不容人否定的事实是，动物无论单方面的能力多么强大，都只能服从本能和自然规律而生存，其生活方式的基本特征是被动性、重复性。假设其他自然条件不变，狮子在草原上生活一万年，草原还是那样的草原，狮子还是那样的狮子，也即其他万物都不能实现创新性和超越性。唯有人是有理性的高级动物，人的理性具有质疑、选择、分析、判断、推理、预测、规划、创造、自我立法、自我实现等功能，从而使人成为万物中独立的自由和自为的存在，因而人与自然任何其他物种都存在本质的区别，这一区别来源于人所独有的理性和意识的能动性。人依赖理性和意识能动性作用的发挥，不仅可以认识客观世界的现象，还可以认识到客观世界的本质和规律；不仅可以认识客观世界的本质和规律，还可以根据本质和规律，预测客观世界发展的趋势；不仅可以预测客观世界发展的趋势，还可以根据这一发展趋势，提前在观念中设计并通过实践活动来创造出这个世界上没有的东西，即能够完成对世界进行革命性改造，从而使人的活动能够超越自然规律和动物本能的束缚，呈现自主性、创造性的特征。自主性能力使人的活动呈现目的性、计划性；同时，自主性又使人与动物、与他人、与自己的过去在不断融合中又不断地分离、使每个人都呈现唯一性、独特性、变化性，成为一种面向未来的无限可能性。所以我们说，人的自主性使人不断摆脱外在自然规律和内在动物性本能的束缚，趋向自由。因而在自然界所有物种中，唯有人是不被自然必然性所规定的，是自由的存在物，人作为类超越于动物的自主性能力和自由本性构成人作为人的本质特征，也构成人高贵于其他万物的尊严的根据。人的自主性和自由本性在处理人和自然关系中的重要表征就是使人的活动呈现独有的创造性，这构成人展现自身尊严的标志。人的足迹所到之地，无不使自然界打上人的活动的烙印。狮子生活在草原一万年，草原还是那样的草原，但如果人生活在同样的草原上，在半年之内，甚至是一个月之内，草原可能发生天翻地覆的变化。人的活动使高山变平原，沙漠变绿洲，拉斯维加斯和鄂尔多斯两座沙漠之城就是人类活动创造性奇迹的最好见证。

根据人的尊严的地位意蕴，任何具有正常理性和意识，从而具有创造可能性的人都具有尊严资格。实现人的尊严的基本要求是：社会和个人都应该尽其所能创造条件和付出努力使人展现出人的类本质特性，即自由，从而实现人的自主性和创造性；同时，人的自主性和创造性的具体展现只要不危害他人和社会，即人正当的自主选择和合法权利都应该得到尊重和维护。在实践中，不同的人展现作为类的自由本质情况具有差异性，使人呈现不同的个性。一个人越是能够体现出自身的创造性，就越能对社会和他人做出更大的贡献，也就越能被赋予较高的社会地位、荣誉、赞美和称赞，即获得更多的报偿性尊严。

值得注意的是，人的自主性以人的理性存在为前提，但人毕竟不是纯粹的理性存在物，所谓纯粹的理性存在物只有想象和观念中的神、天使、脱离肉体的灵魂等精神实体，这些精神实体在自然界中是不存在的。人是感性存在与理性存在的统一体，人的理性能力的发挥以人的感性存在为物质载体。人作为不完全理性存在对实现人的尊严提出了两个方面具体要求：其一，人的身体作为人的理性和意识的物质载体，其正常运行是人的理性和意识发挥作用的前提，因而人的身体具有延伸意义的尊严，不受非法侵犯，并且还应该使人的身体得到尽可能好的给养和照料，以便为人的理性能力的维系和充分运用奠定物质基础。在这个意义上，尽量为人提供更好的物质生活条件，维持人的生命系统健康运转是实现人的尊严的前提条件。其二，作为感性存在者，自然界构成人生存的物质基础与前提，而且人属于自然界的一部分，必须服从自然规律。所以归根结底，人虽可以发挥意识的能动性来改造自然，但改造自然以认识和尊重自然规律，保护大自然为前提。人的尊严体现在人对自然的有限超越性与根本服从性的生存悖论之中，人类只有不断在二者中寻求平衡，才能实现生存与提升的有机统一。

2. 人的尊严的价值意蕴

价值用于人一般有三层含义：其一，表示客体的某种属性能满足主体某种需要的关系，也就是客体对主体的效用，属于一种关系范畴，侧重描述性意义。其二，理性独立于感性、偏好，指示人应该重视某物、某状态的命令，侧重规范性意义。其三，价值是一种与人没有关系的独立的本体性存在。如上文所述，人作为类因生而具有理性优越于自然其他万物，从而成为万物中最尊贵的存在。这一尊贵性在人与同类他者的关系领域中所体现出来的应然要求就是不得把任何人降格为自然界其他万物，即禁止将人"物"化，也就是说，无论人的性别、年龄、地位、财富、相貌、学历等所有的具体特征如何，人作为人本身就应该成为所有人无条件捍卫和珍视的最高价值和绝对价值。简而言之，人的尊严的价值意蕴主要来自价值的第二种内涵，即理性独立于感性、偏好、功利对人所发布的命令：在人与人的交互关系中，人作为人本身就是至高的价值，神圣不可侵犯。自然其他万物都可以待价而沽，可交换、可替代，唯有人本身的价值不可估价，不可交换，不可替代，因而永远不能将任何人以任何理由与其他任何有价物或其他人相交换、相替代，除非其同意，为了一部分人或者大多数人的利益而牺牲少数人或个别人的合法利益在道义上是不被允许的。

人的尊严的价值意蕴来自人的尊严的地位意蕴。如果没有人作为类相对于自然他物的崇高，人作为个体在与他者的关系领域中的高贵性就丧失了其存在的根据，但人的尊严的价值意蕴所强调的不再是人与自然他物的关系，而是人与人彼此之间的关系。这一界定表明，人作为人本身的价值至高无上，并且一律平等，无论其财富权力、性别、民族、身体以及其他任何内在和外在因素条件有何不同,人无高低贵贱之分,其人格和正当权利都应该受到平等的对待和尊重。人的尊严构成人的合法权利的基础、源泉和逻辑根据。任何正常人,哪怕是恶棍,都因其理性而具有自由本性,因而都享有作为人的尊严资格,都应该受到尊重,所以人人享有平等的尊严资格或底线尊严。根据人的尊严的价值意蕴,实现人的尊严的基本要求就是使所有具有人类基因组特征的人都受到作为人而非物的对待,其核心要求是尊重人之为人的类本质,即人的自主性和自由特质。人的自主性和自由总是通过人的个性和具体选择所体现出来,在人与人的关系中,人的自主性主要表现为行为者自由选择、设计、追求和实现自身幸福的正当权利。因而人作为人本身的尊严资格体现在法律中,表明任何人作为人本身都享有普遍的基本权利。[①] 公民的法定权利构成个人自由活动的空间,也构成个人自由活动的界限。社会必须承认,任何个体在不妨碍他人同样自由前提下,其合法权利神圣不可侵犯,或者说对人的任何合法权利的侵犯视同于对人的尊严本身的侵犯。即使是被剥夺财产和生命的罪犯,其自由意志、人格和合法权利也应该受到平等尊重。比如剥夺其生命或财产的裁决根据只能来自罪犯本人作为理性的人也赞同的法律条款,且罪犯的抗辩、申诉等权利都应该受到保护,同时即使是对死刑犯的管理和执行,也不得使罪犯受到羞辱。

人作为人本身的尊严资格体现在社交礼仪中,要求无论是谁,不管其个人的身份、地位等具体情况如何,在与他人共处中,都应在言语、表情、态度、礼仪等方面受到作为人本身而应有的尊重。这一要求侧重强调是社会交往中人的人格尊严不受侵犯。禁止以任何理由对任何人进行辱骂、殴打、羞辱等公然不把人当作人来看的行为,同时倡导无论每一个人的具体身份地位如何,都应该养成一种以礼待人和平等尊重人的自觉意识。

3. 人的尊严的道德意蕴

人的自主性和自由本性在人对自我的关系中,即人的主观世界中的基本表现就是人能够摆脱感性或动物性的欲望、偏好、本能的束缚,即

[①] 人的尊严的基本内涵分析的部分内容来自本项目已经公开发表的阶段性成果,参见刘睿《论人的尊严》,《科学社会主义》2012 年第 5 期。

自然规律的束缚，仅凭借纯粹理性的一贯性制定的法则来行事，也就是人能够自我立法和自我约束。人利用理性控制自己感性的欲望、激情，这使人的生活方式超越于动物性的本能，从而呈现人高于自然其他万物的端庄与尊贵，即人所独有的道德性，这就是人的尊严的道德意蕴。与人的尊严的价值意蕴一样，人的尊严的道德意蕴在根本上也来自人的尊严的地位意蕴。

人的尊严的道德意蕴的人性基础是人的双重存在特征。人并不是完全的理性存在者，而是感性存在和理性存在的统一体，理性代表着人高于其他动物的本性，感性代表人与其他动物的相通性。人的道德尊严的根据是人自身中尽管也具有强大的动物性，但人能运用自身的理性使自身的高贵方面（道德性）最终战胜其低微（动物性）的方面，从而体现出人的卓越和强大的内在精神性力量。在这个意义上，完全的理性存在者，比如神，能够毫不费力做到遵从理性，就无所谓道德尊严。如果人听从了本能或感官欲望的召唤，比如为追求感性快乐的吸毒、酗酒、嫖娼；为了谋取某一物质利益而对他人的阿谀奉承、奴颜婢膝；为了苟且偷生而丧失节操，出卖亲朋和祖国的利益；像丛林动物一样为了当下的欲望不遵守人类共同理性制定的法则对他人的生命或权益进行残忍杀戮、践踏和剥夺等。这些贪恋短暂的肉体快乐或物质利益的行为使人自身中的怯懦、脆弱、猥琐、极端自私充分展现，即人让自身中的低微方面战胜了其高贵的方面，人在这些场合中处于被感性欲望所束缚和奴役的状态，丧失了作为人本身应有的内在自由和尊严。

人的尊严的道德意蕴是一个变量，具有主观差异性和报偿性，即可随着个体德行和德性的实现、提升、完善而得到彰显、加强和扩展，也可能随着个体生活的堕落而减弱，甚至丧失。现实中人们总是根据个体在后天实践中所展现出来的不同道德水平，特别是其对社会责任履行的状况和程度，而在价值评价方面赋予不同的人不同级别的敬重和荣誉。当人能够成功抵抗当下感性诱惑从而仅按道德法则办事时，人就展现出自己杰出的道德品性，比如当人抵抗各种干扰和打击专注于自己的事业并取得突出成就时，人将被视为杰出卓越而获得他人的肯定、赞扬、奖励、敬重，但人们所敬重的对象并不是杰出人物所掌握的财富、成就，因为这些外在的价值都可以仅凭继承、投机、好运甚至掠夺等途径而获得，人们所敬重的对象是杰出人物身上所展现出来的人类独有的才能、智慧、创造性和坚韧、勤奋的意志品质。又比如当人在面临巨大利益诱惑或威胁时，若人依然能够克制自己的欲望与利益的考量，保持自己的气节，对他人践行诚信和忠诚的原则，捍卫他人的权利，特别是履行对社会的责任，对社会做出巨大贡献，也将可能被视为人品高尚和成就杰出而获得他人的敬重，即社会总是通过某种赞赏性的外在仪式，如言语赞扬、物质精神奖励或授予各种荣誉称号等形式来对杰出者的道德行为价值进行褒奖。不同个体由于意志、境遇等水平千差万别所展现出来的德性水平也千差万别，因而获得他人的敬重度也各不相同。人的尊严的道德意蕴将尊严理解为主体依靠自身努力对自我的完善和对高贵人性无止境追求并由此获得自我的尊重和他人的尊重，这是一个把社会对人的价值的认定转化为主体道德意识的过程，在本质上属于一种报偿现象，与"荣誉"直接相关，体现了人的尊严的等级性。马克思在《青年在选择职业时的考虑》一文中所论述的"尊严就是最能使人高尚起来"，"并高于众人之上的东西"，是为人类的福利而劳动，这里的"尊严"所使用的内涵就是人的尊严的道德意蕴。人的尊严的道德意蕴表明，实现和捍卫人的尊严还要求个体不断进行道德提升以将自身从内在的动物性本能中超拔出来，人的尊严在此意义上通过人的高贵、端庄、节制、自尊、自爱、他尊、他爱等行为举止和美德表现出来，实现人的尊严的具体途径有训练个人的行为举止的端庄、得体、优雅，培养个体的克制、勇敢、审慎、智慧、坚韧、专注、礼貌、尊重、仁爱美德等。人的尊严的道德意蕴主要表现为一项对自我的义务，对人提出了自尊自重的基本要求：个体在私人生活领域中也应该体现出人作为类而独有的自由本性，即努力与自身内在的动物性决裂，摆脱感性欲望、激情、本能等强制与束缚，仅按理性和道德法则办事，最终体现人的精神自由与人性的高贵性。人获得道德尊严的基本途径是人性中的坚韧、自律和自我完善能力等高贵方面对人性中的脆弱性、易受伤害性、有限性等人低微方面不断扬弃。

以上内容以人的自由本性作为人的尊严根据，分别从人与自然的关系，人与社会的关系，人与自我的关系三个领域揭示了人的尊严的不同内涵，从不同角度强调了人的尊严标志，即人的超拔性、创造性、价值性和道德性。深入把握人的尊严的内涵要注意：其一，人的尊严体现了人的本性的自由，同时也体现了人性的两极性，即低微性和高贵性的统一。一方面，人的低微性表现为人的脆弱性，人易于堕落到动物式的生存状态，同时也很难以承受伤害，特别是很难承受来自同类的人格的侮辱，这使人具有尊严的需求。公然的受侮辱将可能导致人内心对社会和他人的信念甚至求生存的意志都产生摧毁性的后果，"文革"中自杀的文化名人大都是因为不堪忍受践踏和蹂躏。这是人格尊严的核心内容，也是常识中对人的尊严的最普遍理解。正因为人的脆弱性和低微性的客观存在，使人的尊严可能面临着被践踏的境遇，因而人的尊严首先是一个需要保障或捍卫的对象。另一方面，人性的高贵性主要体现在人的自我完善能力，内心强大的道德律令和巨大的创造价值能力以及由此导致的人对德性与创造性的无止境追求等，但人性的高贵性一般仅以潜能的形式存在，因而人的尊严也是一个有待实现、提升或促进的对象。总之，实现人的尊严，对他者和社会而言，核心要求是保障每一个体的人格和合法权利不受到摧毁性的伤害，对自我而言则是努力挖掘自身的潜能、实现自我的价值，提升人自身的高贵性，不断扬弃人的低微性的一个过程。其二，人的尊严是个体性和社会性的统一。"人的尊严"首先是一个主体性概念，属于人的一种高级精神追求范畴。虽然不可避免会受到外界评价标准的影响，但尊严作为人的自我价值评价和主观意识范畴，不同个体由于其生理基础、观念、经历等方面的不同，对人的尊严的理解和感受总是具有个体性和差异性，因而从教育学、心理学视角探讨人的尊严观、尊严感的形成和培育机制对于实现人的尊严具有重要的意义。但人是个体性和社会性的统一，不能脱离社会而单独存在，人的个体性通过其社会性体现出来，实现人的尊严要求将个人发展与社会需求相结合，即把客观的社会价值认定转化为主体的道德意识并践行这一认识。这样，维护和实现人的尊严既包括实现个人的自由、价值、道德等，更包括主动承担社会责任，为社会和他人做贡献。当人能够很好地履行其社会责任，为社会做出贡献时，就能得到相应的物质和荣誉的报偿，此时社会的价值认定与自我肯定的心理感受获得统一，人将形成自我肯定和尊严感。这表明，尊严是一个与荣誉紧密相关的范畴。其三，人的尊严的内涵具有广义和狭义之分，狭义的"人的尊严"也就是常识中对人的尊严最常见的两种理解，即把人的尊严等同于人格尊严与荣誉性尊严，人们通常认为，保障人的尊严的底线是保障公民人格不得遭受侮辱，同时还应该根据个人所履行的社会责任以及相应行为的道德价值的不同水平而赋予不同程度的肯定与褒奖。广义人的尊严意指人高贵于万物的自由本性的体现，所有保障、促进人的自由，包括尊重人的任一合法权利，提升人的道德性和创造性等活动都属于实现人的尊严范畴，保障人的尊严的底线是禁止将人物化，即禁止将人等同于非人的事物或一般工具，凡涉及当事人的决定必须经过本人的同意，同时创造条件以充分实现人的自由本性。除非特指，本项目所探讨和使用的是广义的人的尊严的概念。

（三）人的尊严与其相关概念辨析

1. 人的尊严与人格尊严、人性尊严的辨析

人的尊严与人格尊严、人性尊严是近义词，人们经常将这三个概念互换使用，但实际上它们存在既相互联系又相互区别的关系。人的尊严，英文单词 human dignity，最初是指人作为类相对于自然万物的神圣与高贵。荀子所强调的"禽兽有知而无义；人有气有生有知亦且有义，故最为天下贵也"[①]，古希腊政治家伯里克利提出的"人是第一重要的，其他一切都是人的劳动成果"[②]等都是论及人类尊严。但"人的尊严"这一词语在后来有时也指涉个体的尊严，如《世界人权宣言》序言第一句话"鉴于对人类家庭所有成员的固有尊严及其平等的和不移的权利的承认，乃是世界自由、正义与和平的基础"；第一条规定"人人生而自由，在尊严和权利上一律平等"，这两处所论及的都是个体的尊严。

人格尊严，英文单词 person dignity，一般意指公民作为个人的尊严。由于人格一词内涵的丰富性，人格尊严这一概念也包含着丰富多样的内涵。人格一词源于古希腊语 persona，最初指古希腊喜剧演员在舞台演出时所戴面具，后指演员本人，即一个具有特殊气质的人。后逐渐演变为既指一个人在人生舞台上的种种言行，即按照社会文化习俗的要求所做出的反应，又指面具背后真实的自我，即一个人由于种种原因不愿公开

---

① 《荀子·王制》。
② [古希腊]修昔底德：《伯罗奔尼撒战争史》，谢德风译，商务印书馆1978年版，第103页。

展现出来的内在特征。"人格"被广泛应用于心理学、伦理学和法学等各学科。心理学中的人格与个性、同一性是近义词，相当于人性的定格，意指一个人在与社会环境相互作用过程中所形成和发展的独特的、相对稳定的行为模式、思维模式和情绪反应特征，具有独特性、连续性、一致性、综合性、功能性等特征。与心理学领域人格概念的内涵相对应，心理学中的人格尊严概念侧重强调人的个性、内在特质或同一性应该得到尊重，即倡导社会重视培养和维护个人对独属于自身的需要、情感、能力、目标和价值等的认同感与自豪感。伦理学的"人格"指人的类本质和个体本质，即"理性与自由的意识与生命活动"过程中所体现的创造性、道德性以及比较稳定的，有别于他物、他人的道德行为模式，强调人的道德能力、道德成就和与之相应的承担责任的能力与义务。与之相对应，人格尊严在伦理学中的含义强调人因道德的可能性而具有至高价值，注重人的道德操守与成就，社会对人格应该予以尊重的伦理态度主要包括两个方面的要求：其一，个人由于认识到自己的独立人格而产生的维护自我的强烈意识，指引个体在私人生活领域中尽最大努力实现人的自由本质和禀赋，并主动承担起自身选择与行为的责任；同时还要求个人运用理性来统治感性欲望，实现人的道德成就和高尚节操。其二，社会由于认识到个人道德人格的尊贵性而在社交礼仪和习俗中所给予个人的尊重。伦理学的人格尊严是主体对自身的尊重和被他人尊重的统一，是对个人价值的主观评价和社会评价的有机结合。法学中的"人格"意指人因作为人本身而成为权利义务主体的资格，法学的"人格权"包含了人的自然存在诸方面，包括身体、生命、健康等，还包括了人的社会存在诸方面，包括姓名、肖像、名誉、自由、隐私等。法学中的人格尊严有广义和狭义之分。法学中广义的人格尊严首先意指个人作为一个具有人类基因组和生命特征的存在，其自身中所体现出来的作为人类的自由本性的合法权利神圣不可侵犯；法学中狭义的人格尊严意指人皆有自尊心和自爱心，禁止对个人的人格进行侮辱和诽谤，其具体内容就是公民的人格尊严权，即公民的身体、生命、健康、姓名、肖像、名誉、自由和隐私等权利神圣不可侵犯。

人的尊严与人性尊严也存在既相互联系又相互区别的关系。人性即人的本性，具有两重含义：其一，意指人作为类区别于自然他物，特别是动物的本质特征;其二,人作为个体,区别于其他个体的本质特征。前者可称为类本质,后者可以称为个体本质。不同的人对人性具有不同的认识。根据大多数心理学家观点,人区分于他人的个体本质特征就是人的个性或人格,保障个体的尊严也就是要尊重个人独特的个性和人格。传统理性主义伦理学认为,人与动物的根本区分是人是唯一具有理性的存在者,一些理性主义学者把人的理性本性又细化为人的自治、自决、自律和自控能力等,因而提出捍卫人性的尊严也就是要尊重个人在生活中的自治、自决、自律和自控能力。马克思认为,人作为类的本质特征是自由的、有意识的生命活动,也即实践,动物都依赖本能而被动生存,唯有人通过发挥意识的自觉能动性来改造客观世界的方式而生存;人作为个体总是具有自然属性和社会属性,但社会属性构成人的本质属性,"人的本质在其现实性是一切社会关系的总和"。根据马克思,人性无所谓先天的善或恶,人的本质都在后天实践中形成,每个人所处的独特社会关系正是人的个体本质形成的基础,其中生产关系又是一切社会关系的基础。实现人的尊严的基本途径就是实现人在劳动过程中的自由,这又必须从两个方面来努力:其一,发展生产力,使劳动逐渐不再是谋生的手段,而是成为人的需要;其二,改革生产关系,确立公有制,使人成为生产资料、劳动过程和劳动成果的主人。总体说来,与人具有类的存在和个体存在两种方式相对应,人性尊严包括人作为一种类存在相对于其他万物的尊严和人作为个体存在相对于其他人的尊严,前者是后者的根据与基础。因为人作为类的理性本性的自治、自决、自律和自控能力在公共关系领域中总是通过一系列合法自由权利才能展现,所以,人性尊严构成公民个人权利的根据与最高原则。人的自治、自决、自律和自控能力在个人与自我的关系领域中体现为个人的德性,维护人性尊严对个体所提出的要求就是个人在私人生活中努力提升自身的德性,即自尊自重。

2. 人的尊严与人的权利之间的关系

学界对人的尊严与人的权利之间的关系有两种截然对立的观点:一种观点主张人权是人的尊严的基础,人的尊严是人权中的一种,即不得受侮辱的权利;另一种观点主张人的尊严构成人权的基础,对人的任何合法权利的侵犯视同对人的尊严的侵犯。课题组坚持第二种观点,即认为人的尊严是人权的基础，人权是对人的本质特征即自由在公共关系领域中的合法化和具体化，人的尊严在法律层面正是通过人的各项合法权利神圣不可侵犯而体现出来，也即人权之所以神圣不可侵犯的根源就是因为人之为人的尊严神圣不可侵犯，同时任何对人的合法权利的践踏行为都属于对人的尊严的侵犯。但课题组赞同我国学者甘绍平的观点，认为人的脆弱性和易受伤害性使人对在公共关系领域应该得到作为人的应有尊重产生强烈的需求，保卫人的尊严的底线应该是坚决捍卫个体不受侮辱的权利，即人格尊严权。这里的不得受侮辱，其核心是我国当前法律体系中的人格尊严权，主要包括宪法第38条所规定的人格尊严权，即"中华人民共和国公民的人格尊严不受侵犯。禁止用任何方法对公民进行侮辱、诽谤和诬告陷害"，民法通则第98、99、100、101、102条对公民的生命健康权、姓名权、肖像权、荣誉权的规定，刑法第246条对侮辱罪的规定等。

值得一提的是，"侮辱感"是一个主体性概念，以当事人的羞耻感为基础，受当事人的所处境遇、认知水平、思维定式、非理性情绪等的影响。遭受同样的对待，可能有的人强烈感受到被侮辱，有的人则可能只产生不舒服的感觉，还有人甚至可能完全没有感到被冒犯。其中，辱骂、殴打、猥亵、非法强制等将可能造成当事人完全丧失自身作为人的信念，形成严重的、难以消除的心灵伤害的行为属于侮辱人的人格尊严的行为，这在目前的常识和学界中已经形成初步共识。对于公然蔑视、忽视等是否属于侮辱人的人格尊严，则需视具体情况而定。因而界定是否构成"侮辱"的法律事实尚需学界和司法界进一步探讨和明细。另外，鉴于"侮辱感"的主观性，除了法律明文规定人格尊严不受侮辱的确定性事项外，"不受侮辱"更适合将之作为一项公共关系领域中的道德权利和义务来对待。

3. 人的尊严与人的幸福之间的关系

任何正常心智的人都必然同时欲求幸福与尊严。思想界对于尊严与幸福二者之间的关系，特别是二者何为至高的价值，二者是否统一等存在不同认识。其中比较有代表性的观点有：在古希腊哲学家亚里士多德看来，幸福是人的终极目的和至高的善，人追求尊荣、德性都是为了幸福；在近代哲学家康德看来，虽然人都必然欲求幸福，但人的尊严而非幸福是至高价值，至善是德性（尊严）与幸福的结合；在现实生活中，幸福与德性（尊严）之间没有必然的联系，只有悬设上帝存在，至善才有可能实现。

　　笔者认为，幸福与尊严二者同为至高价值，并具有对立统一的关系。幸福与尊严相互联系、相互促进。经验中人们总是把幸福理解为人的各方面需求，包括尊严这一高级精神需求得到满足的整体状态，个人尊严的实现将有助于其幸福感的形成。一个完全丧失尊严的人，根本不可能有幸福感，在这个意义上，实现人的尊严是实现人的幸福的前提。同时，正如托尔斯泰所说，尽管不幸的人有各自的不幸，但生活幸福的人大多是一致的，比如事业有成、德性卓越、家庭完满等。幸福的人一般对自身和社会的认同度较高，和他人也多处于良性互动的关系之中，因而往往也更能得到他人的认可和尊重。在这个意义上，实现人的幸福是实现人的尊严的基本途径。但尊严与幸福毕竟具有不同的含义，代表着人的两种不同追求，正如鱼和熊掌不可兼得，义利难以两全，在某些场合下，二者可能呈现相互排斥或否定的现象。现实中绝大部分人把幸福视为唯一的至高价值。不同的人对幸福的内核和构成关键要素具有不同的理解，许多人将感性欲望的满足作为幸福的基础和前提，在特定际遇下，有些人可能为了满足自己的某些感性欲望而去践踏他人尊严，甚至自身的尊严，经典案例是那些为了一己私利公然侵犯他人合法权利或者对权贵阿谀奉承、卑躬屈膝、出卖良心和人格的现象。现实中也有人把尊严视为唯一的至高价值。有的人难以承受自己的亲人或自身的尊严遭受公然羞辱，在特定际遇下，为了捍卫他人，特别是自身的尊严，可能做出摧毁自身幸福的极端事情，典型案例就是那些受辱自杀或激情杀人的情况。也有人可能为了国家荣誉、民族气节而献出个人生命，这也属于将尊严至于个人幸福之上的行为。二者出发点不一样，引发的后果也不一样，前者引发谴责，后者引发颂扬。引导个体正确处理幸福与尊严的关系，使二者有机统一并形成良性互动，这是社会各界，尤其是教育界的重要任务。

二 尊严、尊重的类别、尊严观及其基本范式

（一）人的尊严概念的分类

随着人们的尊严意识逐渐加强，尊严一词在日常生活中获得了广泛地使用，但由于尊严这一概念内涵的丰富性，在不同场合中人们所使用的尊严其意指的对象可能千差万别，我们可以将学界与常识中所使用人的尊严概念根据不同标准纳入不同的类别之中。以人的存在方式为依据，可将尊严划分为人作为类的尊严、作为群体的尊严和作为个体的尊严。人类的尊严侧重强调人作为自然界的一个特殊物种因其某种独特能力（比如理性和意识的能动性）相对于自然万物的优越性或提升。群体的尊严意指赋予某一共同体同一性的特定价值或行为规范。个人尊严有三种含义：其一，某一系统中特定身份的个体，比如君王，不可侵犯的地位与权力的象征。其二，任何人作为人本身就具有不可侵犯的至高价值。其三，某些个体因在生活中展现出杰出的道德、智慧和成就从而赢得自我和他人的敬重感。本项目将要探讨的个人尊严主要意指其中的第二种和第三种含义。根据尊严与人的情感体验是否相关，尊严可划分为规范性尊严和尊严感。所谓规范性尊严，指出自理性应当无条件敬重人本身的命令，不随个体的情感体验变化而变化，并构成个人权利抗辩与义务诫命根据的尊严概念，这是一种侧重"应然"向度的尊严概念。尊严感是社会的价值认定与个人的自我肯定的有机统一，指个人对自身的一种情感满足感、价值感、自豪感，对他人的一种肯定、欣赏、仰慕感，它促使人追求和捍卫自我的尊严，避免侮辱和轻视，同时对他人的卓越赋予肯定、称赞和敬重的荣誉，具有程度的差别，是一种侧重"事实"向度的尊严概念。根据具体学科及研究侧重点的不同，人的尊严概念可以分为伦理学尊严概念、政治学尊严概念、心理学尊严概念。伦理学尊严概念也可称为道德（德性）尊严概念，侧重揭示人的尊严与个人德性、德行之间的关系，强调以人的内在自由为基础的道德构成人相对于自然他物的尊严标志，主张通过个人努力提升自身的德性、德行来展现和捍卫人的尊严，这是一种自我完善的权利和义务，以耻辱感和自尊心作为道德心理基础，激励主体追求道德提升和完善自我，即"尊严主体依靠自己的主观努力完善各自人生理想的一种道德权利和义务，其实质是人

的无限性、坚韧性和自我完善能力对高贵人性的追求"①。伦理学的尊严概念主要运用于规范个人与自我的关系,但也要求个人在态度中自觉尊重他人的人格与合法权利,同时自觉履行对社会的责任与义务,对他人的义务在对自我的义务基础上产生。由于尊严主体的具体情况千差万别,每个人展现出来的道德水平也呈现主观性、偶然性、特殊性和差异性,伦理学意义的尊严可以随着人的道德修养和德行的提升而得到提升,也会随着人道德修养和德行的下降、堕落而萎缩甚至丧失。政治学尊严概念也可称为权利尊严概念。正如上文探讨人的尊严与人的权利之间的关系时所指出,学界对政治学领域的尊严概念有两种对立的观点:其一,坚持人的尊严是人自身的内在价值,构成人的合法权利的基础,主张捍卫人的尊严基本路径是保障人交互关系中的合法权利,主要运用于规范个人与他人、国家和社会之间的关系。其二,认为人权是尊严的基础,认为人性的低微层面具有脆弱性和易受伤害性,人人都欲求维护自我,避免受到侮辱,尊严就是人权中的一种人格不受侮辱的权利。从广义上讲,社会学、法学等领域中所探讨和运用的尊严概念都可以归于政治学尊严概念。心理学尊严概念侧重描述人对尊严的自我意识、自尊和他尊心理及其影响因子,属于人主观体验的领域,关注人的尊严感形成、变化及其对行为者决策和生活的影响机制。尊严还可以被划分为承认性尊严和评价性尊严;前者强调对人作为人本身或某一团队成员尊严资格的认同和接纳,具有平等性;后者强调根据个人的道德、事业等成就而赋予不同个体不同级别的荣誉与报酬,体现了一种"努力挣得"的尊严,具有等级性。

(二) 尊重的分类

与尊严相对应的情感反应和道德义务是尊重,保障人的尊严总是意味着对人的尊重。尊重可以依据不同标准划分为不同的类别,最常见的划分是自我尊重和尊重他人。自我尊重体现了对自己的个性、能力、价值的认可、接受与促进,对自身的身体、名节、人格、合法权利等的爱惜。尊重他人是对他人的人格、合法权利、自我抉择、个性、能力、价值等的认可与尊重。尊重他人还可以依照不同的根据再细分,比如可以

---

① 任丑:《人权视阈的尊严理念》,《哲学动态》2009 年第 1 期。

划分为态度中的尊重和权利中的尊重，态度中的尊重要求行为者在言行、表情、体态和礼仪中能够得到他人作为人而对待，如果没有得到应有尊重，当事者将会体验到被蔑视感和屈辱感，但其物质利益不一定必然受到影响；权利中的尊重要求行为者的合法权利受到他人应有的尊重，如果没有实现，当事者除了体验到屈辱和被蔑视感之外，其合法权益也往往受到一定的损害。态度中的尊重和权利中的尊重并非总是一致，一般而言，有些场合中，人在合法权利受到侵害的同时，在态度中往往也会遭受到恶劣的对待，但也有很多侵权事件是在侵害者彬彬有礼以隐瞒或欺骗的方式进行的。事实上的尊重同时包含态度中的尊重和权利上的尊重，二者是逻辑上的"并且"关系，缺一不可。尊重还可以划分为保障式尊重和促进性尊重，二者分别构成实现人的尊严的基本途径。所谓保障式的尊重也是消极式尊重，侧重强调的是不可侵犯人的尊严某一属性的义务，其核心要求是不伤害、排干扰、不把他人当作没有情感、没有自由的物化工具、不干涉他人的正当选择，以法律为手段捍卫、救济人的尊严等都体现了保障式尊重。因为各种主客观原因，人的尊严具有脆弱性和易受伤害性，比如人格自甘堕落或被他人践踏，因而人的尊严首先是一个需要保障的对象。所谓促进式的尊重侧重强调的是积极帮助和发展人的尊严的某一属性的义务，其核心要求是努力实现自我和主动行善，尽可能创造条件发掘和完善自身的潜能，实现人的创造性；尽可能帮助他人实现其想要达到的目的，比如创造条件改善第三者的生存基本境遇和帮助他人实现其梦想等就体现了一种对他人的促进式的尊重。尊重还可以划分为承认性尊重与评价性尊重。承认性尊重意指认可任何人作为人本身或具有人的基因组和生命特征都具有至高价值与绝对价值的尊严资格，强调尊重的平等性；评价性尊重意指对某些杰出人物因其后天努力所展现出来的突出成就而对其能力、贡献和价值赋予更高的敬重、赞扬和奖励，评价性尊重在本质上是行为者通过努力挣得的"荣誉"与"报偿"，具有等级性。

尊重人在根本上是尊重每个人格中的人性，但不同的人对人性具有不同的理解，从而对应该尊重人的什么方面也具有不同的认识。一般认为，尊重人首先意指尊重人正常的生理、安全的需求，这是尊重人的前提与基础，但也包括对人的精神世界的尊重，关于后者意见纷呈。有人认为理性是人有别于自然他物的基础，所谓尊重人就是要尊重人的理性，理性的本性主要体现在人高于只能服从本能束缚的动物而言的自治和自决能力中，因而尊重人就是要尊重人的自治和自决能力；有人认为人性体现在人独特的个性和能力中，因而尊重人就是要尊重人的个性和能力；有人认为人性体现在人的独特价值存在和价值实现之中，因而尊重一个人就是要认可这个人的独特价值，并为人的价值实现创造条件；还有的人认为人的本性体现在人的非理性的独特的情感体验之中，因而尊重人就是要尊重人的情感需求和情感特性。课题组认为尊重人包括尊重人的人格、合法权利、自主性、独特性、劳动、贡献和发展等多个方面。

（三）尊严观的基本范式

人们对尊严的认识或尊严在人的意识中的呈现构成尊严观，尊严观包括人对尊严概念、尊严根据、尊严主体、捍卫尊严原则、实现人的尊严的具体路径等问题的认识。由于人们对尊严的理解不同，人类社会历史长河中涌现出许多种不同形态的尊严观，学界依据不同标准将之划分为不同的范式。我国学者张容南将人的尊严观分为古代范式尊严观与现代范式尊严观，指出古代范式尊严观与身份、德性相关，表现为要求荣誉，具有等级性；现代范式尊严观与人的绝对价值相关，表现为要求承认，具有平等性。[①] 韩德强将人的尊严观划分为等级秩序性尊严观和普遍平等尊严观。美国学者奥利弗·森森提出人类尊严观具有古代范式尊严观、传统范式尊严观和当代范式尊严观：古代范式尊严观指社会中政治权力更高的级别或较高的地位，它仅仅只能用于少数人。较高的地位带来特权，但也暗含行为和举止必须与其地位相一致的义务。传统范式尊严观主张人的尊严在于人在自然中具有特有的能力，如理性，从而使人能够独立于直接的自然规定，这使人与其他任何事物区分开来，人也具有正确运用理性的义务。当代范式尊严观将人的尊严理解为人的一种特定价值，即"绝对的""内在的""无条件"的价值，这种价值与其他任何事物所具有的相对价值相对应，绝不可能和其他价值交换，只要作为

---

① 张容南：《古典尊严理念与现代尊严理念之比照》，《华东师范大学学报》2011年第3期。

人本身都具有这一绝对价值，这是人必须得到尊重的规范性理由。①

课题组认为，关于尊严观的第一种和第三种划分都不太科学，因为所谓古代范式尊严观显然也一直存在于现代，比如至今我们在外交、官方和很多礼仪习俗中要求必须体现出人的不同身份的级别，现代范式尊严观在古代也有所表现，比如古希腊斯多亚学派就坚持认为，人同为世界公民中的一员，即人的尊严资格一律平等。因而仅以时代作为不同尊严观的划分依据并不科学。课题组采纳但发展韩德强的基本观点，主张人类社会自始至终所存在的尊严观具有两种最基本范式：等级尊严观和平等尊严观。

等级尊严观最早产生于古代社会，并在其中作为主流尊严观而存在。古代很多国家和地区都主张人因为出身、职务不同而具有不同的社会地位，较高的地位带来特权，在公众场合和社交礼仪中应受到更高水平的对待。我国孔子提出的"正名""君君，臣臣，父父，子子"也是这一尊严观的反映。时至今日，这种尊严观在社会心理领域还以各种变体，比如官本位的形式而存在，当今中国依然有很多人认为，权势是人的尊严的象征，更高级别的权势代表更高级别的尊严。另外由于多种原因，进入近代以来，财富占有量决定人的尊严度这一观点也相当普遍，特别是在民主与平等意识不发达的国家更是如此，这是一种典型的等级尊严观。除此以外，还有一些人主张不同的人因在实践中所体现出来的理性能力、道德水平、智慧水平、成就水平的不同，也应受到不同程度的尊重，这种观点将尊严理解为一种社会生活中的人格价值评价和荣誉分配领域中的报偿对象，也是一种等级尊严观。等级尊严观在当今时代和当今中国主要以财富、权势至上尊严观和道德、智慧精英尊严观的形式而存在，其持续存在的深层次根源在于个体的先天禀赋和后天努力差异性的客观性。等级尊严观激励个体为了提升个人的尊严并获得他人的尊重，努力获取并展现个人的尊严资源，比如财富、权势、德性、智慧、事业成功、社会贡献等，因而等级尊严观在很多场合中可作为社会的动力而存在，但其中财富和权势至上尊严观容易走向异化，并给社会带来更多破坏性

---

① Oliver Sensen, *Kant's Conception of Human Dignity*, Kant-Studyien, 100. Jahrg. Kant-Studien, Walter de Gruyter, 2009, pp. 309－331.

影响，课题组将在第四章中进一步对这一问题展开论述。

平等尊严观主张人的人格或政治地位、合法权利平等，无论其身份、财富、功绩等具体情况如何，只要作为人就享有平等的尊严，它也产生于古代，比如古希腊的斯多亚学派就坚持平等尊严观，但平等尊严观在世俗领域里逐渐成为主流尊严观是在文艺复兴、特别是启蒙运动之后。自进入近代以来，平等尊严观与民主、平等、普遍人权和法治观念一起逐渐演变为人的共识。当今人们所倡导的人无贵贱之分、劳动无贵贱之分、法律面前人人平等、权利平等、机会平等、人格尊严平等种种类似观点就其实质而言都是平等尊严观的某种表述。另外，进入当代以来，那些主张只要不危害他人与社会，个人享有个性自由和自主选择权、发展权，个体的个性、本真情感都应该受到无条件的尊重和认可，这在本质上也属于平等尊严观的表现。

人类社会一直在追求普遍平等与杰出卓越的张力中得以前进，平等尊严观和等级尊严观正是这一状况的反映。这两种尊严观在各自领域中有着其存在的根基，在实践中发挥着不同的作用，不可被替代、不可被取消。一方面，就人的尊严资格和底线尊严而言，即人的人格和权利尊严而言，无论其身份、地位、性别、年龄、健康、品性等具体情况如何，任何只要具有人类的基因组和生命特征的人就应该具有尊严资格，并享有作为人的、平等的人格尊严和权利尊严，个人、国家和社会都必须在事实和事态之中承认任何人作为人的尊严资格，并平等尊重、保障人的人格尊严和权利尊严，这是捍卫人的尊严的起点和限制性原则。另一方面，不同个体由于其道德、智慧、成就的水平不同，必然激发自己和他人、社会不同程度的敬重感，也即人的尊严又具有主观差异性、层次性，体现了尊严的评价性和报偿性尊严，表征个人依靠努力赚取的一种荣誉。任何人皆有荣誉之心，就人的尊严的等级性而言，捍卫人的尊严对个人的要求是尽其所能发挥个人的主观能动性以提升自身的德性与创造水平；对国家和社会的要求是通过制度、文化建设等多种途径，尽最大努力创造条件尊重并促进个人尊严的提升。

第二节 何谓有尊严的生活

人的尊严体现在人的现实生活当中，任何人都渴望被人尊重，让每人都能过上有尊严的生活是政府的工作理念，也是个人的奋斗目标，这是人类社会永恒的、普遍的追求。然而何谓有尊严的生活？这里的"有"既可能是主体的自我感觉、体验、意识，也可能是来自他人和社会的一种评价。不同的人对有尊严的生活的理解并不相同，常识中人们大多将之简单理解为拥有大量物质财富的生活，还有人将之理解为体面的生活。毋庸置疑，有尊严的生活需要一定量的物质财富，但与物质财富的占有额度并不一定呈正比的关系，同样有尊严的生活与体面生活有一定的联系，但也不完全等同，有尊严的生活具有一系列的规范性要求。① 课题组在此先说明有尊严的生活与物质财富拥有量之间的关系，有尊严的生活与体面生活的联系与区别，然后围绕着人的尊严根据，即自由的本性来阐释有尊严生活的基本要求。概而言之，任何有助于人的自由本质的保障或提升，都是保障或提升人的尊严的力量；反之，任何妨碍人的自由本质展现的因素都是压抑或践踏人的尊严的力量。

一 有尊严的生活与物质财富拥有量之间的关系

（一）拥有一定量的物质财富是有尊严的生活的前提条件

如上文阐明人的尊严的内涵时指出，自然万物依本能和自然规律而生活，受必然性的制约与决定，人不同于其他万物的最本质特征就是人可以摆脱本能和自然规律的束缚，具有自由意志、自由选择权和自由创造的能力，即人在本质上是自由的，因而捍卫人的尊严在根本上就是捍卫人作为人本身的自由及以其为基础的合法权利。在人的多项权利中，最为基本的是人的生存权，理性的生命存在是人的尊严的物质载体，因而捍卫人的尊严首先要求捍卫人的生存权。这里关键是明确何谓"人"的生存权？人的生存权不仅仅是维持人的生命特征的权利，而是保持人

---

① 本节内容在本项目已经公开发表的阶段性成果的基础上扩充和完善而成，参见刘睿《何谓有尊严的生活》，《中国教育报》2014年10月24日。

作为人的本质特征，即具有自由本性的生存态的权利。当人的生存条件极其恶劣从而导致人仅能服从动物式求生存本能的需求时，人为了维持最基本的生存就不得不屈从于外界的环境和他人的意志，从而完全丧失了作为人应有的自由选择权，也即过着"非人的生活"，丧失了人的尊严。我国学者贺来曾指出："如果面对突破边界的入侵力量，一个人只能说'是'而失去了'说不'的可能，那么个体生命的私人空间就随时面临被外在权威侵入并完全溶解的危险。"[①] 所以，有尊严的生活首先要求人必须拥有维持作为人的生存的基本物质文化生活条件，也就是说，拥有一定量的物质财富是有尊严生活的前提条件。所谓"一定量"指在不同物价水平下依然能够满足作为人的基本生存需求的物质财富量，即能够维持作为人的基本的衣、食、住、行等条件的物质资料占有。就这一点而言，一些生活在绝对贫困线以下以至于不能维持最基本的生存或者仅能维持最基本的肉体生存的家庭和个体所过的生活就是没有尊严的生活。比如目前在农村由于社会养老保障水平过低，大多数农村地区老人60岁后只能领到每月70元左右的养老金，这70元钱当然不能维持个体作为人的最基本物质文化生活水平，甚至连人作为一般生物的最基本的生命存在也难以维系。由于绝大多数农村老人在年轻力壮阶段收入水平并不高，所赚取到的有限资金往往都投入住房建设、抚育子女和帮助子女结婚成家等各项开支，缺乏足够的个人养老储蓄金。因而农村老人目前的养老主要依赖家庭，特别是子女的孝顺心、怜悯心和道德良知来维持。很多农村子女不愿意赡养自己的父母，在缺乏强有力的法律制约下，不少人选择遗弃或半遗弃年老体衰的父母。因而目前相当部分的农村老人得不到社会和子女应有的尊重和照顾，有的甚至连最基本的一日三餐都难以保障，更谈不上重大疾病的护理，生活丧失基本的尊严度。还有一些老人虽能够从子女那儿领到施舍般的一日三餐，但生存条件极其恶劣，只能像一般动物那样活着。笔者亲眼见到一位盲人高龄老人生活在到处漏雨、恶臭扑鼻的土砖房中，将儿子送到门口的饭碗翻到地，用手在地上摸索抓饭吃的情景。显然，她虽然维持着作为生物体的生存，但她的生活状态完全谈不上有尊严。正是因为缺乏基本的养老保障，每年

---

① 贺来：《有尊严的幸福生活何以可能?》，《哲学研究》2011年第7期。

各个地方都有一些农村老人在贫病交加时不堪忍受这种极度没有尊严的非人生活被迫走向自杀求死的道路。前面那位盲人老人后来摔跤瘫痪后最终以绝食的方式离开人世。除了农村老人，还有城镇中因残疾、疾病等各种原因被迫在大街上行乞谋生的人，他们虽然都活着，但其生活也很难说得上有尊严。要使这类弱势群体能过上有尊严的生活，在根本上依赖社会生产力持续发展和社会制度的完善，当下完善社会养老保障体系和社会救济体系来帮助弱势社会群体满足其最基本的生存需求，使其维持作为人而非仅一般生物的生存水平具有突出现实意义，课题组将在后文中论及这一问题。

(二) 有尊严的生活与个体物质财富占有量不呈正比关系

有尊严的生活虽需要一定物质财富为前提条件，但与物质财富占有量并不呈正比关系，即并不是说个人占有的物质财富越多，就越具有尊严，财富越少就越没有尊严。人的尊严具有平等的尊严资格和报偿性荣誉两种基本形态，当人的尊严作为报偿性荣誉范畴之时，总是意指某些人因其端庄得体的言行举止，卓越的道德、智慧或成就而引起自我与他人敬重、赞扬和积极评价的事实状态或内心体验。但在日常生活中很多人对人的尊严这一内涵的理解与使用走向异化，主要表现为脱离个人的才能、德性和后天努力而仅以其外在的成就作为人的价值的评价依据，其极端形式就是仅以人的财富占有量作为人的尊严的根据和评判标准，并将"有尊严的生活"简单理解为拥有足以引起常人羡慕或赞叹的物质财富的生活。他们推理的基本思路往往是：人的尊严是对人的能力和价值的认可，财富是人的能力和价值的体现，因而人的尊严应该由人的财富占有量来体现。这个推理的大前提和小前提都存在明显的问题，大前提：人的尊严是对人的能力和价值的认可，这一观点没有明确：作为不可替代、不可交换的至高价值的尊严并不是人的所有价值，只是人作为人本身的内在价值，即人区分于动物的本质特征：理性、道德性与创造性，人的任何外在价值，如财富和地位都是可替代、可交换的价值，不能构成人的尊严的依据和尺度。这个推论的小前提问题更明显：财富并不一定是人的能力和价值的体现。我们知道，财富在现实中可以通过很多途径，比如继承、赠予、投机、国家政策补偿，甚至欺骗和暴力掠夺等途径获得，当财富的获得与个人的能力、德性、智慧或努力脱离直接关系时，它与人的尊严度就失去必然的联系；只有当财富依靠个人的能力、德性、智慧或努力等内在力量，特别是依靠通过诚实劳动、勤奋节俭、合法经营而获得时才是值得尊重的。所以归根结底，个人的内在价值而非依外在价值，特别是财富占有量并非是决定人的尊严度的根据。在个人的所有内在价值中，德性又是最为关键的一点，因为只有依法获得并愿意将财富服务于社会大众的人才配得到更高的敬重，一个依靠非法途径拥有巨额财富，或仅追求自我的享受和显摆，甚至恃富而骄、仗势凌人、为非作歹的人，即使所拥有的财富再多也是一个不值得敬重的人。所以虽然说一定量的物质财富是使人过上有尊严的生活的前提条件，但当人掌握能够满足基本的物质文化生活需求的财富量之后，个人的尊严度与个人财富占有量就并不一定呈正相关的关系。

二 有尊严的生活与体面生活的联系与区别

在日常生活中人们一般把"尊严"与"体面"两个概念相等同。这两个概念在很多场合中的确可以互换使用，但就其具体内涵而言它们还是有一定的区别，厘清二者的基本联系与区别，有助于进一步深入、准确把握有尊严的生活的基本内涵。

"体面"一词的最初含义是"体态""容貌""面子""名誉""地位""声望"等，意指当个体的作为受到其所处的时空的认可或嘉许时内心的感受。在日常生活中，体面的生活是每个人的奋斗目标，但不同的人对何谓体面的生活理解不一样。一般认为，和普通大众比较，在衣、食、住、行等方面，生活更宽裕、更讲究、更从容和更舒适并足以引起普通人羡慕的生活就是体面的生活；相对而言，拮据的生活和局促的生活就是不体面的生活。对体面的生活这种理解强调人所拥有的外在条件或价值较普通人优越，是一种以比较为基础的评判。但也有一些人认为，体面的生活和外在的光鲜并没有直接的关系，只要是诚实劳动、自食其力、正直守法、行为得体的生活都是体面的生活，而那些违法、寄生于他人或道德堕落的生活都是不体面的生活，对体面生活的这种理解强调人的自立自强和行为的得体。

对比"尊严"与"体面"两个概念的基本含义，我们发现，"尊严"与"体面"都有值得肯定、尊重的含义，在一般情况下，体面与评价性尊严含义更接近。当评价性尊严走向异化，即以财富等外在价值作为评价标准时，它接近"体面"的第一种内涵，只不过"体面"这一提法更口语化，更能为普通民众所接受。当评价性尊严以卓越的德性作为评价依据时，它与"体面的"的第二种内涵具有相通性。

因而，"体面的生活"与"有尊严的生活"这两个概念的内涵具有交叉关系。在很多时候，体面的生活就是有尊严的生活。但二者之间还是存在一定的区别。有尊严的生活更注重对人的内在价值的评价，平等性尊严强调人作为人本身的价值，等级性尊严强调人内在卓越的德性或智慧，仅将人的外在价值作为人的尊严的评价依据属于其异化形式，经不起理性的反思与质疑。而体面的生活更多的是强调人的外在的价值或行为表现，更注重社会或外界对个人的肯定与赞美，因而在很多时候"体面的生活"也直接被理解为"有面子的生活"。仅以体面的生活作为奋斗目标容易引导人仅仅追求外在的价值，刺激人的攀比与虚荣之心，而尊严在根本上与自傲、自大的虚荣心相对立的。更为重要的是，由于绝大多数人容易将体面的生活仅理解为物质条件宽裕引人羡慕的生活，仅将体面生活作为奋斗目标就容易忽略在捍卫人的尊严工作中对自我的内在道德提升与人性完善的基本要求，同时也容易忽略对人作为人本身的人格与基本权利的尊重与保障，因而在事实上将可能背离有尊严的生活的基本要求。

三　有尊严的生活的基本要求

（一）有尊严的生活是人的基本物质文化生活条件和需求能得到充分保障和满足的生活

因为人的尊严的根据在于人的自由本性，所以有尊严的生活首先是一种人能维持作为"人"而生存的生活，即人的衣、食、住、行等基本物质文化生活条件能得到充分保障的生活，其基本判断标准是人的生存尚可以保留作为人的自由度，也就是说，当人拥有基本物质文化生活手段时，人就可以超越当下动物性求生存本能的强制，从而具有最基本的自由选择权，也即对非人对待说"不"的权利。当人的物质生活条件极为匮乏，只能停留在求生存本能阶段时，为了求生存，人可能会被迫接受最无人性的工作条件，比如众人杂居在极其简陋、仅能遮风挡雨的大棚之中，不分性别、不分老幼、食仅果腹、衣仅保暖，没有卫生间、没有空调及其他家电，没有基本的安全保障措施，还要听凭人打骂、凌辱，每天可能上班长达16小时甚至20小时，甚至被锁住，丧失基本的行动自由等工作条件。当人被迫生活于这种恶劣的生活条件并丧失了说"不"的机会和可能性时，人事实上就陷入了没有自由的动物式的生存状态，人的生活就丧失了基本的尊严。还有在少数极端情况下，人为了自己的生存被迫做出最无人性的事情，比如公开抢夺他人嘴边的食物，甚至杀害同类弱者吃掉其肉。在这些情况中，人虽都作为生物体活着，但事实上其生存和一般动物并没有二样，甚至尚比不上一些社会性动物，人丧失了作为人的尊严。所以，保障人的尊严的前提就是保障人基本的物质文化生活条件，这主要依赖个人的辛勤劳动和主观努力，但对于一些弱势群体，也依赖于国家和社会的保障和扶助。

（二）有尊严的生活是个体人格能受到平等尊重的生活

尊严作为人本身的至高价值和绝对价值表明，任何个体作为人本身其人格尊严一律平等，即人无高低贵贱之分，无论其财富多少、权力大小、地位高低、年龄情况、性别男女、民族为何等，都应该受到平等的对待和尊重；根据人的财富、权势、出身、年龄、性别、民族等任何偶然性的条件，对个体的人格进行区别性对待，都将贬损某些被"矮视"人的人格尊严。因而有尊严的生活指个体无论出于何种条件之下，作为人本身，其人格都受到平等尊重与保护的生活。就此要求而言，那些因贫穷、貌丑、残疾、职位低等各种原因被社会和他人蔑视、诋毁、嘲讽、羞辱对待的人，其尊严都受到了某种程度的损害。根据人格尊严的基本内涵，捍卫人的尊严首先要求保障我国宪法所规定的各项基本的人格权；其次，要求在态度、语言、礼节和行为举止方面对每一个人都保持尊重、友善的态度，禁止侮辱、蔑视、诋毁任何人的人格；再次，要求尊重每个个体的自由选择和承担责任的能力；最后，对个人提出了对自我尊重的义务，即要求个人不得为了任何外在利益而贬损自己的人格，如出卖肉体或某一器官，出卖良知、人格对他人卑躬屈膝和阿谀奉承等。

（三）有尊严的生活是个体合法权利得到平等和充分保障的生活

有尊严的生活是人的类本质，即自由得到充分保障与体现的生活。人的自由分为外在自由与内在自由。其中外在自由意指人在交互关系中在不妨碍他人合法自由的前提下摆脱他人或社会强制的自由，这构成人的基本权利。捍卫人的外在自由的基本要求就是尊重任何个体的合法权利，侵犯公民的合法权利就等于践踏公民作为人本身的尊严，因而有尊严的生活必须是一种人的基本权利能得到法律平等和充分保障的生活。前任国家总理温家宝对此曾指出：有尊严的生活首先是每个公民在宪法和法律规定的范围内，都享有宪法和法律赋予的自由和权利，国家要保护每个人的自由和人权。在前总理温家宝看来，保障人的合法权利是有尊严生活的第一个基本要求。一个人即使拥有再雄厚的物质文化生活条件，如果其基本自由和人权得不到法律的保障，她（他）所过的生活依然是一种没有尊严的生活。比如一个被爱人提供最豪华、奢侈的物质文化生活条件却被限制基本的人身自由或行动自由的女子的生活就谈不上有尊严。值得注意的是，这里所谈的"人的合法权利得到平等和充分保障的生活"中的"人"不是指个别人或少数人，而是指一切人或任何人，任何个人或机构决不能以任何形式为了一部分人或者大多数人的利益而牺牲少数人或个别人的合法权利，除非其同意，否则就是将那些被迫牺牲的人仅用作了工具，即等同于没有自由的一般事物。就此而言，保障人的尊严就是要保障人的合法权利，特别是排除来自第三方的干预和伤害。保障人的合法权利依赖公民自身的能力和主观努力，但更依赖国家和社会的帮扶，因为即使再强大和再智慧的个体在整个社会面前都将软弱无力，其权利的保障必须借助国家的强制性力量，这也是国家的基本职责和其存在的合法依据。对那些由于各种原因缺乏保障自己合法权利的条件或能力的弱势群体，比如被迫或被哄骗以低价转让自己土地使用权却不懂得用法律武器来保护自己的农民，国家和社会应该提供更多的扶助。

（四）有尊严的生活是个人的自主、自治、自决性能得到他者尊重的生活

动物只能依本能和自然规律而生活，个人的自主、自决和自治能力是人的自由本性的集中体现，也是人高贵于动物的尊严的根据。伯林曾对个人的自由选择对于有尊严生活的必要性做出说明："人之有别于动物，首要之处不在于他拥有理性，也不在于发明了工具与方法，而在于能选择，人在选择时而不是被选择时才最成为自己；人是骑士而非马匹；人是目的的寻求者（而不仅仅是手段），并以他自己的方式追求目的；可

想而知,追求的方式越多,人的生活就变得越丰满;个体间相互影响的领域越广,新的和预料之外的机会就越多;他沿着新鲜而未被探索的方向改变其自身性格的可能性越多,展示在每一个个体面前的道路也就越多,他的行动和思想的自由就越宽广。"[1] 因而有尊严的生活是只要不危害他人,人在事关自身生活方面的自主、自决和自治性都应该得到他人和社会尊重的生活。简而言之,有尊严的生活也就是人在生活中能做自己主人的生活。个人的自主、自决和自治性通过人的自我发现、自我辨别、自我选择、自我决定、自我设计、自我表现、自我实现、自我管理、自我控制、自我承担等一系列具体的法律权利和道德权利体现出来。就此而言,捍卫人的尊严不仅要求尊重和保障公民的合法权利,还要求在生活中尽量尊重个体不危害他人和社会的任何自主选择和决定,其核心是保持和尊重人的独立性,确立私人生活领域中人与人之间的界限。强调这一点在私密关系领域中具有特别重要的意义。一般而言,人对那些与自己关系疏远的人往往具有较强的界限意识,能尊重他人的合法权利,但在私密关系领域中,比如伴侣关系,亲子关系,朋友关系,师生关系等,人往往很容易丧失基本的界限意识,因为各种原因,特别是想要帮助实现对方的福利,将自己的价值观和意志强加于人,从而使对方丧失了自我选择权。比如那些生活、发展,甚至职业和婚姻都被父母代为决定的子女,那些个人生活习惯、方式被配偶强行改造的人,本人和牵线木偶没有实质性区别,尽管可能过着十分体面的生活,但其作为人本身的自由和尊严受到了忽视、压抑和侵犯。个人的自主、自决也包含着个人的自我表现,因而每个人都应具有独立的、不受他者侵犯的私人生活空间,这要求个人生活隐私不受外界干扰和窥视,人与人之间应该保持必要的距离和界限,这一点构成有尊严生活的基本要求与体现。德沃金提出人类尊严的二原则中的第二条正是对此要点的阐述:"主张每个人都对实现其自身生活的成功负有特殊的责任,这种责任包括,自行判断何种人生对于他自己而言是成功人生的责任","必须是自己的决定,必须反映出个人深思熟虑后的判断,这种判断是一种个人对自己生命应如何

---

[1] [英]伯林:《论自由》,严复译,译林出版社2003年版,第252页。

履行的神圣责任"①。

（五）有尊严的生活是个人的个性、能力、价值能够得到认可和充分发展的生活

由于人的先天禀赋、原生家庭、个人经历等各不相同，每一个人相对于其他人都是独一无二的存在，具有与其他任何人都不相同的个性和能力，人的这种独一无二性表明了每一个人在芸芸众生之中都是一种独特价值。这构成个体的独特本质或真我，也构成个人的发展根本目的，即成为他自己。由于成为自己总是只能通过个体一系列自主决定和自主选择实现出来，人的自主性正是人作为类有别于自然他物的本质，所以我们可以说，人作为类的自由本质正是通过人的个体本质的实现而实现出来，尊重一个人的自由在根本上也就是尊重这个人独特的个性和能力。从这一点来讲，有尊严的生活就是个人的个性、能力能够得到自我、他人和社会充分认可并得到充分展开的生活，而捍卫人的尊严就是要尊重每一个体的个性和能力，并创造条件帮助每个人充分展开自己的个性和潜能，实现其独特的价值。个性是一个内涵极其丰富的概念，一般意指一个人身上经常表现出来的稳定的心理特征和品质倾向，包括独特的气质、思维方式、处事原则与风格、情感、动机、理想、信念、兴趣、态度等。尊重人的个性也就是要尊重个人的所有这些方面。"尊重个性"这一伦理规范在引导个性差异巨大的不同个体处理相互关系方面具有突出重要的意义。德沃金将此要点概括为人类尊严的二原则中的第一条，称为内在价值原则，即"主张每个人的生活都拥有某种特殊的客观价值。这种价值关乎一个人生命中的潜能。一旦生命启程，它将如何进行就是至关重要的。当生活获得成功并且其潜能得到实现那就是好的，当生活失败且潜能被浪费了那就是坏的"②。

（六）有尊严的生活是人的德性得到彰显或提升的生活

人的尊严不仅体现在人的外在自由，还体现在人的内在自由中，即人在行为举止中依靠理性摆脱自身动物性的本能、欲望和激情的控制来

---

① 转引自周濂《你永远都无法叫醒一个装睡的人》，中国人民大学出版社2012年版，第227—228页。

② 同上书，第227页。

展现人作为人本身的高贵性。捍卫人的内在自由对人提出了自尊自重、尊重他人,不得沉溺于动物性生存方式的要求,即彰显、完善与提升自身德性的义务。个体行为失检、生活堕落、自私残忍,如:为追求纯粹的感官刺激吸毒、酗酒、滥交、杀戮、虐待、欺凌等行为,就是自甘堕落到动物性生存状态,践踏自身和他人作为人本身的尊严的行为。关于这一点,普通人也具有道德直觉,我们在日常用语中将那些自甘堕落的人称为"禽兽不如",正是这一道德直觉的反映。所以有尊严的生活是一种有德性,有修养、优雅、端庄、得体的生活,对人的核心要求就是运用理性抵抗各种刺激、诱惑,控制自己动物性的欲望,将自身作为人的人性特征,比如坚忍的意志、勇敢的气魄、审慎的习性、节制的风格、慈悲的心肠、仁爱的情怀、端庄和优雅的举止等尽可能充分地发挥出来,与德性相伴随的结果往往是世俗某一领域的成功,但这一成功不仅指拥有令人羡慕的物质财富和杰出的事业成就,更指个人道德修养的卓越。就此而言,任何洁身自好和能抵抗感性诱惑专注做事,出色实现自身潜能、为他人和社会做出贡献的人,即使并没有拥有让人羡慕的物质财富,比如一个品性和能力杰出的普通农民或工人,也是值得其他人高度敬重的人。相反,那些道德堕落的人就丧失了其作为人本身的尊严。就此而言,捍卫人的尊严对个体提出了对自我的义务,即尽最大努力持续提升自身的道德修养,避免个人堕于动物性的生存水平。

小 结

在通常情况下,人们往往将"有尊严的生活"作为人生奋斗目标并将之理解为拥有丰富的物质财富并足以引起他人羡慕、赞扬和敬重的生活。这一目标或梦想成为推动无数个体排除困难,发奋图强,追求杰出与卓越的强大动力。但有尊严的生活首先是人的基本需求都能得到有效满足的生活,人的生理需要、安全需要是"人之为人"的最基本、最底线的需要,对这些需要的满足是对人之为人的普遍性尊严的尊重和实现;情感归属、尊重和自我实现的需要是"我之为我"的需要,对这些需要的满足则是对人的独特性尊严的尊重和实现。有尊严的生活的根本要求是人作为人本身高贵于其他万物的本质特征,即自由,能够得到保障和实现的生活,其底线要求是人不得被工具化或物化,即不得被视作缺乏自由意志的一般他物；其最高境界是使每个人都成为目的自身，即能够保持和充分发展每一个体的独特性，实现其价值，使其生命存在全面且丰富，能够自尊自爱并不断追求道德完善。

根据"有尊严的生活"的基本要求，捍卫个人的尊严包括三个层面的基本要求：其一，个人的尊严必须能得到尊重与承认。要求国家和社会不干涉个人合法的自由选择，同时要为个人的个性发展和价值实现创造条件。其二，个人的尊严必须能得到保障。指个人作为人的基本物质文化生活条件必须得到保障，其人格和作为公民的合法权利必须受到他人和社会的无条件敬重，这构成捍卫人的尊严的底线与最高原则。其三，个人的尊严必须得到提升，指个人必须不断进行道德完善，这是一项对自我的、积极的、不完全的义务，构成捍卫个人尊严的主观条件。最后值得强调是，个人命运与祖国、民族和社会息息相关，在根本意义上，祖国昌盛、民族繁荣和社会和谐是个人过上有尊严生活的前提与基础。

第三节 何谓社会和谐

和谐社会既指人类的一种理想的社会追求，又指一种善治的治国方略[1]，还指一种能够保证社会和谐运行的机制[2]，当和谐社会作为治国方略和保证社会和谐运行机制时，与社会和谐是同一范畴。课题组在这一节中集中阐明何谓"社会和谐"。与"人的尊严"这一复杂概念相比，"社会和谐"相对而言是一个共识度较高的概念，但常识中也有不少人仅将其片面理解为社会稳定。课题组在借鉴学界他人成果的基础上，以和谐的界定为切入点，重点阐述社会和谐与社会矛盾、冲突、发展之间的关系，社会和谐的三个基本维度和六个基本特征，以期全面揭示社会和谐的内涵。

---

[1] 《管子·兵法》中曾指出："畜之以道，则民和；养之以德，则民合。和合故能谐。"
[2] 包括促动社会和谐的所有机制，比如顺畅的社会流动机制、安全的社会保障机制、合理的利益协调机制、有效的矛盾疏导机制。

一 "社会和谐"的基本界定

(一) 学界关于"和谐"内涵的主要观点

和谐这一概念自 20 世纪 80—90 年代以来就逐渐得到国内学界的广泛关注,我国学界从不同角度对和谐的内涵进行了揭示。王登峰、黄希庭在《自我和谐与社会和谐》一文中指出,在甲骨文的字形中,"和"字右上部是联结在一起的竹管之形,下部"口"是把能吹响的竹管汇集在一起,像笙的形状。因而"和"字的本来含义就是和谐,指不同高度的笙管合鸣,虽发出不同的声音但却显得很协调;《吕氏春秋》"和"就是"正六律,和五声,达八音,养耳之道也","谐"是形音字,强调配合得匀称。"和谐"连在一起,指存在差别的各个成分可以相互协调地联系在一起。① 我国学者刘素民在《自然法:"和谐"的哲学基础和价值指向》一文从辞源和文化传统中对和谐的内涵进行了界定。和谐,《现代汉语词典》的解释是指事物或事物各要素之间配合恰当;英文单词,harmony,希腊语,harmozein,最初含义是"适合在一起",即"fit together"。"和谐"是古希腊毕达哥拉斯学派的核心概念,用以表示音乐的音阶和宇宙合乎比例的运动,数字构成了和谐,和谐就是美,就是善;赫拉克利特认为万物是对立的和谐。和谐在中国古代做"和"理解,它有两层含义:一层含义是指"协调多方面的关系",区别于"同";另一层含义是"中"、"适度"区别于"淫""乱""不正"。在《易经》中,和谐象征着大吉大利;在《尚书》中,"和"指家庭、国家和天下等组织的内部治理良好,上下协调的状态。"和谐"是儒家所推崇的重要价值,儒家所追求的和谐有四个方面的含义:第一,"和为贵",即和谐是天底下最宝贵的价值,阐明了和谐的价值。第二,"和而不同",即和谐不等于没有差别的同一,是不同事物的共生共存的状态,阐明了和谐的本质。第三,"和实生物,同则不继","和则多力",即单一的同一性无助于事物的发展,诸多性质有差异的事物相互渗透、相互转化,促成新生事物的形成和成长,阐明了和谐的作用。第四,"仇必和而解",任何事物的矛盾,经过冲突与斗争,最后必定用"和谐"方式才能得到解决。在刘素民本

---

① 王登峰、黄希庭:《自我和谐与社会和谐》,《西南大学学报》2007 年第 1 期。

人看来，和谐一词所体现的是事物协调地生存与发展的状态，是人类永恒的价值追求。①

吴祖春在其论文《和谐内涵析论》中学界对和谐的通常界定进行了较为全面的综述，提出学界对和谐大致有这样几种解释：其一，状态说。认为和谐是不同事物之间或同一事物的不同方面的配合得当和匀称、协调统一、相对稳定、协调、适中、秩序、平衡的存在状态。其二，多样性统一说。认为和谐是在矛盾对立的多要素的有机结合或多样性的统一。其三，平衡协调说。认为和谐就是事物之间或事物内部之间处于相对平衡、制约、稳定、有序无冲突之中。其四，多元合一说。认为和谐是一个涵盖价值论、认识论和人生观的概念，是真善美的统一，既是世界观，又是方法论，是最高的哲学智慧与理想目标。其五，对关系的评价说。认为和谐是人们对事物内部或事物之间的关系一种积极的和肯定的评价，是特定主体对特定系统内相互依赖、相互作用、良好生存和良性发展状态的肯定性价值判断。吴祖春本人认为，和谐是主体依据自身需求对客观关系做出的肯定性评价，这一界定指出了和谐在本质上是对关系而非事物本身的评价，非认识活动，虽必须同时尊重评价主体的标准和评价对象的标准，但以主体的认知与需要为指向。②

（二）"和谐"及"社会和谐"的内涵分析

学界从不同角度指出了和谐的基本内涵，构成我们把握和谐的概念的重要理论资源，但课题组认为，把握一个概念的一个重要方法就是对其对立概念及邻近概念做出应有的说明，学界对社会和谐的已有界定对和谐与矛盾、冲突、发展等范畴之间的关系分析不够深入。课题组在吸收学界已有成果的基础上，着重对"和谐"与"矛盾"、"冲突"和"发展"等范畴与事态之间的关系做一定的阐明，以期深化对"和谐"概念的已有理解，并进一步明晰"和谐"及"社会和谐"的基本内涵。首先，根据马克思的矛盾原理，矛盾包含同一性和斗争性两个基本方面，因而和谐并不是否认矛盾，而是以承认矛盾为前提，且和谐本身就是矛盾的一个重要方面，即矛盾同一性的凸显。但和谐所体现的同一性不是绝对

---

① 刘素民：《自然法："和谐"的哲学基础与价值指向》，《华侨大学学报》2007年第3期。
② 吴祖春：《和谐内涵析论》，《社科纵横》2009年第8期。

的同一，而是有差别的同一，对立中的同一，只是强调矛盾双方之间的相互联系、相互依存、相互贯通、相互转化，不同组成要素之间的平衡、协调、合作和包容并蓄的关系。在矛盾的两个基本属性中，斗争性是绝对的、无条件的，矛盾的同一性则总是相对的、有条件的，矛盾的同一性离不开斗争性且以斗争性的存在为前提，所以和谐并不是否定或消灭矛盾的斗争性，而是以承认各要素之间的差异与冲突为前提，强调不同要素之间相互融合，相辅相成。和谐以承认和允许差异的存在为前提，但要求发挥各种要素的自身效能，促进不同要素之间相互渗透和相互转化，进行优势互补，最终推动事物发展。因而和谐并不否认差异与矛盾，其最终目标也不是消极的、静态的平衡或秩序，而是在协调差异与矛盾中的动态发展。对于和谐与矛盾的关系，《国语·郑语》中史伯的一段话作了最好的诠释："夫和实生万物，同则不继。以他平他谓之和。故能丰长而物归之；若以同裨同，尽乃弃矣。"① 所以，社会和谐以承认每一位社会成员的独特性和差异性为前提，使每个社会成员的优势、积极性、主动性、创造性都能够得到充分发展。

　　与和谐直接相对立的范畴是冲突，理解和谐与冲突之间的关系对于把握和谐的内涵具有十分重要启示意义。冲突和矛盾在日常用语中是同一范畴，但冲突侧重强调矛盾的斗争性，一般被理解为矛盾激化的表现或结果。根据马克思的矛盾原理，矛盾的同一性和斗争性都是事物向前发展的动力，同一性或和谐强调通过事物双方的合作和相互转化推动事物向前发展；矛盾的斗争性或冲突则强调矛盾双方之间的竞争或相互对抗来提供强大的动力推动事物向前发展，即矛盾双方相互否定、排斥、竞争、打击、对抗等，促使矛盾双方发生量变，乃至质变。通过斗争，矛盾双方要么同归于尽，要么一方被另一方克服或吞并，要么二者势均力敌，最终融合为新的个体。事物正是在矛盾的同一性与斗争性的共同作用下向前发展。一般说来，矛盾的两种基本属性及其对事物发展的作用都是客观的，我们不能人为取消其中任何一方面的作用，斗争性或冲突对事物的发展也具有不可替代的重要作用。

　　与社会和谐相对立的范畴是社会冲突，理解社会和谐的内涵以把握

---

① 吴祖春：《和谐内涵析论》，《社科纵横》2009年第8期。

社会冲突的性质与作用为前提。在人类社会领域，矛盾的斗争性表现为各种形形色色的社会冲突，但由于人类社会的复杂性，社会冲突比自然界冲突要复杂得多。常识和理论界对于社会冲突对社会发展的作用认识存在着分歧。一些学者特别忌讳社会冲突，认为社会冲突作用主要是破坏性的，社会发展必须消灭社会冲突；另一些学者则认为社会冲突具有社会整合凝聚的作用，可以缓解社会中的不满和危机，推动变革，阻止社会系统的僵化，是社会变迁的动力。根据马克思的矛盾普遍性和客观性原理，凸显矛盾斗争性的社会冲突不应该是特例，而应该是人类社会的常态性存在和规律性存在，并构成社会发展的动力之一。当今社会冲突论者强调社会冲突的积极作用，主张人类社会并非静态的平衡，不和谐是人类社会的固有特征，人类社会可以通过社会秩序的调整来缓解冲突，并在冲突与缓解的互动中寻求发展，保持一种动态的平衡与和谐。美国社会学家 L. A. 科泽提出，只要不直接涉及基本价值观或共同观念，那么社会冲突的性质就不是破坏性的，而只会对社会有好处：对社会与群体具有内部整合的功能；对于社会与群体具有稳定的功能；对新社会与群体的形成具有促进功能；对新规范和制度的建立具有激发功能。总之，社会冲突是社会中重要的平衡机制。我国学者朱力也指出："社会性突发事件的产生，释放了社会中的矛盾与冲突的能量，使社会结构得以保持平衡。追寻突发事件产生的原因，可以发现并诊断出社会冲突的矛盾源，平息利益群体的矛盾，解决社会问题，改进社会管理机制，建设更加和谐的社会。"[①]

尽管社会冲突对社会发展具有正向作用，但社会冲突具有不同的类型和发展趋势，即使强调社会冲突的积极作用的科塞，也认识到涉及基本价值观和共同观念的冲突可能具有破坏性，而且任何社会冲突只有得到合理解决才能对社会发展起到推动作用。另外，有些社会冲突，尤其是以突发事件或因维持社会秩序的公平正义底线被蚕食最后崩塌所引发的社会冲突常常会引发一系列难以控制、具有摧毁性、影响深远的不良后果和损失，最严重的情况是可能转化为针对政权的社会革命运动，从

[①] 朱力：《走出社会矛盾冲突的漩涡——中国重大社会性突发事件及其管理》，社会科学文献出版社2012年版，第47页。

而导致社会秩序整体崩溃。社会冲突的恶性爆发大多是社会矛盾积累到一定的程度，受影响者无法通过制度化的正当渠道表达意见和解决矛盾而采取非理性宣泄的结果。恶性社会冲突是改革发展攻坚阶段的重大社会风险的主要表现形式，这类冲突具有积怨久、发展快、程度烈、卷入深、问题复杂、相关方众多、破坏性持久、难以根治等特征。预防和解决恶性社会冲突往往需要动员巨大的社会成本、社会资源，也可能耗尽受影响家庭和个人的积极能量，使其丧失重建幸福生活和人生意义的可能性。总之，恶性社会冲突是威胁社会和谐、社会发展和社会机体健康的重大破坏性因素，社会和谐必须在成功疏导各类社会冲突，尤其是预防和化解恶性或腐化性社会冲突的过程中才能得以实现。

尽管社会冲突是社会发展的动力之一，但在中国当前有四个重要原因需要突出强调和谐对社会发展的重要意义。其一，在革命时期，需要发挥阶级斗争的作用以摧毁一个旧世界，因而强调矛盾的斗争性是必要的；但在和平发展时期，阶级斗争已经不再是主要矛盾，因而需要突出矛盾的同一性对事物发展的作用。其二，矛盾的斗争性是绝对的，无时不在，无处不在，而且市场经济体制是以竞争机制为基础，在市场机制比较健全的情况下，矛盾的斗争性将自动发挥作用。但矛盾的同一性则总是相对的、有条件的，即需要创造或利用一定的条件才能发挥其作用，所以在市场经济体制基本确立的条件下，有必要突出强调并且有意识地发挥矛盾的同一性的作用。其三，改革开放和社会转型是一个利益格局进行重大调整的时代，容易激发各类社会矛盾，中国当前正处于改革开放和从传统到现代的攻坚阶段，更是存在种种不同形式、盘根错节的社会矛盾。其中一些涉及面广的尖锐矛盾，可能成为诱发各类突发性恶性社会冲突的根源，因而需高度重视对恶性社会冲突的预防和化解。其四，我国民主法制尚不健全，社会各界并不能总是做到以理性、克制的态度在体制内有效解决社会冲突，这导致社会冲突积累到一定程度，将可能对社会秩序、国家安全、经济发展带来潜在的巨大威胁，因而在当今中国有必要突出强调社会和谐与稳定的重要意义。

综合以上观点，课题组认为，所谓社会和谐，指社会各方面相互依存、相互协调和相互促进，社会保持稳定、平衡和有序的状态。但社会主义社会和谐并非一种静态的或高压下的社会秩序，而是以公平正义、民主法治的社会制度为保障，以合法竞争为激励手段，以认识和成功解决社会冲突为必要途径，以社会充满活力和良性发展为根本目的动态社会形态目标，是一个试图将活力和秩序有机结合在一起的理想社会形态。值得指出的是，社会和谐有泛指和特指之分，还有广义和狭义之分。所谓"泛指"也即一般意义上，可在人类发展的每一个阶段，包括阶级社会中实现的社会结构意义上的和谐，这一意义的社会和谐强调社会各要素能相互协调，各阶级和阶层各司其职，社会维持相对稳定和发展的状态。所谓"特指"也即专指社会主义社会和谐，社会主义社会和谐不仅强调社会内部各要素的协调和社会保持相对稳定，同时也强调社会公平正义与充满活力。广义的社会和谐中的"社会"与和谐社会中"社会"内涵相同，意指政治、经济、文化和社会等在内的一个完整的社会系统，而狭义的社会和谐中的"社会"是与政治、经济、文化相并列的那个"社会"。本书所探讨的社会和谐并非一般社会结构意义上的和谐，而是特指社会主义社会和谐，并且是广义的社会和谐，与社会主义和谐社会本质上属于同一范畴，只不过社会主义和谐社会主要体现为一种终极目的社会形态和奋斗理念，而社会主义社会和谐则主要体现为一个过程，也即社会主义和谐社会正是通过不断促进社会主义和谐而最终得以实现。

二 社会和谐的基本维度

社会和谐是人类自古至今所追求的理想社会目标。中国共产党在十六大、十六届三中全会、四中全会明确提出构建社会主义和谐社会的伟大战略任务，指出和谐社会的基本特征，在十六届六中全会又明确指出构建和谐社会的指导思想与根本原则。学界对和谐社会的内涵、特征及如何构建和谐社会进行了广泛与深入的研究。课题组在此无意重复，只是重点阐明社会和谐的基本维度及其相互关系。

社会和谐从横向方面来看，包括人与自然的和谐，人与人的和谐，人与自身的和谐，人与社会的和谐，社会内部结构的和谐，外部环境的和谐等。人与自然和谐，简而言之，就是指人与所处的环境和谐共生的关系。人与人之间关系和谐指人们之间的互相尊重、平等互利、融洽相处，包括人与人之间的和谐，如家庭成员之间的和谐、邻里关系和谐、同事之间关系的和谐，雇工与老板之间关系的和谐，消费者与厂家之间关系的和谐等；个体与群体之间关系的和谐，如个人与工作单位的和谐，个人与某一团体之间的和谐等；群体与群体之间关系的和谐，如党群和干群关系和谐，民族和宗教关系和谐，社会阶层关系和谐，区域关系和谐，中央与地方关系和谐，中国与世界关系和谐等。人与自身的和谐主要指个人认可、悦纳自身，内心宁静、平衡。人与社会的和谐是指个人与社会组织、社会制度之间和谐共存的关系，表现在人与社会组织、社会制度之间的相互作用、相互制约、相互促进，个人自觉遵守社会的各种法律制度、道德规范；社会使个人各司其职、各尽所能、各得其所，最终实现个人的需要、利益与社会需要、利益相一致，个人发展与社会发展相一致。外部环境的和谐主要指各个国家、民族、宗教团体之间相互尊重、和平相处与共同发展。社会内部机构的和谐指该社会政治、经济、文化、社会各个领域之间及其部各组成部分的相互协调，共同进步。

在社会和谐整体要求中，人与人的和谐有着较为突出的意义。根据马克思的观点，物与物之间的关系、人与物之间的关系，归根结底都是人与人之间社会关系的反映，人与社会的和谐，社会内部的和谐，外部环境的和谐在某种程度上都可以或直接或间接归纳到人与人和谐的范畴中。如只有人与人之间实现和谐，特别是干群关系、邻里关系等的和谐，法律制度和道德规范才可能得到自觉遵守，个人也才能各司其职、各尽所能、各得其所，即人与社会的和谐才能够实现。社会内部和谐强调政治、经济、文化、社会各领域的相互协调，但政治、经济、文化和社会关系总是通过人与人之间的关系来体现和推动，因而社会内部和谐就其实质而言隶属于人与人和谐的范畴。同样，外部环境的和谐强调各个国家、民族、宗教团体之间的相互尊重，但国家、民族、团体由人组成，也可以说是大写的人，因而外部环境的和谐也可以纳入人与人和谐的范畴。

由以上分析可知，从社会主体角度来讲，社会和谐主要体现为人与自然的和谐、人与人的和谐、人与自身的和谐。人与自然的和谐，人与自身的和谐具有相对独立的内涵与要求。而如上段所指出，人与人的和谐具有重要意义，社会和谐的其他方面都可以纳入人与人的和谐范畴之中，所以我们可以说，社会和谐主要包括人与自然的和谐，人与人的和谐，人与自身的和谐三个基本维度，它们构成社会和谐的支柱、基础，在社会和谐中各自发挥着不同的作用。

(一) 人与自然的和谐

根据马克思辩证唯物主义,人与自然界之间存在对立统一的关系。自然界先于人而存在,人是自然界长期发展的产物。自然界的发展有着其固有的客观规律性,但人类社会的实践活动会影响、制约和改造自然界发展的进程,这就是自在世界人化的进程。自然界可以离开人类,但人类离不开自然界。自然界为人类提供生存的物质基础和前提,人类依赖自然界而存在。因而人在发挥主观能动性改造自然界的过程中,必须认识和尊重自然规律。因为绝大多数自然资源是有限的、不可再生的,所以人类对自然界的开发与利用中必须保持节制,维持生态平衡,防止环境污染,实现代际公平和可持续发展。恩格斯曾告诫:"因此我们必须时时记住:我们统治自然界,决不像征服者统治异民族一样,决不像站在自然界以外的人一样,……相反地,我们连同我们的肉、血和头脑都是属于自然界,存在于自然界的,我们对自然界的整个统治,是在于我们比其他一切动物强,能够认识和正确运用自然规律。"[①] 如果我们不尊重自然规律,我们就必然会遭受自然界的惩罚,"不以伟大的自然规律为依据的人类计划,只会带来灾难"[②]。

(二) 人与人的和谐

人不仅要与自然发生联系,更要和他人发生联系。根据马克思的观点,人的本质属性是社会性,人只有在社会中才能生存和发展。因为人与人之间的关系包括政治、经济、文化、宗教、家庭等多方面的关系,人与人之间的和谐则意指人在政治、经济、文化、宗教、家庭等各方面与他人、社会在一定条件下相互依存、相互补充、相互促进、相互转化、互利合作、共赢与发展、和睦相处等良性互动关系。人际和谐包括三种不同的含义:其一,个体与不同他者之间,比如夫妻关系、亲子关系、同事关心、上下级关系、朋友关系中保持恰当的亲密、接受与合作的程度,人能在各种不同的角色要求之间灵活协调。其二,人际交往的双方在行为方式、社会地位方面的差距和差异能够被彼此所接受。其三,人

---

① 《马克思恩格斯选集》第1卷,人民出版社1972年版,第517页。
② 《马克思恩格斯全集》第31卷,人民出版社1976年版,第251页。

际交往双方可以接受对方在行为方式、社会地位等方面的变化。① 人际和谐呈现层次性，从家庭和谐到亲朋好友的和谐，再到与陌生人的和谐，联系范围越来越广，对个人的幸福感影响却呈递减趋势。家庭关系的和谐遵循情感法则，即以感情而非公正为核心；亲朋好友关系的和谐遵循人情法则，即有情感因素在内，但同时也有一定的工具性；与陌生他人的关系和谐则遵循公平法则，以法律作为协调彼此关系的基本手段。

根据对立统一规律，人与人之间的矛盾是无条件的，绝对的，所以维持人与人之间的和谐并不否认人与人之间的冲突，而是以承认人与人之间的斗争性为前提，即并不否认人与人之间的矛盾，但重视正确认识和解决人与人之间的矛盾，并要求将矛盾的解决限定在合法的、有序的范围内，同时特别强调创造和保持一定的条件，发扬人与人之间相互依存、相互转化的作用来促进个体与社会的发展。

人与人之间和谐得以可能具有客观和主观两个方面的基础。从客观上看，世界是一个相互联系的整体，人在本质上是社会性动物。人总是在和他人共处中，通过学习他人的长处来弥补自己的不足从而获得发展，绝对独处的个人不能形成人的意识，也不能形成人的实践能力。这一情况不以任何人的意志为转移，它决定了任何人如果脱离社会或与他人只是相互消耗性的斗争关系却不存在相互吸取、相互转化的关系，不仅个人能力不可能得到发展和提升，而且生存本身都将成为不可能。人与人和谐相处的主观基础在于人在本质上是有理性的动物。因为人是有理性的动物，所以人能够通过分析、判断、推理、总结等这些理性的功能清醒地意识到自己对他人和社会的依赖性以及和他人合作与和睦相处对自己的重大意义等，也能运用理性自觉克制狭隘的利己主义冲动，并寻求和构建与他人的和谐关系。如：人与人之间虽以相互竞争的关系为常态，人也具有趋利避害的本能，对自己利益的关注一般超过对他人利益的关注，但人能通过理性预测与他人的恶性冲突将对自己长远利益的损害；人还可以运用理性成功控制自己当下极端自我的行为，承认他人同样利益的正当性，实现与他人的和平共存；人还能通过理性设计出合理机制，如公正和客观的法律制度来裁决争端，并保证裁决结果的有效执行。最

---

① 王登峰、黄希庭：《自我和谐与社会和谐》，《西南大学学报》2007年第1期。

后，也是十分重要的是，人都是有理性的动物，虽然不同的人理性能力有所区别，但只要是正常人，都具备最基本的理性能力，这就是古希腊斯多亚学派所倡导的分享同一世界理性，因而人能够对一些基本价值形成共识，比如正义、公平、法治、人权、民主等，并能自觉捍卫这些价值。这些共同的基本价值作为"应当"可以通过某些途径为正常人所理解和接受，从而成为构筑和谐人际关系和和谐社会的价值基础。

（三）人与自我的和谐

人与自我的和谐也可以称为人的内心和谐，意指个体对自我和对外界一种满意的态度，以及个体面临诱惑、困难和挫折时的一种从容与淡定的心境，侧重强调个体内在精神世界的平衡状态。从个体发展心理学的角度来看，个体道德心理发展一般会经过心灵服从阶段，心灵激荡阶段，最后到心灵和谐阶段。心灵和谐是人的道德心理发展的最高阶段，在这一阶段，个体不再盲目服从外在规则，也不再处于"自我"与规则相互对立、相互纠结，充满焦虑、内疚，甚至忏悔的激荡阶段，而是处于道德认知、道德情感、道德意志等各种道德心理元素相互平衡，道德心理基本矛盾相对协调，不再有剧烈的冲突，个体相对稳定和相对平衡的"自我"状态之中。① 自我和谐是心理健康的重要标志。根据心理学学者王登峰和黄希庭的统计，自我和谐包括六个方面的特征：其一，能够从过去的经验教训中摄取养料以策划未来，能平衡过去、现在和未来的比重，对生命做出最好的利用。其二，能妥善处理冲突和选择。其三，了解和接受自我。其四，接受他人、善与人处。其五，正视现实，接受现实。其六，人格完整和谐。②

社会和谐以人为本，人又以幸福为根本追求目标，而幸福又以内在是否和谐为前提与基础。人的内心和谐度与个人的心理健康和幸福度呈正相关的关系，当个体遭受重大打击或内心长期处于高压、激动、兴奋、悲伤、恐惧、怨恨、不满等失衡状态时，个人的内心将失去和谐，情况严重时，个人的心理和身体会表现出一系列病症，特别是表现出各种心理疾患，比如焦虑、狂躁、抑郁、失眠，甚至精神分裂，都与个人内心

---

① 朱林：《心灵和谐的内涵和途径之探析》，《江汉论坛》2012 年第 3 期。
② 王登峰、黄希庭：《自我和谐与社会和谐》，《西南大学学报》2007 年第 1 期。

失去和谐有着很直接的关系。大量常识和医学还证明，个人内心的和谐度与个人身体健康也存在极其重要的联系，人的身体许多疾病，比如消化系统疾病、皮肤疾病、内分泌系统疾病等都可能由个人内心长期或过度的紧张、焦虑、抑郁等不良情绪引起。因而个人内心的和谐是影响个体幸福感的重要因素，追求内心和谐也成为每个个体自发或自觉的目标。个人内心是否和谐不仅关涉个人幸福，同样也关涉社会其他方面，比如人与人、人与自然能否和谐。古希腊哲学家柏拉图对这一问题有着深刻的认识。在柏拉图看来，要想有和谐的国家，必须先有和谐的个人；要想有和谐的个人，必须先有和谐的灵魂，即心灵。当个人灵魂达到和谐时，每个人就会做好符合自己的本性和分内的事情，各司其职，各守本分，整个国家和社会就会自动实现和谐。①

在社会和谐的三个基本维度中，人与自然和谐是社会和谐的物质基础，人与人的和谐是社会和谐的基本保障，人与自身的和谐是社会和谐的终极目标。如果人与自然失去和谐，恶劣的生存环境和匮乏的生存资源将可能危及人的生命和健康的安全，这不可避免引发人们对稀缺的自然资源和良好的生存环境的争夺。在某些场合中，人们还可能为了基本的或更好的生存可能性相互之间形成激烈的对抗，因而人与自然的关系还必然影响到人与人之间的和谐与个人内心的和谐。在社会和谐的三个基本维度之中，人与人之间的和谐是社会和谐、特别是个人内心和谐的基本保障。因为当人们相互之间，尤其是亲密生活的群体因各种原因而形成剧烈冲突时，个人内心就不可能达到真正和谐。另外，因为绝大多数人有一个共同自然禀性，即在与他人的比较中，特别是就财富、地位占有量等外在价值进行比较中确定自己的幸福，有的人为了在比较中确立自己的优势，会采取各种手段，包括践踏他人的合法权利，无节制利用与开发自然资源，千方百计逃避环境保护和污染治理的社会责任等措施来追逐利益最大化。所以，人与人之间的关系势必又会影响到人与自然的和谐。在和谐社会的三个基本维度中，个人内心和谐是社会和谐的终极目标，这是因为和谐社会以人为本，社会发展最终的目的在终极上是为了个人的幸福，个人内心的和谐是个人幸福的前提与基础。

---

① 胡晓燕：《柏拉图和谐社会新解》，《理论探索》2006 年第 2 期。

第四节　社会和谐的基本特征与价值取向

社会主义和谐社会作为一个理想的社会形态，具备六个基本特征，即民主法治，公平正义，诚信友爱，安定有序，充满活力，人与自然和谐相处。这六个基本特征既作为价值目标而存在，也构成社会和谐不可或缺的组成部分，它们共同支撑起社会和谐的大厦，同时也分别是实现社会和谐的基本途径。另外，由于社会主义社会和谐并不是为了和谐而和谐，本身还具有其最高价值取向，即以人为本。解读社会和谐的六个基本特征及其终极价值取向有助于我们进一步全面和深入把握社会和谐的基本内涵，并为理解个人尊严与社会和谐之间的互动关系奠定基础。

一　社会和谐的基本特征

（一）民主法治是构建社会和谐的制度保障

民主既是社会和谐的基本要求，又是社会和谐发展的强大动力。民主的本质是人民当家做主，广大人民群众直接或间接地参与国家政治生活与社会管理，在国家重大立法和决策颁布之前可对之进行充分表达和交流，并能将其意志上升为法律。法治与人治相对立，主张法律具有至高无上的权威，所有人和机构在法律面前一律平等，坚持依法治国、依法执政、依法行政。民主是法治的前提，法律在民主的基础上制定并保障最广大人民群众的根本利益和长远利益。民主制度与方法能更好地反映广大人民的根本利益和共同意志，协调不同意见的分歧，最终达成令更多方、更多人相对满意的方案。民主多方协商的过程是把新方案颁布将可能引发的利益和权利冲突提前提出，事先努力寻求利益协调的最佳平衡点，使将受到新方案影响的各方意志都能得到关注、考虑和尊重的一个过程，这是保证决策和法律颁布后能得到有效执行，预防社会冲突的最经济和最基础性的方案。在民主制度健全的情况下，民众不仅可以直接参与国家和社会事务的管理，还可以选举自己的代表来制定和执行法律和政策，由选举产生的代表必须始终代表选民的意志，受选民任免、监督和制约，这是防止专制下的独断、随意和腐败，有效避免社会矛盾激化的重要武器。只有人民当家做主，并且国家权力的行使和社会成员的活动都处于严格依法办事和受人民监督、制约的状态下，社会秩序才能得以维护，社会调控和管理才能摆脱随意性和特权的影响与控制，各个领域的公平竞争才得以可能，经济、政治、文化和谐发展与社会全面进步才有基本的秩序保障。所以，民主法治是实现社会和谐的基本保障。

民主法治在社会和谐的六大基本特征中居于首要的和基础性地位，直接决定、制约和影响着社会和谐的其他特征。首先，民主法治通过协调各种社会利益和权利关系来促进和实现公平正义。民主强调尊重广大民众的意志，法律法规以最广大人民的根本利益为出发点，在民主的基础和程序上制定，集中体现了民众的意志，这是公平正义的前提。平等保障个人的合法权利是公平正义的基础。各部门法和法律条款明确界定权利和利益的范围、指导权利和利益的分配、协调权利和利益关系。当社会成员合法权益受到侵害时，民众可以通过法律途径来进行恢复和修补；当权利主体发生矛盾和冲突时，可根据法律规定私下调节或通过司法程序解决争端，从而将社会矛盾和冲突纳入制度化解决途径之中，这不仅能避免矛盾激化，还能平等和有力地保障民众的各项具体权利，从而实现公平正义。其次，民主法治为人们之间的诚信友爱创造良好的社会环境。社会和谐要求社会成员之间团结友爱、互相帮助。民主精神有利于培养社会成员对其他人的理解、宽容、尊重的精神，这是互助友爱的基础；法治则用国家强制力作为后盾规范人们的行为，惩罚非法造成第三方损失的违法行为，包括欺诈，这从制度上为人与人之间的诚信奠定基础。再次，民主法治为激发社会活力创造条件。民主通过尊重和激发广大民众的主体性意识、主人翁责任感和智慧来促进社会发展。法治通过规范确认和维护劳动主体的地位、利益和权利，营造公平竞争的氛围，调动广大民众的积极性来促进社会活力。又次，民主法治为维护社会的安定有序提供保障。一个国家，只有经济、政治、文化、社会生活各方面都有法可依，有章可行，才能社会安定，稳步发展。同时，任何社会都不可能没有矛盾和冲突，不可能没有分歧和裂痕。我国改革开放和社会主义市场经济的发展，使得人民内部的权利、利益关系日益纷繁复杂，如果各种权利主体的矛盾不能及时有效地调整和解决，必然造成各个社会阶层和群体之间的对立，甚而成为社会不稳定和动荡的根源。法治以法律的规范性、明确性、国家强制性为特点，通过立法和执法，调整社会关系，整合社会资源，协调各方矛盾，维护社会秩序。可以说，法律制度是对社会进行调控的防火墙和维护社会稳定的支撑点。最后，民主法治为人与自然的和谐提供制度支持。保护自然环境是人民的共同意愿，是任何公民的社会职责，然而个体经常受短期利益和个人利益驱动，肆意破坏环境。只有通过法治，特别是环境保护法，才能对环境污染进行有效预防和治理。

（二）公平正义是构建社会和谐的核心理念

公平，英文单词 fairness，其基本含义是"平等待人"，"一视同仁"。正义，英文单词 justice，其基本含义是"每个人都得到其应当得到的"。公平与正义既相互联系又相互区别。公平是正义的基础，正义始终意味着公平的、合理的；正义是公平的表现形式，是对公平的肯定评价，公平是正义所反映的内容；公平通常是对处理事物结果的评价，强调尺度和游戏、交易规则的公正；而正义是人们追求的一种价值、理想和目标，强调伦理规范和基本制度的公正。

公平以平等为核心，作为价值准则，主张每一个社会主体都应该获得平等的发展机会、竞争机会，包括形式公平和程序公平；作为一种社会状态，公平包括社会成员之间的产权公平、权利公平、机会公平、过程公平和结果公平；作为法治理念，公平强调程序正义，坚持在法律面前人人平等的原则。在当今中国，教育公平和机会公平受到越来越多的人关注。所谓教育公平，是指在享受公共教育资源时受到公正和平等的对待，包括三个层次：起点的公平，即确保人人都享有平等的受教育的权利和义务；过程的公平，即提供给受教育者相对平等的受教育的条件；结果的公平，即教育成功机会和教育结果的公平。机会公平是权利公平中的一种，指社会以某种方式，如法律授权、行政许可或道德认可的形式，以个人能力为依据，赋予社会成员参加某种活动的权利。

正义是一个历史范畴，在不同历史时期，不同的社会阶级、阶层、个人对正义有不同的解读和主张，而这所有的解读都经历史沿袭而沉淀成为当今常识中人们对正义的理解。古希腊时期，苏格拉底、柏拉图往往把"公平"与"正义"相联系。苏格拉底认为，"正义"是社会与心灵的和谐，而非冤冤相报的仇杀。柏拉图在《理想国》中指出正义的总原则是"每个人都作为一个人干他自己分内的事,而不干涉别人分内的事"①。亚里士多德在《尼可马各伦理学》中指出,正义是指"各得其所",也就是每个人都应得到他资格内理应得到的那一份,正义以公共利益为旨归,不守法和不正直之人都是不正义的,正义指的就是合法、公正和公平。近代很多思想家,比如霍布斯、密尔等人也都把守法视为正义,把违法视为非正义。随着时代的发展,正义越来越与社会财富分配、交换和个人权利的分配、保障的公正相联系。绝大多数社会契约论者主张用契约保护个人财产和自由权利,其中不少思想家,比如休谟,坚持正义的核心是明晰和稳定财产权的占有。马克思则认为资本主义私有制是不公正的根源,主张通过暴力革命,建立公有制,实现各尽所能、按劳分配的社会主义和按需分配的共产主义来实现人类的解放、自由和公正。功利主义代表人物密尔认为,功利是正义的判断标准和基础。进入当代,有些学者明确把正义与权利联系起来,并把公平视为正义的前提。诺齐克提出,正义旨在维护"个人权利的神圣性和绝对性";哈耶克坚持把"正义"与"平等"联系在一起,推崇机会平等;罗尔斯认为,"正义"的实质就是自由与权利的平等和适合每一个人的利益期望的收入和财富不平等的结合。

公平正义一直是人类社会追求的目标,可以说,所有美好社会追求无不以公平正义为愿景。公平正义构成理想社会的核心价值元素,统摄社会其他价值目标。社会和谐在预防和解决社会矛盾中得以促进,公平正义原则是有效处理社会关系领域中各项矛盾的基础,构成社会和谐的基石。正义作为捍卫每个人"所应得到的东西"基本制度、伦理规范和价值理念,无论是推崇各司其职、各得其所,还是主张用法律来保障个人的财产、权利,都旨在追求法治基础上的自由、权利、机会与义务的平等,强调个人的贡献与回报之间的适当性,协调各种利益的差异与对立,使不同个体在社会合作中的自由与独立利益能够得到并存。在公共领域中,国家按分配正义原则平等分配公民的权利与义务,使个人与国家之间的纵向矛盾得到协调。在私人合作与交换中,大家遵循交换正义原则,不侵犯他人的合法权利与利益,给予每个人他应当得到的东西,

---

① 俞可平主编:《西方政治学名著提要》,江西人民出版社2001年版,第3—8页。

使个人与他人的横向矛盾也得到协调。正义在本质上是不同个人的自由行动能够协调的条件总和，要求每个人行使自己的自由时，遵守不去伤害他人自由的界限，通过正义原则，自由与秩序的矛盾得以协调。正义内在要求个人的贡献与回报，劳动成果与报酬之间具有对等或合理的比例关系，利己与利他相结合，通过正义原则，个人的贡献与回报、幸福与道德等的矛盾和冲突也能得到协调。正义追求基本权利与义务的平等，机会的平等，但又承认差别的合理性，并不要求结果的绝对平等，通过正义原则，公平和效率的矛盾能得到有效协调。鉴于正义对一系列社会基本矛盾的协调作用，我们可以说，正义是构建和谐社会秩序的基础，一个协调、均衡的和谐社会的构建过程实质上也正是正义原则的落实过程。

生活中人们往往用理性思考正义，却用感受追求公平。人类天性偏好公平，我国学者董志强从演化论的视角指出："具有公平偏好及行为之本能的个体，可以拥有尽可能最优的合作机会和合作利益之组合，因而可以有最大的适存性；具有公平行为模式的群体，比遵循不公平行为模式的群体有更大的合作期望赢利，因而可以在群体竞争中胜出。"[①] 当人感受到公平，就会心情平静、受到激励。人们的公平感不仅由他们得到了什么而定，还要由他们所得与别人所得和自己过去所得的相比较而定。人们总是以相对投入和相对报酬来全面衡量自己的得失。如果得失比例与他人和自己的过去相比大致相当，人们就会将之判断为公平合理并心情舒畅；高于别人，则会产生兴奋感，得到最有效的激励；低于别人，就会有产生不平衡感，甚至满腹牢骚、怨气，消极怠工或制造矛盾、积极破坏。因而公平机制既是维持社会稳定，调动各方积极性并促进社会发展的基础，同时也是社会和谐，尤其是人与人之间和谐的重要保障。

由于人类社会的复杂性，人们对公平正义原则的理解和实践总是具有差异性，在现实中并不存在绝对的公平和正义，公平正义主要作为理念而存在。公平正义理念集中体现于以程序正义为核心的法治精神中，它规定着每一个社会成员必须在以法律为基础确定的普适性规范和标准中展开竞争、获得发展，当彼此之间出现矛盾和冲突时，坚持在法律面

---

① 董志强：《我们为何偏好公平：一个演化视角的解释》，《经济研究》2011年第8期。

前人人平等的原则，按照严格的程序和步骤依法来解决。总之，公平正义体现了国家在法制基础上对社会利益的调控，国家和政府按公平正义的理念与原则积极调整利益冲突，化解各种社会矛盾，使各方的权益得到协调。公平正义理念统摄和保障民主、平等、自由和法治等目标，是社会趋向和谐基础、保障与体现，构成社会和谐的核心理念。

（三）诚信友爱是构建社会和谐的道德基础

诚信主要体现为一种道德规范与个人品性。"诚"意指真诚、诚实、诚恳；"信"意指讲信义、守信用、重承诺。"诚信"合在一起要求人们诚实守信、言行一致，对自己不自欺，对他人不蒙骗，重承诺、守信用。友爱既指一种情感和精神，也指道德规范，作为道德规范主要用于规范个体对待他人的态度与行为。友爱作为美德要求对人态度友善，心存仁爱，强调行为中对他人的尊重、关心和帮助。友爱的最高层次是对人没有差别、没有级别的博爱，包括对人恻隐与悲悯的情怀，对人宽容、理解、信任、尊重、体谅、关心的态度。友爱还可以上升到对周边所有生命、万事万物的一种关怀和爱护。诚信友爱可以作为个人行为和情感而存在，也可以作为社会伦理道德规范。作为前者构成社会主义核心价值观的基本内容；作为后者主要用于规范行为主体，包括政府、组织、个人对他人、社会的关系准则。

中国传统文化历来崇尚诚信，将诚信视为人之所以为人的本质规定和做人的基本原则，即"立人之本"。孔子说"人而无信，不知其可也"，孟子讲"思诚者"乃"人之道也"，王安石言"人无信不立"。[1] 即一个人如果不讲诚信，他人就无法准确预测或判断这个人的行为、性格，就无法与之进行正常的合作、交换、交往，所以诚信是一个人作为一个正直的人，一个独特的人的立世根本。如果社会缺乏诚信，欺诈蒙骗盛行，那么将会陷入人人自危、处处提防的状态，就无法建立和谐的人际关系。诚信不仅是人之为人的根本，还是国之为国的根本，古人推崇"民无信不立""国无信不立"，强调的是取信于民是关系国家政权稳定乃至兴衰存亡的最根本问题。荀子曾指出，"古者禹汤本义务信而天下大治，桀纣

---

[1] 转引自吴潜涛《诚信友爱：社会主义和谐社会的一个基本特征》，《郑州轻工业学院学报》2006年第5期。

弃义背信而天下大乱"①，这是用正反两方面的史实来说明国家统治者诚信与否是政权兴衰存亡的关系。《吕氏春秋》中专门有《贵信》篇："君臣不信，则百姓毁谤，社稷不守；处官不信，则少不畏长，贵贱相轻，赏罚不信，则民易犯法，不可使令；交友不信，则离散郁怨，不能相亲；百工不信，则器械苦伪，丹漆染色不贞。"② 这表明：如果国家对人民信守诚信，人们必将对国家的法令、治国方略的真实性及其贯彻落实不加怀疑、猜测、观望或试图破坏、逃避，这样必将减少法令和政策的实施成本，并增强法令和政策的实施效果，确保国家的长治久安；反之，如果国家和政府失信于民，则必将引发社会矛盾的冲突和社会秩序的混乱，社会和谐的构建就无从谈起。诚信不仅可以建立良好的人际关系，使社会稳定而有秩序，而且还可以被视为"进德修业之本"，构成商业乃至各行各业兴旺发达的道德保证。我国古代格言推崇"君子爱财，取之有道"，即正直的人通过正当途径而非靠欺诈等手段谋取利益。中华传统商业中所推崇的"货真价实""童叟无欺"的诚实美德，都强调商业往来中以诚信为本。管子则明确指出："非诚贾不得食于贾，非诚工不得食于工，非诚农不得食于农，非信士不得立于朝"③，所强调的是，诚信美德是商、工、农、政乃至各行各业从业的基本要求。

当今学界对诚信有两种基本认识，即美德伦理诚信观和规范伦理诚信观。美德伦理诚信观将诚信视为个人和共同体的美德，人性固有的善，主张"讲诚信"不需要外部的理由，诚信本身以"善"为最高价值和最高追求，善是诚信行为唯一目的和动机。规范伦理诚信观将诚信视为公共生活的重要规则，认为诚信是实现个人合法权益的条件，也是保障公共利益的手段，坚持诚信的实质是社会契约或共同体成员所达成的一致性认识，主张践履诚信需要外在和社会各种规则和制度来对个人和团体的权利和义务进行明确限定、控制和保障。美德伦理诚信观推崇人格诚信，以善本身为价值诉求，体现了价值理性；规范伦理诚信观推崇契约

---

① 转引自夏红霞《诚信友爱——构建和谐社会的道德基础》，《前沿》2006 年第 6 期。
② 《吕氏春秋·贵信》。
③ 《管子·乘马》。

诚信，以正当和正义为价值诉求，体现了工具理性。①

友爱是我国儒家和墨家所推崇的重要理念。"仁"是儒家道德规范的最高原则和主要标志。孟子提出"仁者爱人"，仁者就是充满慈爱之心，满怀爱意的人，能自律和守礼，平等尊重他人，对他人有同情心，乐于关心人、善于帮助人。爱人的基本要求是"老吾老以及人之老，幼吾幼以及人之幼"。墨子也提倡"兼相爱"、"爱无差等"，要求"有力者疾以助人，有财者勉于分人，有道者劝以教人"。在西方思想史上，也有不少思想家对友爱进行了专门讨论。亚里士多德高度重视友谊对于维系城邦社会的重要作用，他指出："因为消除内讧最有赖于友爱，所以大家总是以友爱作为城邦主要的善德。"② 他在《尼各马可伦理学》中还专门讨论了友爱、友谊的种类及其维系与增进，成为当今国内外学界研究友爱的重要思想资源。除了亚里士多德，西方还有其他不少思想家论述了友谊、爱、同情心等对个人幸福和社会稳定、发展的重要作用，比如古代的柏拉图、伊壁鸠鲁、西塞罗、爱比泰克德、塞内加，近代以来的蒙田、培根、休谟、卢梭、亚当·斯密、康德、费尔巴哈、弗洛姆和马尔库塞等。其中比较有代表性的观点有：伊壁鸠鲁提出，友爱是个人幸福和快乐的重要源泉；西塞罗指出，友谊是诸神赐予人类的最好、最令人愉悦的东西，是最合乎我们天性，因而也是最崇高的东西；休谟、卢梭等人坚持对他人的同情心、仁爱心是人区别于动物的基础，也是人与人之间相互依赖、具有利他倾向，结成社会的重要心理基础；康德指出，被爱和被尊重是人的两大基本需求，行善和帮助他人是人的基本义务之一；费尔巴哈提出"爱的宗教"；弗洛姆论述过"爱的艺术"；马尔库塞则有"爱欲解放论"等。另外，值得我们注意的还有，基督教要求爱上帝和爱自己的邻居，爱构成基督教所倡导的"信、望、爱"三主德之一和核心教义。在整个漫长的中世纪，"爱"指引着孤独个体相互之间的心灵慰藉、取暖和生活困苦中的互相救助。基督教所推崇的"爱"到近代被启蒙思想家以"博爱"的精神加以继承和发扬，缓和与消融着人们在市场经济体制中被强化的狭隘的利己倾向，成为构建和谐与人道的人际关系的重

---

① 王东：《论诚信观的培养》，博士学位论文，辽宁师范大学，2008年。
② ［古希腊］亚里士多德：《政治学》，吴寿彭译，商务印书馆1981年版，第51页。

要道德基础。

当今中国已经初步确立社会主义市场经济体制,只有那些有助于市场经济体制构建和良性运转的道德品质才能在根本上促进和谐社会的构建。诚信友爱作为传统美德不仅在维系人与人之间良性关系中起至关重要的作用,而且还是市场经济,乃至和谐社会构建的道德支柱。首先,诚信是市场经济发展的基本条件。市场经济是以分工和交换为基础的经济形式,靠彼此相连、互为制约的信用关系链条维系着市场关系和市场秩序,在本质上是一种要求以信用作为守约条件的经济形式,这是市场经济的内在属性。以交换为基础的市场经济具有追求最大利润的基本动机,如果社会对经济活动缺乏有效的约束和规范,就不能防止某些人在短期利益的驱动下,以失信行为来谋求不义之财。经济领域的欺诈和诚信危机必将加大交易成本,破坏正常的竞争秩序,人与人之间只有以诚相待,才能减少由于坑蒙拐骗引发的各种矛盾、纠纷和复杂的补救程序。失信行为还可能从经济生活蔓延到政治、文化及人际关系领域,将危及政府的公信力,个人的各项合法权益和基本安全感,使人无法正常生活,人与人之间的和谐关系失去可能性。诚信靠法律来保障,但更靠道德自觉来维系。总之,如果一个社会中公民没有普遍养成诚信的道德素养,人与人之间就无法正常交往与和谐相处,社会也难以实现充满活力、安定有序。

其次,友爱对于市场经济体制的良性运转与和谐社会构建也具有举足轻重的作用。市场经济体制中市场作为资源配置手段,比行政手段更有效率,但市场自身也有先天不足,具有自发性、盲目性、滞后性的特点,且容易引发两极分化的矛盾,而两极分化超过一定的程度必然会影响到社会的稳定与秩序。解决两极分化的矛盾既依赖于国家的法律和行政手段,也依赖于人的友爱美德。友爱的本质是带给他人精神的愉悦和切实的帮助,广义友爱体现的是人超越血缘、民族、国家等所有界限的大爱精神。一个具有友爱美德的人,能够将任何人作为人本身来尊重和对待,对人类的苦难常怀有悲悯的情怀,当他通过合法劳动和诚实经营创造了巨额财富时,在友爱精神驱动下,他会乐于将超出自己所需要的财富拿出一定部分捐献给穷人,奉献给社会,这就是慈善事业的精神起源。比尔·盖茨和巴菲特的慈善事业就是其典范。慈善被号称为第三次分配，在当今社会中发挥着巨大的收入调节作用，它可以在相当程度上化解和消融由两极分化带来的一系列问题，比如社会的仇富心理、极端贫困家庭的生计问题，贫穷诱发的经济犯罪和无直接利益的社会冲突等问题。友爱精神与德性不仅能化解两极分化的矛盾，而且还可以充当人与人之间交往的润滑剂，成为构建人际和谐的伦理基石。人际和谐主要通过良好的人际关系来体现，表现在人能够以友善、同情、信任、尊敬、宽容的态度来和他人相处，能接受他人，悦纳他人，能认可他人存在的重要性及其正当利益，乐于与他人交往、沟通，分享自己的情感。无论私密领域关系，还是陌生人之间关系，最健康和持久的关系都应该是一种朋友式的关系。在友爱的社会环境中，人更容易接受自我，更能与集体融为一体，个性更能得到正常发挥，基本需求能够得到更好的满足，也将更容易懂得爱他人。总之，不管处于何种场合，不管处于何时何地，没有人不渴望被爱，也没有人不渴望被人以友善的态度来对待，没有人不希望陷入困难时能得到他人的帮助。友爱，是普照的阳光，是遍洒的春雨，让人间充满温暖与祥和，"只要人人都献出一片爱，世界将变成美好的人间"，没有友爱，世界将变成一片冰冷的荒漠。友爱和诚信是构建社会和谐的道德基础。

（四）安定有序是构建社会和谐的前提条件

安定有序是构建社会和谐的前提条件，这可以从安定有序的内涵中直接分析出来。安定有序可以分成"安定""有序"两个方面来理解，安定包括安全和稳定。安全、稳定和秩序三要素彼此之间存在相互促进、相互制约的关系。其中，安全是稳定的前提，稳定保障安全和有序，有序反过来促进稳定。

安全在一般意义上指平安、无危险、不受威胁，无事故的状态，可以根据不同标准进行分类。根据危害安全的来源，安全可以分为自然安全和人文安全。自然安全是免于自然灾害危害的状态，危害自然安全的因素是各种自然现象，如地震、火山爆发、水灾、旱灾、泥石流、各种微生物引发的瘟疫等。人文安全是指人类的生产活动和文化活动处于正常状态，遭到破坏的例子有：矿山瓦斯爆炸、交通安全事故、建筑物垮塌、食物中毒、病疫蔓延、环境污染；还有一类是人类生活规则和秩序遭到破坏，如战争、暴力和恐怖活动、犯罪、违法等。根据安全所保护的对象范围，安全可以划分为国家安全、社会公共安全以及个人安全。国家安全是指国家不受外来侵害的状态，包括领土安全、主权安全、国民安全、国家财产安全。社会公共安全一般由人为灾害引起，包括社会治安、食品安全、公共卫生安全、公众出行安全、城市生命线安全、人员疏散的场地安全、信息安全、建筑安全、避难者行为安全等。社会公共安全遭到威胁会给社会大众留下难以磨灭的痛苦记忆和心理强制，是最容易引发人们沉重顾虑的一类安全。个人安全主要是指个人的人身、财产等基本权利得到保障，不受侵犯。根据安全所处的状态，安全可以划分为防范性安全和救济性安全。防范性安全是指安全尚未受到危害，为了预防、延迟、减少危害而形成的安全状态。救济性安全是指危害已经发生，损害结果已经形成，为了避免更大的损失所采取的救援抢险、追究责任、补偿受害者等措施形成的安全状态。根据安全的发展阶段，安全可以分为传统安全和非传统安全。传统安全指在人类历史上由来已久的安全问题，危害传统安全的因素主要有战争、重大安全事故、自然灾害、犯罪活动、突发公共卫生事件等。非传统安全主要指由科技的发展和使用带来的一系列安全事故，如环境安全、技术安全、城市安全和经济安全等。环境安全是人与自然矛盾失去和谐所引发的问题；技术安全是由新技术，如基因技术、化工产品等给人和自然带来的风险和威胁问题；城市安全是由于城市规模扩大引发的安全问题；经济安全是指随着全球经济化过程中，由于各国关联性、依赖性和脆弱性增强而带来的安全问题，具体又包括资源安全、金融安全、产业安全和财政安全。根据安全涉及领域的不同，安全可以划分为军事安全、政治安全、经济安全和文化安全等。其中，军事安全是指国家有效遏制、抵御外来武装力量的侵略和颠覆，捍卫国家主权和领土完整；政治安全是指国家主权、领土、政权、政治制度、意识形态等方面免受各种侵袭、干扰、威胁和危害的状态，政治安全的核心是党的领导的有效性（权威性）和执政地位的稳定；文化安全指一国的观念形态的文化（如民族精神、政治价值理念、信仰追求等）生存和发展不受威胁的客观状态，本身构成国家安全的重要组成部分。人们思想文化观念的重大变化会对一个国家的政治安全、经济安全等带来很大的冲击性影响。

社会稳定意指社会各方面通过人的自觉干预，调控和努力实现的一种动态的平衡状态,包括政治稳定,经济稳定和狭义的社会稳定。政治稳定是指政治生活中安定团结的局面。具体包括国家主权和领土完整得到维护,政治理念与政治制度得到民众的广泛认同,政权体系具有足够的力量,对整个社会具有较强的调控和整合能力,政治生活中能维持有序的状态,党的路线、方针和政策能够得到贯彻的局面。经济稳定指经济持续健康发展,没有大规模的和长期的低谷,人们物质生活稳步提升,国民经济各部门按比例协调发展。狭义的社会稳定指社会组织健全,社会管理完善,全国各民族和睦相处,团结统一,社会置于法律秩序之中,人民群众安居乐业的状况。社会稳定的这三个方面相互依存,相互促进。其中,政治稳定是经济稳定和社会稳定的根本前提和保证,关系到国家各项事业发展的成败;经济稳定为政治稳定和社会稳定奠定必要的物质基础;狭义的社会稳定是政治稳定和经济稳定的重要条件。稳定本身是个中性词,可能意味着良性的秩序,也可能意味着保守、滞后、不公平、酝酿着危机的秩序。表面的稳定可能在为激烈的社会动荡酝酿爆发力,良性、持续的政治发展才能为社会与政治稳定提供长治久安的活力。

"有序"也就是"有秩序",秩序总是意味着社会中存在某种关系的稳定性、连续性和行为的规则性。英国社会学家科恩将秩序总结为五个方面的规定性:(1)"秩序"意味着社会生活中存在一定限制、禁止和控制,指政治、经济、文化、社会等各方面都有章可循。(2)"秩序"表明在社会生活中存在一种相互性,每个人的行为不是偶然的和杂乱的,而是相互回答或补充他人的行为。(3)"秩序"意味着社会生活中捕捉预言的因素和重复的因素。(4)"秩序"能够表示社会生活各组成部分的某种一致性和不矛盾性。(5)"秩序"表示社会生活的某种稳定性,长期保持某种形式。[①] 社会秩序由共同的价值观和社会规范来实现,社会规范又存在于风俗、道德、宗教、法律、规章制度之中。在当今一个依法治理的时代,法律是预防和消除无序状态的基本手段。社会秩序是社会和个人存在与发展的必要前提,因而和谐的公共秩序历来是任何时代人们都要致力实现和努力维护的目标。亨廷顿曾经说过:"首要的问题不是自由,而是重建一个合法的公共秩序。很显然,人类可以无自由而有秩序,但

---

① 张文显:《法理学》,高等教育出版社 2001 年版,第 227 页。

不能无秩序而有自由。"① 社会秩序是社会良性运转的条件和影响社会进步的积极因素，但社会秩序也有一定的保守性。当维持社会秩序的社会制度阻碍生产力的发展时候，社会秩序就变成一种惰性因素和消极阻碍，需要打破原有秩序确立新的秩序，但无论如何，新的社会秩序总是被必需的。②

由以上对安定有序的基本内涵分析可知，安定有序是人类社会得以维系和健康发展，广大普通民众正常生活的前提与基础。古今中外，无论哪一种社会形态，哪一种政权形式，无论是统治者，还是思想界，还是普通百姓，无不意识到社会安定有序的重要性。防止社会秩序彻底崩溃或尽快从动荡中恢复和重建社会秩序，这是每一个有良知的人的道德直觉。近代以来多年的战乱、动乱给我国社会发展和百姓生活带来深重的灾难，保持社会的安定有序对我国的现在和未来都具有突出的现实意义。可以说，安定有序是构成社会和谐的基本特征与根本标志，同时也是民主法治、公平正义、诚信友爱、充满活力、人与自然和谐相处等得以实现的前提条件，因而总体说来，安定有序是构建社会和谐的前提。

（五）充满活力是社会和谐的必然要求与结果

社会充满活力也就是在开放的竞争环境中，所有社会成员和社会力量的积极性和创造性能够得到最大限度激发，大家各尽所能，各得其所，最终推动社会不断向前发展。社会主义社会和谐强调安定有序，但它所追求的却并不是静态的社会秩序，而是充满活力的动态平衡与发展，这是社会主义和谐社会与封建专制社会的本质区别，同时也是社会健康发展的标志。解放和发展生产力是社会主义本质的基本要求，而解放和发展生产力过程本身就是一个各行各业生生不息、不断发展的过程，也就是一个展现社会生机活力的过程，所以充满活力内涵于社会主义本质之中。人是生产力中唯一的主体性和能动性的要素，离开人的积极性和创造性，任何事业都不可能起步，因而社会活力是社会生产力持续增长的保证。总之，丧失活力的社会就不是真正的社会主义社会。充满活力构

---

① ［美］亨廷顿：《变动社会的政治秩序》，李盛平等译，华夏出版社 1988 年版，第 8 页。
② 关于安定有序的内涵分析，主要来自石柏林《安定有序社会的法学内涵与构建》，《广州大学学报》2008 年第 7 期。

成社会主义和谐社会的本质要求,同时也是社会和谐的必然结果。一个逐步实现民主法治、公平正义、安定有序、诚信友爱的社会,也必将是一个充满活力的社会。

充满活力的社会具有一些基本的检验标准:在一个充满活力的社会中,一切有利于社会进步的创造愿望都能得到应有的尊重,创造活动都能得到应有的支持,创造才都能得到应有的发挥,创造成果都能得到应有的肯定;充满活力的社会是一个开放的、流动的社会,各种社会资源与生产要素都能自由的流动与组合,以实现最佳的配置和效率,每个勤奋工作、对社会做出贡献的人都有机会通过自己的努力获得上升空间,社会将形成一种充分就业、人人努力、开拓进取的良好风尚;在一个充满活力的社会中,生产力将保持持续发展,社会各项事业欣欣向荣,基本民生不断得到改善。离开了社会活力,构建和谐社会与全面建设小康社会便失去了支撑。社会普遍陷入停滞和萧条或社会阶层固化,这是社会活力丧失的重要标志。

社会充满活力需要一系列基本条件。(1) 社会安定有序。如果社会各项制度健全,保持稳定、发展井然有序,人们在制度和法律的框架中谋求自己事业的发展和矛盾的协商与解决,人们的积极性和主动性将会得到合理的、充分的发挥。反之,如果一个社会秩序混乱,犯罪横行,动荡不安,人们连正常的生活和工作都难以为继,人们的积极性和创造性就将失去施展的舞台,社会就谈不上什么活力。(2) 承认权益主体的差异性。在社会生活中,不同个体由于先天禀赋、后天努力情况的千差万别,所取得的成就和对社会所做的贡献必然也存在千差万别,正视和有效处理这种差别,尽可能让每个人的获得与贡献保持适当的平衡,最大限度地激励个体的主体性,这是充满活力的前提条件。对此有深刻认识的邓小平曾指出:"革命是在物质利益的基础上产生的,如果只讲牺牲精神,不讲物质利益,那就是唯心主义。"[①] 因而充满活力与绝对平均主义是不相容的,如果"干与不干,干多与干少都一样",那么先进者的积极性、社会发展的动力和社会活力就会丧失殆尽。(3) 承认社会矛盾的普遍性。一个社会中由于利益主体的多元性,在各个领域中难免会出现

---

① 《邓小平文选》第 2 卷,人民出版社 1994 年版,第 146 页。

这样或那样的矛盾和权益冲突，和谐社会并不要求消灭所有矛盾或不允许矛盾的存在，但要求直面矛盾，有效分析、解决矛盾来促进社会的发展，并在不断协调多方权益、平衡各种权益关系中求得动态的和谐，这是确保人民群众的积极性、创造性的前提条件，也是确保社会活力永不衰竭的前提。(4) 崇尚全社会的公平合法竞争，这是调动全国人民和各行各业的积极性、促进社会效率提高与社会进步的有效途径。(5) 全面贯彻"尊重劳动、尊重知识、尊重人才、尊重创造"的方针，改变影响人们创造力发挥的各种制度性障碍，形成鼓励人们干事业、支持人们干成事业的社会氛围，放手让一切创造社会财富和发挥个人才干的源泉充分涌流。(6) 维持社会阶层纵向流动性。在一个平等观念逐步深入人心的时代，如果社会利益结构固化，将很容易导致各阶层之间的相互仇视，仇富心理往往起源于贫穷者对财富拥有者获得财富方式的不认可和对自己无法通过自身努力获得更好生活的一种绝望，因而社会封闭和僵化将直接影响到社会稳定。

构建充满活力的社会必须以社会的制度改革和建设为保障，这也是实现社会充满活力的最根本途径。当上层建筑或经济基础不适应生产力的发展状况，并成为阻碍先进生产力发展的桎梏与障碍，社会陷入停滞，只有通过有效改革，才能恢复社会的活力，才能调动广大人民群众的积极性、创造性，才能促进社会各行各业的发展。我国改革开放40年，神州大地展现出勃勃的生机，获得飞速发展，这一切正是通过社会经济政治体制的不断完善和调整来调动人民群众的积极性和创造性来实现的。在当今形式下，进一步推进社会制度的公平与正义，是确保社会流动性的基本途径。

(六) 人与自然的和谐是构建社会和谐的物质基础

自然界是人类社会生存与发展的物质前提和基础，为人类的衣、食、住、行提供外部环境和基本的生活资料。人类需求的增长必须与自然界所能提供的各类资源相适应，自然环境也必须得到有效保护，这是人的生命得以维持和健康得以保障的物质前提。

人与自然的矛盾集中体现三个方面：其一，自然规律的客观性与人的意志的主观性之间的矛盾；其二，人的需求的无限性与自然资源的有限性之间的矛盾；其三，人的身心健康对洁净环境的需要和生态破坏、环境污染之间的矛盾。人与自然的矛盾会引发一系列社会矛盾,可能冲击着社会和谐的方方面面。比如生态环境恶化往往诱发自然灾害,在漫长的人类发展史中,这是造成某些人类文明消失的重要原因,在当今也经常成为大规模被动移民的直接原因,后者又是灾难和动荡的重要根源。环境污染直接威胁到受损害地区民众的正常生活,乃至生命安全,随着人们环保意识的加强,环保问题常常诱发群体性抗议事件,甚至群众斗殴。自然资源短缺,可能威胁到一国,乃至世界民众的正常生活、粮食安全、经济安全,经常诱发经济危机,乃至地区与地区之间、国与国之间的军事冲突。比如,国际社会两次海湾战争就与争夺掌控国际石油支配权有关系。因而自然界是人类生存的物质前提与基础。

以上内容是对社会和谐的六个基本特征及其对和谐社会构建的重要意义的逐一阐明,国家统计局"和谐社会统计监测指标体系"课题组根据和谐社会"民主法治、公平正义、诚信友爱、充满活力、安定有序、人与自然和谐相处"这六个方面的要求,提出了二十五个和谐社会具体统计监测指标。依次为民主法治的三项指标:公民自身民主权利满意度、廉政指数、社会安全指数;公平正义的四项指标:基尼系数、城乡居民收入比、地区经济发展差异系数、高中阶段毕业生性别比;诚信友爱的四项指标:合同违约率、银行业主要金融机构不良贷款率、消费者投诉率、慈善捐款占 GDP 比重;充满活力的六项指标:基层选举投票率、人口流动率、制造业新产品销售收入比重、企业注册率、万人专利数、万人注册商标数;安定有序的四项指标:五岁以下儿童性别比、城镇调查失业率、基本社会保障覆盖率、居民生活满意度;人与自然和谐的四项指标:万元 GDP 综合能耗、森林覆盖率、常用耕地面积指数、环境质量指数。[①]这个单项研究成果中所提出的具体指标可以使我们对和谐社会的基本特征有更全面和精确的理解,他们所得到的结论不一定就完全科学,但启迪我们可以尝试着对和谐社会基本特征以量化的标准来进行评价和检验。

二 社会和谐的终极价值取向

社会和谐具有一系列价值取向,公平正义、民主法治、安定有序、

---

① 国家统计局课题组:《和谐社会统计监测指标体系研究》,《统计研究》2006 年第 5 期。

诚信友爱、充满活力、人与自然和谐相处以上六个基本特征也属于和谐社会的价值取向，除此以外，我们还可以引申出许多其他价值，如社会包容、民族精神、公共精神、整体性效益，等等，但社会和谐的终极价值取向是"以人为本"，这是由中国共产党全心全意为人民服务的宗旨所决定，并为中国共产党多次重要会议的文件中所公开强调。

"以人为本"是对人在社会历史发展过程中的主体地位与目的地位的充分肯定，是一种立足于依靠人、为了人的价值取向，要求在一切工作中要确立人的尺度，把解放人、尊重人、为了人、塑造人等落到实处。以人为本强调：发展的主体是人民群众；发展的动力是人民群众的需要；发展的尺度是人民需要满足的程度；发展的目的是最大限度满足人民群众的物质文化的需要；发展的终极目的是人的全面发展。以人为本坚持以人的需要为本、以人的力量为本，以人的发展为本、坚持以人的权益为本、以人的独立人格为本、以人的能力为本、以人的平等为本。以人为本要求政府和社会创造各种条件挖掘每个人的潜能、培育人的创新能力、合理配置人力资源、善待高素质、高能力的人、凝聚社会一切积极力量。以人为本具有这样几个基本特征：其一，虽反对以 GDP 和发展为本，但并不反对以经济建设为中心，把经济建设作为实现人的全面发展的必要手段与基础。其二，以人为本意味着任何人都享有合法权利并且都应该得到合理尊重，也意味着对人以外的任何事物都给予人性化的思考与关怀。其三，以人为本要求我们对现实社会中一切违背人性发展、不尊重人的现象进行批判、改革和超越。其四，以人为本要求关注人作为人的共同性和个性的差异性。其五，以人为本在当代实质上是以最广大人民群众及其根本利益为准。[①]

[①] 韩庆祥：《"以人为本"的科学内涵及其理性实践》，《河北学刊》2004 年第 5 期。

第二章

个人尊严对社会和谐的意义

在当今中国,"尊严"成为大众普遍欲求的目标,个人尊严诉求既是社会趋向和谐的根本动力,同时也是诱发社会冲突的主要原因:当个人尊严诉求得到较好满足时,通常可以促进社会走向和谐;当个人尊严诉求失败时,则可能诱发社会冲突。本章第一节将提出并论证个人尊严构成社会和谐的内在目标,第二节阐述当今中国个人对尊严需求的普遍性和必然性,第三节侧重阐明个人尊严的诉求及其实现对社会和谐的保障与促动作用,第四节侧重论述个人尊严诉求及其失败与社会冲突之间的密切联系。结论是有效满足个人的尊严诉求是保证社会走向和谐的基本途径。

第一节 "人的尊严"构成社会和谐的内在目标

"有尊严的生活"与"和谐社会"同为政府和社会的两大奋斗理念,前者代表个人目标,后者代表社会目标。但"个人尊严"与"社会和谐"二者之间究竟是平等的关系,还是中介与终极目标的关系?如果有工具与目的之分,何谓工具?何谓目的?即哪一个目标更为根本?根据马克思主义关于个人发展与社会发展辩证关系原理,个人发展与社会发展互为条件,相互促进,但人的发展是社会发展的根本目的,"个人尊严"构成和谐社会的内在目标和价值取向,本节将对这一观点展开论证。

一 人的发展与尊严构成社会发展的目的

人的发展与社会发展互为前提和基础。人的发展以社会生产力和经济、文化、教育的发展为前提，人必须在社会中才能成其为人，但人的发展又是社会发展的基础、目的和终极标准。人的发展对社会发展的意义主要体现在如下几个方面。

第一，社会的发展必须通过人的发展来实现。首先，人是社会系统中唯一的能动主体，是社会活动的规划者、实践者、推动者，社会的所有发展都由人的活动所造成，社会发展过程中所形成的一切物质文化成果都不过是人的本质力量对象化的结果，社会发展最终根源都在于人的发展。正因为此，英格尔斯曾说："人的现代化是国家现代化的必不可少的因素，他们并不是现代化结束后的副产品，而是现代化制度和经济赖以长期发展并取得成功的先决条件。"① 其次，社会发展以人的生存和发展需要为动力。正是因为人有各种需要，才产生满足需要的各种生产活动，正是人的需要的全面性、未完成性、不断再生性和无限递增性，才促使社会走向全面发展和无限发展。最后，资源经济是一种有极限的增长，人的发展，也可以称为人力资本的增长，是社会发展的内源性和可持续性的基础。

第二，人的发展对社会发展绝不仅仅具有工具性的意义，更具有终极价值的意义。社会的经济、政治、文化等各领域的发展都不是为了发展而发展，而是或为了满足人民群众日益增长的物质和文化的需要，或为人的发展创造社会条件与环境，也就是社会发展必须服从于人的生存与发展。马克思在《共产党宣言》中曾公开指出，"人的全面而自由发展"是未来社会的目标，共产主义社会就是以人的自由、解放和全面发展为终极目的的社会。人的全面发展是社会主义社会的本质要求和终极价值取向。

第三，人的发展构成社会发展的价值判断标准。这里作为判断标准的人不是指少数人，而是绝大多数的人民群众。20世纪90年代，邓小平提出"三个有利于"标准：是否有利于社会主义生产力的发展，是否有利于增强社会主义的综合国力，是否有利于人民的生活水平的提高。三个有利于中的第三个标准，即"是否有利于提高人民的生活水平提高"

---

① ［美］阿历克斯·英格尔斯：《人的现代化》，殷陆军译，四川人民出版社1985年版，第11页。

是一切工作的最高标准。20世纪90年代,联合国开发计划署也制定"人的发展指数(IDH)"并将之作为衡量社会发展的新标准。因而,社会各项事业发展以人的发展为最终判断标准。

关于人的全面发展的基本内容,不同思想家给予了不同的解释。马克思认为,人的全面发展包括人的劳动活动的全面发展,劳动能力的全面发展,社会关系的全面发展,自由个性的全面发展,人的需要的全面发展,人类整体的全面发展。在此,我们可以结合人的尊严的基本内涵,对马克思人的全面发展思想与人的尊严实现之间的关系做出说明。根据第一章对尊严的界定,人的尊严的根据体现在人具有不同于自然他物的自由,即道德性和创造性,有尊严的生活的一个基本要求就是人的能力和个性能得到社会认同和充分发展,因而马克思所论述的人的劳动能力的全面发展、人的自由个性的全面发展直接属于人的尊严提升的范畴;人的需要的全面发展要求人的物质、精神等各方面需要都能得到满足与促进;与之相反,如果仅满足人的某一部分的需要,最常见的就是其生存需要(动物求生存的本能状态),属于将人性物化或片面化,因而人的需要的全面发展所体现出的是对以多种需要为载体的丰富人性的尊重与成全;劳动活动(生产实践)与动物的本能活动的本质区别是前者是自由的、有意识的生命活动,具有创造性和超越性,劳动活动构成人类高贵于动物的根据,因而人的劳动活动的全面发展本身就是人的自由和尊严的充分实现。人的本质就其现实性是一切社会关系的总和,所以社会关系的全面发展所体现的是人的个体本质(个性)的充分展开与发展,属于对人的个性的尊重与促进的范畴。因而我们可以说,根据马克思,在某种意义上,人的全面发展以人的尊严的实现为终极价值取向。在这个意义上,我们可以说,社会以人的发展为终极目标,而人的发展又以人的尊严实现为终极目标。所以,人的发展与尊严构成社会发展的目的。

二 "以人为本"内涵"以人的尊严"为本

党和政府在和谐社会构建和落实科学发展观的战略中都明确指出,"以人为本"是社会发展的终极价值取向和最高原则。考察以人为本和人的尊严的基本内涵和要求,可以发现,"以人为本"内含"以人的尊严为本"。

第一，党在提出和谐社会和科学发展观战略过程中之所以反复强调"以人为本"为最高原则，在根本上就是为了克服中华人民共和国成立之后多年片面追求国家的富强，经济社会的发展，特别是物质财富的增长，重物轻人、甚至见物不见人的片面倾向，来凸显人的主体地位、终极目的和至高价值的意义，其核心要求是一切工作都必须以尊重人为前提和目标，即尊重人的利益、需要、情感、权利、人格、发展等。所以可以说，"以人为本"这一终极价值取向的提出本身就标志着对人作为人本身的价值和尊严的肯定与维护。

第二，我们党明确指出，作为最高价值标准的"以人为本"的人，不是指少数人或个别人，而是指"人本身"，即任何人无论其个人的财富、身份、地位、才智、性别、外貌、健康等一切外在的或偶然所得等情况如何，他作为人本身都应该得到尊重、理解、关心和爱护，所以"以人为本"在实质上就是坚持要求把人作为人本身来尊重和发展，这与捍卫人的尊严的最核心和最根本的要求是一致的。

第三，"以人为本"并非一个抽象空洞的口号，而是包含着一系列具体的要求。学界普遍认为，所谓"以人为本"就是要坚持以人的权利为本，以人的自由为本，以人的需要为本，以人的发展为本。在这几项具体要求中，人的"权利""自由""发展"具有最高价值，保障人的权利、自由是保障人的尊严的基本要求，促进人的发展是提升人的尊严的要求。"人的需要"包括物质需要和精神需要，一定量的物质需要的满足是保障人的生命尊严和人格尊严的前提条件；尊重是人的精神核心需要。尊重需要的底线是不得受歧视和侮辱、不得被物化，其上限是自我价值实现，因而满足人的精神需要也都可以纳入捍卫和提升人的尊严的范畴。所以，将人的需要满足作为发展的最高价值，在根本上也是为了满足人的尊严的需求。学界还有人提出，"以人为本"包括以人的利益为本，以人的幸福为本，以人的尊严为本。从这一观点直接得出，"以人为本"内含"以人的尊严"为本。温家宝同志明确提出让人们生活得更有尊严的执政理念，尊严是以人为本的新诠释。[①]

---

① 唐凯麟：《尊严：以人为本的新诠释》，《光明日报》2011年1月31日。

三 "人的尊严"构成社会和谐三大基本维度的基本价值取向

社会和谐作为一种理想的社会状态,并不仅是为了和谐而和谐,它还承载和内含着一系列目标和价值追求,其终极目标就是个人的发展和尊严的实现。人的尊严的实现主要包括尊重、保障和提升人的尊严三个方面。如第二章所述,社会和谐包括人与自然的和谐,人与人的和谐,人与自我的和谐三大基本维度,我们可以论证,这三大目标都以广义的"人的尊严"为基本价值取向。

人与自然和谐是社会和谐的前提,但维持人与自然和谐不是为了宇宙的壮观优美,不是为了天地其他万物的生存,也不是为了超自然的神的旨意等其他任何目标,维持人与自然的和谐在根本上是为了人类本身能更好地生存和发展。自然界为人的生存和可持续发展提供物质基础,优质的外部环境和充足的自然资源是保障人的生命权、健康权和优雅生活的前提条件。巧妇难为无米之炊这一俗语所表达的就是,再智慧的人也不能脱离物质资源凭空生存和创造,在这个意义上,自然资源是人实现自身个性、潜能、价值的前提与载体。因而保持人与自然的和谐是为了人能更好地生存,并保证人不丧失自由的类本质,具有更多的选择机会,更丰富的体验,更高品质、更优雅的生活,在根本上是为保障和实现人的尊严奠定物质基础。

人与人和谐是社会和谐第二个基本维度,但社会主义和谐社会所谋求人际和谐并不是为了求得一团和气,不是为了维持特定的伦理规范、社会秩序,不是为了维持某一特权阶级的利益格局,维持人与人的和谐在根本上是为了使人能够过上有尊严的幸福生活。人与人之间的和谐可分为私人关系领域的和谐和公众关系领域(社会关系)的和谐,保障和提升人的尊严构成人际和谐的基本目标之一。就私密关系领域而言,随着中国逐步从传统迈向现代化,自由、平等、人权等观念逐步深入人心,无论在家庭的亲子关系、伴侣关系、兄弟姐妹关系之中,还是在朋友关系、同事关系之中,相互尊重,即维护彼此的尊严,逐渐被视为亲密关系和谐的根本原则、评价标准和基本价值取向,相互关爱必须以相互尊重为前提。公众关系领域的和谐价值目标大致归纳为自由、秩序和合理化利益等几个主要方面,这几个方面在广义上也都是为保障和提升人的尊严创造条件。市场经济是以自由个体的意志独立性为基础的契约经济，社会和谐所要构建的社会秩序是以承认并保障人的合法自由为基础的社会秩序，而不是高压统治下、丧失活力、各守本分、各司其职的荒凉静态的社会。简而言之，在当今时代，只有以人的自由保障为基础的秩序才是值得维护并可能成功维护的社会秩序。谋求利益最大化是理性经济人的共同本性，社会和谐所要追求的人际和谐不是贫穷基础上的和谐，而是以承认人的正当利益需求，并且为人的正当利益的实现创造条件为旨向的和谐。所谓人的合理化利益也就是人的合法利益，后者是人的合法权利在人际交互关系中的具体体现，如正当的财产所有权、收益权、人格权等。人的正当利益的保障和满足是人过上有尊严的生活的必要条件，对人的合法权利（合理化利益）的捍卫是对人的尊严捍卫的基本表现。另外，如第一章所述，自由是人的尊严的根据，承认和保障人的自由在根本上就是捍卫和实现人的尊严。因而我们可以说，公共关系领域和谐所追求的自由、秩序和正当利益要么是直接保障和实现人的尊严，要么是为了保障和实现人的尊严创造条件。以上论述可以推出，无论是私人领域还是公共领域，其人际和谐都是以广义的人的尊严为价值取向。

身心健康是个人过上幸福和有尊严生活的前提条件，维持内心和谐在根本上是为了人的幸福与尊严。一方面，人的身体是人的尊严物质载体，而身体健康以内心和谐为必要条件。一个身体残疾或饱受疾病折磨的人总是比一般人更难维持自己的幸福与尊严，现实中经常有很多身患重病，丧失基本生活自理能力的人，不想自己仅以动物性求生存本能式、羞辱地、痛苦地活着，宁愿选择早点结束自己的生命，即宁愿有尊严的死，也不想耻辱的活。这一现象如此普遍，以至于在当今中国产生了关于死亡尊严究竟是否合理、合法的争论与分歧。内心和谐是身体健康的必要条件。医学界和常识很多事例证明，人的身心相互影响、相互作用，身体的很多疾病的病根和发作程度都和人内心的焦虑、不安、紧张、恐惧等不和谐、不稳定的因素紧密相关，比如神经系统疾病、内分泌系统疾病、消化系统疾病、循环系统疾病等。所以，个人促使自己内心和谐既为了精神平和，也为了保证自己的身体健康，借以维持自身生存的尊严。另一方面，人的行为受其心理机制驱动，心理健康是维持个人行为克制、端庄、得体、高贵的基础。而个人只有保持内心的和谐，才能维持自身的心理健康，使自己在任何境遇中，尤其是大得、大失的刺激面前保持内心的从容淡定，行为举止优雅、适宜，既不在弱者面前趾高气扬、得意忘形，也不在权贵面前卑躬屈膝、阿谀奉承；既不放纵自己，也不侵犯他人。经验告诉我们，一个内心经常被各种强烈情绪、欲望所支配从而失去内心宁静与和谐的人，很难做到尊重自己，也很难尊重他人。因而古往今来，有许多思想家都在加强内心的修养，在当今中国，"心修炼"也成为许多普通人有意识或无意识的必修课，其根本目的都是追求自身的幸福与尊严。总之，个人尊严的实现以身心健康为前提，身心健康以内心和谐为前提，因而个人保持内心和谐在终极意义上是为了维护和实现自身的尊严。

第二节　当今中国个人对尊严需求的普遍性、必然性

个人尊严构成社会和谐的内在目标，社会和谐只能在个人尊严普遍实现中得以建构，这是从二者的逻辑关系所得出的必然要求。随着改革开放带来中国社会的迅猛发展，社会大众个人对尊严的诉求日益增强，并对社会发展正发挥着越来越大的影响。本节将主要论证当今中国个人对尊严需求的普遍性和必然性，最后简要指明人的尊严诉求对社会和谐可能产生的双重影响，以为第三节和第四节的分析奠定基础。

一　人对尊严的普遍需求论证

任何具有正常心智的人都渴望过上自由优雅的生活，渴望自己的德性、价值与主体性被自我和他人所尊重、认可，并以此为基础形成个体的自尊感，这就是对尊严的需求。自从有了人类社会，人就有了对尊严的追求和理想，这一追求源于人的自我价值意识的形成，源于人对"自己的家庭、民族、国家的道德情感与社会责任的体验和认同"[①]，源于人的社会性所导致人所固有的荣誉心和对优越感的追求。我们可以从原始人对勤劳、勇敢、荣耀的推崇看到尊严需求的萌芽。从古至今人们都普遍欲求人格尊严和以身份、能力、价值、德性等为基础的荣誉性尊严。我

[①] 唐凯麟：《尊严：以人为本的新诠释》，《光明日报》2011年1月31日。

国传统文化中有很多内容描绘人的尊严需求,特别是以德性和节操为标志的人格尊严的需求。如《礼记》开篇就是"毋不敬",即要求对一切人、事、物都要尊敬,"敬"是一切善法的根基。孔子提出"三军可夺帅也,匹夫不可夺志";《孟子》中讲道"一箪食,一豆羹,得之则生,弗得则死。呼尔而与之,得道之人弗受;蹴尔而与之,乞丐也不屑于接收";《礼记》记载齐国人不受嗟来之食的故事;苏武牧羊、文天祥誓死不降元,史可法"头可断身不可屈"等历史上为了个人和民族气节而英勇献身的著名故事;沿用至今的"宁可站着死,不愿跪着生""士可杀不可辱"等格言,这些所描绘和反映的都是我国传统文化对人格尊严的珍视和维护。除了人格尊严,我国传统文化中还有很多对人的生命尊严的珍视的内容。比如儒家强调"生"是"天之大德",人的基本生存需求和权利定义为"人之大伦",强调政权必须以民为本,为民谋利,要把民心向背作为政权维护的基础等,这些也体现了我国传统文化中尊重人的理念。我国传统文化中还特别强调自我尊严的提升。如儒家经典礼记大学指出,修身是齐家、治国、平天下的前提与基础,圣贤和君子就是个人修身的目标。圣贤和君子的最核心特征就是具有较高的道德境界,所谓修身之路也就是人的道德尊严不断提升之路。

人们之所以组成社会、建立国家、制定法律在根本上都是为了过上有尊严的生活。德沃金曾指出:"我们认为人们关心,而且本来就应该关心他们个人的尊严。要是有人在他的尊严上作了让步,不管他所属的社群是用什么字眼来称呼,他都否定了他自己是一个拥有关键权益的人——而关键权益是一种认为生命就其本身而言就很重要的价值。这等于是自我背叛。"① 进入近代社会以来,随着文艺复兴时期对人本身的价值与尊严的肯定与讴歌,启蒙运动所推进的自由、民主、平等、人权等观念深入人心,人作为人本身的尊严,特别是以此为基础的人格尊严、权利尊严也随之成为普遍的价值追求,并逐渐从伦理价值转化为政治价值。经由对"二战"法西斯公然大规模践踏人的尊严的深刻反思,联合国制定三个最重要的人权公约,世界各国开启通过法治的途径来保障人

---

① [美]罗纳德·M. 德沃金:《生命的自主权——堕胎、安乐死与个人自由》,郭贞伶、陈雅汝译,台北商周出版社2002年版,第275页。

的尊严。

二 当今中国民众对尊严需求的必然性论证

当代著名心理学家马斯洛在其需求层次理论中对人的尊严需求做了较为深入和系统的说明。马斯洛将人的需求分为生理需求、安全需求、情感和归属需求、尊重需求和自我实现需求五个层次。根据第一章对人的尊严内涵的界定，与尊严相对的态度反应和道德义务是尊重，人的尊严必须通过对相应主体的尊重才能体现出来，因而马斯洛需求层次理论中所描绘对尊重的需求与人对尊严的需求是同一范畴。尊重需求由个人对自身成就或价值的认同感和他人对自我的肯定与尊重两个方面构成，体现为自我尊重、信心、成就、对他人尊重、被他人尊重等具体要求。根据马斯洛，人人都希望自己有稳定的社会地位，渴望自身的能力和成就能够得到社会的承认，既希望自己在各种不同情境中有充足的实力和信心、能胜任、能独立自主，这被称为内部尊重，即自尊；也希望自己有地位、有威信，能够被他人尊重、信赖和高度评价，这是外部尊重，即他尊。人对成就、名声、地位和晋升机会等的追求是人的尊重需求的外部显现。马斯洛认为，尊重需求属于较高层次的精神需求，对人具有重要意义。人的尊重需要如果能得到满足，人就能体验到自己活着的用处价值，会对自己充满信心，对社会满腔热情。而如果人的尊重需求若得不到满足，人可能变得很爱面子，或者想尽办法用行动来证明自己的社会存在和价值，来争取别人认同和称赞自己，就容易走向虚荣，如用暴力来证明自己的强悍、千方百计让自己成为众人羡慕的有身份、有地位的人。

在马斯洛看来，自我实现是人的最高级需求。每个人都是一个独特的个体，自我实现的需要指个人的禀赋、潜能被挖掘、发挥到最大限度，个人的理想和抱负得到实现，越来越成为自己所期望的人物。不同的人采取不同的途径来满足自我实现的需要。自我实现需求得到满足的人，既能接受自己，也能接受他人，具有较强的解决实际问题的能力，自觉性高，主动性强，善于独立处事，要求独处，乐于接受并完成与自己能力相称的任务。自我实现需求得不到满足的人，会经常体验到空虚感，很需要有让他深刻体验生活充实和人生意义的事物。根据人的尊严的内涵，有尊严的生活包括人的个性和自我价值充分实现，因而马斯洛所论述的人对自我实现的需求也可以纳入人的尊严需求的范畴。

根据马斯洛，人的需要有一个从低级走向高级的发展过程；虽然低级需要比高级需要更为强烈，但当人的低级需要得到满足时，人就会自动趋向更高级的需要；且人在每一个时期，都有一种需要占主导地位，而其他需要处于从属地位。当人的生理需求、安全需求、情感和归属需求得到较好满足的时候，人就会走向对尊重与自我实现，即对尊严的需求，而且这一需求将会在人的需求层次中占主导地位。中国目前已经正处于全面决胜小康社会阶段，据国家统计局数据显示，2017年全国居民人均可支配收入25974元；同时我国自改革开放以来，法律法规逐步趋向完善，社会秩序、个人的财产所有权、工作职位等大都具有了法律制度和社会发展的保障；社会对个人私密情感关系也持越来越开放和包容的态度。所以，虽也有一部分人依然生活在绝对贫困线以下，社会治安事件和个人严重情感危机也时有出现，但是对绝大多数人来说，其生理需求、安全需求、情感与归属的需求都能够得到较好的满足，因而在当今中国，绝大多数人会自动产生对尊严的需求，并且将尊严的需求作为主导性需求。

随着中华人民共和国成立，统治中国2000多年的封建君主专制结束，社会主义自由、民主、平等、权利、公正、法治等逐渐成为国人普遍珍视的价值。无论财富、身份、地位、相貌、年龄、性别等具体情况如何，任何公民人格和权利平等，公民作为人本身其人格尊严和权利尊严神圣不可侵犯，这已经演变为有识之士的共识和大多数普通民众的意识觉醒。托克维尔曾指出："当不平等是社会通则时，最大的不平等都见怪不怪。但当一切都已或多或少抹平时，最小的差距都引人注目。"[①] 人们日益增长的平等意识激励了人对普遍尊严的诉求。因而当今中国绝大多数人不仅欲求马斯洛需求层次理论中以个人价值的实现与肯定为基础的荣誉性尊严，而且也具有越来越强的人格尊严和权利尊严的意识。根据本项目组对教师、学生和工人所做的社会调研和访谈统计，这三个

[①] 转引自周濂《你永远无法叫醒一个装睡的人》，中国人民大学出版社2012年版，第25页。

群体中能意识到尊严对于人重要意义的比例都超过90%（见附录），这一调研结果说明，当今中国绝大多数人的确都迈向了尊严需求这一高级需求层次。

当下人们对尊严的普遍需求具体表现为：大部分人热望自由，希望能按自己的意愿来决定自己的生活，希望自己的抉择能得到他人的认可，希望自己的合法权利能得到他人的尊重；大部分人热望成就和荣誉，希望自己的才能、价值能得到他人的认可和赞美；大部分人热望人格的平等，希望无论自己的身份、地位、财富、性别、年龄等所有外在条件如何，自己在任何具体境遇中，都能得到作为人本身的礼遇；大部分人热望高贵，希望保持自己作为人应有的自律性，希望自己勇敢、智慧、杰出和端庄，从而得到自身和他人的肯定等。

三 个人尊严诉求对社会和谐的双重影响

个人对尊严的需求如果有意识地通过某种外在形式，比如语言或行动直接表达出来，我们可将称为对尊严的诉求。个人的尊严诉求必将随着人们物质文化生活满足度的提高而日趋强烈，这是不以任何个人意志为转移的人性需求发展的规律。如果对身边人的生活进行细致和深入地观察，我们将发现，人们总是在行动中或有意识或无意识地千方百计满足自身对尊严的诉求，以至于可以说，在当今社会，人们的绝大多数活动与努力围绕着对尊严的诉求而展开。

人们普遍欲求尊严，在这一需求的推动下，人们总会采取各种途径来实现自身的价值与尊严。当个人尊严诉求得到很好的满足时，个人必将会因为社会对自己的肯定、认同和尊重而体验到强烈的自信感、自豪感和幸福感，同时也必将对社会产生强烈的感恩意识和回报意识，从而在行动中更能做到严于律己和发愤图强，进一步来推动社会发展和趋向和谐。所以，保障和促进每一民众的尊严，这是良性社会得以构建的前提。但也正因为人们普遍必然欲求尊严，当自身的尊严遭受到他人或某一社会团体的践踏时，受影响的当事人总是要试图通过各种途径来挽救和弥补，在特定际遇下，可能采取非理性、伤害他人，甚至毁灭自身的手段来捍卫自身的尊严，从而引发社会冲突。因而人的尊严诉求对社会和谐就可能产生双重影响。本章第三节和第四节将分别论述人的尊严诉求及其实现状况对社会和谐的推动作用与消极影响。

第三节 个人的尊严诉求及其实现对社会和谐的推动作用

个人尊严的实现是和谐社会的内在目标，而个人对尊严的诉求及其合理实现又可以极大促动社会走向和谐。在某种意义上，社会和谐正是在个人对尊严不断诉求、维护、提升以及国家对个人尊严的保障、促进过程中逐步得以实现。

一 个人尊严诉求对社会和谐的促动作用

根据马克思的观点，矛盾是事物发展的源泉和动力。就社会整体而言，人类社会发展的基本动力是人类社会的两大基本矛盾，即生产力与生产关系、经济基础与上层建筑的矛盾，革命、改革、科技等是社会发展的直接动力。就个体而言，个人发展的基本动力是贯穿于人的一生并占支配和主导地位的生存与死亡的矛盾，物质享受和精神追求的矛盾，个人和社会之间的矛盾，理性与非理性的矛盾，尊严的需求与需求得不到满足的矛盾等。如上文所述，根据马斯洛的需求层次理论和本书对社会各阶层的调研成果，在我国已经跨入全面建设小康社会，广大民众权利意识越来越强之际，尊严诉求正逐渐演变为我国当今大多数人的主导性需求，在某种意义上可以说，当今许多中国人谋求发展的动力主要来自其对尊严的诉求。

一般认为，追求利益最大化是人的行为基本驱动力，这一观点是经济学中的理性经济人假设使然。但事实上人们对物质资料的生理需求总是有限的，利益在更多时候只是一种中介或手段，在其背后总是渗透着人更深层次的内驱力和目标，其中最常见的内驱力就是对安全感和尊严感的需求。财富作为具有支配力和增值力的手段在常识中经常被视为安全感和尊严感的基本源泉。很多人，特别是一些童年阶段曾有过物质匮乏体验的人，往往很难控制自己对物质财富的占有欲，一个重要原因是唯有财富不断增加，其内心的安全感才会不断加强。但更多人无止境地追求物质财富是为了向他人和社会证明自己的能力和体现自己的价值，是希望获得外界的肯定和赞扬，也即试图获得更高的荣誉性尊严。当人们普遍将物质财富占有量视为人的价值体系或有尊严生活的标志时，人们就会千方百计去追求物质财富的增长。因而在当今社会，很多人追求物质财富的动力在根本上来自内心深处对尊严的诉求。

因为对尊严的强烈欲求，除了追逐财富，人们还将追逐其他一切能够得到他人的认可，也即获得尊严的价值及其载体。个人发展离不开社会，个人只有投身到社会发展的需要之中，投身到祖国建设的伟大事业之中，为社会尽义务、谋福利、做贡献，才可能获得社会和他人的尊重与赞许，实现自身的价值与尊严。因而人们在追求尊严的过程中，总会自发地顺应时代的潮流，把个人发展与社会需求相结合，千方百计挖掘、发展和展现自己的才能，进而在各行各业中创造被众人赞扬的卓越成就，比如成为杰出的科学家、杰出的创业者、杰出的教师、杰出的医生等。社会由个人组成，社会发展总是通过个人的发展来实现，正是个人对尊严的诉求所激发的公民的自尊、自信、自强、自我价值实现所爆发出来的合力极大促进社会的发展，推动历史车轮滚滚向前，因而与个人普遍实现自身价值与尊严相伴随的必然是社会各行各业事业的繁荣兴盛。因而在当今时代，人的尊严诉求既是个人发展的强大动力，也是社会保持发展与勃勃生机的重要动力。

和谐社会不仅是一个充满活力的社会，还是一个安定有序的社会。个人对尊严的诉求是社会秩序得以维护的一个重要内驱力。社会秩序通常通过道德和法治两个基本途径实现，而道德和法治得以维护的两个基本途径是个人的自觉遵守和国家强制。其中国家强制主要作为保障和威慑而存在，在日常生活中秩序的维护主要依赖个人的自觉遵守。人会出于多种考虑自觉遵守道德与法律，但主要动力可以分为两大类：其一，利益的算计。在很多情况下，个体自觉遵守道德与法律规范是因为遵守由约定俗成或公共理性制定的规则比公然违背道德、法律规则可能获得更为长期的利益，因而理性的人会为了个人的根本利益而自觉遵守道德和法律规范。其二，对自我和他人尊严的维护。现实中许多人之所以能自觉遵守社会法律和道德秩序也是由于其尊严意识和诉求。首先，人在根本上都具有基本的自尊心和荣誉感，不愿意自己像动物一样被感官快乐和本能支配，因过度放纵使自己从而滑向自损尊严和践踏他人尊严的恶习或行为之中，如：酗酒、吸毒、嫖娼，欺压、侮辱、侵犯他人，公然践踏公共理性与法则等。这些恶习和行为既有可能为自己招致巨大的经济，但更有可能带来巨大的名誉损失，因为即使有幸逃过牢狱或毁灭之灾，却难逃遭他人和自我的谴责，荣誉和名节可能由此丧失殆尽。莎士比亚曾说：无论男人女人，名誉是他们灵魂里面最切身的珍宝；席勒也曾说，还有比生命更重大的，就是荣誉。对个人荣誉和名节的珍视是很多人自觉遵守道德和法律的重要原因。另外，人先天对同类皆有恻隐和同理之心，一般都能有意、无意从人道主义和推己及人的立场出发，己所不欲，勿施于人，不愿意把他人仅当作非人的、没有自由意志的自然万物，因而也能自觉尊重他人的人格、情感、自由决策、生活方式、合法权益等，这种行为的理性动因包括对人性的普遍尊重和希望自己也能获得他人同等的尊重对待。如前文已经指出，在温饱问题已经得到较好解决的社会中，人对利益的考虑在很多场合中都与人的尊严诉求相关涉，所以现实中很多人自觉遵守道德和法律和维持社会秩序，其动机并非仅出自利益最大化的考量，也并非仅出自对惩罚的恐惧，而是出自对以荣誉和个人名节为载体的尊严诉求和对人性的普遍尊重，即是出自维护自身和他人尊严的考虑。因而我们可以说，当今时代个人对尊严的诉求与维护是个体自觉遵守道德与法律来保持社会秩序的基本动力之一。

个人尊严诉求对社会的民主法治、公平正义也都具有重大的促动作用。人人欲求尊严，但无论什么身份、什么地位、什么具体情况的人，都无法仅依靠个人的力量来保障自身的尊严，特别是权利尊严。由于资源的有限性和人性的自我服务禀赋，人类社会竞争无处不在，优胜劣汰、两极分化难以避免，普通民众，特别是弱势群体的权利尊严容易遭受到强势力量的侵犯，其个人价值的实现和提升路径也容易遭到阻碍或压制。为了人类整体更好地生存与发展，人类社会逐渐走向平等保障公民权利尊严的宪政和法治状态。中国在20世纪80年代开始逐渐制定和完善一套体现公平正义的法律和社会制度，90年代初步确立依法治国的基本方略，21世纪初政府再次将民主法治和公平正义作为和谐社会两大基本特征突出强调。法律面前人人平等，任何人都必须在宪法和法律范围内活动，任何人也只有借助于体现民主法治和公平正义的制度来保障自身的尊严。竞争中处于弱势的人特别需要公平正义的社会制度来保证社会正常流动性和普通个人通过努力来实现自我价值，即获得报偿性尊严的机会，也需要民主法治来保障自身的人格尊严和权利尊严不受侵犯。处于优越的人同样需要民主法治和公平正义来保障自身的尊严，这是因为即使实力再强的个人，纵然是世界首富，事实上也无法仅依靠自己或保镖的力量来与无数不知名的他者相对抗，以保障自己的财产、人身安全、人格尊严和其他权利。所以正常心智的人都能认识到民主法治、公平正义对于个人尊严，特别是权利尊严的制度性保障的基础作用，出自对保障个人尊严的考虑，一般都能自觉捍卫体现民主法治、公平正义的价值理念的社会制度。在这个意义上，我们可以说，个人对尊严的诉求是社会走向民主法治、公平正义的基本动力。

个人对尊严的诉求是促使人践行诚信友爱的重要内驱力。人们遵守诚信友爱原则一般出自三种动机：利益、良心、荣誉。我们已经多次论证，在温饱问题已经得到较好解决的社会中，人们对利益考虑的背后往往是尊严的诉求；而荣誉更是直接属于尊严诉求的范畴，我们古人推崇大丈夫当以"信义为本"，把"诚信"视为品德高尚的人物的节操表现，"友爱"，特别是心存善念帮助他人也经常被视为道德品质高尚的标志，高尚的节操和品质等都将给个人带来自我与社会的肯定与褒扬，即获得自豪感和荣誉，这属于人的道德尊严范畴。"良心"简而言之就是自发按被现实社会普遍认可并被自己所认同的行为规范和价值标准行事的心理倾向性，具体表现为人的恻隐之心、同情之心、不忍之心、自省之心等，是一种自发的道德责任感和自我评价的意识与能力。良心号称自我审判的法庭，当人不遵守某种道德规范时，良心会导致人内疚和悔恨。而良心发挥机能的深层次动因是人皆有对自我尊重的需求。正如詹·蒙哥马利所说，良心是罪人的地狱。个人出自良心践行诚信友爱道德原则的根本原因，是避免道德失败而在以后漫长的人生岁月中自己鄙视自己，这在本质上是一种自觉维护自我尊严的强烈意识。对一个有良知的人来说，欺骗一个来自异国他乡、以后也再无交集的可能性的陌生过客，将一个已经过世的朋友私下寄存的东西占为己有，有余力却对一个身处绝境之中亲朋的苦难置之不理等，这些行为都可能导致个人独处或触景生情时心生内疚、悔恨、鄙视自己。为了未来生命内心的安宁，为了在心目中保留自身的高贵形象，一个有良心的人将舍弃眼前的一己私利，最终践行诚信友爱道德规范,并尽自己所能去关爱他人、帮助他人。综上所述,个人践行诚信友爱道德规范在很多时候与希望得到他人和自己对自身的道德品性的认可与赞美有关,即与满足自身尊严诉求有着直接的关系。

最后,个人对尊严的诉求,特别是对荣誉的珍惜,也将使人警惕自己公然破坏自然环境或公然无节制滥用自然资源、虐待动物等行为,因为这些恶劣行为在一个环保意识逐渐增强的社会,总是遭人鄙视和不齿的。在这种意义上,个人对尊严的诉求也可以间接促使人与自然的和谐。

二 个人尊严的正当维护对社会和谐的促进作用

人们普遍欲求尊严,通过各种合理途径维护个人的尊严是促进社会和谐的重要途径。自我尊重及其实现属于个人正当维护自身尊严的范畴;相互尊重及其实现属于人格交互关系中正当维护彼此尊严的范畴。下文将从这两个方面来着重论述个人尊严的正当维护对社会和谐的促进作用。

(一)自我尊重及其实现对个人内心和谐与人际和谐的促进作用

个人内心和谐是社会和谐的重要表征,也是人际和谐与人与自然和谐的前提与基础,而自我尊重是实现个人内心和谐的基础。古往今来,很多思想家就如何维持个人内心的和谐做出了思考。西方哲学界最早对这一问题进行过系统陈述的人物是柏拉图。柏拉图提出,人的灵魂有理性、激情和欲望三个组成部分,当灵魂的每一组成部分都服从理智的指引,理性就具备智慧的美德,激情具有勇敢的美德,欲望就有节制的美德,人的灵魂就能实现正义与和谐。柏拉图把人的灵魂比喻成一驾马车,在他看来,人的内心是否和谐就决定于灵魂马车是由理性这个驾驭者来控制激情与欲望还是由欲望拉着马车狂奔,即当理性能够成功控制激情与欲望时,人的灵魂能够实现和谐。在古希腊晚期,如何实现内心的宁静从而获得个人的幸福甚至成为思想界所探讨的主题,不同学派从不同角度提出了各种途径。其中伊壁鸠鲁直接把"身体无病痛,灵魂无纷扰",即身体健康和内心宁静作为人生最极致的快乐,并着重探讨了如何实现人内心的和谐。一方面,伊壁鸠鲁论述了如何消除人内心的恐惧来实现内心的和谐。针对人们对神、死亡和人际冲突的恐惧,他指出,神从不干涉人世间的事物因而不值得畏惧;人的灵魂的功能是感觉,当人活着的时候,人感觉不到死亡的痛苦,当人死亡时,人就失去对痛苦的感觉了，因而死不足以引起畏惧；同时，人们可以通过订立社会契约来防止人与人之间的伤害，以消除人们对人际冲突的恐惧。另一方面，伊壁鸠鲁本人还提倡追求静态的快乐和精神的快乐来实现内心的和谐。与伊壁鸠鲁相对立的斯多亚学派侧重关注不可控的自然、外界和命运对人内心世界的影响，提出人与万物共同分享世界同一理性，受同样的宇宙法则所支配，人只有顺其自然和命运的安排才能实现内心的宁静与幸福。由于外在世界人的意志无法改变和掌控，当人限于某种不幸的境地时，人应该，也只有改变自己对外界的看法才能实现人内心的和谐。古希腊的怀疑论者则认为，人内心失去和谐的一个重要原因就是执着于对真理的追求，而事实上一切感性认识和理性认识都是不可靠的，人应该通过搁置判断来实现内心的和谐。在漫长的中世纪，人内心的喜乐与平安是基督教所追求的目标，基督教主张对上帝保持虔诚信仰是获得人内心和谐的最基本途径，号召基督徒对上帝的公义保持盼望；相信神已经在为人安排一切从而摆脱对未来的忧虑；同时，倡导人摒弃物欲，忍受此生的一切苦难，追求灵魂在天国的得救等途径来实现此世灵魂的安宁。我国古代思想界也有很多人从不同角度来论述如何保持内心的和谐，其中比较有代表性的有老庄所提倡的无为而治和顺其自然；儒家所倡导的修身养性；佛教所倡导的灭绝人的一切欲望等途径。现实生活中很多人因内心分裂和失衡对身心健康带来巨大痛苦与折磨，往往会自发采取一些应激性补救措施，有时会借助于外界某一治疗，比如药物控制或各种运动疗法、音乐疗法等来缓解自己内心世界的焦虑或恐惧，但这些措施大多治标不治本。构建内心的和谐是一个非常复杂的问题，以上所有理论与实践的努力措施对构建个人的内心和谐都具有一定的意义，然而都未能从根本上解决问题，这是因为个人内心和谐在根本上是一个主观心理世界的构建结果，需要个体对自我、对世界具有正确的认知与价值判断，并能有效调控自己的内心世界，必须从心理学的角度来思考解决的思路。心理学证明，个人对自我的认识与看法跟自己的实际表现越一致，个人基本需要的满足度越高，个人越能够接受和悦纳自己，越能尊重和爱护自身的名誉、人格，内心也就越能趋向和谐，也越能尊重他人。所以，自尊自爱，即个人主动维护自我的尊严是实现和维持个体内谐，并进而实现人际和谐的基石。

自尊是一个跨越心理学和伦理学两个学科的概念。心理学中的自尊概念指个人基于自我评价而形成的一种自重、自爱,并要求受到他人和社会尊重的情感体验。心理世界中的自尊感在本质上是个体对自身的社会角色进行自我评价的结果,自尊感是自尊行为的心理基础,自尊感低经常引发行为中的自轻自贱,二者统称为自尊的缺失。伦理学中的自尊概念指人在事实领域一种自我珍重的自觉意识和行为惯性以及在该领域中对自我珍重的道德规范的推崇,其核心要求是个人运用理性摆脱动物性本能、欲望、激情的强制和不当物质利益的诱惑,呈现自己作为人应有的端庄和高贵性,其反面行为是各种自甘堕落、放纵自我的行为,如卖淫、酗酒、吸毒、自毁性攻击他人等。

自尊感是个人心理生命的基础,是幸福感的源泉,其形成离不开社会环境的作用,同时个人的自尊需求与实现也将极大促进个人内心的和谐并进而推动社会良性发展。一般而言,社会对个人的能力、价值越肯定,对个人的人格与权利越敬重,个人就越能体验到自尊感,在行为中也越能爱惜自己。社会总是基于发展的需要希望个人以良好形象出现在公众面前。个人尽管可能出自对利益的考虑来维持自己的良好公众形象,但其内在的、深层的心理机制则是人的自尊需要。人基于自尊而产生的保持良好形象的需要既能防止外部环境给人带来的伤害与压力,也能构成个体发展的基本动力,还能促使个人尊重他人。自尊心理不断鞭策人去塑造和呈现一种良好的公众形象,从而使个人能更好地适应社会环境,以缓冲内心的焦虑。这样,人的自尊作为一种心理感受随个体与社会环境之间相互作用的不同而具有不同的水平。当人在社会现实中的自尊感与理想中的自尊需求存在很大差距时,人的心理机能失调就会随之产生,从而出现自伤性和自恋性两种极端行为。这是由于个体不能通过正当的途径去满足自己的自尊需要,陷入习得性无助,就会退居到对外界环境的要求置之不理,甚至故意对抗的虚假或防御式自尊状况之中。健康的自尊是内在的自尊需要与自我现状之间的一种动态平衡的状态。高自尊的人对自我的现状,特别是自身的能力以及社会价值经常是满意的和有信心的,同时在生活和工作中也是积极进取和适应良好的,从而使个人与社会环境形成良性互动。自尊心理的内核是自信和自我肯定,这二者往往能使个人看待自我和外部环境呈现明显的积极、乐观和珍视的态度,从而既能够内心怡然自得，又能对外乐于奉献，实现自我的和谐以及与他人之间的和谐。即使偶尔失败和落魄，也较容易化解掉现实中的自我印象与理想的自尊需要之间的冲突，并能很快恢复心理平衡与健康。

大量的实证研究证实，自尊感与个体内心是否和谐、行为是否适宜关系极为密切，自尊缺乏将对个人的内心和行为带来一系列冲击。首先，将使人无法正确面对社会评价，也无法及时、合理地对社会环境的要求或事件做出恰当的反应，这又往往导致个人无法及时缓解内心的焦虑，很难正常地生活。其次，个人可能产生针对自我的自伤性的态度和行为，如自暴自弃、自哀自怜、自轻自贱等，甚至可能自绝于世；也可能产生针对他人和环境的过度自恋式的态度与行为，如责任感薄弱、以自我为中心、冷漠，甚至敌视、攻击他人，报复社会等偏激行为和罪错行为，甚至走上违法犯罪的道路，既毁灭自身，也危害他人与社会。这些行为在本质上都是因为自尊缺失而引发心理失调的健康问题。总之，低自尊总是与许多消极可能性，如焦虑、抑郁、机能失调、自杀意念，以及对社会和他人恶意攻击的问题行为紧密联系在一起，2004年云南大学的马加爵因自尊严重缺失而报复杀人的事件就是这一现象的经典案例。高自尊则往往具有健康的认知，健康的心态和健康的行为，能够防止自己走向自伤和极端自恋、自私，能够在不同境遇下保持自信淡定，爱惜自己，不卑不亢，不自轻自贱，也能够敬畏他人的合法权益，关怀他人的福利，对社会能持感恩和回报意识，能尽自己的努力促进社会的发展与和谐。

自我尊重不仅是维持个人内心和谐的基础，也是维持人际和谐的基础。观察经验显示，一个连自己都不尊重的人不可能尊重他人，更不能获得他人尊重。这是因为如果一个人完全听凭感性欲望或愤怒激情的支配，就丧失人作为道德存在物的高贵性，比如当人陷入吸毒、酗酒、嫖娼等恶习时，这将不仅对个人本身的身心发展造成危害，而且当事者在这种完全被感性欲望支配的状态下，也很难用理性、意志和良心的力量来自觉保障他人的人格尊严或权利尊严，甚至还会采取公开践踏他人的合法权利或挑衅社会规则来满足自己一时的感官享乐，从而引发诸多社会冲突。司法实践可以佐证这一观点。比如：刑事犯罪案中有相当比例就是因为吸毒而犯案，包括为获取吸毒所需资金而盗窃、抢劫、伤害他人，以及吸毒诱发故意杀人，危害公共安全等犯罪行为。全国每年有大量的交通事故由司机酒驾,甚至醉驾所造成。还有那些因某些长期积累的问题遇到特定诱因,被极度的愤怒或绝望情绪所刺激和支配的人,在自己丧失求生存意志的情况下,连生命都不珍惜的情况下,很可能对引起他痛苦的对象,甚至完全无辜的弱者采取玉石俱焚的报复性打击,不少校园惨案和自杀性恐怖袭击都可以用这个原因解释。"不要脸和不要命的人最为可怕",这一常识中的判断所描绘的就是这一社会现象。所以个体如果不能保持自尊自爱,也即不能自觉维护自身的尊严,就很难做到捍卫他人尊严。康德也说过,如果自己甘当蠕虫,休怪被他人踩在脚底下。一个不能自尊自爱、自轻自贱的人,在生活中也总是遭他人轻视,难以获得他人尊重。因而自尊自重是人际交往中相互尊重并进而维持人际和谐的前提条件。

总之,自我尊重是维持个人内心和谐和人际和谐的基础。如果一个人丧失了自身的节操、骨气与尊严,自甘堕落、奴颜婢膝或放弃自我,那么这个人必将成为被他人,乃至被自身所鄙视、奴役的对象。现实中,无论一个人具有多大权力,拥有多少财富,但是,当其财富、地位的获得是以屈辱、谄媚为代价的时候,都不会获得他人发自内心的尊重,而行为者本人除非因为麻木而丧失了判断,或者被虚荣蒙蔽了眼睛,他也不会感觉到真正的幸福与尊严。

(二) 相互尊重及其实现对人际和谐的促进作用

人际和谐包括私密关系领域和陌生关系领域人与人之间的和谐,但人际和谐并不是指一方对另一方的机械服从而形成的稳定关系格局,而是指人与人在互敬互爱基础上形成的良性互动的平衡状态。在一个平等观念日益深入人心的时代中,任何以强制造成的单方服从的表面和谐往往积累着被压迫方内心的不满和抵触情绪,并必然影响其积极性的发挥和潜能的实现,个人的创造性和社会活力都难以激发出来。因而通过强制服从所得到的秩序只能是僵化的秩序,强制服从所得到的和平也只可能是暂时的和平。生活世界中无数事例证明,在人际交往之中,只有互敬互爱,才可能形成良性的人际和谐关系。

在陌生关系领域,相互尊重,自觉维护第三方的人格尊严和权利尊严是保证人与人之间和平交际的前提与基础。所谓陌生关系领域是和熟人关系领域相区分的关系领域,指以前没有或很少交集,以后也可能很少或不会产生交集的人际交互关系，比如旅途中的偶遇者，一次性交易的商品交换者等。陌生人彼此之间很难有机会，也没有充足意愿相互深入了解，因为不了解而相互防范意识较浓。相对熟人关系，陌生人之间彼此更难产生相互怜悯和相互关爱之心，因而对相互尊重的要求更高。"相互尊重"作为伦理规范首先意味着保持彼此的距离感和独立性，这正是陌生人之间的关系基本定位，因而相互尊重一般被作为陌生人之间相处的最基本原则和底线，其核心要求是保持基本的礼貌、界限，并尊重彼此的独立人格、隐私、合法权利，特别强调的是防止越界干涉。陌生人关系中，如果有人率先违背了相互尊重这一底线原则，比如因小摩擦公然侮辱他人人格或窥探他人隐私，就很容易点燃人际冲突。同时，陌生人关系中，即使偶尔有碰撞，比如在公共交通工具上一方无意撞疼了别人，无论身份贵贱，只要双方都能保持应有的礼貌和敬畏意识，则一般不会引起激烈冲突。我们知道，随着市场经济体制和城镇化的进程，个体的独立性日益增强，人在很多时候被迫要和陌生人交往，在很难了解对方的人品和个性的情况下，依靠法律保障彼此的权益是最合理的途径，因而陌生人领域总是特别重视彼此的人格尊严和权利尊严。不冒犯对方的人格尊严和权利尊严这是维持陌生人之间关系和谐的基础。

实现私人关系领域的和谐对个人的幸福和发展具有十分重要的意义，"家和万事兴"，家庭不同成员之间的和睦相处又尤为重要。任何人都渴望自己的需要、感受、自主性、独立性、能力、价值和生活方式能够得到他人的尊重，特别是能得到自己身边人的尊重，互敬互爱是维持私密关系领域和谐的基石。私密关系比陌生人关系更为亲密，更容易越界，相互尊重对维持私密关系领域的和谐具有十分重要的意义。常识一般认为，只有在平辈关系，比如夫妻、兄弟姐妹、同学、朋友之间，互敬是十分必要的，而对于不同辈分关系而言，这并不一定是一个必要的原则。然而这是一个片面的认识，即使不同辈分之间，比如亲子关系之间、师生之间、上下级之间也必须保持互敬原则。众所周知，由于时代的进步和人们观念的改变，绝大多数孩子从很小时候就开始渴望得到父母民主和尊重的对待，这一渴望随着年龄增长、自主意识的萌发只会日趋强烈，因而"棍棒底下出人才"的家教法已经完全不适合我们当今的社会现实。父母对子女越是实施高压，特别是武力高压的做法，子女就越是逆反，就越可能形成两代人之间长期的恶性关系。而那些懂得尊重孩子的个性、需要、独立性和自主性的家长，大多能和孩子形成良性互动关系。同样，在工作关系之中，如果上级不关心下级的工资待遇，或不尊重下级的人格，动辄对下级进行训斥、责骂，甚至殴打，那么下级必然要么会积极抗议，要么消极怠工，要么不堪忍受另谋他就。相反，如果上级能够尊重下级的人格、劳动和创造，关心下属的发展，总是能够激发下属更自觉遵守本单位规章制度和更热情投入本单位的发展之中。

在互敬互爱这两个原则中，互敬是互爱的前提和限制性原则，即人与人之间的相互关爱必须以相互尊重为前提。互爱作为伦理规范侧重要求相互帮助，但帮助他人必须以尊重他人的需要、个性、人格、自主性和合法权益等为前提条件，这要求任何人不得把自己的观念强加于被帮助者，即不得在关爱他人的过程中侵害他人的人格、权利和自由意志，否则就不是真正的帮助，而且最终一定会破坏人与人之间的和谐关系。我们知道，绝大多数人欲求美好的婚姻和幸福的家庭，但现实中每个人对幸福的理解与需求又千差万别。这决定任何人要想帮助自己的亲人实现幸福，比如父母帮助子女以及夫妻之间的互相帮助，都必须尊重被帮助者本人对爱情、幸福的理解以及由此产生的需求，而不能仅按照自己的理解和方式来付出关爱，并要对方强制性接受自己的价值观，甚至强制对方按自己的想法改变。如：在当今时代，如果父母想要包办子女的婚姻，即使父母的出发点再好，做出了再大的牺牲，也是对子女的婚恋自由的干涉，不仅会恶化代际关系，不尊重子女意愿捆绑的婚姻最终还很难保证子女的幸福。随着男女平等思想的普及和人们精神性需求的日益增长，相互尊重对夫妻关系也提出了更高的要求，尊重伴侣的需求、感受与个性成为婚姻幸福的基石。如若一个丈夫最需要妻子的温柔、恬静，对自己个性与价值的肯定，他可能更宁愿妻子少干活、少辛苦、少抱怨；而如果他的妻子却认为一个贤妻良母的标准就是把家里所有一切打理得尽善尽美，因而总是忍不住多干活，劳累后又忍不住抱怨、指责，忽略了对丈夫的精神需求满足。又如一个妻子并不希望丈夫赚很多钱，她更想要的是丈夫在生活中的陪伴、体贴照顾，而丈夫却认为男人在家庭中最大的价值就体现在事业和经济成就方面，因而过度投入工作而忽略妻子的核心需求。在以上两种夫妻关系中尽管双方都很努力，但事实上都没有做到真正尊重对方的需求和愿望，只是仅按照自己的观念来为对方付出，这种付出方式与和谐幸福的伴侣关系南辕北辙，长久下去必然双方疲惫不堪，却又都对彼此不满意，遇到诱因就很容易引发婚姻中的危机。

除了必须尊重对方的需求和感受，私密关系的和谐还特别要求尊重对方的个性、自主性和价值观，即让每个人能够成为他自己。在亲密关系者之间，特别是家庭成员之间，一般是利益共同体，并不存在根本利益的冲突，绝大多数不可调和的矛盾，如夫妻矛盾、代际矛盾和兄弟姐妹之间的矛盾往往都起因于一方不把对方视为具有自由意志的独立人格，以自己的价值观为标准对另一方的价值观和生活方式的否定和强制性改造。很多问题婚姻和恶性私密关系都起因于这样相处模式：处于强势的一方百折不挠地要求对方按自己的价值观和期望发生改变，以试图把对方塑造为自己想要的理想配偶、理想家人的模型，以关爱的名义强行对方走向自己铺设的道路。这一努力经常以失败告终。朋友之间更是强调保持各自的独立性和相互尊重。在亲密的友谊关系中，如果一方经常僭越界限，侵犯对方的自主性和隐私空间，那么这样的友谊无法长久；同时如果一方意识到自己被另一方当作纯粹的工具来利用，真诚的友谊小船很快倾倒。总之，任何人都渴望被亲密人所肯定和尊重，其内在的心理机制是人越来越强烈的自主性和自我维护意识在私密关系领域中的体现。私密关系领域的相互尊重特别要求彼此肯定、认可和欣赏对方的优点、努力、成就和贡献，要求彼此尊重和成全对方的选择。这有助于塑造对方的自尊感、自信心和独立意识，将带给对方深层次的快乐和幸福感、尊严感。大量实践证明，很多婚姻最终出现危机，直至走向解体；很多亲子关系、朋友关系走向恶化，都是因为在相处中没有贯彻相互尊重的原则。与之相反，很多幸福的亲密关系都是彼此尊重的结果。

正因为互敬是互爱的前提与保障，我们说，尊重每个人为独立自主的个体，让每一个人成为他自己，这是一切美好关系的至善和至美境界，也是维持人际和谐的根本途径。正如普芬道夫指出："人身上的确存在着确定的尊严，所以，面对他人的傲慢和侮辱，最好和最有效的驳斥就是：

'看清了,我不是一条狗,而是和你一样的人。'人性平等地属于所有人。没有人能够和这种人愉快地相处:不把他人当做任何具有相同本性的伙伴。所以,……每个人都把他人当做与自己自然平等的主体或与自己一样的人来看待。"①

(三) 保障弱势群体的尊严对构建和谐社会的重要意义

根据国际社会的经验,社会转型期经常伴随民众的不满和社会矛盾爆发。在中国社会由外部激发的从传统走向现代的转型过程之中,社会结构和利益格局也出现重大的调整,城乡之间、地区之间、阶层之间两极分化与对立日益显现。而随着现代性进程,全体民众的权利意识和尊严诉求不断增强,都渴望分享改革开放的成果。我们作为后发追赶型的国家,没有经过先发现代化国家那样漫长的启蒙过程,民主、法治、平等、人的价值与尊严等范畴很难在短期内深入全社会的精神内核和文化根底之中,这导致整个民族在走向制度现代化的过程中又容易退回到传统的思维惯性之中,政治体制改革不一定能和经济体制改革同步推进。虽然党中央和政府早就提出依法治国方略,但我国民主法治和社会制度的公平正义还有待完善,导致一些处于弱势群体的人格和权利尊严难以总是得到有效保障,个人价值提升经常受到阻碍,从而引发了很多社会冲突。保障社会弱势群体的尊严对构建社会和谐具有重要意义。

任何社会都存在某种程度的社会分层,判断一个国家是否让自己的人民都过上有尊严的生活的标准不是看富人和强势群体有无尊严,而关键是看弱势群体是否有尊严。如果缺乏制度的保障,由于经济和文化各方面都处于弱势,处于社会底层的群体很难依靠自身的力量实现自我的价值,人格尊严和权利尊严也容易遭到侵犯。我国当前社会迅速发展和分化,其中沦为弱势的群体中不少人生存环境恶劣,他们很多时候仅为了"生存"被迫放弃自身的尊严。如果没有制度的保障,缺乏强有力的监督和制约的权力执掌者和缺乏人道精神和良知的富人可能视弱者为草芥,为了自身的私利、私欲,压缩民众的生存空间到极限,不把弱势

---

① [德] 塞缪尔·普芬道夫:《人和公民的自然法义务》,鞠成伟译,商务印书馆 2009 年版,第 83 页。

群体当作人看，肆意侵犯弱势群体的人格尊严和权利尊严。我国学者孙立平曾撰文《穷人的尊严》，专题探讨弱势群体尊严问题的现实性。"前些年在南方某外资企业发生这样一件事情，外籍老板强令打工者下跪，几十个工人都跪了，只有一个人没有跪，他为了维护自己的尊严愤然离去。……中国自古有句名言，'不为五斗米折腰'。但实际上真要在现实生活中践行这样原则是很困难的。如果上述打工者的家属要依靠他的工资糊口，他的孩子要依靠他的工资上学，事情就远非是气节问题，甚至不单纯是他个人生存问题。在这种情况下，依靠弱者本身来维护自己的尊严，显然是不现实的。"①

总之，因缺乏必要的物质、政治、文化条件，弱势群体的尊严更容易陷入被侵犯的危机之中。但如毛泽东所说，哪里有压迫，哪里就有反抗。一个弱势群体没有尊严的社会，社会的富人和强势群体也可能随时受辱。当弱势群体丧失尊严而深觉人不如狗时，他们可能自暴自弃，激愤偏激，遭受外界刺激可能用暂时的、生理性的、损人损己的宣泄快感取代对更永恒生命意义的追寻，从而导致各种社会问题不断发生。我国不断增长的农民工犯罪问题就和进城农民工生存条件恶劣和被歧视有一定关系。当前研究社会突发群体事件的学者得出一个共同结论：无论有无直接利益冲突，现阶段社会矛盾激化的深层次根源在于社会结构和社会制度的不合理，致使处于弱势的群体的合法权益受到侵害或被剥夺感增强，却缺乏正当救济和申诉渠道，从而长期积累不满情绪在特定事件刺激下爆发。所以，在一个尊严诉求日益普遍的时代，弱势群体的尊严被肆意践踏这一现象如果得不到有效的遏制，将不可避免危及社会的长久治安。因而在当下保障弱势群体的尊严对构建和谐社会具有重要的意义。我国社会学研究者郑杭生曾指出："不保障弱势群体的基本生活，不维护他们的基本权益，不尊重他们的人格尊严，社会是不可能稳定的。可以说，一个弱势群体得不到保障的社会，一个社会弱者受到歧视的社会，不可能是一个稳定型的社会，更谈不上是协调发展的和谐社会。"②

---

① 孙立平：《穷人的尊严》，《教书育人》2008 年第 5 期。
② 郑杭生：《关于和谐社会建设的几个问题》，《江苏社会科学》2005 年第 5 期。

第四节　个人尊严诉求及其失败对社会和谐的破坏性作用

构建社会和谐的逻辑前提是对社会冲突的根源有准确的把握。人的尊严具有最高价值，不受非法侵害，这一理念构成人类共同生活并有效抵御相互之间的迫害、侮辱和虐待，防止个体乃至人类自我毁灭的强大精神基础。如第一节中所指出，当今中国绝大多数人欲求尊严，并可能竭尽全力去实现自身的尊严，包括争夺能够体现或有助于实现人的尊严的各项资源。如果人的尊严欲求得不到合理的满足，有些人将可能采取一切手段，不惜一切代价来进行补救，试图挽回自身的尊严。当民主法制不健全时，人们在思想观念、日常行动和社交礼仪中并没有养成在任何情况下都必须无条件尊重人本身，即保障人的尊严的充分的理性自觉，人的尊严，特别是人格尊严与权利尊严就容易陷入被漠视、侵犯的危机状态之中，而当个人采取非理性的手段捍卫自身尊严时，就可能导致社会冲突的出现。因而在某些场合中，个人尊严诉求及其失败对社会和谐经常具有一定的破坏性作用。

一　个人尊严诉求与社会冲突之间联系的理论分析

（一）当代关于社会冲突原因的主要观点

马克思认为，一切社会冲突的最深根源首先存在于社会生产力和生产关系的矛盾中，其次存在于经济基础与上层建筑的矛盾，最后存在于社会群体内由经济地位的不平等引而发阶级分化与对立。当代西方思想家从其他角度对社会冲突的原因做出了解释。马克斯·韦伯认为资本主义社会的冲突来源于形式的合理性（资本主义结构和体制具有明显的秩序化、理性化、高效性）与实质的不合理性（理性的制度、形式、规则对人的自由本性形成强大压抑）之间的矛盾，与对权力、财富和声望的渴望高度相关，报酬分配垄断化、低的社会流动率等是造成社会冲突的主要原因。达伦多夫认为社会冲突是结构性而非心理性的，起源于对权力和权威等稀缺资源的争夺，利益的冲突往往在具备一定结构、目标、人事和沟通纽带的团体间展开，社会组织群体都要为在社会权力体系中所处的位置竞争与搏斗。科塞认为，冲突的起因是多元的，主要表现为合法性危机和下层不公平感的增强。社会系统中的下层成员对这一系统的合法性产生怀疑，并进行斗争时，冲突就将出现。缓解社会不满的渠道越少，转移不满的内部组织越少，社会若干阶层流动性越小，冲突就可能越激烈；冲突越是围绕现实问题发生，则激烈性越小，越是围绕非现实性问题发生，情感介入越多，冲突就越激烈。马尔库塞认为，科技的进步使当代资本主义社会成为一体化的社会，但是隐藏着形式的自由和实质上的不自由的深刻内在冲突。哈贝马斯认为，现代社会的特征是不断进行政治、经济层次的分化，却很难实现文化层次的整合。贝尔认为社会冲突主要是经济、政治、文化构成的文化价值体系之间的不一致导致，经济领域要求效益，政治领域要求平等，文化领域要求个性，无法协调。

当代中国学界对社会冲突的原因也做出大量有益探索，诉诸资源的稀缺性、利益的对抗性、分配的不公、制度的非正义、党政的腐败、价值观的对立、意识形态领域的分歧等都各有人在。也有少数学者从更深入的角度进行分析，提出社会冲突是由社会发展和个性发展的之间矛盾引起。由于对社会冲突的原因认识不同，随之提出的具体解决冲突的途径也各不相同。笔者主张，在一个物质生活基本条件能得到较好满足的社会中，引发社会冲突的最主要原因很多时候并非单纯的利益冲突，当今中国社会民众相当部分的恶性对抗与争夺，在根本上是为了满足自身的尊严诉求或捍卫自身的尊严而引发。

（二）个人尊严诉求及其失败与社会冲突之间关系的理论分析

1. 基本论证

西方不少思想家意识到人的尊严诉求与社会冲突之间的关系。在近代哲学家霍布斯看来，对尊严的诉求存在于人的本性中。他指出，人在自然状态中，荣誉，即求名，要求他人敬己畏己，以确保主人的地位，使自己长存久安，这是引起纷争的三个原因之一。[①] 康德指出，在对他人的关系中，对被爱和被尊重的需求是人的两大基本需求之一。人性的禀赋是比较的自爱，它使人习惯于在与他人比较中确立自己的幸福感，人

---

① 于凤梧等：《欧洲哲学史教程》，福建人民出版社1989年版，第287页。

由于不允许他人对自我的优势，进而谋求对其他人的优势，这一嫉贤妒能和争强好胜导致"对所有被我们视为异己的人持有隐秘与公开的敌意"①。当代思想家罗尔斯也指出，自尊是每个人必然欲求的基本善，但自尊依赖于"我们的人格和行为受到同样自尊的他人以及他们所享有的那些社会团体的赞扬与肯定"②，如若自尊赖以维持的条件被体验为痛苦的或丢脸的，忌妒就会带着敌意而爆发。③ 马克斯·舍勒则对人们尊严诉求的普遍化与社会冲突之间的联系做了十分精彩的阐述，他指出："在一个政治权利与社会财富分配上接近平等的民主社会中，愤恨可能是最小的；而在一个内在等级森严的社会中，愤恨也会很小。这种忍无可忍、一触即发的愤恨情绪往往在如下社会中急遽地堆积起来：平等观念与权利观念已然深入人心，但现实的权力与财富却出现极大分化，深处这样的社会，人人都觉得有'权利'与别人相比，但'事实'上又不能相比，天长日久，普遍的仇富心理就会不可遏止地流行起来。"④ 这些思想家虽生活的时代不同，讨论问题的目的也各不相同，但都认识到了社会纷争与人对尊严的需求内在联系。

我国学者甘绍平在其文章《作为一项权利的人的尊严》中从心理学的角度对人的尊严诉求及尊严被践踏的危害性提出了一种独到和深入的解释。人都拥有充满个体性特征的自我，这种自我来自个人的成长经历、家庭环境、社会关系、文化熏陶等，构成人之最实质性的存在。人都渴望维护好自我，但人的自我总是具有脆弱性和易受伤害性，可能因为他人的态度和对待而受到扭曲、变形，人的独立自主地位和人格将会遭受无情的嘲弄和践踏。人自然希望他人对其个体性具有最为起码的尊重，希望他人不伤害其脆弱性的自我。尊严受到侵犯，就意味着受害人受到了侮辱，侮辱将使受害者丧失自我和个体性。当个体的自我没有得到维

---

① ［德］康德：《康德著作全集》第 6 卷，李秋零译，中国人民大学出版社 2006 年版，第 26 页。

② ［美］约翰·罗尔斯：《正义论》，何怀宏译，中国社会科学出版社 2001 年版，第 443 页。

③ 同上书，第 538 页。

④ 转引自周廉《你永远都无法叫醒一个装睡的人》，中国人民大学出版社 2012 年版，第 25 页。

护的任何可能，受害人将丧失作为自身存在基础的行为主体的意识；同时也将丧失对人际间团结友爱、相互尊重和顾及的希望，进而丧失人际共存的基础，导致一种社会契约的毁灭："在他人对我拒予团结时，我也就结束了对他人的所有团结。"① 因而当人的尊严受到侵犯时，将对受害者产生毁灭性的打击，对自己和社会都不可避免带来破坏性影响。

自人类社会诞生以来，一直有人在用语言和行动本身表达对人格尊严的高度重视和不惜代价的捍卫。我国古人所说"士可杀不可辱"、"宁为玉碎，不为瓦全"、"宁可站着死，不能跪着生"、"富贵不能淫，贫贱不能移，威武不能屈，此之谓大丈夫"等格言；屈原身投汨罗江的故事，田横与五百壮士向汉称臣自刎于洛阳故事，陶渊明不为五斗米而折腰，文天祥以身践行"人生自古谁无死，留取丹心照汗青"，朱自清宁可饿死不领美国救济粮，还有中国"文革"中很多名人因不堪忍受人格的侮辱而自杀的真实事例，等等。这些格言和故事表明，"人格尊严"是我国优秀的文化传统和民族精神的精华；同时也说明，自古至今，对某些人来说，人的尊严（主要是人格尊严与道德尊严）是最高价值，有人宁可为了捍卫尊严舍弃一切，乃至生命。

在一个等级森严的社会中，弱势方如果尊严受到践踏，大多会选择忍耐。而随着人生而平等、人的合法权利神圣不可侵犯、人是社会发展的目的等观念逐步深入人心，民众的尊严诉求日益显性化和普遍化，对自己的人格尊严、权利尊严、价值提升机会都具有日益强烈的保障意义，同时对自身尊严遭到他人的践踏的容忍度也呈下降趋势，当感受到尊严受损或受践踏时，很多人会采取一切手段，一般先是体制允许的合法手段，如寻求行政、司法、第三方调解、救济，但若合法手段失效，一些人就可能采取其他非理性途径来捍卫自身的尊严，这就可能导致社会冲突事件不断上升。随着我国目前进入全面建设小康社会阶段，尊严逐渐成为人的普遍性诉求，一旦人们将某一东西理解为尊严的标志，就会自动追求它，捍卫它。如果人合理的尊严需求得不到满足或人格、权利尊严被粗暴地践踏却无法得到及时救济，个人就会体验到羞耻、痛苦、自卑，从而对他人和社会就会产生嫉妒、愤恨、排斥的情绪和打击报复心

---

① 甘绍平：《作为一项权利的人的尊严》，《哲学研究》2008年第6期。

理，这些消极情绪与心理是滋生社会冲突的温床。我国当今现实中的诸多社会冲突，尤其是恶性的社会冲突，都可以从人的尊严诉求之中找到根源。

2. 基于有尊严的生活的基本要求对尊严诉求与社会冲突之间关系的论证

有尊严的生活是个人价值得到他人认可的生活。为了满足自身对尊严的诉求，个体会竭尽全力去获取被社会大多数人接受且能够证明自身价值的一切东西，特别是可显现的物性载体，比如物质财富、权力、地位、杰出成就、荣誉光环等。而这些物性载体都是稀缺性资源，当人们越是将这些物性载体视为人的尊严的标志或根据时，人们对这些物性载体的争夺就越激烈。

有尊严的生活是个人的人格得到他人充分尊重的生活，人格应该获得他人的尊重，这是个体对自身尊严维护一种必然的态度，也是人与人相处的底线。当个体的人格尊严得不到有效保障或公然遭受践踏又被个体觉知时，个体就会体验到极大羞辱感和愤怒感。人在强烈痛苦的非理性激情支配下，可能会采取种种手段，甚至自我毁灭的做法，来试图挽回或保卫自己的尊严，从而引发人与人之间的剧烈冲突。我国"文革"时期许多知识分子的自杀就是因为不堪忍受人格尊严被肆意践踏。

有尊严的生活是个人的价值、潜能得到充分实现的生活，因而个体对他人和社会的尊严诉求不仅体现在要求国家和社会对个人的权利、人格和自由决策的消极尊重之中，还体现在要求国家、社会能够创造必要条件帮助个人实现自身的个性、价值和潜能，也即积极尊重之中。当国家和社会不仅对个人的合理要求不给予帮助，还阻碍甚至破坏个人实现自己的个性、价值和潜能时，比如不合理的社会制度导致社会流动停滞，特别是处于弱势地位的社会群体丧失了通过自身努力大幅度改变自己处境的可能性和希望之后，个人就会对社会累积着不满、愤懑、忌妒和怨恨情绪。目前网络上散发的"寒门再难出贵子"论断就是普通民众这种状况不满情绪的投射。当这种情绪积累到一定程度，人们感到通过合法途径改变不公平的社会制度无望时，往往会导致三种情况：其一，遇到导火索，潜藏的社会矛盾就会迅速被点燃和蔓延。其二，长期受压抑的群体在工作和生活中会采取各种具有破坏性的途径来对抗这种现状，比如消极怠工、铤而走险的经济犯罪等。其三，采取或参与各种有组织的形式来谋求体制外的改变。这些情况都可能进一步演化为恶性社会冲突。

有尊严的生活是德性不断得到彰显或提升的生活。人能够运用理性成功战胜自身内在的动物性本能和感官欲望，个人的尊严诉求也体现在对自己作为人本身超拔于动物的高贵性的信念与追求之上。但对很多没有强大理性的人而言，其感性需求力量过于强大，导致意志松弛并向人性的低微层次滑落，很容易就使自己成为感性欲望的奴隶。如果人的动物性层面的合理性被经济学、伦理学、心理学予以论证时，如经济学强调刺激人的感官需求对拉动经济增长的贡献，伦理学推崇本能和快乐对人的终极意义，心理学论证人的非理性本性等，思想界支持性论述可能诱导缺乏坚强意志的部分民众感性欲望被过度激发出来，并心安理得不再信奉道义，而只信奉快乐，尤其是当下的感官快乐；不再追求德性和高尚，而只追求物质利益和肉体享受。当道德虚无主义盛行时，人们将不可避免地竭尽全力竞争那些能带来感官快乐的金钱、财富、权力、地位等一切资源。而在一个人格尊严平等尚未深入人心的国家中，金钱、财富、权力、地位等外在价值往往又被作为体现个人内在价值和尊严的物性载体。感官享乐至上和财富至上两种价值观结合在一起，将极大刺激人的物质欲，使人的虚荣心随着财富占有欲一起膨胀，助长奢靡浪费、炫富、攀比之风。我国目前社会阶层的人数分布呈金字塔形，处于社会中下层的绝大多数人由于掌握的社会资源较少，享受不到上层人物的殊荣与奢华，但有了一定的平等意识，导致相对被剥夺感形成和心理失衡，这将不仅影响人内心的和谐，还可能变成诱发恶性社会冲突的温床。

3. "利益纷争"和"尊严诉求"何为社会冲突的主要原因的辨析

不赞成或没意识到尊严诉求与社会冲突的内在联系的人，大多主张利益争夺，特别是物质利益争夺是社会冲突的根本原因。比如，我国学者朱力曾指出"利益冲突是人类社会一切冲突的最终根源，也是所有冲突的实质所在。任何社会都不可能完全消除社会冲突，因为任何一个社会都存在社会利益矛盾，利益是或隐或现的诱发冲突的根源"[①]；孙立平

[①] 朱力：《走出社会矛盾冲突的漩涡——中国重大社会性突发事件及其管理》，社会科学文献出版社2012年版，第35页。

提出"分析近些年来中国社会中所发生的社会冲突，我们可以发现，这些冲突一个值得注意的特征就是，这些冲突越来越多的是因利益诉求而起，其基本的目标也是有限的利益诉求"[1]；彭劲松提出"利益关系和谐是社会发展与和谐的基础"[2]；杨清涛也提出："人们奋斗所争取的一切，都同他们的利益有关"[3]。不可否认，利益争夺的确是大量社会冲突的直接原因。正如美国历史学家理查德·霍夫施塔特所说："在自私方面人类是一种本性难移的造物。如果权利陷入了利益的旋涡，人们将陷入'无限而又无望的欲求'，'其可预期的结果便是将最坏的人性展露出来——给我！再给我点！'"[4] 但如第一章所指出，有尊严的生活的确以一定物质财富占有量为前提，可是物质财富的占有与人的尊严并不呈正比关系，物质利益的丰富并不一定能满足人的所有需求，特别是人的尊严诉求。因为客观上人本身所需的物质资料总是有限的，比如人的胃的容量是有限的，吃不了那么多食物；人的身体体积与精力都是有限的，住不了那么大、那么多的房子。利益争夺在很多场合中都与对权力、名声或者与对其他稀缺性尊严资源的争夺交织在一起。正如亚当·斯密所指出："贪婪和野心，追求财富、权力和优越地位的目的又是什么呢？是为了生活的必需品吗？那么最低级的劳动工资就可以提供给他们"，"引人注目、被人关心、得到同情、自满自得和博得赞许，都是我们根据这个目的所能谋求的利益"，所以"吸引我们的，是虚荣而不是快乐"[5]。在这个意义上，我们中国习语把"争名"放在"夺利"之前是有道理的。而且即使由利益对立引起的纷争，当争夺方妥协或共同利益出现时，冲突就有可能缓和，但在等级性尊严秩序中，位高者试图维持和更上一层楼，位低者则试图超越，对具有稀缺性的地位性尊严资源的争夺永不会停止，由此引发的纷争也往往更加激烈，更加难以调和。在特定情况下，有的

---

[1] 孙立平：《降低社会冲突的烈度》（http://www.aisixiang.com/data/3732.html）。

[2] 彭劲松：《和谐社会的利益关系》，中共中央党校出版社2006年版，第2页。

[3] 杨清涛等：《和谐之道——社会转型期人民内部利益矛盾解析》，人民出版社2009年版，第8页。

[4] 转引自［美］格伦顿《权利话语——穷途末路的政治言辞》，周威译，北京大学出版社2006年版，第60页。

[5] ［英］亚当·斯密：《道德情操论》，蒋自强等译，商务印书馆2007年版，第60—62页。

人甚至不惜以毁灭自身的方式来实现这种争夺,如以马加爵为代表的愤恨杀人案,以人体炸弹为手段的圣战运动等。①

当今诸多社会冲突与其说因物质利益的争夺而引起,倒不如说是因人的权利尊严得不到有效保障而引起。经过漫长的文明教化,特别是20世纪以来依法治国伟大实践,我国民众心智正常的人都具有朴素的正义感和守法意识。因而一般而言,纯粹的利益冲突不一定引发社会冲突。如商场甲同商场乙展开公开竞争,商场甲利用合法的手段,如更优惠的价格、更优质的商品、更健全的服务、更齐全的商品种类等吸引了更多的顾客,并终导致商场乙的破产。商场乙的利益大大受损,但其合法权利却并没有遭到侵犯。在这种情况下,商场乙只有关门认输,一般不会采取极端手段向商场甲抗争或报复。但当利益同个体的合法权利,也即同个人的尊严相结合,一起遭到损害时则极有可能导致社会冲突。如果商场甲通过行贿、欺诈、盗窃机密、诽谤等不当手段侵犯商场乙的合法权利,并把乙打败,乙通过正当途径维权和救济失效,这种情况下,二者之间的冲突就极有可能出现。正如德国学者耶林所指出的:"当权利被侵害时,个人为了维护权利而奔走呼号,原因并不是单纯的物质利益损失,重要的是'心灵之声'告诫他自己他的尊严没有得到尊重,这种痛苦远远超过了财物上的损失。"② 有尊严的生活是个人的合法权利得到平等尊重的生活。诸多社会冲突往往伴随两个同时出现的现象:其一,人们权利意识的苏醒;其二,却又缺乏捍卫权利的正当渠道。

二 人的尊严诉求及其失败与社会冲突的密切联系的案例分析

研究发生在当今社会的各种恶性冲突,我们会发现,当人们温饱问题已经得到解决,迫使陈胜和吴广起义的极端境遇(不起义反抗必死,起义尚有活的希望)已基本不复存在,当今人类社会中所出现的许多由利益引发的冲突,大都与对尊严的诉求或捍卫,特别是对权利尊严的捍卫,存在内在的密切联系。

---

① 刘睿:《论以和谐为取向的尊严观建设》,《江汉论坛》2013年第4期。
② [德]鲁道夫·冯·耶林:《为权利而斗争》,胡宝海译,中国法制出版社2004年版,第20—21页。

(一)个人权利尊严诉求失败与常见社会冲突的密切联系

我国研究社会冲突的学者朱力曾统计在他收集的230个群体性事件的案例中,47%来自经济利益的直接冲突,43%来自治安案例引起的群体性事件,10%为民族、宗教、政治性群体性事件。①我们可以通过对这些社会冲突的实例进行分析,得出社会冲突的主要根源是人的尊严诉求,特别是权利尊严诉求没有得到有效的满足这一结论。

据朱力统计,我国利益型冲突的矛盾源主要有无序征地引发的冲突,强制拆迁引发的冲突,失业问题引发的冲突,劳务纠纷引发的冲突,企业改制引发的冲突,退休保障引发的冲突,司机负担过重引发的冲突,保护环境引发的公共抗议,历史遗留问题引发的冲突,库区移民引发的冲突及其他的矛盾源。②就第一个矛盾源,即由无序征地引发的冲突而言,如果被征者得到了合理和合法的补偿,一般不会引发社会冲突,但当征地以违法违规的形式出现,比如强征、租占、倒卖、截留、克扣、挪用等侵犯农民的合法权益则可能导致剧烈的社会冲突。比如朱力所举的实例,"于楼花园村组村民告诉记者,根据批复,征收该组农田为34亩,但政府实际征收耕地95亩……更令村民气愤的是,在村民不同意征地的情况下,县政府居然以每亩53.6万元的价格将这82.99亩土地,出让给了一家房地产企业"③。后来引发村民与城管、警察发生剧烈的冲突。这个实例以及其他类似因征地引发的冲突都存在共同的特征,即村民的合法权益没有受到应有的保护,才会引发剧烈的社会冲突。因企业改制引发的社会冲突也往往是因为职工的合法权益在改制过程中遭到漠视又完全丧失话语权而引起。同理,其他诸如强制拆迁、环境污染、库区移民引发的社会冲突亦是如此。我们知道,任何人作为人本身具有不可侵犯的合法权利,即享有权利尊严,当人的合法权益遭受侵害,个体就会强烈地感受到其尊严受到践踏,因而会自动抵制、抗议不公正的对待,并千方百计,包括采取非理性的冲突试图挽回自己的尊严。其他一

---

① 朱力:《走出社会矛盾冲突的漩涡——中国重大社会性突发事件及其管理》,社会科学文献出版社2012年版,第35页。
② 同上书,第78—95页。
③ 同上书,第79页。

些经济型冲突的矛盾源,诸如失业、劳务纠纷、退休保障等,则往往除了合法权利得不到保障外,还直接危及个体最基本的生存权,从而使个体有尊严的生活可能受到毁灭性威胁。我们知道,所谓人的生存权不仅意指维持人作为生物体的存活,而且还指能够保持作为人而非动物的生活权利,后者要求任何人不应丧失作为人本身的自由本质。当人生存条件极其恶劣,人就和动物一样,服从求生存的本能,不得不为了生存而完全屈服于他人的意志,甚至使自己沦为他人纯粹的工具,从而丧失了作为人应有的自由度和尊严。

总之,事实证明,绝大多数经济型社会冲突的根源,与其说因单纯的利益纷争引起,不如说因合法的权益遭到侵犯而引起,只有当利益和权利相结合时,利益受到侵害才可能引发社会冲突。这类冲突的引发总是呈现一些共同的因素:处于弱势地位的群体权利意识已经觉醒,并日益加强,但其合法权益受到公然忽视或者践踏,向地方政府求助,但地方政府为了提高招商引资、增加税收、解决就业等政绩往往选择与强势群体站在一起,漠视甚至公然压制弱势群体的合理合法诉求。弱势方缺乏足够的经济资源、政治资源、社会资源,依靠自身力量和制度内的途径,比如协商、司法、行政干预和上访途径解决问题统统失效,利益表达的渠道受阻,便积累起强大的反抗力量,被迫走向其他非理性和非制度性方法来捍卫自身的合法权益的道路。因而,由利益所引发的社会冲突在根本上是个人捍卫自身权利尊严的一种应激性反应。

社会冲突的第二种主要表现形式,即治安型冲突事件,参与者大多数与当事人没有直接的利益关系,通常是围观者与警方、基层政府发生直接对抗,甚至打、砸、抢、烧等严重冲突。这类冲突的导火索往往是突发的偶然事件。但正如朱力所指出,这类事件往往也具有一些共同的因素:连续的侵民和伤民事件,混乱的社会治安,堵塞的民意表达渠道等导致民众的仇富、仇官、仇警等心理[①],其背后往往是民众对贫富差距、分配不公、权钱交易、官员腐败、司法不公等社会病态的怨恨心理。治安型突发事件的爆发和平息往往呈现一定的规律,一般是由某一

[①] 朱力:《走出社会矛盾冲突的漩涡——中国重大社会性突发事件及其管理》,社会科学文献出版社2012年版,第155—160页。

导火索点燃事件，管理者处理不力，很快导致事件处理不公的信息扩散与传播，民众的情绪被激发，社会控制失败，非当事人迅速参与，形成大规模的集体行为，最后引起广泛和高层关注，通过国家行政强力介入才得以控制。治安型突发事件往往与人们对某一现状的不满，比如贫富差距过大有直接的关系，但事实上并不是所有的贫富差距都会引发人们的不满，当高收入者通过诚实劳动、合法经营取得财富时，只会引起人们的羡慕与尊重，而引发人们强烈不满往往是那些通过权钱交易、偷税漏税、坑蒙拐骗等非正当途径致富，却又为富不仁、仗势欺人、夸耀显摆的行为。所以治安型冲突究其深层次原因也是某些区域或某些个人的合法权益长期得不到有效的保障，在制度内找不到协商机制和利益维护的渠道，导致社会矛盾逐渐加深，社会冲突的能量不断蓄积，压力持续上升，人们的经济不安全感、社会的不公正感，权利的被剥夺感也持续上升。当心理紧张感超出心理承受力时，一旦受到偶然因素的"导火索"的激发，"会迅速点燃社会中存在已久的人们的失落、不平、愤怒、委屈、剥夺等负向社会心态，突发事件的非当事人也会借机宣泄心中的不满，很容易导致灾难性的集体行为的发生"[①]。绝大多数非直接利益的参与者一般不是为了起哄或闹事，而是为了泄愤或声援同病相怜者的队伍。

以其他形式表现的社会冲突究其根本原因很多也可以追溯到人对尊严的诉求及其捍卫方面。比如，因民族和宗教问题诱发的社会冲突，最常见的是由参与者所代表的民族习性或所信仰的宗教教规和仪式没有得到他者应有的尊重，甚至受到侮辱而引发，参与者所要捍卫的是他所属的共同体的尊严。至于因政治原因导致的社会冲突也往往是参与者的合法权利长期被忽视，不能正常行使从而质疑政府的执政和保障能力所做出的抗议，因而在根本上也是为了捍卫自身的权利尊严。

我国政治学、社会学领域很多学者对社会冲突进行了不同分类，但目前有一个基本共识，尽管有各种不满，但中国社会管治总体是有效的，维权是当前社会冲突的主要动机和表现形式，占社会冲突总量的70%左

---

① 朱力：《走出社会矛盾冲突的漩涡——中国重大社会性突发事件及其管理》，社会科学文献出版社2012年版，第161页。

右。维权活动的根源和导火索往往是因为当事人的合法利益遭到侵犯，比如农民的土地补偿、工人的工资待遇、商品房业主权益受到侵犯而引起。其他形式纠纷，比如无直接利益冲突的泄愤事件，社会纠纷事件、诉求表达事件等，其深层次的根源也大都是当事人或参与者体制内捍卫自己的某项或某些合法权利失败并累积不满而引起。2008年贵州的瓮安事件就是一个典型例子。瓮安事件的导火索是一个女中学生的死亡，但其深层次的原因是长期积累的社会矛盾和民众的不满情绪：当地政府在矿产资源开发、城市拆迁、移民安置等工作中屡次侵犯群众的利益；社会治安状况不好，黑恶势力横行乡里，导致群众缺乏安全感；一些干部参与开矿、经商，充当不法分子保护伞，非法谋取利益，百姓长期合法权益被剥夺感日积月累。众多问题累积导致政府公信力下降，干群关系紧张，遇到导火索一触即发。总之，在当今中国权利尊严诉求的失败是引发社会冲突的重要原因。

（二）个人人格尊严诉求失败与社会冲突的密切联系的经典案例

个人尊严，尤其是人格尊严遭受到公然侵犯时，个体极有可能将体验到超出自身心理承受力的痛苦，直至否定自身作为人的生命存在形式的意义与价值。上文所指出，"文革"期间有很多著名的知识分子因不堪忍受人格的侮辱而自杀，比如老舍、邓拓、杨朔、傅雷、吴晗等。当今因人格尊严受辱而采取极端行为的事例也依然存在，2017年3月引发全国人关注山东于欢辱母杀人案就是因人格尊严受践踏而杀人的经典案例。于欢和母亲因为欠债而遭到高利贷肆意羞辱，包括打脸、被按马桶，甚至被用下体蹭脸，于欢在摆脱这种被极端羞辱无望的情况下，拿刀捅向对方，造成一死三伤，后被判无期徒刑。于欢事件通过互联网迅速在全国引起极大关注，很多人认为法院对于欢判刑过重，二审承认于欢属于正当防卫，但属于防卫过当，这在司法实践中明确了人对人格尊严，也即精神伤害的正当防卫权利。可以想象，于欢案件已不是一个孤立性案件，这一案件牵涉到司法适用法律量刑、中小企业融资、中国传统文化，特别是对人格尊严的珍视等多个方面，只有最终形成一个公正的结果，才能对以后的社会实践起到导向作用。

除了以局部的、个别形式存在的极端案例，普通民众中，尤其是弱势群体中相当普遍存在仇富、仇官心理，这二者往往是引发大规模的、剧烈性的社会冲突的心理根源。但究其深层次原因而言，普通民众仇富所仇视的不是"富有"本身，而是仇视"不公平致富、非法致富"，比如通过腐败、欺诈、暴力等途径致富，仇视因贫穷无势被有意无意歧视和羞辱；仇官所仇视的也不是官职和官员本身，而是仇视官员的贪腐和利用权力践踏公民的人格尊严和权利尊严的行为。社会不公平和腐败在实质上都是以牺牲国家或大多数群众的合法权益为代价来谋求少数人的特权，这违背了法律面前人人平等的尊严原则，是对当事人作为国家公民的尊严的践踏。人们一般也不会仇视富人和官员的能力、业绩、仁慈，而是仇视为官和为富者的不仁不义、不可一世、蔑视大众、夸耀摆谱的气势，后者是对普通百姓人格尊严的公然漠视，违背了人格尊严一律平等的原则。

（三）个人尊严诉求整体失败与社会冲突之间的密切关系的实例分析

所谓个人尊严的整体诉求失败是指个人陷入一种生活条件极其恶劣且看不到改善希望的状况：缺乏最基本的物质生存保障和发展能力、机会，人的人格尊严、权利尊严经常处于危机之中，自我价值实现和获得他人尊重的主要途径都被堵塞等。在这种情况下，无论怎么努力，无论从哪一方面衡量，个人都很难过上事实有尊严的生活，这种情况可以称为个人尊严诉求整体失败。人们普遍欲求尊严，而人都是在比较之中确立自己的幸福感，尊严诉求整体失败的人，很难避免对生活体面的人生成愤恨、嫉妒和报复等不良情绪。这种情况是诸多恶性的局部性社会冲突案例的现实根源。当下农民工犯罪率较高是一个社会现实问题，而进城农民工犯罪大多由其尊严诉求整体失败引起：生活没有着落，收入低，工作不体面，得不到公平对待，不能和城市居民同工同酬，不能享受各种补贴和福利保障，就医和子女就学困难，受到城市居民的歧视、排斥、欺侮，权利难以保障，人格难以得到社会的尊重和认可。这就是由于个人尊严诉求整体失败所引发的社会冲突。现实中还有其他很多情况类似的真实案例，生活于社会最底层，长期看不到改善人生的希望，不被任何人所尊重，也极可能逐渐走向自暴自弃和反社会。

小　结

社会冲突是资源竞争条件下的社会常态，这是一个不以任何人的意志为转移的客观事实。预防和成功化解社会冲突是构建社会和谐的逻辑前提。由本节的理论和实例两个方面的分析可以得出，当今中国很多社会冲突都可以追溯到人的尊严诉求及其失败。当人的尊严受到践踏时，人们通常先会诉诸理性的方法，比如找政府部门、法律部门、民间协调部门等来解决问题，如果意见表达和申诉的正当途径受阻，就可能采取非理性的、体制外的表达意见和保卫自己权益的形式，这是群体性事件爆发的主要原因。但有两点需要注意：其一，人的尊严诉求对社会和谐的影响具有双重性，即既能促进社会和谐，也能破坏社会和谐。本章第二节侧重论述了其可能产生的动力作用，第三节侧重论述了其可能产生的破坏作用。总之，人的尊严诉求并不必然引发社会冲突，它究竟发挥何种作用，取决于主体实现个人尊严的特定态度、行为方式、际遇等多重因素。其二，社会冲突对社会发展的影响具有双重性：社会冲突如果处置不当，可能对社会公共秩序造成严重危害；社会如果处理得当，并逐步纳入体制化，可以作为发现问题和化解社会矛盾的契机，最终发挥对社会的整合和促动作用。齐美尔、科塞、达伦多夫都曾指出，低烈度、追求明确利益诉求的冲突可以释放紧张，冲突可以通过协商、讨价还价或按达成共识的规则得到解决，最终产生团结性和整合性效果。在当前民众的权利意识逐渐觉醒的背景下，国家和社会只有通过不断完善民主法制，建立公平正义的社会大环境，坚决保障公民的权利尊严和人格尊严，并满足当事人对尊严的合理诉求，特别是使其能通过体制内合法途径表达自己的正当诉求和捍卫自己的权益，只有这样才能保证社会冲突不至于恶化至摧毁性爆发，并在解决问题过程中促进社会良性发展，在终极意义上维持社会秩序。其他任何途径，比如通过高压、哄骗等手段，以牺牲当事人的合法权益为代价来维护少数人的特权，或者以牺牲少数人的权利尊严来满足绝大多数人的利益等，这种依靠巨大代价所追求的绝对秩序被称为刚性稳定，要么只能暂时掩盖矛盾，转移压力，但问题将以定时炸弹的形式深化并埋藏下来，在某些特定际遇下必将再次以更激化的形式呈现，要么当时就可能激化和点燃社会冲突。总之，个人合理的尊严诉求的有效满足是社会冲突的和平、正向解决的重要保障。当今化解社会冲突的着力点应该是尊重并尽可能满足个人正当的尊严诉求，让个人能够充分体验到生命、人格、权利、存在被尊重的感觉。不断满足人们日益增长的尊严诉求的过程必将也是社会逐渐走向和谐的过程，这要求国家、社会坚持不懈地为个人尊严的实现、捍卫和提升尽可能创造各方面的条件。

第三章

社会和谐对个人尊严的重要作用

人的尊严本质上是一个历史的范畴，与社会的解放、人的解放紧密联系，不同时代和不同社会，个人尊严的实现程度是不同的。在剥削制度下，普通民众对尊严的追求经常遭到压抑和扭曲，在奴隶社会和封建社会中，统治阶级的人格尊严总是通过剥夺被统治阶级的人格尊严为其维持和发展条件。在资本主义发达国家，公民人格尊严、权利尊严形式平等，然而在现实中，资本的特权、物欲的支配使人事实领域的尊严和价值受到极大挑战。因而人类对尊严的追求与维护总是在与蔑视和践踏人的尊严的思想和行为斗争中曲折向前发展，这是一个永无止境的进程。国家、民族、社会和个人的命运息息相关，个人的尊严、国家的尊严和民族尊严相辅相成，国家昌盛、民族繁荣、社会和谐是全体民众过上有尊严生活的外部条件。本章所探讨的重点是社会和谐对个人尊严实现的促动作用，其指向是个人尊严。

如课题组在第一章中指出，社会和谐包含着三个基本维度，即人与自然的和谐、人与人之间的和谐、人与自我的和谐，我们可以先就这三个方面对个人尊严实现的奠基、保障与促进作用作一个简要说明。首先，如果没有良好的自然环境和充足的自然资源，人的生命、健康、优雅生活和发展都失去前提，因而人与自然的和谐是人的尊严得以维护和提升的物质基础，本章第一节中将进一步对这一观点展开论证。其次，人际和谐是人们相互尊重和捍卫彼此尊严的前提。在私密关系领域中，没有人会尊重身边一个内心极端自我、贪婪、对周围人充满猜疑、敌视、畏惧、嫉妒、蔑视等负面情感，在行动上愤世嫉俗、与世隔绝，欺侮、掠夺他人，与他人和社会经常陷入冲突中的人。同时，如果一个人和其他人陷入敌对、仇视或彼此隔绝的情况之中，那么他也很难在态度和行动上真正尊重他人。这不仅适用于微观的私密关系领域，也适用于宏观的社会公共关系领域。如果一个社会内部地区、城乡、阶层、行业、贫富之间的分化与对立过于严重，那么将不可避免会引发不同群体之间的怨怼，既可能出现强势群体的巧取豪夺、鱼肉百姓，也可能出现弱势群体的仇富和仇官现象。如果处于弱势的群体的被剥夺感和心理失衡在体制内长期无法得到解决，那么遇到特定事件的刺激，个人要么可能采取直接侵犯他人的合法权益和公共利益的非法手段来实现自身权益和心灵的补偿或救济，要么和众人一起，通过非理性手段来维权或泄愤，直至出现公然的打、砸、抢现象，从而引发公共危机爆发，公然践踏他人权利尊严和破坏社会公共财物和秩序。最后，人都有自尊和捍卫自我尊严的需求，但如果一个人对自己充满了否定、质疑、不信任，即内心丧失和谐，那么自尊和他尊就无从说起，因而个人与自我的和谐是个体自尊感形成和行为中自觉捍卫自身和他人尊严的心理基础。

　　社会和谐不仅表现这三个基本维度，还表现为民主法治、公平正义、诚信友爱、安定有序、充满活力、人与自然和谐六个特征。这六个方面共同构筑社会和谐的大厦，同时也构筑成个人尊严实现的外部基础，对个人尊严的实现都能发挥奠基、保障和促进作用，但因为社会和谐每一方面特征各有自己独特的内涵与功能，所以对个人尊严实现的作用也各有侧重。课题组在本章中将根据这六个基本特征的本质特点，着重阐述社会和谐每一侧面对个人尊严实现的最为突出的作用，但将不按照中央文件中所论述的和谐社会六个基本特征的排列顺序，而是根据它们各自与人的尊严的实现之间的内在逻辑联系，将社会和谐的六个特征分成三个大的方面，来分别阐述社会安定有序、人与自然和谐对个人尊严的奠基作用，社会民主法治、公平正义对个人尊严的保障作用，社会诚信友爱、充满活力对个人尊严的促进作用。在展开全面论述之前有必要指出的是，社会和谐的每一个方面的特征都强调其全社会整体属性，比如所谓社会民主法治和社会公平正义，并非局限于在国家制度层面或某一具体领域颁布了民主法治、公平正义原则，也不是仅指某些精英或从业者养成民主法治和公平正义意识，而是指民主法治、公平正义已经成为全体社会主体的思维惯性、生活方式（运行方式）和行为原则。和谐社会严格意义上讲是一种理想社会状态，我们努力推进社会走向和谐的过程也正是人的尊严不断实现和提高，和谐社会逐渐从理想变为现实的过程。

第一节 社会和谐对个人尊严实现的奠基作用

社会安定有序、人与自然的和谐是任何社会正常运行以及各行各业健全发展的前提与基础，同时也是个人维持正常生活，追求幸福和发展自我的基本前提，对人的尊严实现具有突出的奠基作用。

一 社会安定有序对个人尊严的奠基作用

如第一章对和谐社会的基本特征分析中所指出，安定有序包括安全、稳定、秩序三个方面的基本要求，这三个方面是个人正常生存、发展和维持有尊严的生活的前提和基础。

（一）社会安全对个人尊严的奠基作用

社会安全主要意指个人的生命、财产、人身，社会生活的规则、秩序等免遭自然灾害、人为灾害的侵袭和威胁。人的生命是人的尊严的物质载体，在人的生命受到巨大威胁的情况下，人的尊严将失去存在的根基。当个人陷入各类安全事故，如地震、火山爆发、洪涝灾害、瘟疫、矿山瓦斯爆炸、交通安全事故、建筑物垮塌、食物中毒、暴力和恐怖活动、动乱、违法犯罪、战争等，个人有立即丧失生命、财产，乃至所有的一切的危险，瞬间将变得和自然其他物种一样渺小、脆弱，此种情形下，肉体生命的保全而非精神生命的激发，生存而非崇高将必然成为人应对不可抗力灾难的常态。根据马斯洛的需求层次理论，低级需要的力量一般比高级需要力量更为强大，人总是在满足低级层次需要之后才会萌发高级层次的需要。当求生存的本能和安全渴望在人的需求层次占据统治地位时，个人坚强的意志和高贵的精神极可能屈从于低层次需要，在这种情况下，人大多很难顾及自己行为是否端庄得体，而是情不自禁退化到动物生存状态；不仅如此，事急无法，在外部环境极其恶劣的情况下，人还很有可能公然抢夺他人的生命物资来实现自我保存。人类社会历史中有很多这样的真实事例：在社会严重失序状态下，个人生存和安全需要成为人最强烈的需要，人的尊严需求被压抑并暂时消失于外部艰苦环境之中。陷入混乱中的社会也无法给个人提供最基本的权利保障，个人尊严的实现将失去根基。

在人为的安全事故中，战争和社会动乱影响面大，破坏性强，持续时间长，残酷惨烈，对人的尊严威胁最大，以至于我国古人曾感叹："宁为太平犬，不为乱世人"。发生在近期并且造成恶劣影响的经典案例是叙利亚动乱。2011年叙利亚战前人口2000万左右，2011年3月叙利亚爆发反对巴沙尔总统的动乱，这场冲突夺去25万人的生命。① 国家很快四分五裂，饥饿、疾病到处肆虐，看不到希望的叙利亚人开始想尽千方百计逃离国土。截至2016年，叙利亚因长期武装冲突而离开该国的难民总数为460万；另外，国内有超过760万人被迫离开自己原居住地，迁移到国内其他更加安全的地区。②也即叙利亚因战乱超过一半以上的人口流离失所。其中，2015年3岁的艾兰和父亲一起坐船前往欧洲途中，小橡皮筏被海浪掀翻，艾兰被海水溺亡后脸朝下趴在海滩的照片引发全世界很多人的同情，事实上这一次偷渡中艾兰和他哥哥、妈妈都同时溺亡，全家仅父亲一人生还。叙利亚难民的悲惨境遇直接向全世界拷问新时期人道主义如何践行的问题。值得一提的是，叙利亚的动乱不仅影响叙利亚一个国家，随叙利亚难民涌入欧洲的还有蒙混过关的恐怖主义组织，接纳叙利亚难民的欧洲各国社会稳定、国家安全和当地人的生活都受到影响。

经济安全，特别是最基本的粮食安全对人的尊严的保障具有奠基性作用。我国20世纪1959年到1961年三年困难时期，人们连维持生存的生命营养物都得不到保证，随时可能被饿死，很多人被迫仅停留在动物式求生存本能阶段。为了生存，一些人吃树叶、吃观音土等。为了一点充饥的食物低三下四地求、偷，甚至公开抢。在三年困难时期，各种丢尽尊严的行为屡见不鲜，如饥饿难耐的人在大街上一把夺过别人手中的饭，由于害怕重新被抢回去，马上吐一口唾沫在碗中后又赶快吃掉。当今世界依然有很多落后地区，没有解决粮食安全问题。比如非洲每天生

---

① 《为何叙利亚人要当难民留在国内没有希望》，环球网，2015年9月15日（http://mil.huanqiu.com/world/2015-09/7490393.html）。

② 《俄外交部：全世界叙利亚难民总数为460万》，中国新闻网，2016年2月26日（http://www.chinanews.com/si/2016/02-26/7774778.shtml）。

活费不足1美元的绝对贫困人口还占相当比例,仅撒哈拉以南地区的3亿多极端贫困人口连基本的温饱问题尚未解决,饥饿、疾病肆虐。当个人陷入这样的生存状态时,尊严就无从说起。

(二) 社会稳定对个人尊严的奠基作用

社会稳定对人的尊严的保障也具有奠基意义。缺乏必要的物质基础,有尊严的生活无从说起。经济保持稳定增长是充分就业和个人实现自身尊严的前提。如果一个社会经济陷入长期的低迷和萧条之中,那么将可能导致很多人失业或找不到工作;而一个长期找不到工作的人,自己和家人的生计都受到威胁,只能靠领取救济金过日子,个人的才能和价值失去正常发挥并得到他人和社会的认可的现实途径。为了全家人的生活,个人很可能被迫接受自己不愿干或条件恶劣的工作,因而此时人虽然可能具有形式的自由,但并无实质的自由,人的尊严也最多只具有形式的意义。社会的政治稳定是国家和个人发展的前提,如果政权频繁更迭,特别是以政变、起义、战争、外国干涉等途径来实现的非正常更迭,极有可能引发经济危机、公共秩序的崩溃、社会动乱甚至战争,各项事关发展全局的方针、路线、政策随之发生根本性改变等,这些将深刻影响着个人的生活。政治动荡往往来源于社会矛盾积累与激化、经济停滞和人们由此对政治的不满,人们希望通过政治变革改善生活处境。然而,政治动荡很多时候并不能带来新的幸福生活,相反在相当长的时期内可能使国家的国内政治斗争激化,政府职能弱化,从而不能为经济发展、社会稳定和人的尊严实现提供必要的秩序基础。如当今埃及的革命虽然成功了,但埃及在相当长一段时间内无法产生一个高效政府,社会何时才能走向稳定尚是一个未决的问题,革命之前所有问题一个都没有得到解决,经济危机空前,社会治安持续恶化,老百姓生活水平普遍下降,对许多普通人来讲,面包、人的尊严和社会正义就如空中楼阁。再如乌克兰,自苏联解体后,经济迅速衰退,2004年橙色革命后,更是政局动荡、经济下滑、物价飞涨,百姓生活质量严重下降,很多女孩被迫靠当妓女为生。索马里更是一个经典的案例。自从1990年内战以来,索马里一直就没有产生一个稳定和强有力的中央政府,人均收入曾连续多年位居世界倒数第一位;治安非常混乱,任何人可以在大街上充当交警而不需要任何证件;市场上可以不受任何阻扰地贩卖各种枪支弹药;当地农业状况极差，居民迫不得已去当海盗，过着被人鄙视的悲惨的、混乱的、毫无生存保障的生活。总之，个人和国家的命运息息相关，普通个人在动荡的大局势面前力量十分脆弱，个人的自由意志、安稳的生活、正常的发展在动荡的政治局势中都很难得到实现。很多国家和地区随着政治动荡进入恶性循环，人民生活每况愈下，陷入绝望的深渊。即使有的国家和地区因政治巨变最终使社会整体走向了繁荣和富强，但如果缺乏强有力的社会整合力量和民主法治文化传统，社会从混乱走向和平的过程往往十分漫长，而人的生命总是短暂的和唯一的，可能一代人的终生幸福都将被毁在政治动荡之中，时代洪流把个人的尊严与梦想碾为泡沫。

（三）社会秩序对个人尊严的奠基作用

没有和平就没有发展，社会秩序是维持人有尊严生活的前提。在一个犯罪横行的社会中，人们连自身的生命和财产的安全都得不到保障，不敢随便购物，不敢随便旅行，甚至不敢随便出门，因为一走上大街就有可能被偷钱、被抢劫、自己的所有，包括生命，时刻都有被夺走的危险。人们每日栖栖惶惶，焦虑忧惧，有尊严的生活无从说起。另外，社会治安恶化不仅直接威胁到人们的生命和财产安全，使人的权利尊严时刻处于风雨飘摇之中，社会治安恶化还必然影响到经济和社会发展，如影响投资者信心成本，影响旅游业发展，增加公共安全事务开支等，这也在间接上对个人生活的尊严度造成削弱。

社会安定有序包含着丰富的内容和多元化的具体要求，以上仅就社会安定有序的几个有代表性的方面对人的尊严实现的奠基作用作了简要阐明。古今中外无数事例证明，社会安定有序不仅是构建社会和谐的基本条件，同时也是个人尊严，特别是普通民众的尊严得以实现的外部环境基础。因而在任何时代、任何国家，要想保障广大民众的尊严，其首要任务就是维持社会的安定有序。

二 人与自然的和谐对个人尊严的奠基作用

自然先于人并且不依赖人而存在，但人离不开自然。人虽具有理性，但人毕竟不是无形体的纯粹精神性存在，而是同时具有肉体形式的存在物，本身是自然界的一部分，并且必然要依赖各种物理、化学、生物等营养元素才能维持生存。自然界为人类社会的物质生产和生活提供必要的物质材料和外部环境。人的尊严以人的肉体生命作为物质载体，只有维持人与自然的和谐，人类社会的物质生产才能顺利地开展，个人才能顺利地从自然中获得所必需的衣、食、住、行等生活资料，才能维持生命存在，并生活在一个舒适、洁净、健康、安全、优雅的自然环境中，有尊严的生活才谈得上可能。因而人与自然的和谐不仅是人类生存、社会和谐的必需条件和重要表征之一，也是个人尊严得以实现的物质基础与前提条件。人依赖自然而生存，但自然与人不仅相互统一，也相互对立。在此，课题组着重通过反面论证，即人与自然的对立和冲突对个人尊严实现的消极影响来论证人与自然的和谐对个人尊严的奠基作用，最后一段强调当今时代优雅环境对个人尊严感的影响，以进一步论证人与自然的和谐对个人尊严实现的奠基作用。

  自然不会主动保护自身，人通过改造自然为自己服务而谋求生存与发展。人类如果缺乏强大的理性自觉和法律制度保障，人和自然有陷入冲突的逻辑必然性。人与自然的对立首先表现在自然界的客观规律和人的意志的主观性之间的矛盾。人因劳动从自然界分化而来，却因难以摆脱肉体性存在而恒为自然界的一部分，这决定了人的活动必须服从自然界的规律，否则将受到自然界的惩罚，这是不以任何人的主观意志为转移的客观事实。但人又具有不同于自然其他万物的自主性和创造性，人通过对自然界不断改造来实现生活水平和个人能力的不断超越，因而人的实践活动可能影响到自然界发展进程。但自然界生物和环境之间的物质交换和能量流动平衡性如果遭到严重破坏，必将威胁到人类的生存、发展与尊严。如过度抽取地下水将导致地面下沉；过度放牧可能导致土地沙漠化；过度砍伐树木可能导致水土流失引发洪涝灾害；疯狂捕杀或滥食野生动物会让动物灭绝和被动物携带的病毒肆虐；过度排放二氧化碳、甲烷、氯氟烃等"温室气体"，将导致全球气温升高，直至两极的冰山融化，海平面上升，使沿海城市和国家有遭受被淹没的危险，同时排放出的氯氟化合物破坏高空的臭氧层，导致地面太阳紫外线辐射增强，危及人类的健康。人类因不尊重自然规律遭受自然的惩罚的事例比比皆是。如近几十年，我国频繁爆发森林过度砍伐而引起的灾害。森林可以涵养水源和保持水土，号称大自然的守护神，过度砍伐森林必然引起巨大灾害。长江上游甘孜、阿坝地区岩石疏散，森林在"文革"知青下乡时曾遭到过度采伐，这些地区又是暴雨区，多年泥沙疏松和大量淤积。1998年暴雨使泥沙俱下，中游洞庭湖、鄱阳湖河床抬升，使长江、洞庭湖等排洪、泄洪能力大大降低，造成特大洪灾，给湖北、湖南两省人民生命和财产造成巨大损失，仅死亡的人数就达1400多人。还有，近几年全国各地因为森林过度砍伐引起的泥石流不断，仅2010年的舟曲泥石流造成死亡的人数就近2000人。当人不尊重自然规律时，自然对人类的每一种惩罚将给人类的生命保全、身体健康、生活品质带来威胁，直接影响人类生活的尊严度。

自然与人的对立还表现在自然资源的有限性与人的需求无限性的矛盾。自然资源的数量总是有限的，并且能否再生以及再生的周期都存在不以人的意志为转移的客观规律。各种矿物和化石燃料，如煤、石油、天然气、金属矿产、非金属矿产等，在地球长期演化历史过程中，在特定阶段、地区和条件下，经过漫长的地质时期而形成的，据研究表明，石油的形成至少200万年以上，时间最长达5亿年之久。与人类社会的发展相比，这些资源形成和再生速度非常缓慢，一般被视为不能再生。人类的开发和利用只能消耗不可再生资源，而不可能保持其原有储量或再生。特别是不能重复利用的资源，如煤、石油、天然气等化石燃料，当它们作为能源利用而被燃烧后，尽管能量可以发生转化，但作为原有的物质形态已不复存在。如果无节制地开发和滥用自然资源以最大限度来满足一部分人的贪欲、奢侈和浪费，必将破坏自然万物生长规律和秩序，同时也必将导致稀缺性的原材料和能源的快速匮乏。这样，人们就不能顺利获得最基本的生活资料，其整体生活水准乃至生存的可能性都将受到极大威胁。虽然目前我们很少见到直接死于资源紧张和能源匮乏的实例和统计数据，但当前非洲、拉美、中亚每年还有很多人死于饥饿，这是全球范围内因资源的争夺导致一部分人堕入极端贫困的结果。除了粮食资源，其他一切对人类有用的资源的滥用都将直接或间接影响到人类的生活品质。如由石油价格上涨所引发的物价普遍上涨，乃至经济危机在事实上也影响了无数人的生活水准，以石油争夺、控制为目的的中东战争更是直接对灾区平民的生命、财产安全和生活环境造成摧毁性的影响。总之，如果对不加节制开发自然资源这一现象听任不管，也不努力去开发替代性能源，将不仅仅影响到当代人的生活尊严度，更可能导致我们的子孙后代，未来将有更多人的生活乃至基本生存都要遭受资源匮乏之苦，甚至可能因激烈竞争而导致战争和人类的毁灭。

　　自然与人的对立还表现在人的身心健康对洁净环境的需要和人的活动可能造成环境破坏之间的矛盾。如果缺乏必要的科学知识、强大的社会责任感和相关法律制度保障，一些人可能为了少数人的短期利益而破坏生态平衡，破坏自然环境，造成直接威胁到人的生命健康安全的大气污染、水污染和土壤污染。如果人们呼吸着有毒的空气，吃着有毒的食物，喝着有毒的水，生命和健康随时受到威胁，个人的尊严无从说起。现实中由于人和自然关系失调直接影响到人的生命、健康和财产的安全事例非常多。如含有大量含氮有机颗粒物的雾霾是20世纪美国洛杉矶光化学烟雾的主要成分，当年洛杉矶因此有800余人丧生，远离城市100公里以外的海拔2000米高山上的大片松林也因此枯死。据统计，我国每年因空气污染引起的死亡人数已达到11.1万人，平均每天大约死亡304人，相当于全国每天因车祸而死亡的人数。我国农村癌症病患者因附近工厂造成的大气污染和水污染持续增长，以至于全国出现癌症村200多个，仅河南一个省就高达30多个。2007年报道河南省沈丘县东孙楼村癌症多发情况引发众人关注。这些真实的事例都从反面揭示了维持人与自然的和谐对人的尊严实现的奠基性意义。

　　如第一章所指出，人的尊严感具有主体性和差异性，不同时代人们尊严感的形成具有不同的影响因子。随着环境污染逐步成为一个全球问题和普通民众环保意识日益增强，优美洁净的生活环境和绿色健康的生活用品逐渐成为绝大多数人对高品质生活概念的基本界定。越来越多的人认为，自己所生活的周边大环境、小环境的质量以及自己所使用的日用品的环保绿色程度是衡量自己生活尊严度的重要参考标准。在大城市，漂亮、安全的小区商品房和少农药、少污染、少激素、无危害的日用品正越来越受到人们的欢迎。随着中华人民共和国的环境保护法的实施，享受优雅、安全的环境在当今被很多人视为基本权利，如果自身的环保需求得不到满足，特别是如果自己所生活的环境突然被人为因素所破坏，人们可能采取各种措施来补救自己的合法权利。在这种情况下，维持人与自然的和谐对个人尊严的奠基作用更是具有突出的意义。

第二节　社会和谐对个人尊严的保障作用

任何公民都平等享有宪法和法律规定的权利，公民权利神圣不可侵犯，这是社会民众生活尊严度的重要标志。前任国家总理温家宝在接受中国政府网、新华网联合专访解读"尊严"的含义时，把"每个公民在宪法和法律规定的范围内，都享有宪法和法律赋予的自由和权利"放在第一位，这也构成社会主义社会公平正义的核心内容。社会民主法治与公平正义对个人尊严实现具有基本的保障作用，正是意识到民主法治、公平正义的重要作用，党的十八大将民主、法治和公正提炼为社会主义核心价值观的组成部分。

一　社会民主法治对个人尊严的保障作用

社会民主法治是社会和谐和个人尊严得以实现的制度保障。社会主义社会和谐所要谋求的民主法治并非封建社会以巩固最高王权和维持等级秩序为目的的法家法治和为民做主，也非仅披着民主法律规章制度的外衣而无民主法治实质的传统权威社会状态，而是指全体社会成员在思想意识和实际行动中都能坚持把民主和法律制度作为行为的基本规范和社会关系的调节手段，并且作为社会基本规范和调节手段的民主法制一定是以人民主权、普遍平等、个人权利和尊严等作为价值内核的现代民主法制，这两个条件缺一不可，也即社会主义社会民主法治坚持以保障个人自由和权利为根本目的，坚持法律面前人人平等，坚持法律具有至高权威。一方面，人人具有自由、平等和尊严，每个人都是独一无二、不可取代的，因而是具有尊严的法律主体。任何人都不得被作为物、客体或手段来对待。这是人与人互相尊重和社会秩序得以维护的基础。另一方面，法律面前人人平等，无论是穷人还是富人，无论是社会精英还是平民阶层，无论是达官贵人还是普通老百姓，没有人可以凌驾于法律之上，也没有人能一言立法和一言废法。即使国家领导或其他各界杰出人士，人人皆服从于法，如果触犯法律的权威，人人皆可以被法律公平审判。社会民主法治既表现为以保障人的权利为根本目的、民主法律制度在实践中能够得到坚决的贯彻，也表现为全体社会民众和组织具有很强的民主、法律意识与自觉遵守民主法律制度的习惯与德性。后者是前者的条件，前者是后者的目的与结果，构成社会民主法治的两个相辅相成的组成部分。总之，社会民主法治并不仅仅是为了维持社会秩序或保证公共权力正常运行，社会民主法治在终极意义上是对人的尊严和人的价值的确认和维护，捍卫人的尊严也构成民主法治的基本任务和价值取向。正如我国学者姚建宗在《法治的人文关怀》一文中指出："法治的人文关怀之焦点在于对现实生活之中一个个具体的个人的价值、人格与尊严的充分尊重，其秩序追求与规范和制度设置均以此为宗旨和目的，它要求并奉行一个最基本的原则，即把真实的、具体的个人真正地当人看。尊重并理解现实生活之中具体的个人对自身当前生活与未来生活的选择与规划，尊重并充分保障现实的具体的个人对自身生活方式的自主安排。"[①] 这段话指出了法律捍卫人的尊严的基本路径：尊重人的自主性，即把每个人都视为是理性的、独立的，可以决断涉己事务，可以充分表达、展示和发展自我的自由个体。

社会民主法治对个人尊严的保障作用主要体现在对个人作为公民的权利尊严的保障作用方面。权利是每个公民相对于他人、社会和国家的独立人格及可和谐共存的自由形式体系，体现个体与他人共在并以不损害他人同等自由为前提的外在自由。根据人的尊严神圣不可侵犯这一原则，公民的合法权利在道义上应该得到无条件敬重和保障，但实践中公民的权利却可能受到来自国家、社会和他人三个方面的侵害。课题组在下文中将从理论和实践两个方面来论证社会民主法治对个人尊严的保障作用。

（一）社会民主法治在防范公共权力对个人尊严侵犯方面的保障作用

国家及其权力机关承担着保障公民的权利与自由，维持国家主权和领土的完整，维持良好的社会秩序、抵御外敌入侵、发展经济、提供公共服务等职能。但公共权力是一把双刃剑，不仅可以为公民与社会服务，也可能成为少数人谋取私利和践踏、干涉他人意志的工具。这是因为公共权力总是只能由人来行使，而人却有着先天的脆弱性和自我服务倾向。缺乏制约的国家公共权力容易凌驾于公民的合法权利

[①] 姚建宗：《法治的人文关怀》，《华东政法学院学报》2000年第3期。

之上，甚至走向公民权利的对立面。正如英国阿克顿勋爵所说，权力趋向腐败，绝对的权力导致绝对的腐败；孟德斯鸠也说过，没有制约的权力必然会走向腐败。权力的腐败可以表现在很多方面，比如个人被异化为实现国家权力集中的工具，就像德国的法西斯统治时期一样；又如国家权力异化为替个别人或少数人谋取福利的工具。这些现象都违背了人的尊严是至高价值这一国家治理中的基本原则。而防止国家公共权力对公民权利尊严的践踏的最有力保障就是民主与法治制度的建设与践行。

民主的本质是人民当家做主，与独裁、专制和寡头政治相对立，强调人民行使管理国家、社会的权力，并在这一过程中表达自己的意志和维护自己的权益。社会民主所体现的精神正是对人的尊严的确认：公民不是国家机器支配的对象，而是国家的主人。社会民主通过种种方式来表达并具体化到社会各项制度和生活中的方方面面中，其出发点和宗旨是保证公权正常运行的同时制约公权以保障公民私权不受任何团体、组织机构的侵犯。人们除了偶尔直接参与国家和社会重大问题的讨论与解决，更多的是通过直接或间接选举代表来治理国家，但人民依法对这些代表享有监督权、制约权和罢免权，以确保这些权力始终为民所用。社会民主和社会法治是相辅相成，法制是确立人民主权的基石，民主则是法制的内核。如果没有法律制度来保障，民主只能是一个空洞的幻想；如果没有民主原则与民主监督，法制将失去其灵魂并沦为强权的工具，保障人的尊严将失去根基。

当我们坚持人民主权原则，承认国家的一切权力属于人民的时候，这要求我们必须同时承认，每个人都希望自身的自主性能得到尊重，也即人都具有捍卫自身的自由和尊严的需求，这对国家机关的管理范围和运作方式提出了明确的限制：国家必须依法慎用自己的权力，控制自己的权力范围，尊重人们合法的自主选择，宽容社会多元化的生活方式，保证人的独立生活领域；国家机关还必须规范自己的行为手段，使权力的运行不至于损及人的尊严；同时，当国家的决定影响到某些人的合法权益时，应当允许个人作为当事者而非旁观者参与，能自由表达其真实的意志，并能对国家决定提出具有实际影响力的意见，最终保证国家机关的决定必须得到当事人的同意。

法制与民主构成保障个人的尊严制度的一体两面。法律以公民的合法自由及权利为核心价值，依靠人民选举的代表，集中反映广大人民的意志，制定任何国家机关、社会团体和公民都必须平等遵守的规章制度，以监狱、法庭、军队、警察等国家强制力作为保障其权威的后盾。摆脱强权的决定或影响构成司法公正的本质特征，现代法治的重要目标和任务就是按有限政府的理念，运用法律条款限制公共权力的滥用，也即限制政府所拥有广泛的、可自由裁量的权力。我国当前法律体系，特别是宪法和行政法中有大量内容用于规范和限制国家公共权力，包括明确规定各级国家机关和社会组织的产生、组成、职权界限与渎职、滥用责任追究等。另外，各部门法的主要内容由公民权利和义务构成，对公民对社会公共事务和涉己事务的知情权、参与权、监督权、抗辩申诉权和救济权也有明确的规定。总之，法律既保障公共权力的正常运行，同时也防止公共权力对公民的权利与自由的践踏。这是法律的两个最基本的职能，但二者实际上都为保障公民的自由和权利服务，其最终目的都是保障社会成员的私人事务自主权不受强权和他者干涉，在可以自我决定的事务范围内能够实现自治和自决。

（二）社会民主法治在防范社会和第三方侵犯个人尊严方面的保障作用

公民的权利和尊严也容易受到社会和第三方的侵害，贯彻民主原则的现代法制是防范公民遭受他者侵犯的最重要武器和保障。每个人都生活于具体的社会关系中，道德和法律是基本的社会行为规范和关系调节器，二者从正义的角度对社会行为和社会关系进行调节，保障公民的权利不受他者侵犯，并维持社会正常秩序。但相对道德而言，法治是防止社会和第三方侵害或事后对这种侵害进行救济的最强有力和基础性手段，这是因为道德对个人权利的保障作用具有其固有的局限性。首先，知是行的前提，个人对道德的践行相当依赖于个人对具体行为或准则的道德感知、判断和评价。虽然一个具有良好的道德自律精神或与他人有高强度共存意识的人，可以自觉做到尊重他人的权利，但我们不能仅仅依靠道德机制来确保人人都能尊重他人的权利。因为单个人的理性认知能力总是有限的。英国罗吉尔·培根曾指出阻扰人获得真理的四障碍，弗朗西斯·培根指出人的认识的四假象①；马克思也指出人的思维能力的至上性和非至上性，即虽然人的整体认识能力无限，但特定时代或特定的人受到人的生理禀赋、成长经历、社会关系、实践水平等多种因素的限制，认识水平总是有限的。所以，人的有限理性并不能保证人总是能够获得真理，人对特定事件的道德判断和道德规范的选择具有主观性、差异性和不完善性，个人也很难依靠自身的道德感知来正当维护自身和他人的权利。其次，道德不具备外在强制力，个人对道德的践行主要依赖于其内在的良心、社会舆论、传统习俗等软约束。良心属于人的非理性精神要素，容易受内外偶然因素的影响而起伏变动，难以一贯地发挥作用。因而人很难做到依靠良心永远保持自己的客观性来无私公平维护他人的权利。实践证明，人总是对与自己关系密切的人具有更强烈的怜悯心和良心。最后，人虽因理性而贵为万物之灵，但人同时又是动物性的存在，难以摆脱动物性本能、欲望、激情的影响。因而现实的人的理性总是有限的，不完美的和有缺陷的，人性的一个基本倾向就是对自己的关注远远超过他人，将自己的利益与快乐时刻铭记在心头，对他人的痛苦和损失则经常视而不见。我们甚至可以说，人生而具有践踏他人权利来满足自己需求的原始冲动和本能欲望。这决定了依赖缺乏外在强制力的社会舆论和传统习俗来保障人的权利尊严是远远不够的。

如果说道德是基于人性中的善、神性、智慧和高贵而倡导，那么法律则正是直面人性中的不完美、脆弱，甚至本性中具有践踏他人权利的

---

① 中世纪的罗吉尔·培根指出，人的认识有四大障碍：一是"屈从于谬误甚多、毫无价值的权威"；二是"习惯的影响"；三是"流行的偏见"；四是"以及由于我们认识的骄妄虚夸而来的我们自己的潜在的无知"。近代弗朗西斯·培根提出人认识的四假象，即盘踞在人的头脑中的一些错误观念，它们形成了成见或偏见，使人们不能正确地认识到真理，严重妨碍了科学的复兴。"族类的假象"是人类天性中普遍存在的缺陷，由于人类在认识事物时，不是以客观事物本身为尺度，而是以自己的主观感觉和成见为尺度，从而在对自然事物的认识中掺杂着许多主观的成分，缺乏客观性与中立性。"洞穴的假象"是由于个人的特性而产生的假象，因为每个人的心理和体质各有特点，所受的教育和成长的环境、阅读的书籍、崇拜的权威亦有不同，这就难免使自然之光曲折和变色，从而产生一些成见和偏见。"市场的假象"是由于人们在相互交往过程中语词使用不当而产生的假象，人们相互往来，如同市场上交际一样，必然会使用语言，如果对名称和概念的规定和理解不当，就会以假冒真，名实不符，造成错误的观念，形成假象。"剧场的假象"是对权威、教条、传统的哲学体系的盲目信仰，人们往往不知不觉地对各种哲学体系的"剧本"信以为真，丧失了批判精神和怀疑精神。

恶的因子而设计。法律基于对人性的恶各种可能性的预设，把个人能够与他人和谐共存的自由，也即不危害社会和他人的自由，用权利的形式规定下来，并用国家的强制力量保证其落实。法律规定的权利既是个人自由的保障，也是个人自由的界限。在这个意义上，人既是法律上的权利主体，也是法律上的义务主体和责任主体。从权利的角度，人拥有法律规定的人身、自由、财产等各项权利，因而"任何人都不必忍受他人对自身尊严的伤害，不必忍受他人的任意施为"①，当权利尊严受到侵害时，人享有起诉权、请求赔偿权以及紧急情况下的自卫权等。从义务的角度讲，人必须视他人为自由的主体，尊重他人正当的自由抉择，同时对自己的抉择和行为承担责任。相比道德对意志自律性的依赖，法律以国家强制力为后盾，能更迅捷调解人与人之间的纠纷和冲突，能更有力和更有效保障公民的权利，捍卫公民的尊严。

（三）社会民主法治对个人尊严保障作用的实践证明

民主法治是实现公民尊严的基本保障。自近代以来，随着人的尊严逐步成为人类的基本价值追求，世界各国都开始重视民主法制的建设与完善。"二战"之后很多国家更是吸取法西斯对个人尊严公然践踏的惨痛教训，把捍卫人的尊严直接和明确写进宪法和法律条文中。即使那些没有直接用法律条款明确规定人的尊严是至高价值的国家，在司法解释中，也大都将维护人的尊严作为法治实践的价值追求与限制性原则。虽然当今世界各地依然存在大量公然无视法律的权威来践踏他人的尊严的现象，但实践证明，在一个民主法治相对健全的社会，个人的权利尊严相应总是能得到较好的维护；相反，在民主法治相对不健全的社会，个人的权利尊严则更容易遭受侵犯。当今依然有少数国家与现代民主法治的普遍平等和人权精神相违背，依靠专制、独裁、人治或传统习俗来统治，在这种情况下，民众的人格尊严和权利尊严都失去生存的土壤和依凭，时刻处于被压抑或风雨飘摇之中。

中华人民共和国成立后，我国主要经由人民代表大会及其常务委员会，以公正、平等、合情、合理为理念，逐步将广大人民群众所认同和

---

① ［美］乔治·恩德勒：《经济伦理学大辞典》，王淼洋译，上海人民出版社2001年版，第325页。

追求的可和谐共存的自由，同时也是道德共识，上升为规范明晰的国家意志，并由国家强制力来保障执行。但我国在改革开放之前，民主法律机制尚不完善，导致"大跃进""文化大革命"两次错误的社会运动以及在这两次运动中一些公民的人格和权利尊严被公然践踏。改革开放以来，我们不断完善社会主义民主法制，虽然如今依然处于努力的征途之中，但公民的权利尊严得到了越来越好的维护。如自《中华人民共和国刑法》《刑事诉讼法》的制定，特别是自2013年《刑事诉讼法》修订以来，非法拘留、刑讯逼供现象大幅度减少。自《民法通则》《消费者权益保护法》，特别是2001年最高人民法院颁布《关于确定民事侵权精神损害赔偿责任若干问题的解释》，公民的人格尊严权也得到越来越好的法律维护。其中比较著名的案例是1999年上海的一名女大学生告屈臣氏侵权案。该学生因屈臣氏的一家连锁店里被强行搜身而提起诉讼，终审因侵犯消费者人格尊严权，屈臣氏被判向女大学生赔礼道歉，并赔偿人民币1万元精神损失费。另外，还有最近网络传播并引发广泛关注的湖北名校一女博士被法航禁飞事件。2017年6月1日，武汉高校在读女博士因迟到误机，不能按原行程赴巴黎参加国际学术会议，交涉中情绪失控，用手连续两次掌掴机场工作人员。这种严重侮辱他人人格尊严的行为迅速遭到处罚：公安机关将之拘留10日；法航将该女旅客列入黑名单，全球范围内拒绝承运；中国民航也可能将该旅客列入黑名单，这意味着该名女博士将可能无法乘坐国内任何一家航空公司的飞机。人格尊严受到公然侮辱的机场工作人员通过公安机关和本单位坚决的支持，其尊严损害得到了事后的救济与保障。在新媒体强大传播功能下，这一事件迅速引发社会各界关注。据统计，社会民众呈一边倒趋势，即普遍支持对女博士的惩罚，并纷纷表示，社会应坚决维护公民合法权益和人格尊严，应敬畏规则和法律。从这两个经典案例可以总结出，社会民主法治对个人尊严的基本保障作用。

二 社会公平正义对个人尊严的保障作用

社会公平正义是社会民主法治的价值取向，对个人与社会发展具有极其重要的意义。如第一章所指出，公平的内涵是"一视同仁"，以"平等"为核心要求；正义的内涵是"给予每个人其应得的"，以"正当"

为核心要求。公平正义一直是人类的追求目标,同时也是社会和谐的基础,但不同时代人们对公平正义具有不同的理解。进入近代以来,随着民主、平等和权利等观念的深入人心,公平正义逐渐从个人德性目标演变为一种社会核心价值理念。作为社会的核心价值,公平正义理念与功利主义理念相对立,后者强调最大多数人的最大幸福,践行功利主义原则,将不可避免可能出现为了大多数人的福利而牺牲少数人的权益,也即把少数人当作手段,从而侵犯这些人的尊严的情况。社会公平正义强调个人在社会中权益的应得性与在社会关系中的平等地位。权益的应得性注重权利和收入分配领域的正义,法律权利被公平分配给中华人民共和国每一公民;收入分配包括按劳动分配、按贡献分配、按需要分配等多种形式。在我国当前阶段,主要指以按劳分配为主体的多种分配方式。人在社会关系中的平等地位包括人作为人本身的人格与权利平等、生存公平(社会保障与劳动权益等),产权公平(不可剥夺与公平交易)与发展公平(制度约束与公共物品分配公平、机会公平)等一系列要求。因而在当今时代,社会公平正义的核心含义是全社会能够把任何人作为人本身来平等对待,坚持全体社会成员所得的正当性和机会公平,既禁止特权,也禁止以任何理由把人仅用作手段,总之,其内核是坚持人是目的和维护人的尊严。

公平正义可以作为个人德性,即能够自觉将公平正义规则作为行为评价标准和指导原则而存在,也可以作为渗透着公平正义理念的社会制度与规则而存在,但只有当全体社会民众内心认同并具有自觉遵守公平正义规则的美德,社会制度与规则的公平正义方能实现。亚里士多德曾对公平正义德性与制度二者之间的关系做出了说明:"在我们所曾讲到的保全政体诸方法中,最重大的一端还是按照政体(宪法)的精神实施公民教育……即使是完善的法制,而且为全体公民所赞同,要是公民们的情操尚未经习俗和教化陶冶而符合于政体的基本精神(宗旨)……这终究是不行的。"① 因而社会公平正义所指的是全社会范围中公平正义的制度和理念在实践中能够得到有效贯彻,这既依赖于民众的公平正义美德,也依赖于社会的公平正义制度本身的强制性力量。但正如邓小平指出,

---

① [古希腊]亚里士多德:《政治学》,吴寿彭译,商务印书馆1981年版,第275页。

制度的问题更带有根本性、全局性、稳定性和长期性，对人的尊严具有决定性的影响主要是公平正义的社会制度。

社会公平正义与社会民主法治呈相互交叉的关系，其重叠部分是二者都附属于个人尊严与社会和谐这两大更为高级的价值目标。社会公平正义与社会民主法治虽相互渗透、相辅相成，然而并不能完全等同。一方面，公平正义是民主法制的建构原则与价值取向，即所有的民主法制应该都是在公平正义原则基础上制定并最终为了实现公平正义，但由于民主法律制度的稳定性与环境变动性的矛盾以及法律制定中的代议制和利益主体的差异性之间的矛盾，一般很难保证民主法律制度的所有具体细则和条款的绝对公平正义性；而且即使立法的初衷再好，程序再完备，但随着实践的发展，实体法中总是难以完全避免恶法的存在。另一方面，社会生活极其复杂，也并非所有的公平正义规则都适宜或都能够上升为法律，因而总体而言，社会公平正义比民主法治包含了更为宽广的外延，能给社会民众提供更基础和更全面的保护，社会公平正义是人类社会建构和个人的尊严保障的根基。

（一）社会公平正义对个人尊严的保障作用的理论分析

许多人本主义学者主张，社会公平正义以人的尊严为终极价值，是否有助于人的尊严的实现构成评价社会制度是否公平正义的根本标准，其中社会制度的公平正义构成保障个人尊严的基石。我国当代学者贺来曾指出："个人总是生活在一定的社会条件下，人的生存状况、生活前景和发展机遇甚至整个生存命运都深受他所处的社会基本结构和制度的影响，而且这种影响往往超出个人的控制范围因而是他所无法选择的。在此意义上，一个社会的社会基本结构和制度是否正义和公正，对于人的尊严和幸福具有极为重大的意义。"[①]

古今中外许多思想家都或直接或间接论及社会公平正义，特别是社会制度的公平正义对人的尊严的保障作用。霍布斯指出，如果没有社会制度的公平正义，则人只能生活于自然状态之中，即每个人都从自身利己欲望出发，努力把自己的利益最大化，这必然导致"每一个人对每一个人的战争状态"，"在这种状况下产业无法存在，因为其成果不稳

---

① 贺来：《有尊严的幸福生活何以可能？》，《哲学研究》2011 年第 7 期。

定。……最糟糕的是人们不断处于暴力死亡的恐惧和危险中,人的生活孤独、贫困、卑污、残忍而短寿"①。康德将这种状态称为"由盲目偶然性控制的状态","人与人、国家与国家之间相互对抗,人的生活被充满分裂和冲突的'非社会性'原则所统治,由此所导致的结果将把人类拖向毁灭的'坟场'"②。在马克思的视域中,公平正义是一个历史范畴,在资本主义制度下交换领域具有形式正义,但分配领域中资本家对工人剩余劳动的无偿占有具有非正义性,共产主义社会初级阶段按劳分配和高级阶段按需分配的分配正义制度是个人自由和全面发展的重要保障。正是意识到正义对于个人幸福和尊严的决定性作用,当代思想家罗尔斯将正义视为社会制度的首要价值。他指出:"正义是社会制度的首要价值,正像真理是思想体系的首要价值一样,一种理论,无论它多么精致和简洁,只要它不真实,就必须加以拒绝或修正;同样,某些法律和制度,不管它们如何有效率和有条理,只要它们不正义,就必须加以改造或废除。"③

对于何谓社会制度的正义,思想界具有多种不同的解释,且大都集中于分配正义的探讨,主张分配对象包括"金钱""物质",还有"权利""机会""赏罚""荣誉""天赋""需要"等多个方面。罗尔斯提出了著名的公平正义观。罗尔斯的代表作《正义论》诠释了社会公平正义对个人尊严实现的基础保障作用。在罗尔斯看来,正义以公平为基础,社会正义同时也就是社会公平,只是这里的公平并非指经济分配中的绝对平等,而是指权利与义务的平等、机会平等。罗尔斯指出:"正义的主要问题是社会的基本结构,或更准确地说,是社会主要制度分配基本权利和义务,决定由社会合作产生的利益之划分的方式。"④ 正义有两个原则,"第一个原则:每个人对与其他人所拥有的最广泛的平等基本自由体系相容的类似自由体系都应有一种平等的权利。第二个原则:社会和经济的不平等应这样安排,使它们(1)被合理地期望适合于每一个人的利

---

① [英]霍布斯:《利维坦》,黎思复、黎廷弼译,商务印书馆1985年版,第94—95页。
② [德]康德:《历史理性批判文集》,何兆武译,商务印书馆1990年版,第97页。
③ [美]约翰·罗尔斯:《正义论》,何怀宏、何包钢、廖申白译,中国社会科学出版社1988年版,第3页。
④ 同上书,第7页。

益；并且（2）依系于地位和值为向所有人开放"①。其中第一个原则保障公民的平等基本自由，第二个原则规定与确立社会与经济不平等的方面。两个正义原则实际上是一种正义观的具体实例："所有社会价值——自由和机会、收入和财富以及自尊的基础——都应平等地分配，除非对任何价值或所有价值的不平等分配符合每一个人的利益。"② 在罗尔斯所列举的按正义原则平等分配的五项基本善中有三项是实现人的尊严的前提条件：收入和财富的基础是有尊严生活的物质前提；机会平等属于起点公平，是社会公平的重要组成部分，也是人，特别是普通人，实现自身的潜能、价值和提升自身尊严的基本途径。基本善中另外两项是个人尊严的重要体现和组成部分：自由是人的尊严的根据和体现，自尊是尊严感的重要来源与个人尊严的组成部分。所以在罗尔斯的思想中，正义的社会制度在根本上是公平地为社会中所有人尊严的实现奠定根基。

　　正义的社会制度坚持公平与效率的统一，首先保障个人享有平等的基本自由和公平的机会，但也允许社会和经济的不平等，只是强调只有符合每一个人利益（使每一个人生活状态变得更好）的不平等才是可以接受的，并且适合于最少受惠者的最大期望利益（最大限度增加处于最不利状况的人的期望），坚持依系于在机会公平平等的条件下职务和地位向所有人开放。罗尔斯强调，在所有应该得到公平分配的基本善中，自尊占中心地位，正义社会中其他一切基本善的公平分配都是为人的自尊奠定必要基础。这明确表明，在罗尔斯看来，社会公平正义的内核是为了使全体成员过上有尊严感的生活。如果社会收入和财富的分配使一部分人得到较大利益而另一部分人利益受损的社会制度是非正义的，也即功利主义原则对社会的支配有悖于公平保障人的尊严；社会中如果个人更高的经济地位不是依赖个人的努力，而是依赖出身、个人天赋或其他途径而得到的，这是非正义的，也即一切不是靠个人努力而实现的地位提升有悖于公平保障人的尊严；如果社会经济变革不能最大限度满足处于最不利地位人的期望，也即如果不能优先照顾到弱势群体的期望，也

---

① ［美］约翰·罗尔斯：《正义论》，何怀宏、何包刚、廖申白译，中国社会科学出版社1988年版，第66页。

② 同上书，第62页。

有悖于公平保障人的尊严。罗尔斯的社会公平正义观至今在思想界和各国实践中仍然受到广为关注,虽然也遭到主张自由和权利至上的诺奇克等人的批评(二人冲突发生在经济领域和利益分配领域,罗尔斯正义原则第二条,坚持差别原则,认为国家可以按照正义原则调节利益再分配,而诺奇克则主张应该建立一种弱职能国家形式,认为一切依照平等、需要、赏罚分配都属于从接受者角度按结果状态分配,给予者的权利才构成分配正义的唯一标准),但诺奇克与罗尔斯的社会正义观在平等保障个人基本权利和自由意志方面完全一致。就人的尊严以人的自由为根据和标志,权利和自由意志的保障是人的尊严重要组成部分而言,诺奇克所主张的社会正义同样属于为人的尊严奠定制度基础的范畴,所不同的只是,二人对尊严与最低限度的物质财富占有量关系的认识具有分歧,诺奇克显然忽略了这一点。

美国政治哲学家迈克尔·沃尔泽提出了一种多元化分配正义和复合平等观。沃尔泽继承了韦伯关于现代化社会标志观点,主张领域的区分构成现代社会的基本特征。社会并不存在某种统一的、行诸任何领域都有效的正义原则。每个具体领域都有其独特的、约定俗成的正义标准。如医疗保健领域是"需要",市场领域是"自由交换",中低等教育领域是"平等",高等教育是"能力",公职领域是"才德"等。沃尔泽主张国家在管理社会过程中应该维持和确保领域之间的区分,防止一个领域对另一个领域的宰制,从而破坏另一个领域中应有的分配正义,如神职和公共权力若按金钱交换就是非正义的。这种分配虽然可能导致许多实际的不平等,但是因为每个人都生活在不同领域,如果各个领域能保持独立,那么他在一些领域的劣势可能为另一些领域的优势所抵消,从而形成一种"复合平等"。在沃尔泽看来,在现代社会中,多元化的分配正义是个人过上有尊严的公众生活的基本保障,比如家庭生活应该坚持隐私和自由,只要不违法,个人在家庭里应该可以做任何事,如果社会强行干预,那就有违人的尊严。[①] 沃尔泽的多元化分配正义和复合平等观从另外一个角度论证了社会公平正义对个人尊严的保障作用。

总之,个人美德和社会制度都是维持社会秩序和实现人的尊严的基

---

① 徐贲:《通往尊严的公共生活》,新星出版社2009年版,第125—127页。

本途径，但相对于个人的各种美德，特别是具有主观性、不确定性的尊重、仁慈、同情等个人美德，公平正义的社会制度具有普遍性、平等性、可公度性、基础性、相互报偿性、包容性和外在强制性等特征。公平正义的最重要使命是有效解决人格各自独立，但拥有同样自由的个体之间如何和谐共存的问题，特别是如何和平处理相互之间的冲突，其核心要求是用法治来公平捍卫每个人的正当自由，即"具有理性的感性存在者不应该生活在自然状态，而应该生活在法治状态"[①]。正义与法治在保障个人尊严方面是一体两面的关系，法治必须以正义为价值取向，正义则必须通过法治来保障。以社会公平正义为核心价值的民主与法律制度强调公民权利的平等性，要求个人在与他人合作时不得损害他人同样的自由，同时对主体的权利能力、行为能力、各项具体法律权利及其对等义务和救济措施都进行明晰的界定，避免冲突中个人解释的随意性和主观性专断。所以，"公平正义"的社会结构和社会制度的确立，是和平理性解决人与人之间的冲突，实现从"自然状态"向"文明的法治状态"根本转变的基础。正因为公平正义具有这些基本属性，以公平正义为核心价值的法律规范才可能成为维护公民权利尊严的基础性手段，"要是没有以有效法律表现的正义，就根本不会有道德，而人类生活就会失去价值"[②]。总之，只有社会制度层面的公平正义，才能保证社会生活的良善秩序，实现社会生活的稳定与长治久安，才能平等保障任一个体的人格尊严和权利尊严，同时为每一生命个体的发展创造公平机会，承载公平正义的社会制度是构筑社会秩序和捍卫个人尊严的根基。

（二）社会制度的公平正义对个人尊严保障作用的实践证明

虽然公平正义一直是人类社会追求的目标，但奴隶社会和封建社会的社会制度维护统治阶级的特权，缺乏近代以来所倡导的以人的普遍尊严为价值取向的"公平正义"精神。在奴隶社会和封建社会中，广大普通劳动人民对权力阶层只有服从统治的命运，因而最多只具有比较弱意义上的心灵自由和道德尊严，谈不上现代意义上的平等人格尊严和权利

---

① [美]博格：《康德、罗尔斯与全球正义》，刘莘等译，上海译文出版社2010年版，第42页。

② 同上书，第39页。

尊严。自近代以来，以人的尊严为终极价值的社会公平正义逐渐成为人类普遍追求的理念和制度原则，但由于各种主客观原因，如人们对公平正义本质理解的差异性，马克思曾指出："希腊人和罗马人的公平观认为奴隶制度是公平的；1789年资产者阶级的公平观则要求废除被宣布为不公平的封建制度……所以，关于永恒公平的观念不仅是因时因地而变，甚至也因人而异。"① 由于社会资源稀缺性导致人类社会在根本上难以摆脱竞争、两极分化和弱肉强食的生存状态，在漫长人类社会历史中，特别是在阶级社会，正义的标准往往由强者来制定。从而使我们看到，即使最早迈进现代化的欧美发达国家也曾经有或依然存在许多不公平、不正义的社会制度，对个人尊严的危害甚至践踏的现象。如没有人能否认，以美国为代表的发达国家过去多年所实行的种族歧视制度是造成绝大多数黑人的悲惨的、丧失尊严的生活的制度根源。美国绝大部分黑人在20世纪50年代以前曾被否定了选举权，一般只能从事最笨重和最受轻视的体力劳动，平均工资却只有白人的1/3到1/2。种族隔离政策使许多州黑人不能同白人同校读书，甚至不能同桌吃饭，不能同乘公共汽车或者火车旅行。黑人曾几百年遭到美国各级政府、三K党和其他种族主义者任意的逮捕、拷打和残杀。随着黑人权利意识的觉醒与对种族歧视的反抗，美国社会各界逐渐通过各种途径从制度上消除种族歧视的根源，虽直到今日还没有完全彻底消除过去几百年歧视制度所带来的深远影响，但目前种族歧视制度在法律层面基本废除，美国黑人的人格、权利尊严的捍卫和个人禀赋潜能的发展、生活水平的提高都得到明显的改善。这充分证明了社会制度的公平正义对个人尊严的保障作用。当然不可否认，在美国和其他欧洲国家，种族歧视的制度性因子没能完全彻底清除，并且在社会习俗和社会心理中依然具有显著的影响，如美国社会两极分化导致家庭收入不同的孩子只能接受不同水平的教育，许多非裔家庭子女没有办法进入私立学校就读，只能进免费的公立学校。这说明，推进社会制度的公平正义和加强个人尊严的保障永远在路上。

我国历史和现实中每一次对社会公平正义的重大推进都为社会民众尊严的实现提供了保障。比如奴隶社会和封建社会统治者每一次主动废

---

① 《马克思恩格斯全集》第18卷，人民出版社1964年版，第310页。

除和限制特权，采取论功行赏、选贤任能的改革措施都为出身各自不同的大众，尤其是出身贫寒的子弟提供了公平竞争，建功立业，实现个人抱负和过上有尊严生活的机会。中华人民共和国成立之后，我们党和政府所做的一切改革努力都与推进社会的公平正义有关，特别是经济领域确立市场经济体制，政治领域推进依法治国两大根本方略，以及与之配套的一系列具体改革措施，如为保证教育公平所做的努力，为保证人才市场公平竞争所做的努力，为保证产权和收入分配正义所做的努力等，这些措施为全体社会民众确立了一个公平竞争的社会秩序和正义的制度环境，在实践中已经取得卓越成效。在当今中国，个人只要愿意努力，除非不可抗力的自然障碍，行行出状元，绝大多数人能实现自己的潜能与价值，并过上有尊严的生活。

在思想界和普通常识领域，总是有人试图通过种种论证来否认社会制度的公平正义与个人生活状态之间的密切联系，把个人贫穷和丧失尊严的悲惨生活归因于个人的懒惰或愚蠢，从而心安理得地忽视，甚至维持和捍卫现实中不公平和不正义的社会制度。"懒惰、愚蠢"导致贫穷的观点，过度夸大了人的主观能动性的作用而忽略了社会环境，特别是社会制度对个人的决定性影响。我们可以说，在同样外部条件下，某人格外贫穷，可能与懒惰有关；但在某些时代和某些地区，如果人们普遍"贫穷"，那就一定和外部环境，特别是与社会制度的非公平正义有关。众所周知，欧洲漫长中世纪中自然科技成就无法与近代欧洲比肩，思想领域成果也无法与古代希腊罗马相提并论。这种情况纵然有生产力发展和积累的原因，但更有社会制度方面的原因，我们若指责这1000年来的欧洲人相对前人和后人普遍更愚昧和懒惰，显然是难以成立的。另外，古今中外，出身贫苦家庭的人最终事业成功比例在大概率上比出身高贵者要低很多，女性在政治、科研等领域成功的比例在大概率上也比男性要低很多。但我们却不能将这些情况归因于穷人和女人的懒惰和愚昧。当今由于制度性原因导致教育优势资源向高收入群体和发达地区倾斜，市场竞争中的特权优先，人才选拔中的任人唯亲和唯金，产权转让中的巧取豪夺，社会保障中的区别对待等。这些制度性根源可能导致一些人不劳而获或者付出很少却收获过当；而另一些人付出同样，甚至比别人更大的努力，做出更大贡献，却难以从社会获得同样的回报，难以发挥自身的潜能和创造自身的价值。关于这些方面的实例我们日常生活中都随处可见。只有深刻认识到社会制度与个人发展之间的密切联系和决定性作用，才能不断推进社会制度走向公平与正义，以为全体民众的生存和发展奠定必要的制度基础。当今时代，任何国家和社会，社会制度逐渐走向公平正义的过程也是普通民众，特别是贫苦阶层逐渐过上有尊严生活的过程。

第三节　社会和谐对个人尊严的促进作用

社会诚信友爱与充满活力对个人尊严实现具有极大的促进作用。所谓社会诚信友爱，简而言之，意指社会中绝大多数行为主体能对他者持有一种朋友式的自然情感与态度，能自觉践行诚信友爱的德性规范，在全社会范围内形成以真诚、守信诺、友善和相互帮助的态度对待彼此的良好风尚。"充满活力"是对社会良性发展状态的一种更精准的定性描述，主要意指全体社会成员主动性和积极性得到充分调动，各尽所能，各展宏图，社会各行各业生机勃勃。社会诚信友爱与充满活力是社会和谐的两大基本方面，同时也是个人尊严得以促进的社会基础，本节将集中分别论证二者对个人尊严的促进作用。

一　社会诚信友爱对个人尊严的促进作用

（一）社会诚信友爱对人的尊严的促进作用理论分析

诚信彰显和提升人的尊严。对人的尊严问题做出卓越思考的德国古典哲学家康德对诚信极为重视并对之持有十分严苛的道德观点。康德指出，人作为理性存在者能够凭摆脱一切感性欲望的束缚，仅凭纯粹实践理性自我立法和自我守法，这是人与自然其他万物区分开来并具有尊严的根据；在任何情况下都不得撒谎，即保持诚信，这是道德法则的具体体现和对他人的完全义务。康德提出，任何出自好处和后果的考虑的守信行为都无关道德，比如一个精明的商人为了自己的信誉和长期利益，坚持童叟无欺，这只是行为合乎诚信，而不是动机出自诚信，因而不具备道德价值，也不能彰显人的尊严。根据康德，在面临利益诱惑或危险时，如欺诈一个智力低下且绝无申诉可能性的顾客，私吞一笔已故朋友委托管理且无任何他者知晓的财产，若不诬告朋友则本人可能遭受邪恶势力足以倾家荡产的报复性打击等。在此类重大世俗利益和道德原则不可调和的冲突中，人若最终舍弃前者而选择后者，这种不考虑任何现实的好处，出自纯粹理性为了诚信（道德法则）而诚信（道德法则）的情况，最终用理性战胜感性欲望而选择道义的过程，才是人作为道德存在者尊严的彰显和提升。

　　孔子在《论语·为政》指出："人而无信，不知其可也。"如果一个人不诚信，他的道德原则就会随需要和情绪而改变；如果人人习惯为了当下利益和情绪而撒谎或失信，那么人将事实上丧失原则和理性而被利益和情绪所主宰，人将失去反映模式的稳定性，行为无法被人了解和预测，人和人将不可能正常共事，社会也将无法维系基本的交往和交易的秩序。因而诚实守信是人之为人的根本，也是维系人与人正常交往与合作的基本公德。正因为如此，伦理学中的道义论和功利主义都特别重视人的诚信美德；常识中很多人将诚信视为人的道德底线和判断一个人是否值得合作的根据；社会各界，特别是商界也将诚信视为最高原则，并总是赋予坚守诚信的个人或组织更多的尊重、赞誉和机会。一个在任何处境中都能坚守诚信原则的人不仅更容易获得外界的敬重，而且也更容易产生自豪感，这是个人自尊感形成的基础。艾琳·卡瑟曾对诚信与个人尊严感的关系作了说明：诚实是力量的一种象征，它显示着一个人的高度自重和内心的安全感与尊严感。不仅如此，诚信还是个人德性之源，如德莱塞所说，诚实是人生的命脉，是一切价值的根基。虽然不排除存在诚信却也诉诸暴力恶人的可能性，但若真能坚守诚信，就算是恶棍，毕竟终归愿意受某种理性原则的约束，且其行为的危害性也可以预测和防范，所以只要一个人真正守诚信，他都不可能沦为十足的恶魔。与此相反，康德指出，说谎之父，一切恶都借它来到世上。习惯撒谎的人一般也会随之丧失道德的敏感性、良知，从而自暴自弃、自甘堕落，因而如西塞罗所说，没有诚信，何来尊严？一个经常撒谎的人不仅被他人鄙视，还会被自己所鄙视。所以海涅说，生命不可能从谎言中开出灿烂的鲜花。我国学者焦国成指出："具有诚信人格的人，就会赢得人们的普遍信赖。自尊者人尊之，自敬者人敬之，自信者人信之，这是人际交往的必然规律。"①

诚信不仅彰显自身尊严,还代表对他人尊严的自觉捍卫。人作为目的自身具有至高的尊严,信守承诺在根本上是把第三方认可并尊重为和自己一样具有自由意志、独立利益、正常理智、言行一致的权利主体。在任何情况下,无论出自何种目的,社会主体对任何他者,特别是对处于弱势的对方,如信息不对称的产品消费和服务对象,自主和维权意识尚未充分苏醒的被监护、被管理的对象等,都能坚守诚信原则,这是对他人的尊严的自觉维护;反之违背诚信原则,比如明知无能力还钱却许下虚假承诺按期偿还,这种行为在根本上是将他人当作谋取个人私利的手段而非目的自身;又如利用煽情、洗脑、掩饰、回避、制造假象等多种手段坑蒙拐骗获取自己的利益,这种行为是将他人当作傻瓜来愚弄。这些都是对他人的人格尊严和权利尊严的践踏。而据经验观察,很多人能轻易宽容自己其他诸多疏忽和失误,但往往无法消化被人当傻瓜愚弄所带来的痛苦,如这两年连续有青年大学生被他人诈骗几千元而被活活气死的报道就说明了这一点。值得指出的是,社会诚信意指各类社会主体之间彼此都能坚守诚信,不限于个人,还包括政府、企事业组织以及其他社会团体等。基于实力对比的不对称,作为组织而存在的社会主体,比如各级政府部门、企事业等,对个人坚守诚信对维护公民作为个人的尊严具有更基础性的意义。

友爱可以指一种自然情感,属于爱的一种,特指人与人之间在相互理解、相互欣赏、相互帮助的基础上形成的一种相互愉悦、相互眷念的关系与倾向。友爱不同于亲人之爱和恋人之爱之处在于友爱更为强调彼此之间的独立性、距离感与平等性,也即更加注重相互之间人格的独立,与尊重态度之间存在相互包含和相互导向的关系。首先,任何一种爱作为一种情感,其本质是把自己投射到对方,在对方身上发现自己的内在方面,因而爱他人也是爱自己的一个表现,也即爱自己的内在方面。这样,爱一个人就意味着把他人视为与自己一样的平等主体,是对他人尊重的具体表现。其次,爱以对他人的同情为基础。同情分为三种:第一种同情是对别人痛苦的同情,也就是通常所说的怜悯,怜悯心使人避免

---

① 焦国成:《关于诚信的伦理学思考》,《中国人民大学学报》2002年第5期。

增加别人的痛苦，不至于主动伤害他人，这是消极尊重他人的前提；第二种同情是对别人快乐的同情，引导人尽量成全和帮助他人，这是积极尊重他人的表现；第三种同情是由斯宾塞在《社会静力学》一书中提出，即对他人平等权利的同情，这种同情具有一种平等的意识，即把别人当作和自己一样的人来对待，内在包含了一种对他人人格的尊重。从对爱的内涵和基础的分析可知，爱内涵着尊重。常识中，一个人如果真爱另一个人，一般会自动在态度和情感中尊重这个人，即爱导向尊重。

友爱还可以作为社会美德，用以规范朋友式的关系，可泛用于全人类所有人，其最高境界类似于基督教的博爱精神，友爱的基本要求是应该超越国家、民族、财富、身份、地位、年龄、性别、相貌、学历、与本人亲密度等所有偶然因素的限制，对同类（他者）在态度和行动中保持尊重和对处于困难中的人给予力所能及的帮助。所谓在态度中尊重他者为人，要求无论对方是富有还是贫穷，无论是处于顺境还是逆境中，无论其见解是深刻还是幼稚，无论是心智正常，还是丧失理性，无论是清白还是犯罪，也即任何事态和境遇中，都要保证任何他者在自己的礼节和态度中能得到作为人本身应有的尊重。行为主体无论自身处于何种身份、地位，在表情、语气、腔调、动作中对第三方人格不得有侮辱和蔑视等伤害性表现，而是始终能够保持彬彬有礼、温和克制。礼貌与尊重是社会平等维护个人人格尊严的基本要求与表现，属于对人的一种消极的尊重，即把任何他者都视为一个有自尊、能感受、渴望得到平等友好对待的独立人格。如果社会中每一个人都能抛开诸如身份、地位等所有外在偶然性因素的考量，而坚持以友爱的态度对待任何人，那么全社会将形成友善和平等尊重人的风尚与氛围，民众的尊严感将能得到普遍的提升。爱不仅包含着态度中的尊重，还包含着个性的相互包容，后者也是相互尊重的内核。社会友爱要求全社会各类主体，包括个人，组织和政府都应该对生活于其中的所有成员给予充分的宽容，特别是对那些标新立异却并不危害他人和社会的个体自主性给予必要的尊重，从而促进个性和追求与众不同的个人尊严的实现。友爱作为一种基本美德，还要求对处于困难中的人进行积极帮助，即行善。中国儒家文化中所强调的仁爱之心和西方文化所强调的人道精神都包含着关心和帮助他人的内涵。行善分为对特定对象和不特定对象的行善。但无论哪一种行善，都意味着对他者独特的意愿和需求的尊重和成全，体现了对他者人格中的人性的促进，属于对人的一种积极尊重，发挥着对人的尊严的促进作用。

值得指出的是，社会诚信友爱一般用于描述或规范人作为个体之间的相互关系，但事实上诚信友爱也用于描绘和规范政府机构、社会组织对待彼此以及对待公民的态度和行为，只有政府机构、社会组织、个人都具有诚信友爱的美德和行为习惯时，才有整个社会的诚信友爱。其中，政府诚信是社会诚信的基石和灵魂，对保障和促进个人尊严具有特别重要的意义。所谓政府诚信指政府必须履行其对公众承诺的责任，具体包括：路线、方针、政策、制度与具体措施的制定要科学合理、稳定连续；行政行为要公开、公平、公正；政府部门要依法行政，按约办事、信守承诺；政府工作要为社会提供诚信环境等。政府诚信对维持市场经济秩序和社会公共秩序，实现社会治理都具有重要作用，是现代民主社会中责任政府的重要标志。政府坚守诚信是社会管理者尊重全体公民自主性和人格的具体体现，这是社会民众生活于一个有尊严的政治生态的前提。除了政府诚信，社会组织中的企业诚信也对个人作为消费者的权利尊严具有保障和促进的意义。本书第五章将对进一步阐述政府诚信与企业诚信机制建设问题。

（二）社会诚信友爱对个人尊严促进作用的实践证明

社会诚信友爱对个人尊严的实现能发挥极大的促进作用，我们可以从人类社会生活中正反两方面的事例阐明这一观点。政府诚信对整个社会诚信都具有示范和推进效应。我国历史上商鞅变法高度重视政府的诚信，立木取信，论功行赏，依法办事，不仅取得了百姓的信任，树立了政府的威信，极大推进了秦的富强，而且还给很多外邦人士和出身低微的人提供了施展自身才华，向社会上层流动，实现个人报偿性尊严的机会。改革开放以来，党中央先后确立实事求是的思想路线，提出依法治国方略，推进政务公开、公正、透明，不断加强政府的诚信建设。如20世纪70年代末和80年代初，为了解决人民公社时期土地制度公有但效率极低，以致中国数亿人口吃饭成为问题，我国在农村实行家庭联产承包责任制，规定了农村土地所有权归集体所有，土地的经营权由集体经济组织分包给农户。1982年宪法规定"农村和城市郊区的土地，除由法律规定属于国家所有的以外，属于集体所有；宅基地和自留地、自留山，也属于集体所有"。尽管家庭联产承包责任制在具体落实中也出现过各种各样的问题,但基本方针保持稳定。在我国向城镇化迈进的过中,牵涉到国家建设征地、企业土地流转等多项具体事务中,涉及农村土地所有权和经营权,各级政府基本上都能遵守关于家庭联产承包责任制的法律与契约,尊重何保障农民的合法权益与自主性。进入新时代以来,在工业化、城镇化、信息化大发展的背景之下,为了更好解决现代农业需要的资源配置问题和农业生产的效率问题,从而推进农业规模化、专业化、集约化并最终走向现代化,并以此为基础进一步提高农民收入,我国当下对家庭联产承包责任制实行了时代升级,正在全国推进的三权分置(土地所有权、承包权和经营权),但这一重大制度创新依然坚持保留了农村土地集体所有这一底线和根本地位,依然坚持严格保护农民承包权和尊重农民意愿,依然坚持以让农民生活更加美好这一基本价值取向。政府诚信还表现于很多方面,比如通过各种途径防范和打击各级政府的弄虚作假、蒙骗糊弄百姓的行为,保证兑现政府对改革中利益受损群体和弱势群体的扶助承诺等。政府坚守诚信的行为,有些措施直接保障了民众的合法权益,有些措施直接为困难民众提供了基本的物质生活资料,有些措施直接为民众提供了良好的生活环境,有些措施直接为民众提供了公平竞争的机会。总之,政府诚信充分体现了政府对民众人格与权利的尊重,相对于愚弄、蒙骗民众的政府行为,政府的诚信大大提升了民众的尊严。

与之相反,政府失信行为不仅大大降低了公众对未来预期的稳定性,影响公众个人生活的决策和间接利益,还可能事实上侵犯公民的合法权益,并最终危及广大民众的尊严。我国 20 世纪 50 年代"大跃进"时期兴起的浮夸风就是经典的案例。当时粮食亩产过万斤的浮夸风把许多老百姓推向饥饿的深渊,被迫在垃圾堆中找食物和吃下不是食物的东西,饿死和消化不良而死的人不在少数。当今尽管我国政府总体诚信意识和诚信度逐渐提高,但在某些地方政府,尤其是某些基层政府中还存在政策缺乏稳定性,朝令夕改,行政决策不够科学民主,随意决策和随意变动,为局部利益和短期利益不遵守合约和不依法办事,为掩盖错误和彰显政绩弄虚作假等直接侵犯公民合法权益和尊严的失信行为。目前不少百姓抗议政府的群体性事件,往往要么是由政府直接失信,严重侵犯民众的合法权益造成，要么是政府多次漠视民众的利益，长期失信导致公信力下降，百姓积累不满遇到导火索点燃。政府失信行为的产生有诸多主客观原因，但在根本上是思想认识中不把人民群众当作主人，对普通百姓的合法权益与尊严的忽视所造成的结果。

社会诚信也包括企业诚信和个人诚信。企业坚持诚信原则，生产或销售如其广告中宣传的优质、环保、健康的产品或提供安全、有效、高品质的社会服务，当产品使用过程中若出故障，明确责任后，自觉履行最初承诺的退换或维修义务来处理。企业对消费者守信的行为是对消费者人格和权利的尊重的体现。但当今我国各行各业假冒伪劣产品不在少数，还有无孔不入、防不胜防的坑蒙拐骗行为。除了时有发生的经济诈骗案例，如冒充家人、朋友，通过QQ、电话、银行自动取款机等各种手段诈骗公民个人的财产，还有一些人利用各种社交网络来骗取他人的感情，比如有婚约在身的男女冒充未婚骗取未婚男女的感情等。人们愿意随心所欲花掉自己万贯家产，但没有人希望自己被诈骗，哪怕仅损失一元钱，也极可能让人陷入愤怒，这是因为没有人愿意被他人当作傻瓜来愚弄，被骗总让人体验到被侮辱，尊严被践踏。社会中各类欺诈行为不仅直接践踏受骗方的人格和权利尊严，还加大了民众鉴别和防范成本，使民众生活在一种时刻担忧可能被骗的心理恐惧和不安之中，也在间接意义上降低人的尊严感。而如果诚信能成为社会主流价值观和行为习性，那么个人的尊严感将得到普遍的保障和提升。

社会友爱对人的尊严的促进事例随处可见。朋友之间、陌生人之间的相互尊重、相互包容体现出当事人对彼此人格的平等尊重，人与人之间的相互帮助还能让一些身处困境的人得到作为人而成活的基本物质生活资料。比如当今社会中，社会慈善事业帮助很多贫困者治疗疾病，完成学业，使重病患者得到人道主义关怀而非像一个动物一样默然死去，使处于绝对贫困家庭中的子弟能够顺利接受高等教育并为实现个人价值与尊严找到一个更宽广的平台。据统计，我国当前各高校，特别是名校的助学金很大一部分来自社会捐赠。这些由友爱精神激发的慈善行为能大大提高受助者改善生活质量和提升生活尊严度的机会。在行善过程中，还能促使提供帮助的一方的自豪感和刺激接受帮助的一方的感恩之心和回报社会意识，从而促进当事双方人性和道德尊严的提升。

我国北京化工大学毕业的许涛2012年通过微博募捐到57万元善款拯救患白血病的父亲，2015年又如当日之约加息还款的事迹充分展现了社会诚信友爱对个人尊严的促进作用。许涛的父亲虽贫困然生重病期间得到了正常的治疗，这来自社会友爱。社会大众对许涛父亲的无私援助既保障了许涛父亲作为人本身的尊严，同时也彰显捐赠者的仁爱精神和提高本人的自豪感和尊严感。许涛作为一个刚毕业的大学生，实现个人的经济独立尚且十分难得，然而依然克服重大困难，在捐款者不抱期望和几乎已经遗忘情况下却按约定还款，这充分体现了许涛的个人诚信美德。许涛的行为既践行了自己的道德原则，同时也赢得了社会大众的广泛赞誉，这必然提升许涛本人的自豪感和尊严感。无论是社会大众的友爱精神，还是许涛个人诚信美德，都极具感染和激励其他人仿效的功能，因而整个事件作为经典案例，最终必将间接提升受此事件促动的相关社会人士的尊严。

二 社会充满活力对个人尊严的促进作用

充满活力是社会主义社会和谐的基本特征，这是社会主义社会和谐与专制高压下的社会稳定的本质区别。社会充满活力以促进社会健康发展与全体社会成员尊严的实现为价值取向和根本判断标准，对广大普通民众尊严的实现发挥着重要的促进作用。

（一）社会充满活力对个人尊严促进作用的理论分析

如第一章所指出，有尊严的生活表现在个人享有能够维持作为人的生活水平的基本物质文化生活资料，同时也表现在个人的自主性、才能和价值得以充分实现。社会充满活力意指最大限度上激发和调动全体社会成员和社会力量的积极性和创造性，使其在开放的竞争环境中，各尽所能，各得其所，最终使社会呈现生产力持续发展、各项事业欣欣向荣，蓬勃发展的状态。社会充满活力是全社会公平竞争，充分尊重个性、尊重劳动、尊重创造的必然结果。社会充满活力与广大社会民众尊严的实现存在相辅相成的关系。在一个充满活力的社会中，社会全体成员享有在不危害社会、他人的情况下通过自己的努力追求幸福生活的自由、权利和可能性，人们相互之间尊重彼此的基本权利、个性。因而社会充满活力必然意味着社会财富的涌流与公平分配，意味着个性的解放、人的自由、全面发展，意味着个人自主性和价值能够充分实现。这些因素是个人获得报偿性尊严的基础。相反，如果社会陷入停滞、僵化、萧条和衰退之中，个人，特别是出身贫寒的部分民众实现个人抱负的机会必将会大大降低，还将可能出现大量平民失业、流离失所、生活水准急剧下降的状况。这些都将严重危及广大民众尊严的实现。所以社会充满活力是广大民众过上有尊严生活的必要条件。同时，只有全体社会成员尊严得到充分实现，即社会成员个性得到充分尊重，个人的主动性和潜能充分调动起来，社会各项事业才能蓬勃发展，社会才能充满活力，也即广大民众尊严的实现是社会充满活力的充分条件。

我们知道，尽管人都具有作为人本身的共性，但每个人又都是独特的个体，具有仅属于自身的需要、感受、个性、潜能、兴趣、生活理想、习性、价值观等，这些构成个人本真的自我。而每个人只有从本真的自我出发，才能充分地实现自我，也才能最大限度地调动自身的积极性和发挥自身独有的创造性，对社会做出属于自己的贡献。个人的充分发展离不开社会和他人的帮助，但外界对个人所必须给予的扶助不应该是为个人发展提供某个统一标准，制定一个框架、计划，而应是尽其所能为个人的成长和潜能的展现提供条件、机会和土壤。对于这一观点，心理学、哲学、教育学都有一些思想家进行了充分的肯定。心理学家卡伦·荷妮曾对外界环境和人的潜能的关系做出这样的说明："你无需——事实上也不能教会一粒橡籽长成橡树，但是如果给橡籽一个机会，它内在的潜能就会长成一棵橡树。同样，只要给予人类个体一个机会，他就能发挥出特殊的人类潜能来。"① 充满活力的社会将把尊重个人的个性、兴趣、先天禀赋作为社会各行各业，特别是教育的立足点和原则，整个社会将致力于为个人挖掘自身的潜能和实现自我价值提供必要的支撑体系、活动舞台和充足的机会。在充满活力的社会中，个人只要行动上投入真切的努力，其独有的天分、潜能、积极性、创造性就可以得到充分发挥，其价值就可以得到充分实现。与此相伴随，个人就可以在各行各业做出属于自己的一番事业，在服务他人和社会的同时，也可以得到与

---

① [美]卡伦·荷妮：《神经症与人的成长》，陈收等译，国际文化出版公司2001年版，第1页。

其贡献相对应的报偿性尊严,包括使自己过上有尊严生活的物质报酬和来自我和他人、社会的肯定和尊重。因而社会充满活力必将能够促进与提升个人尊严。

很多有识之士都能意识到社会充满活力对一个国家的长期发展与对广大普通民众实现自身价值与尊严的重要意义,开明政府也总是试图激发和维持社会的活力。然而根据马克思的唯物史观,人类社会的发展存在不以人的主观意志为转移的客观规律,各种因素相互作用的历史合力是社会发展的终极原因。现实中多种复杂的原因和力量,比如国家政权专制腐败或社会基本制度非公平正义,社会极端贫穷落后,民众蒙昧无知、思想僵化、个性懦弱,既得利益者对自己身份地位的巩固,国内难以调和的错综复杂矛盾和无法解决的社会难题,社会失序,政府某一重大决策的失误和突破乏力,经济发展周期的低谷阶段、其他国家的制裁或影响等因素都可能使社会失去活力,长期陷入萧条、停滞之中。因而社会充满活力虽然是广大普通民众实现个人尊严必要的外部条件,但社会充满活力并非一蹴而就,而是需要很多条件造就,包括物质、文化、思想、政治制度等各方面条件。其中,社会制度的公平正义对社会活力的激发具有奠基性作用,因而从根本上说,激发社会活力,促进个人尊严的实现有赖于社会制度的公平正义性。

(二) 社会充满活力对个人尊严促进作用的实践证明

我国自1978年以来近40年由政府主导的改革开放实践,就是党和国家尽其所能创造更好社会条件以调动社会各界人物的积极性和创造性的过程。我党确立解放思想、实事求是的思想路线和三个有利于标准,通过改革开放,借鉴和吸收人类历史上一切优秀文明成果;通过政策和资金等各种扶持,大力推动社会各项事业的发展,为民众创造更多的就业机会和竞争舞台;通过制定和完善各项公平正义的社会制度,特别是确立市场经济体制和依法治国方略,来保障普通民众能够公平参与社会竞争和获得发展。经过举国上下不到40年的努力,我国各行各业获得飞速发展。与此同时,无数实例证明,当今中国社会中基本实现行行出状元,只要具有某种先天禀赋或后天努力学到某种技能,绝大多数人能找到自己的用武之地并实现自己人生的价值。因而相比中国过去的任何时代,社会民众的积极性和创造性在这几十年中得到了空前的激发,社会各行各业也不断涌现出杰出人才，人们获得报偿性尊严的可能性、人们生活的尊严度和内心的尊严感都获得普遍和大幅度的提升。

与之相反，在一个缺乏活力的社会，比如中世纪的欧洲，神的权威高于一切，教会是社会规范的最终制定者和执行者，传统基督教教义注重灵魂在死后得救，轻视个人的肉体欲望和世俗利益，个人思想遭受到神学的禁锢，严重压抑了人的创造激情。另外，中世纪的欧洲由于缺乏强有力的政权权威，导致军阀割据和战争不断，这一状况进一步使自然科技和生产力的发展受到影响，恶化了人的生存处境和发展空间。如课题组在论述社会公平正义对人的尊严保障作用时指出，显然，我们不能说整个中世纪欧洲人的智力水平比古希腊和罗马人或现代人都差，但不可否认的是，在漫长的中世纪中，由于社会和思想的僵化和秩序的混乱，欧洲的经济、政治、文化等发展都非常缓慢，除了神学的辉煌和商业、医学、建筑、政治、法律等具有一定程度的发展，其他领域和学科很少有重大建树。由于神职人员岗位的数目、职责、功能都非常有限，普通个人也很少有其他机会展现自身的创造性和实现自身的价值。因而在整个中世纪，人们获得报偿性尊严的可能性普遍很小。总之，在中世纪欧洲，人因原罪在上帝面前丧失了自由意志和自我救赎的可能性，人的尊严匍匐在神的权威之下。除了中世纪的欧洲，历史上还有很多类似事例。在当今任何一个缺乏活力的国家、地区、行业和实体，比如专制传统很深或特权横行的国家，垄断或发展停滞的行业和单位，由于缺乏公平竞争的机制和环境，缺乏个人展现自身才华的舞台和机会，个人难以找到有效渠道实现自身的价值和获得报偿性尊严。因而我们说，社会充满活力是个人尊严提升的必要外部条件。

小 结

任何正常的人都欲求尊严，但个人的尊严的实现需要一系列主客观条件。由本章以上三节的分析我们可以得出：社会和谐是实现人的尊严必要的前提与外部条件，因而要想满足人们日益增长的尊严需求，必须大力推进社会和谐的建构。由第二章和第三章的分析我们可以得出：个人尊严与社会和谐在本质上是相互促进、相辅相成的关系，人的尊严诉求及其满足构成社会趋向和谐的动力，社会和谐为人的尊严实现提供必要的外部条件,因而我们在实践中应该以二者的辩证统一为思路来指导我们的工作,并谋求二者的共同进步。以下第四章和第五章将基于二者的互动作用分别阐述实现社会和谐和个人尊严的基本路径。

第四章

以人的尊严为立足点社会和谐的构建路径

促进社会主义社会不断趋向和谐是我们共同的奋斗目标。如第二章所指出，当下中国民众普遍欲求尊严，人的尊严诉求及其实现情况对社会和谐具有重要影响，因而我们应该着力思考和探索以人的尊严为立足点构建社会和谐的基本路径。在此，"实现人的尊严"是基本路径，"社会和谐"是目的。就人的尊严实现而言，需要社会和个人的共同努力，但本章所关注的是如何充分尊重和发挥个人的主体性，即侧重从个人的角度，探讨通过实现人的尊严来促进社会和谐的基本路径。因为人对尊严的感知、评价、诉求和捍卫尊严的方式无不受其尊严观的影响和决定，所以社会主流尊严观的合理性是构建社会和谐的思想基础，本章第一节将从当下社会流行的几种错误尊严观出发，探讨以加强全社会范围内合理尊严观的建设为基础来构建社会和谐的基本途径。第二节侧重探讨如何通过人的尊严的正当维护，即自我尊重和相互尊重来促进社会和谐。

第一节 加强合理尊严观建设以夯实社会和谐的思想基础

任何具有正常心智的人都必然欲求尊严，但欲求尊严却并不必然会引发社会冲突。这是因为人有意识的行为无不在一定的观念指导下进行，人最终采取何种方式来捍卫自身的尊严受本人的尊严观所指引。尊严观是个人对尊严的认识或尊严在个体意识中的呈现。为何要尊重人，即人的尊严根据是什么？尊重人的什么方面，即人的尊严的标志与载体是什么？如何尊重人，即人的尊严得到满足或遭受侵犯的标准又是什么？应该如何捍卫与促进人的尊严？对这些问题的回答构成个人尊严观的主要内容。不同个体的尊严观千差万别。正如人的价值观总是指导着人的价值评价和价值追求一样，人的尊严观也指导着个人的尊严感知、评价和尊严诉求，决定着个人捍卫自身尊严的方式。当人的尊严观出现偏差时，个人可能采取非正当的途径来捍卫自身的尊严，并极有可能由此诱发社会冲突，因而在人们普遍欲求尊严的情况下，构建社会和谐的一个重要前提是在全社会范围内培育合理的尊严观。

一 合理尊严观的培育是夯实社会和谐的思想基础

尊严观在本质上是人对人本身的价值的一种认识、肯定与评价。人的价值具有多种表现形式，但大致可以分为内在价值与外在价值两大类。内在价值又可以被分为人作为人本身就固有的、平等的、至高的价值和依后天努力实现的、具有差异性和报偿性的道德、才能等价值。人的外在价值总是通过人拥有的外在物质性载体体现，比如财富占有量、社会地位和权势等。人的价值表现形式的多样性决定了人的尊严观的多样性。

当人的尊严被理解为人内在的、固有的、平等的、最高的价值时，每个人内心中将自动获得作为人本身的尊严感，并能在实践中自觉去捍卫那些维护人本身价值的公平正义的社会制度，自觉平等尊重每一人格。当人的尊严被理解为人内在的，但依赖后天努力才能实现和获得认可和报偿的道德、才能时，人就会竭尽全力去挖掘和展现自身的道德、才能。当人的尊严被理解为人所具有的一种外在的、等级性价值，如财富与权势时，尊严就将衍生为社会地位或荣誉的象征，人们会在与他人的比较中对自身尊严现状形成过高或过低的不恰当评价，在比自己弱者面前傲慢，在比自己强者面前自卑，内心经常处于一种不平衡和不宁静的状态之中，并千方百计去和他人竞争财富与权势这类尊严资源，永无满足和终止之时。当人的尊严被理解为人与他人共处的相对自由，即不得损害他人同样自由的自由时，人就会在捍卫自身正当自由的同时也尊重他人的正当自由；而当人的尊严被理解为人的绝对自由时，人就具有走向极端自我，乃至践踏他人的权利尊严的心理趋势。当人的尊严仅被理解为人相对于自然界的一种道德优越感和有限超越能力时，人就会在自然界面前保持敬畏之心，并主动维护人与自然的和谐；而当人的尊严被理解为人对自然的一种绝对优越感、掌控能力和改造能力时，人就会对自然界无所顾忌地开发和肆意改造，从而人为地破坏人与自然的和谐。由这些分析可推出，合理的尊严观能够引导人理性满足自己的尊严需求，从而促使社会走向健康与和谐，错误的尊严观则诱导人对尊严资源展开非理性的争夺，并可能导致社会溃败或激发种种社会矛盾与冲突。一个社会能否和谐、良性发展在此意义上取决于社会绝大多数人所信奉的尊严观是否正确与合理，因而社会主流尊严观的合理性是夯实社会和谐的思想基础。

如第一章所指出，尊严观有平等尊严观和等级尊严观两种基本范式，但在实践中，平等尊严观主要作为一种"应然的理念"而存在，等级尊严观则一般作为"事实"而存在。也就是说，在实践中人们更容易受到等级尊严观的影响，并且由于尊严资源的稀缺性，社会的层次性以及人们在比较中确立自己的价值和幸福的先天禀赋，人们对自身尊严现状的过低评价是一种相当普遍的现象。著名心理学家阿德勒曾认为，许多人终其一生就是在谋求实现对自卑的超越。在等级尊严观的激励下，傲慢者总会千方百计维持自己的优越地位，自卑者更是百计千方试图拔高自己的地位。而人生而具有一种自我服务、自我满足的倾向，对此具有深刻认识的霍布斯曾指出"在自然状态下人对人的关系就像狼对人一样"，也可以说人性中有一种忽略，甚至剥夺和践踏他人合法权益的禀赋。同时，人由于知识的欠缺和目光的短视，在大自然面前也很难保持应有的理性与谦卑。如果缺乏实现个人尊严的正当途径，一些人就可能采取种种非理性的极端手段，包括践踏他人的合法权利或向大自然无节制地索取等方式来争夺人的尊严的物质载体和资源。可以说，人们生活中处处充满蔑视，甚至践踏他人的合法权利、破坏人与人和谐，乃至人与自然和谐的诱惑与动机，在特定际遇下尊严的诉求可能成为某些社会冲突的主观心理原因，合理的尊严观是构建和谐社会的思想基础。但全社会不会自动生成科学的主流尊严观，这需要社会通过特定的途径和机制进行有意识地培育，而培育合理尊严观的前提是对流行的错误尊严观准确把握和有效清理。

二 中国流行的几种错误尊严观①

当前中国社会中流行着种种有失偏颇的尊严观,诱发人的诸多恶性竞争与对抗行为,从各个角度冲击和破坏着人与自然的和谐,人与人的和谐,人内心的和谐。其中比较有代表性的有以下三种尊严观。

(一) 财富和权势至上尊严观

当今中国流行的尊严观中,对社会和谐造成最大威胁的首推财富与权势至上尊严观。持财富和权势至上的尊严观的人认为,财富与权势是人的最高价值体现,是所有其他价值的源泉与衡量尺度。其他一切价值,如物质技术手段、社会制度、个人的审慎、智慧、仁慈、文雅等品性和能力,甚至亲情、友情、爱情,最终都是为了帮人攫取财富与权势,如若不能为保护或攫取财富服务,都将一文不值。在现实生活中,持这种尊严观的人一方面将财富与权势作为人生奋斗的主要目标,甚至是唯一的目标;另一方面将财富与权势作为个人价值的评判标准,在人际交往中,以财富与权势的占有作为尺度,来决定对他人究竟该采取尊重还是鄙视的态度。

财富与权势至上尊严观在很多场合中激励了个人奋斗激情,推动了社会发展,但在总体上这一尊严观对个人长期发展和社会和谐都具有破坏性影响。首先,很多人在对财富和权势追逐过程中,滋生急功近利的心理,职业规划时忽略和脱离本人的兴趣和潜能,坚持何种工作赚钱多就做何种工作,何种途径赚钱快就采纳何种途径,因急功近利难以进行必要的积累,这将在长远上阻碍个人的全面发展和充分发展。因而财富与权势至上尊严观在根本上不能激励人的积极性和创造性,不能引导个人成长为最好的自己,也不能优化人力资源配置,不能促进科技进步和社会的良性发展。财富和权势至上尊严观不仅对社会发展助益有限,还具有极大的破坏性。这是由于财富与权势总是稀缺性、流动性与极化性资源,其分布呈金字塔形,占有这些稀缺性资源的人总是少数。伴随着"人生而平等"这一意识的逐步复苏,"王侯将相,宁有种乎?"在当代往

---

① 此部分内容吸收了本项目已经公开发表的阶段性成果的部分观点,参见刘睿《论人的尊严》,《科学社会主义》2012 年第 5 期。具体论据可见"附录"对人的尊严观的调研结论。

往被诠释为另一层含义，那就是大多数普通人头脑中经常闪现的念头："别人能发财，为什么我不能？"在当今时代，将财富与权势视为人的最高价值，除了世界首富，金字塔尖下面的所有人，特别是绝大多数普通民众必将经常在财富占有量的与他人的比较中丧失自身的价值感与尊严感。而这一种伴随着羞耻的痛苦感往往让很多人，特别是那些骄傲自负者难以忍受，在某些特定场合可能刺激着个人不惜采取一切手段来损人利己。当对改变自己的财产与身份境遇缺乏自信甚至看不到希望时，一些人可能滋生愤世嫉俗的情绪，不惜采取损人不利己，甚至既损人又损己的行为来抗议自身尊严感的缺失。即使那些有幸处于金字塔上层的少数幸运者，由于财富与权势极有可能因他人的觊觎和竞争，某一不可抗力的因素而丢失，内心也往往充满不安全感，也往往会不择手段来保住和扩大自己对他人的优势。因而，财富与权势至上尊严观是道德废弃论的始作俑者，是引发人与人之间的恶性冲突，以及人内心失去平衡与宁静的最主要的敌人。

休谟曾指出："没有东西比一个人的权力和财富更容易使我们对他尊视；也没有东西比他的贫贱更容易引起我们对他的鄙视。"① 他道出了一个基本事实：古往今来，人们普遍将财富与权势作为人的尊严的根据与标志。财富与权势至上尊严观一直存在于人类社会中，亚当·斯密曾无奈地指出："财富与地位经常得到应该只是智慧和美德才能引起的那种尊敬和钦佩；而那种只宜对罪恶和愚蠢表示的轻视，却经常极不恰当地落到贫困和软弱头上。这历来是道德学家所抱怨的。"② 社会主义中国虽在相当程度上克服了封建社会的官本位思想和资本主义社会的拜金主义的影响，但由于种种原因，财富与权势至上的尊严观在中国当今的影响无处不在。（见附录）每年的国考热，富人的各种拼爹、炫富行为，穷人的莫名仇富、仇官心理都是这一尊严观的反映。在当今中国几乎每一个正常的成人，甚至包括很多未成年的孩子，都能感受到这一尊严观及其巨大的渗透性力量。可以说，无论贫穷还是富有，社会中许多人或公开或潜在持有这一尊严观，即使那些并不想信奉这种尊严观的人，也很难完

---

① ［英］休谟：《人性论》，关文运译，商务印书馆2008年版，第394页。
② ［英］亚当·斯密：《道德情操论》，蒋自强等译，商务印书馆2007年版，第72页。

全挣脱这一尊严观的影响。

（二）自由至上尊严观

毋庸置疑，人作为唯一有理性的动物，具备独特的自主意识与创造能力，人因创造能力使自身在某种程度上摆脱了自然界对人的绝对束缚，使人具有了相对自然万物的外在自由。人也因其独特的自主意识，使人能够摆脱内在的动物性本能与感性的欲望、激情的束缚，具备更为珍贵的内在自由，这使人作为类存在具备优越于其他自然万物之上的高贵性。因而自由是人相对于自然他物尊严的根据。人若无自由，便无法正常的生活，因而自由一直是人类持续追求的目标与最为珍视的价值，裴多菲的著名诗歌"生命诚可贵，爱情价更高，若为自由故，二者皆可抛"引发无数人的共鸣正是这一情况的反应。然而，人毕竟是一种有限的自然存在物，必须服从自然规律的束缚；同时人还是一种社会性的存在，这决定了人总是与他人的共在，人的自由不能与他人同样的自由相矛盾，个人自主行为不能危害他人和社会；人不仅具有外在的自由，即摆脱他人、社会不当束缚的选择自由和行为自由，还包括内在的自由，即摆脱感性欲望束缚的意志与心灵的自由。所以在根本上说，人的自由总是有限的、相对的，同时也应该是全面的。

实践中一些人走向极端，信奉自由至上尊严观，主张自由本身具有最高价值。（见附录）持这种尊严观的人一般会相对忽视自然对人的约束性和人的内在自由，而将自由仅理解为选择的自由，即认为个人只要不危害他人的自由选择，都应得到无条件的尊重与承认。自由至上尊严观对于落实普遍人权、平等和促进个人的自由发展都具有一定的积极意义。但这种尊严观主张个体任意的选择与决策都必须得到社会与他人的承认与尊重，任何机构和他人对他说"不"，都可能被视为对其尊严的侵犯，并可能引起他的愤怒与抗议，因而具有走向绝对自由、极端个人主义和无政府主义的逻辑必然性，主张选择自由的代表人物萨特就曾喊出"他人就是地狱"。因而自由至上尊严观往往是造成人与人之间恶性对立的深层次理论根源。另外，自由至上尊严观所捍卫的选择自由如果与人相对于动物的高贵性，即由理性统治欲望的内在自由或道德性要求相脱离，最终可能使"自由"等同于"自我放纵"。根据这一尊严观，不危害他人的赌博、毒品交易、代孕、性交易甚至乱伦行为都具备合法性的理论依据。而事实上如果人仅被本能与感性欲望所支配，人与动物就没有办法区分开来，人也就丧失了作为类相对于自然其他万物的尊严。

自由是珍贵的，自由又是全面的，有限的，甚至可以说自由就是以承认不自由为前提才能实现。但人对自由的全面性与有限性的深刻洞察有待于人的理性与阅历的成熟，有待于人本身更高的道德追求与素养，也有待于整个社会能形成良好的道德风尚。就人的发展阶段特征而言，有着强烈的自主意识却尚不能领会自由有限性真实意蕴的青少年更容易信奉自由至上尊严观；就社会时代特征而言，在崇尚感官享乐、道德虚无主义的年代和地区人们更容易接受自由至上尊严观。自由至上尊严观是一个世界性范围的问题，当今世界各国的青年骚乱虽往往由多种原因引起，但和处于青春叛逆期的青年信奉自由至上尊严观也不无一定的联系。比如2005年法国蔓延全境，共4300多辆汽车被焚毁，近千人被捕，波及比利时、德国、意大利，号称"二战"之后法国经受破坏性严重、涉及面最大的青年骚乱的一个重要原因就是"由于移民的后代接受的是法国崇尚社会个人权利的观念……孩子们没有受过公民教育，因此在主张自己权利的同时，并不注重履行义务，也缺乏遵守法律和社会秩序的观念，在暴力和犯罪的社会环境中往往容易养成用暴力表达情绪的习惯"[①]。

在中国，自由至上尊严观对社会大众，尤其是青年具有相当的影响，这一现象可以从相当高的青少年犯罪率看出来。我国1990年青少年犯罪占全国犯罪的比例是57.35%；2003年25岁以下的青少年违法犯罪人员，占全国刑事案件作案人员总数的45%。[②] 另外，信奉自由至上尊严观也表现在大众对不危害第三方的感官享乐的沉迷之中，不少人脱离自由的全面性，忽略人的内在自由对于人的尊严意义，主张出自当事人的自由抉择或双方的合意的个人行为，只要不危害他人和社会，就应该得到社会的尊重和成全，从而放纵自己于各种声色犬马之中，导致我国的赌博、性交易、毒品交易屡禁不止，成为很多家庭悲剧和社会治安问题的根源。

---

① 常家树：《法国青年骚乱的动因、影响和警示》，《当代青年研究》2006年第1期。
② 邓俊：《近十年以来我国青少年犯罪研究综述》，《河南科技大学学报》2012年第2期。

（三）人类至上尊严观

实践中还存在一种危及人与自然的和谐并可谓根深蒂固的人类至上尊严观。许多人认为，所谓人的尊严就体现在人居于宇宙中心和万物主人的地位，人是宇宙的目的，人是自然的主人，社会的主人，自己的主人；人是自然界的最高价值，自然界必须无条件地、无限地为人类的利益和需要服务。这种尊严观就其实质是一种传统人类中心主义立场的反应，传统人类中心主义主张人是唯一有意识的能动主体，一切价值都是万物相对于人的意义，只有人与人之间才有真正意义上的义务，自然对人只能起到工具性的作用；人类的生存和发展是宇宙最高目的和人类所有活动的出发点与归宿；在人与自然关系中应该以人为本，将人类的利益置于首位和作为处理自身与外部生态环境关系的根本价值尺度。这是一种与自然相争夺、相对立的尊严观。"控制自然"与"支配自然"是人类至上尊严观的两个基本信条。持人类至上尊严观的人相信，资源的稀缺性将人与人置于彼此对抗的冲突中，一旦将自然置于人的控制之下，物质生产将极大丰富，这些冲突都将自动消融，人类各种社会问题也将逐渐解决，而不断前进的科技与政治理性最终会实现这一目的，为人类带来幸福与和谐。

人类至上尊严观建立在人性虚幻的骄傲之上，无视自然对人的制约性，无视人的有限性与不完善性。这一尊严观在理论上破坏了人与自然共同服从同一法则的和谐信念。虽然正如 Glenn Tinder 所说"只要工业的目标是主宰自然，就注定要失败。这不是因为它创造的问题是不可解决的，而是因为没有不引起新问题的解决方案"[1]，即人类至上尊严观在实践运用中注定要失败，但由于竞争，由于欲望，由于野心，由于骄傲，由于无知，很多人难以或根本不愿抛弃这一幻觉，这就直接引发了实践中很多人为的灾难。人类至上尊严观是造成人与自然关系失衡的罪魁祸首，如环境污染和破坏、资源枯竭与危机、战争与极权等。在我国当前所存在的种种人与自然关系失衡的问题，就其理论根源而言，都可以追溯到人类至上尊严观。虽然传统的人类中心主义者屡遭批判，但其声音

---

[1] Glenn Tinder, *In Defense of Human Dignity*, University of Notre Dame Press, 2003, pp. 37 - 38.

一直在不同场合通过不同途径在发言，在主导。

鉴于合理尊严观对个人捍卫自身尊严方式的指导性作用与其对社会和谐的重要意义，鉴于我国当下流行的种种尊严观的偏颇性及其对社会和谐的破坏性，我们应当将在全社会范围内合理尊严观的建设作为构建社会和谐的思想基础。这种合理尊严观应当是以和谐为取向的尊严观，也就是将有尊严生活的基本要求与社会和谐的基本要求相结合的尊严观，将自由、平等、人权、道德、民主、法治、发展、和谐等多种价值有机融合的尊严观，最终表现为"尊重自己""尊重他人"与"尊重自然"的全面结合。

三　以和谐为取向的尊严观建设路径

真理往往在同谬误的斗争中才能得到明晰、认可和发展，以和谐为取向的尊严观建设首先应该让理论界对破坏社会和谐的几种流行错误尊严观开展深入剖析和批判，在这个过程中逐步厘清和明晰合理尊严观的基本内容，努力形成相对共识，然后通过各种途径在全社会范围内培育大众对何谓尊严以及应该如何捍卫人的尊严的理性认知，力求使以和谐为取向的尊严观成为社会主流尊严观。正如自由、平等、人权、尊严等价值在欧美国家经过了几百年的思想启蒙和政治运动才逐渐为广大民众所认可和接受，在全社会范围内铸造以和谐为取向的主流尊严观，在根本上依赖于其支撑价值观体系的建设，即使自由、平等、人权、道德、民主、法治、发展、自然规律、和谐等观念深入人心，因而以和谐为取向的尊严观界定和培育绝非一朝一夕或依赖某一人的一己之力就能完成的。课题组在下文中试图对以和谐为取向的尊严观作些不成熟的探讨，以期抛砖引玉，激发学术界同人对这一问题进行深入和广泛的思考。

（一）对流行错误尊严观的批判与剖析

财富和权势至上尊严观、自由至上尊严观、人类至上尊严观等错误尊严观之所以能在我国社会中普遍流行皆因为各自有其支撑理论和深刻的人性论与社会根源。我们不能希望仅通过一个抽象的决心或简单的否定就能快速清除这些广为流传、根深蒂固的有失偏颇的尊严观，而是必须首先在理论上成功驳斥这些尊严观的支撑性理论依据，并深入分析这些尊严观得以生存和传播的人性论与社会根源，这样才能有针对性提出相应的培育和改进措施，最终成功驳斥并逐步消除这些错误尊严观的影响，并在这个过程中逐步树立科学的尊严观。

1. 对财富与权势至上尊严观的批判与剖析

人的尊严意指人本身价值的至高无上性，但财富与权势至上尊严观将人的尊严等同于人外在的、等级性的、可获得也可丧失的价值或物性载体，这归根结底是一种等级论思想的产物。支撑财富与权势至上尊严观最常见的理论依据是：人都是个体性的存在，每个人的先天禀赋、后天努力存在根本区别。财富、权势只有通过个人能力与努力才能获得，是个人的能力与努力的物化成就或象征性标志，尊重财富与权势也就是尊重人本身的能力与努力。但常识中大量事实告诉我们，财富与权势的获得与人的德性和创造能力并不一定具有直接的关联，在一个法制不健全、公平竞争机制不完善的社会中尤其如此，暴力、欺骗、赠予、运气，甚至金钱和权力本身都可能为人带来不当的财富与权势。比如在我国当前社会实践中，很多人因继承、因房屋拆迁、因贪污腐败、因坑蒙拐骗等各种途径跻身于富人阶层；还有为数不少的人依靠父母及其他各种私人关系，依靠阿谀奉承、行贿，甚至直接购买等不正当途径获得官职。显然这些人的财富与权势与其才能和努力并没有直接联系，根本不配得到我们对之赋予报偿性的尊重。财富与权势只有通过个人勤奋努力、聪明才智、遵纪守法获得才应该赢得我们的敬重，所以，引起我们敬重的对象永远不应该是财富和权势本身，而只应是通过财富与权势所体现出来的完美和杰出的人性。支撑财富与权势至上尊严观的另一个理论依据是：财富与权势总是代表着力量，可以为广大民众谋福利，因而值得我们无条件敬重。毫无疑问，在很多时候财富与权势的确代表着力量，但财富与权势本身只是中性的手段，具有双刃性，有人利用财富与权势行善，有人利用财富与权势作恶。财富与权势是否总能为广大民众谋福利，这既取决于社会制度是否公平与正义，还取决于财富与权势持有者的价值观与道德素质。当富人的财富未用于任何有益于社会的事业，比如只是用于个人奢侈性消费或最大利益的谋取，当掌握权势者只为自己或少数人谋利的时候，财富与权势及其所有者也丝毫不配得到报偿性敬重。

逐步清除财富与权势至上尊严观的影响还有赖于对这一尊严观产生与持续存在的社会环境进行分析，方可提出有针对性的改进措施。财富与权势至上尊严观之所以持续存在于人类社会如此之久,具有深刻的人性论基础。很多哲学家和心理学家曾试图从不同角度对为何人们普遍尊重和追逐财富与权势的原因进行了分析。休谟认为人们尊崇财富的主要原因有三点:第一,因为他人的财富本身是令人愉快的。第二,因为希望分享富贵人的财物而沾到利益的心理。第三,因为同情。① 最主要的是对他人快乐的同情。亚当·斯密也认为同情导致人们追逐财富与权势,但不是对他人快乐的同情,而是引起他人同情自己的需要。在斯密看来,"我们夸耀自己财富而隐瞒自己的贫穷,是因为人们倾向于同情我们的快乐而不是悲伤",人们追求财富与权势,是为了"引人注目、被人关心、得到同情、自满自得和博得赞许"。所以,"吸引我们的,是虚荣而不是舒适与快乐"②。康德则提出另两种解释:人生而具有人支配他人的倾向,财富与权势往往作为支配他人的手段而被欲望和追求③;人总是在比较中确立自己的幸福,在他人的看法中获得一种价值,因不允许任何人对自己占有优势而谋求对他人的优势。④ 以上三个思想家主要从人的心理和情感需求方面分析了人普遍尊重和追逐财富与权势的原因,虽不无道理,但他们都脱离了人的具体生存状态,没有揭示出财富与权势至上尊严观产生的社会根源。根据马克思历史唯物主义基本观点,社会存在决定社会意识。在一个经济水平曾长期比较落后,人们不能满足,或虽能满足生存和安全的需要,但由于对从前贫穷生活的恐惧体验,而如果社会保障制度又不完善的话,将致使人们普遍缺乏足够的经济安全感,并导致人对代表着物质性力量的财富和权势的遏制不住的贪婪。在一个民主法治不健全,公平正义不完善,自由、平等、人权等观念尚未深入民心的社会中,拥有财富与权势就可能拥有很多特权、机会和荣誉;反之,则可能失去作为一个正常人应该拥有的机会和荣誉,甚至权利,这样财富与权势异化为人的尊严的象征性标志就成为一种必然。所以,财富与权势至上尊严观在当今中国普遍流行也与中国目前社会现实状况有着直接

---

① [英]休谟:《人性论》,关文运译,商务印书馆2008年版,第395页。
② [英]亚当·斯密:《道德情操论》,蒋自强等译,商务印书馆2007年版,第60—61页。
③ [德]康德:《实用人类学》,邓晓芒译,上海人民出版社2005年版。
④ [德]康德:《康德著作全集》第6卷,李秋零译,中国人民大学出版社2006年版,第26页。

联系，这一尊严观的消除在根本上也取决于社会物质环境和政治环境的改变。

2. 对自由至上尊严观的理论批判

在常见的错误尊严观中，财富与权势至上尊严观因为其理论前提与依据难以成立，其观点与近代以来所弘扬的普遍平等、人权等基本价值相违背，对社会和个人的幸福与发展显而易见的危害等原因，尽管人们因为各种原因还不能摆脱这种尊严观的影响，但很多人在理性上能够意识到这种尊严观所存在的问题与危害。相对而言，自由至上尊严观因为所尊崇的"自由"本身是人的尊严的根据，情况就更为复杂，对之进行批判的理论难度也更大。

自由至上尊严观持续存在的人性论基础是"自由"总是任何正常人在任何时候都欲求和珍视的价值。逐步清除自由至上尊严观的消极影响关键是对自由的内涵、外延和界限进行厘清。毋庸置疑，自由本身具有至高的价值，但作为最高价值的自由应该总是相对的自由和全面的自由。自由至上尊严观的错误不在于它所要捍卫的对象本身的错误，而是在于它所要捍卫的对象，即"自由本身"，脱离了具体条件的限制，这种自由只能要么是绝对的自由，要么是中立的自由。其中，绝对自由观因其明显的局限性与荒谬性很容易被有正常心智的人所识别和拒绝，而中立的自由观则经常赢得很多人的支持。支持自由的中立性的人认为，国家不能因其良善而偏向任何一种生活方式，只要不危害他人和社会，只要是出自当事人自主的选择或同意，个人的任何决定都不应该受到他人和社会的干涉。中立自由至上尊严观的产生是人类将自由本身作为最高价值的一种逻辑必然，与人的生活方式日趋走向多元化有着根本的联系，在思想界有着深刻的理论根源。其代表人物是功利主义的集大成者密尔。密尔提出，如果只涉及当事人自身，只要不危害他人的任何自由选择，即使对当事人本身造成伤害，也应该被允许自负其责地将他的观念付诸实践，不受干扰。密尔的观点经常被作为中立自由论者的重要理论依据。

但中立自由论者对密尔关于自由与尊严的关系存在误读。密尔事实上并不主张脱离道德性的中立自由构成人的尊严的根据和标志，相反，他认为人生而欲求高贵，这是人与动物的本质区别。人的精神追求、德性、创造性是人的尊严的证据。密尔曾明确指出，一个人在无害于他人的品质方面的缺陷，如鲁莽、固执、自负、放纵、趣味低下或堕落等，虽不是罪恶，但"它们可以作为一定程度的愚蠢，或者个人尊严和自尊缺乏的证据"，人们必然会鄙视他①；而那些具有创造能力的天才应受到重视，那些具有突出的有助于自己利益的品质的人，他因为"如此接近了人类本性之理想的完美状态"，也应该得到赞美。可见，密尔将人的德性与创造性作为人的尊严的证据。事实上，不仅密尔，还包括那些当代被公认为坚持自由中立性的代表人物，如罗尔斯和德沃金等，他们也只不过是提倡国家与法律的中立性，但都坚持尊严与德性、能力存在紧密的联系。比如在罗尔斯看来，自尊是每个有理性的人必然欲求的基本善，但缺乏美德就会破坏我们的自尊和我们的伙伴对我们的尊敬。

自由至上尊严观的伸张也与自由概念、人性概念具有歧义性有一定的关系。人因为人性而成为万物中最高价值，但如若将人性简单等同于人的自由，又将自由简单等同于人的任意选择，就必然会得出以自由本身为至上价值的尊严观。我们知道，人的自由可以引导人向善，也可以诱惑人行恶，正当运用自由的积极成果，即道德性与创造性才是人区别于动物的本质规定，是人超越于动物尊严的标志。如果个人的自由脱离道德性与创造性的本质规定，人表面看起来的自由选择实则是受内在的激情与欲望的支配，人就不复具有真正意义上的自主性，只能靠遗传的本能与习得的生活方式和技能生活，此时人性就降格为动物性，人实际上将失去作为人的尊严的根据与标志。

3. 对人类至上尊严观的批判与辨析

人类至上尊严观是一种传统的、狭隘的人类中心主义立场的反映，这一尊严观持续存在的原因在根本上与人自身的利益、需求、立场紧密相关。其理论基础是古希腊哲学、古罗马天文学、中世纪神学、近代以来的主体性哲学有着密切的关系。希腊哲学，特别是以亚里士多德为代表的理性主义哲学提出，人是唯一有理性的动物；大自然不可能毫无目的地创造任何事物，植物的存在是为了给动物提供食物，而动物的存在是为了给人提供食物，因而自然其他万物在根本上都是大自然为了人类

---

① ［英］约翰·斯图亚特·密尔：《论自由》，于庆生译，中国法制出版社 2009 年版，第 121 页。

而创造。古罗马天文学家托勒密提出"地球中心论",并从这个观点演绎出人是宇宙的中心。中世纪神学根据依据神学目的论,《创世纪》中对人以上帝的形象被创造、对神性的分有、人类始祖最初的不朽、人相对于自然其他万物的监管者的地位等为依据,得出人类是宇宙间万事万物的目的结论。到了近代,人类中心主义获得较为完整的理论形态。笛卡儿的主客二分主体性哲学和关于动物是没有心灵,感觉、理性的机器,不应受到道德关怀,以及人要"借助实践使自己成为自然的统治者"的论断都成为人类至上尊严观的主要理论依据。人类至上尊严观还与实践中日新月异的科技进步有着更为直接的联系。人类自进入近代以来,在控制自然、改造自然方面不断取得新突破,这一趋势不断强化人相对于自然的优越感、控制感,同时强化人的一种虚幻感和错误的认识:人类正在趋向无所不能、无所限制,自然只是人谦卑的奴仆和取之不尽的原料仓库。

支撑人类至上尊严观的基本理论依据难以经得起考证。首先,自然界已经存在45亿年,是人类存在时间的22500倍,自然界不需要人类,人类却离不开自然界,所以坚持人类是自然界的目的和中心毫无根据。哥白尼的日心说早就证明,人连太阳系的中心都不是,何谈宇宙的中心!达尔文的生物进化论也揭示人类最初只不过是从猿类进化而来,并不是什么上帝的宠儿和万物的主人;弗洛伊德的潜意识学说宣布人就其本我的层次不是理性,而是非理性(虽有争议,但谁也不能否认其巨大影响)。当代许多重大的宇宙探索成果和科技发明也一次又一次冲击着传统的人类中心主义,各种天灾人祸,日趋严重的全球问题也都屡屡证明人并不可能摆脱自然规律的约束,不可能为所欲为。

人类至上尊严观与财富与权势至上尊严观有一个共同特点,那就是人类虽然很难克服这类尊严观的影响,但是常识中已经有越来越多的人逐步意识到人类至上尊严观所存在的问题,理论界也提出了与其相对立的非人类中心主义观点。当前对人类至上尊严观的理论批判和清理的难题是如何正确对待理论界关于人类与自然关系认识的基本分歧,即人类中心主义和非人类中心主义的尖锐对立问题。非人类中心主义认为,传统的人类中心主义与环境恶化、资源枯竭、生态危机等全球问题有着直接的联系,天人应该浑然一体,人只不过是生物共同体中普通的一员,天地万物都有其生存和发展的权利，人类应该尊重自然、珍视非人类生命的生存权利，建立一个以自然生态为尺度的伦理价值体系和相应的发展观。这是与人类中心主义完全不同的一种理论观点。目前理论界人类中心主义和非人类中心主义争论非常激烈，各自都有很多追随者。理论界的争论来源于人类生存和发展中的生存悖论。悖论表现之一：人类要生存和发展，就必须要消费自然，但一旦人对自然进行了消费，就必然对人类生存的环境造成破坏，即"如果要对自然进行改造，就会造成对自然的破坏，形成环境危机，危及人的生存；如果不对自然进行改造，就会因为没有物质生活资料发生资源危机，同样危及人的生存"[①]。悖论表现之二：人作为万物之灵，其智慧在大自然界中具有至高无上性；但人作为大自然的产物和一部分，同样要受自然规律的制约，最终也会走向终结。人究竟应该如何才能把握人与自然关系中的度的问题？毫无疑问，传统的人类中心主义有其明显的荒谬性和极端性，非人类中心主义虽出自保护环境的初衷，但由于脱离人类作为一个物种必将为自己谋利益的本性，脱离人是唯一具有自我意识的能动主体的现实，因而也根本不可能解决环境问题，并且在面临人类生存与发展需求时更是苍白无力。针对传统人类中心主义和非人类中心主义的局限性，学界提出一种现代或理性的人类中心主义，指出人类中心主义并不必然导致生态和环境的恶化问题，最终解决环境问题必须依赖于人类中心主义，但必须对传统的人类中心主义进行扬弃和改造。其基本观点有：（1）在自然与人的关系中，人是主体，自然是客体，人永远是最终目的，保护自然最终也是为了人。（2）人的一切行为应该坚持以人为本，最终都要以人类的整体利益和长远利益为准则。（3）自然界的可持续发展是人的可持续发展的前提，人类实践活动必须善待自然和尊重自然，实现人与自然的和谐。[②]理性的人类中心主义作为对传统的人类中心主义和非人类中心主义立场的扬弃和融合，具有其合理性，可以很好地抑制或超越人类至上尊严观的局限性，其基本精神可以作为我们正确处理人与自然关系的行动纲领。

---

① 张纯成：《天人关系与人的生存》，《河南大学学报》2004年第4期。
② 伍人平、彭坚：《从传统的人类中心主义走向理性的人类中心主义》，《求实》2004年第12期。

但在现实中究竟应该如何践行理性的人类中心主义还有很多具体问题有待我们进一步研究。

(二) 以和谐为取向的尊严观培育

以和谐为取向的尊严观建设第二个阶段的工作是在全社会进行合理尊严观的培育，法治教育和道德教育是两个最重要的途径。以和谐为取向的尊严观在人与人之间的关系方面坚持任何公民人格尊严平等和人格尊严价值至高无上的原则。经过"文革"期间对公民人格尊严的公然践踏的惨痛教训之后，我国法学界高度重视保护公民的人格尊严工作，现行《宪法》第38条将人格尊严作为公民的基本权利，并列举了其所包含的具体权利，民法通则也对之进行了相应的规定。法律对人格尊严的直接规定及其司法实践可以对民众的尊严观的养成起到一种很好的教育和警示功能。但法律只关心人的行为，并不涉及人的思想和动机，而尊严观建设在根本上属于社会大众主观世界的改造问题；且法律发挥作用总是有其局限性，不可能面面俱到、时时在场，人们的日常生活更多依赖于人的道德自觉。比如，尽管法律对人格尊严权有明文规定，但现实生活中上级对下级、老板对雇工、父母对子女等关系中强势方公开轻视和侮辱弱势方的人格尊严的行为可以说是司空见惯，这说明尽管宪法和法律是人的尊严的基本保障，但如果没有将捍卫人的尊严内化成为人们生活中的基本道德原则，以至于形成一种具有普遍共识性的道德风尚，法律的相关规定在实践中就难以发挥规范性作用。所以，以和谐为取向的尊严观建设应该将道德培育作为基本途径。

以和谐为取向的尊严观建设的一个基本要求就是必须将合理尊严观的培育确立为德育工作的首要任务和根本任务。"以人为本"是我们当前一切工作的终极价值和根本原则，而以人为本内含捍卫和提升人的尊严，"尊重自己""尊重他人""尊重自然"是捍卫和提升人的尊严的基本途径和要求，这三者应该成为一切教育，特别是德育工作的起点、标尺和目标。但总体说来，我国当前德育规范和德育实践中对个人尊严观的培育明显重视不够。我国现行《中小学德育工作规程》中对中小学德育工作的基本任务的规定分为两个层次：(1)"培养学生成为热爱社会主义祖国、具有社会公德、文明行为习惯、遵守纪律的公民"，这是适用于中小学所有学生的普遍目标。(2)"在这个基础上，引导他们逐步确立正确的世界观、人生观、价值观，不断提高社会主义思想觉悟，并为他们中的优秀分子将来能够成为坚定的共产主义者奠定基础"。这是在实现基本的德育目标基础上，为学生在道德、精神及社会政治上的进一步发展奠定基础。学界一直有人批评这两大目标规定得过于理想化和可操作性不强。在课题组看来，这个规范的不足之处主要体现在没有将"人的尊严"作为德育的起点、限制性原则和最终目标。在我国目前德育实践中，虽然八荣八耻的荣辱观和社会主义核心价值观也都涉及个体的人格平等，劳动者光荣等与人的尊严实现有一定联系的范畴，但在学校德育的重点内容往往是爱国主义、集体主义等有利于公共利益的基本原则，而在家庭德育中强调的则往往是勇敢、坚毅、勤奋、审慎等有利于个人成功的道德规范，在社会公认的道德行为评判标准中，对善的判断也更倾向于"帮助他人"，对尊重他人显然也重视不够。因而以和谐为取向的尊严观的道德培育首要任务是必须十分明确地将"保障和提升人的尊严"确立为道德教育的基本任务和终极目标，即一切德育工作是在终极意义上是引导个体成为一个懂得尊重人的人，这里的人包括自身，也包括其他任何一个个体。

德育工作的重点应该围绕如何认知、维护、实现和提升"人的尊严"展开。首先，以批判流行的错误尊严观为切入点，引导学生逐步掌握以和谐为取向的尊严观的基本内涵和要求。在这个过程中，引导学生形成正确的道德判断具有极其重要的意义，比如要引导学生将那些为谋求财富与权势等外在利益不惜贬低自身的人格；凭借自身财富、权势的优势蔑视他人；为追求绝对自由而自甘堕落；为满足人类贪欲而无节制开发和掠夺自然等所有有损人的尊严的种种行为判定为羞耻和应该遭受良知与社会舆论谴责的行为。其次，要引导学生懂得并践行尊重自己、尊重他人和尊重自然的三大原则。自尊是一项对自我的义务，一个不懂得自我珍重的人是不会尊重他人的，因而要引导学生懂得自尊自爱的要旨并努力践行这一原则，激发学生通过提升自身德性和创造性来提升自身的报偿性尊严；引导学生将平等尊重他人的人格、合法权利作为人际交往的起点和限制性原则，其核心是引导学生做到永远将人同时视为目的，而绝不仅用作手段；引导学生正确认识和处理人的主观能动性和自然规律的关系，培养对自然规律的敬畏之心；引导学生将个人尊严的实现路径奠基于人类和社会进步洪流中，也即只有将自身的发展与社会需求相结合，投身到祖国的建设大业中，为人民谋福利，才可能实现自身的价值与尊严。总之，德育的最终目的是通过各种途径使以和谐为取向的尊严观内化成为孩子的基本价值观、处世原则和生活习性，并进而在全社会形成自尊自爱、尊重他人、尊重自然的良好风尚。

尊严观的道德培育必须遵循一定的原则与方法。对人的尊严有过深入思考的康德在尊严观的道德培育方面提出了一些比较独到和值得我们借鉴的观点。康德坚持把人自身的动物性和人性区分开来。在康德哲学中，人性体现为人的理性能力，具体表现为人设定目的的能力和道德性，人的感性欲望则属于人的动物性范畴。康德指出，人自身的道德性和能够具有道德性的人性是唯一有尊严的，具有至高的和绝对的价值，道德性和人性构成捍卫人的尊严工作中所必须得到无条件敬重的对象。康德坚持应该引导个体从人性本身的价值与尊严，而非任何外在的利益出发来尊重自我和他人的合法权利与人格；坚持个体应该保持谦卑的对象只能是道德法则而不应是任何其他人格，他指出，"谦卑真正说无非就是把自己的价值与道德完善进行比较"[①]；坚持尊重他人法权是帮助他人的最高限制性原则。总之，康德特别强调要从德性本身的尊严而非其实用性或危害来引导人向善和自我珍重。在德育方法上，康德重视道德判断能力的磨砺和制定法权问答手册等途径作用。康德对人的尊严及其道德培育的思考对我国当下尊严观的道德培育具有较强的参考意义，启迪我们要以人的权利和德性本身的尊严为立足点来引导国人，特别是青少年来尊重他人和尊重自身。

除了法治教育和道德教育，以和谐为取向的尊严观建设还依赖于相关制度建设，特别是公平正义的制度建设。罗尔斯曾将捍卫人的尊严作为正义制度的最核心要素，他指出："处于原初状态的各方将会希望以任何代价去避免湮没人的自尊那些社会条件。作为公平的正义总是给予自

---

① ［德］康德：《康德著作全集》第9卷，李秋零译，中国人民大学出版社2010年版，第491页。

尊以给予别的原则的更多的支持。"① 只有将以和谐为取向的尊严观的基本要求——贯彻到我国各项政治、经济和文化等具体制度之中，才能使公然践踏人的尊严行为得到强制性限制和应有的惩罚，才能在实践中有效捍卫人的尊严和促进社会和谐。由于制度具有根本性和长期性，这些基本要求将一步步由制度性强制转化为社会大众的行为规则，再转化为社会习俗，最终内化为全社会的共识。

第二节　以人的尊严的正当维护为重要途径来推进社会和谐

如第三章所指出，在当今时代，个人尊严的诉求及其实现对社会发展具有极其重要的意义，我们应该以个人尊严的实现为立足点来谋求社会和谐。个人尊严的实现包括个人尊严的体现、保障和提升，个人可以通过不同方式实现自身的尊严，其中有些方式对他人和社会没有危害，因而是合理的和应该提倡的；有些方式在当下或未来对他人和社会则可能造成危害，因而是应该谴责和避免的。我们应该坚持以个人尊严的正当维护为重要途径来推进社会和谐的进程。所谓"正当维护"强调的是要用合理，且有利于社会和谐的方式来实现个人尊严，最终实现全社会范围内普遍性的"尊严"与"和谐"的有机结合。结合当今中国社会的实际情况，正当维护人的尊严主要包括：我们应该确立人的尊严的界限来促使人与自然的和谐；我们应该坚持相互尊重以促进人与他人的和谐；我们应该学会自尊自重以促进人与自我的和谐。

一　确立人的尊严的界限以促进人与自然的和谐

当今时代，人们普遍欲求尊严，但自然界号称人的无机身体，人与自然的和谐是个人尊严实现的物质基础。自进入现代社会以来，全世界都在不同程度上受到人类中心主义立场的影响，人类在追求和实现自身尊严的过程中存在大量破坏自然界发展固有进程的行为，引发了人与自

---

① ［美］约翰·罗尔斯：《正义论》，何怀宏译，中国社会科学出版社 2001 年版，第 491 页。

然关系失衡的一系列问题,并在根本上危及人的尊严,因而我们当下必须通过明晰人的尊严的界限促进人与自然的和谐。所谓明晰人的尊严的界限,要求我们在正确认识人与自然的关系和现状的基础上,确立人的自主行为必须以尊重自然规律作为限制性原则。

(一) 人与自然的关系及其相关认识

人类与自然关系大约经历了三个阶段:人与自然的原始统一;人与自然的对立;人与自然的和谐。人类对人与自然关系的看法主要包括宇宙中心主义和神学中心主义、人类中心主义、非人类中心主义等。① 在近代工业文明以前,特别在古代社会,无论是中国还是西方,人与自然总体处于和谐之中。原始社会生产力极其不发达,生产工具极为简陋,人尚不懂得如何控制与改造自然,也缺乏这一意识,人的生存在很大程度上取决于自然界的气候和自然本身物产,比如鱼、鸟或果子的丰裕程度,人无法解释自然界诸多谜题,为了生存在很多时候盲目迷信与崇拜自然,因而这一时期人与自然的和谐主要表现在人对自然的敬畏与臣服之中。到了农耕社会时期,人与自然整体依然处于和谐状态,但由于生产力的发展和人口的增加,人开始懂得垦荒耕种,即对自然进行改造,在这个过程中由于缺乏整体规划,人对自然的改造往往带有盲目性和随意性,因而也在某种程度上造成对自然的破坏,但总体来说由于科技尚不发达,人口绝对数量并不是很大,因而人与自然的失衡具有阶段性与局部性。在前工业文明时期,思想界对人与自然的认识也以和谐为主,在中国最为突出的表现就是由庄子提出和董仲舒发展形成的"天人合一"的思想,一般将之解读为,"天"是"自然"的代表,"天人合一"就是说天人一致、天人相应、天人相通,即人和自然在本质上是相通和相互理解的,主张"天行有常,不为尧存,不为桀亡",人必须"知天畏命",即自然界有其内在规律性,人也应该对自然规律保持敬畏,顺乎自然规律。在认识和尊重自然规律的基础上,要爱护自然,节约资源,"亲亲而仁民,仁民而爱物"②。在西方古希腊罗马时期的斯多亚学派主张人与自然服从

---

① 郑广祥:《论人与自然和谐的三个维度》,《经济与社会发展》2012年第2期。
② 转引自孙景澈《简谈儒家和谐思想对构建现代和谐社会的启示》,《黑龙江史志》2014年第9期。

同一世界理性，包括人在内的整个宇宙都自动处于和谐之中。

人与自然关系失衡主要出现在工业文明时期，从18世纪由英国引发的工业革命开始，世界各国或先或后逐渐进入现代化时期，这一时期科技迅猛发展，机械化和规模化的生产使经济持续增长，商品供应迅速丰富，城市人口剧增，人类积累了巨额的物质财富，人在改造自然节节取得胜利的同时，对人与自然关系的认识也发生了变化，这在西方早期发达国家表现尤为突出。笛卡儿提出"我思故我在"，标志着人的主体意识的诞生，人类从此有意识将人与自然对立开来。培根提出"知识就是力量"，科技至上论也开始出现。古代社会已经萌芽的人类中心主义在这一时期获得迅速发展，人将自己视为自然的主人和宇宙的目的，将自然视为征服和控制的对象和原材料仓库。在这些错误思想的指引下，人们对自然的利用逐渐演变为对自然无节制的开发和掠夺，以牺牲自然为代价取得丰硕的物质成就。与此同时，人口数量激增，刺激需求能促进社会发展成为经济学界的一个主要观点，对人的感性欲望充分肯定、歌颂成为伦理学和文学中的重要流派。与此相伴随，人们消费欲望与日俱增。因而这一时期也是对自然资源消耗和对环境破坏最为严重的时期，人与自然的关系迅速恶化，自然资源枯竭、能源危机、生态失衡，全球性环境等种种问题都开始出现。20世纪60年代以来，人类逐渐进入后工业文明时期，由于全球问题日益严重，能源短缺、环境污染等问题直接危及人类的生存，于是不少人，特别是发达国家中的一些有识之士开始重新审视人与自然的关系，强调人与自然的和谐发展。与此同时，以人和自然和谐为哲学基础的生态文明理念也逐渐进入人的视野并受到各界的普遍关注。

（二）当下中国维护人与自然和谐的迫切性

中国虽是资源大国，土地面积居世界第三，已经探明的矿产资源储量总值居世界第三，森林总面积居世界第六；耕地总面积居世界第四，河流年径流量居世界第六，但由于中国人口绝对数量位居全球各国第一，据统计，我国人口在2018年超过13.9亿人，这使我国多项自然资源的人均占有量普遍低于世界平均水平。如中国从1993年开始日益成为石油进口主要国家，2017年中国石油对外依存度达到69%，预计2040年中国石油对外依存度将达到80%。我国能源储量以煤炭为主，是世界上煤炭生产第二大国，但却是煤炭消费第一大国。我国虽人均资源水平普遍不高，但由于中国是后发国家，在发达国家已经进入后工业文明时期，中国的工业化任务尚未完全完成，虽自改革开放以来经济增长速度一直维持在较高的水平，但我国对各项资源的消耗量却处于世界前列。据统计，直到 2010 年我国单位国内生产总值能耗还是世界平均水平的 2.2 倍。①

我国在谋求发展过程中不仅消耗了大量的稀有资源，而且由于改革开放后相当长时期内各级政府将 GDP 的增长为主要目标，忽略环境保护问题，甚至有的人还坚持先污染后治理的思路，因而导致在发展过程中政府和社会对环境监控乏力，环境污染与生态破坏十分严重。当前雾霾天气多发、"垃圾围城"、城市河道水体黑臭、土壤污染、危废处置以及农村环境污染问题突出。虽自党中央提出和谐社会战略构想和科学发展观以来，人与自然的矛盾，特别是环境保护问题越来越引起国人的重视，但由于一些相关体制尚未完善，如项目申报与控制体制，环境监测技术与制度等尚不健全，因而总是有些人仅从个人利益和短期利益出发，千方百计逃避环境保护的社会责任，盲目追求个人利润的增长，违规排放废水、废气，甚至还有人为了一己之私利毫无社会公德之心肆意污染环境，比如 2013 年引起国人广泛关注的黄浦江头所出现的上万头死猪的事件，在农村还有许多地区河流几乎没有任何限制措施被动物粪便、农药化肥、生活垃圾所污染，导致农村消化道癌症犯病比例明显增长。由以上我国特殊国情的介绍和分析，我国作为后发的现代化国家，多年一直依赖粗放型的经济增长方式，资源消耗和环境污染都极其惊人，维护人与自然和谐在中国当下是一项极其迫切和艰巨的任务。

（三）以人与自然的和谐为目标人的尊严界限及其实现

人的正常行为总是受其观念指引，当今中国人与自然失去和谐的严峻现实虽然有种种客观原因，如资源的有限性和人类欲望的无穷性和竞争性，但在根本上是源于人类对自我认识的骄傲和误区，人们没有正确认识和处理好人相对于自然的超越性（尊严）和自然对人的制约性二者之间的矛盾。因科技日新月异，导致很多人盲目相信人对自然无所不能，

---

① 张平：《中国单位 GDP 能耗是世界平均水平 2.2 倍》，中国新闻网，2011 年 12 月 28 日（http://www.chinanews.com/cj/2011/12-28/3565364.shtml）。

人是自然界的绝对主人，在实践中人对自然界试图彻底征服和掌控，无节制地开发自然和堆积污染物，但事实上人的创造性发挥必须以尊重自然规律为前提，这不以任何人的主观意志为转移，在行动上确立人的尊严的界限是促进人与自然和谐的前提条件。

确立人的尊严的界限首先必须正确认识与对待人的尊严和自然规律之间的关系。我们知道，"人的尊严"的基本内涵是人作为人本身具有至高的价值，但价值是一个关系范畴，而且总是只有相对于人才具有意义。因为自然界可以不需要人类，其实际存续的年限比人类长许多倍，所以可以说，人相对于自然无所谓价值，人的至高价值或尊严只有相对于人本身才具有完全意义，在宏伟庄严的宇宙面前谈人的尊严只是人的虚幻错觉。自然界是人赖以生存的物质基础，人离开自然将无法自存；而且人作为自然界的一部分，必然服从自然规律的制约，比如没有人能逃脱生老病死的新陈代谢规律，也没有人能够阻挡地震、火山、海啸等天灾的爆发。所以，自然是人类生存的必要条件，也具有足以摧毁整个人类的巨大威力。尽管我们承认，在特定条件下，人因自身的理性相对于自然界其他事物具有优越性，号称万物之灵，但正如人的自由总是具有相对性一样，人的尊严也总是相对于一定的条件而言。人作为类的尊严只能体现在两个方面：其一，道德自律。世界万物唯有人能够凭借理性超越感性和外界的束缚，仅凭理性本身的一贯性来为自身制定行为法则并自觉遵守该法则，即意志自律，这也可以解释为人所独有的一种纯粹的精神自由。但在肉体层面，人永远只能服从自然规律。也就是说，人相对于自然其他万物的尊严根据首先体现在人的精神自由层面。其二，对自然的有限超越。人是自然界中唯一具有理性、自我意识、能动性和创造性的生物，人对自然界具有一定的超越性，这种超越性主要体现在人可以在一定的条件下认知、控制和支配自然界的部分客体，并且可以凭借理性选择、设计、规划、指导实践，不断创造出自然界原本不存在的新生事物，从而打破自然对人的某些束缚，这是人相对于其他万物的尊严根据另一重要方面。但人的这种超越性总是以尊重自然规律为前提条件，并且总是只能相对于自然界的部分客体而言才有意义；人类思维具有至上性和非至上性，某一特定时代的人类永远无法洞察整个自然界的奥秘，更无法超越自然规律随心所欲控制和支配整个自然界。因而人与自然的关系的正确界定是：人在一定的条件下对自然界的部分客体具有控制能力和超越性，这是一个有事实根据的论断，也是人的尊严重要体现，但面对自然界整体，人必须永远保持谦卑和敬畏之心；人为了自身的生存与发展，可以消费和利用自然界的部分客体，但必须在尊重自然规律的前提下满足人的生存与发展需求，即人类必须在尊重自然的前提下尊重人本身，否则人就会受到自然规律的惩罚，甚至灰飞烟灭。以上两个方面内容构成人的尊严的界限。

在人与自然的关系中，人就其具有能动性而言，是唯一的主体，自然只是被动的客体。自然不会主动促成自身与人的和谐，人类只有依靠自身的努力才能实现人与自然的和谐。维持人与自然的和谐，要求人在观念和行动中确立并坚守人的尊严的界限，当前主要需要做到这样两个方面：其一，对人对自然界的依赖性要有充分的意识。自然界为人提供衣、食、住、行所有必需的生产、生活资料，构成人类生存与发展的物质基础与前提，人离开自然界根本不能成活，因而必须善待自然。其二，打破传统人类中心主义对自然的绝对支配和控制的盲目乐观主义和思维定式，要正视人的有限性。人作为感性的、生理的存在物，和其他任何动物一样，本身就是自然界的一部分，具有各种感性欲望和先天的脆弱性，同时也必须服从自然界规律的束缚。人虽因理性具有创造性，但人毕竟是有限的理性存在物，人无法摆脱各种肉体欲望，人不可能知晓一切自然规律，不可能预测自身所有创造性行为的后果，也不一定能有效防治或根治人对自然盲目开发所引起的不良后果。总之，维持人与自然的和谐并不要求禁止人利用与改造自然，所要求的是在尊重自然界本身规律的基础上合理地、有节制地利用与开发自然，注重环境保护，维持生态平衡，以为当代人有尊严的生活和后代的生存与发展留下必要的空间。

树立人的尊严的界限意识，需要人在自然规律面前保持绝对的谦卑，其中最重要的是向自然界学习，了解、尊重自然界规律。人与自然和谐相处需要许多自然科学知识，比如关于我国人均资源量的知识，关于环境污染的危害及其治理成本的知识，还需要相当专业的关于植物、动物、病毒、细菌及维持生态平衡的知识。野生动物在野外环境下经常带有病毒，这些病毒一旦进入人体，就会危及人的生命。所以滥食野生动物不仅破坏了生态平衡，而且直接威胁着人类的健康，给人类带来多方面的严重社会问题。人类历史上许多重大的人类疾病和畜禽疾病都来源于野生动物。如人类的艾滋病、埃博拉病毒来自灵长类，鼠疫、出血热、钩端螺旋体、森林脑炎等50多种疾病来自鼠类；疯牛病、口蹄疫等也与野生动物有关。野生动物是生态圈中不可或缺的一环，大量捕食野生动物，还会导致地球生态系统中食物链的破坏，打乱生态系统的动态平衡。我们应将如何维持人与自然的和谐发展的任务纳入自然科学的框架之中并使之成为重要的研究任务，这需要国家和社会投入大量的人力、物力和财力去推动这一科学任务的进展。目前我国各大高校和科研机构开设环境工程、生物工程和植物工程等专业与项目，特别是环境工程，直接研究如何预防和治理环境污染，生物工程中也涉及病毒及其危害、治理等。当下所需要的是进一步整合各种研究资源，有计划、有针对性地合作解决问题，并通过某些渠道将关涉居民日常生活的自然科学研究成果及时告知公众。

确立人的尊严的界限、尊重自然，除了必须具备一定的自然科学知识，还要求强化和实现环境友好、资源节约型的制度，特别是要加强相关立法和执法工作，以便为维持人与自然的和谐发展奠定制度性条件。环境友好型制度需要通过一系列具体体制和环节体现出来，当前最重要的任务是落实我国已有的环境保护法，特别是加强对企事业单位的管理，力求做到环境保护的"预防"、"监督"和"治理"三结合：在生产前要求完善工商业审批制，即任何企事业在申报经营许可时，必须呈报由第三方评估的企业对各项资源的预计消耗的比例和有效预防、处理将可能对周边环境产生破坏的可行性方案，坚决禁止给资源耗费型和环境污染型的企业颁发营业执照。在生产和经营过程中要加强对企业的环保监控，确保企业的经营履行了资源节约和环境保护的义务。在生产和经营后要加强对企业造成的环境污染的及时治理。在最后一个环节中，加大对违规企事业的经济惩罚和舆论谴责的力度是十分重要的，可要求企事业支付由其生产经营管理活动所带来的环境污染的所有治理成本。资源节约型和环境友好型制度最终要依赖全民的共同行动才能得以贯彻，这要求进一步加强对人的尊严的界限、维持人与自然和谐的必要性、迫切性及具体途径的宣传与教育工作，使所有人都能自觉地、有意识地维护人与自然的和谐。

二 以相互尊重为立足点来维护人际和谐

(一) 维系人际和谐的意义

维持人与人之间的和谐具有十分重要的意义,它是社会稳定有序的前提与保障,同时也是个人幸福的基础与必要条件。正因为这样,人与人之间的和谐是古今中外,无论何种性质的社会都一致追求的基本目标和理念。很多思想家对这一重要性都有过论述,比如孔子曾提出"礼之用,和为贵";孟子曾提出:"天时不如地利,地利不如人和",都是对人与人之间和谐关系意义的强调。

不同时代的不同统治者和思想家从很多方面和角度论述了维持人与人之间的和谐的基本途径。我国儒家力主通过伦理道德的约束,比如推崇"仁爱"、"五伦"、"十义"等道德规范来协调人与人之间的关系以实现人与人之间的和谐。仁爱是《论语》的核心思想,它是一种发端于家庭又超越于家庭,延伸到他人、社会,乃至整个人类、自然、宇宙的爱。仁爱以家庭关系为出发带点,要求家庭中父辈和子辈的关系是"孝",即父对子要养、要教,子对父要养、要敬;平辈之间的关系是"悌",即兄弟姐妹之间互敬互爱的关系。仁爱还要求对他人、社会和国家的爱,对他人要"信","信"是爱他人和尊重他人的基本表现;对国家要"忠",即对国家、民族要保持忠诚和责任感。所谓五伦指的是夫妇、父子、兄弟、君臣、朋友这五种最具典型性的人际关系,提倡夫妇互相敬爱、父慈子孝、兄友弟恭、君义臣行、交友以信等品德。所谓十义,就是指"君仁、臣忠、父慈、子孝、兄友、弟恭、夫义、妇顺、朋实、友信"[①]。五伦和十义从人伦关系的角度,从社会生活的各个方面,规定了每个人为维护良好的社会关系应当遵守的基本道德准则。与中国儒家的德治思想相对立,西方近代以来启蒙思想家中的很多人,比如格劳休斯、洛克、卢梭、康德等,都意识到人类社会竞争和冲突的不可避免性,提出应该依靠国家作为仲裁者以强制的手段依照共同同意的法律来裁决争端。

随着中国进入社会转型期和改革开放的攻坚阶段,中国的经济体制、

---

① 孙景澈:《简谈儒家和谐思想对构建现代和谐社会的启示》,《黑龙江史志》2014 年第 9 期。

政治体制、社会心理和个人的生活方式、价值观都发生了全方位和深刻的变化。正如我国学者靳江好所指出的:"由体制变革和社会结构变动所引起的利益调整、观念冲突和社会震动,就其广度和深度来说都是空前的。因此中国社会矛盾呈现日益显性化的趋势。社会关系不稳定,制度化保障缺乏,共同价值瓦解,法律制度不健全,单位解体后社会生活单元解体,社会管理力量不足,维权渠道不畅和维权代价大,有组织的利益不能充分发挥作用等。总体说来,中国社会应当是进入到了一个高风险社会。"① 在中国经济腾飞的同时,中国社会人际间的矛盾以各种形式的社会问题表现出来。在公共关系领域,由两极分化而引起的社会分层和贫富差距,三资企业中的强势资方和弱势劳方之间的矛盾,由公共资源长期配置失衡所引发的城乡差别,由历史、政策等各种原因所导致的东西部地区的区域差别,由腐败、官僚主义及管理不当等导致的干群矛盾,由厂家、商家信誉不佳所引发的消费者和销售者之间的矛盾等。随着社会的转型,私人关系领域由于利益、观念的对立,也出现了很多影响人际和谐的新矛盾,比如夫妻矛盾、代际矛盾、婆媳矛盾、同辈之间的矛盾等。仅就正常家庭幸福最有影响的夫妻矛盾而言,据民政局统计数据,我国离婚率在近年一直呈逐渐上升的趋势。高离婚率给离异家庭的孩子健康成长,乃至整个社会的稳定都带来诸多破坏性因素。这些情况说明,在当今中国,维护人际和谐也是一项十分迫切的任务。

当代中国有许多学者就如何维护人与人之间的和谐进行了探讨,有代表性观点有:以利益的满足与协调为主要思路来促进社会和谐;以公平和正义促进和谐;以民主法治促进和谐;以文化建设和道德建设促进社会和谐等。课题组认为,随着人们对尊严需求的普遍化及其对社会发展与和谐日益增长的影响,当今中国应该通过相互保障彼此的尊严方式,即相互尊重为基石来构建人际和谐。

(二) 以相互尊重为立足点维护人际和谐的必要性

人际和谐的目的是形成人与人之间的互敬互爱的关系,而互敬互爱同时也是保障人际和谐的基本途径,其中"互敬"又是互爱的前提与限

---

① 靳江好、王郅强:《和谐社会建设与社会矛盾调节机制研究》,人民出版社2008年版,第83页。

制性原则,所以相互尊重构成人际和谐的标准、底线和根本目标,我们在当下应该以互相尊重为立足点来推动人际和谐。这里的"尊重"不是广义的尊重,而是狭义的尊重。广义的尊重既包括不伤害、不干涉、不作为等消极的尊重形式,还包括帮助他人的积极尊重的形式。狭义的尊重主要是一种对个体的人格、法权、自由抉择等不伤害、不干涉,属于一种消极尊重形式。

我国学者龚群在《相互承认与相互尊重》一文中很好地阐释了相互尊重在当代的意义。他指出,相互承认与相互尊重是构建当代中国社会伦理的最低要求,同时也是最高要求。现代市场经济是全面以等价交换原理为基础、伦理的、交互主体性的经济,有着自我利益追求的自主主体之间相互人格和主体性的尊重是等价交换,乃至一切社会生活得以进行的基本伦理前提。市场经济还是一种经济秩序全面契约化的经济形式。契约是相互意志独立的主体在尊重对方意愿的前提下所签订具有法权债务性质的约定,它本身就是交互主体互相尊重的体现。随着市场经济的确立,社会生活逐渐契约化,现代社会就是一场由身份到契约的运动,契约构成社会秩序与规则建构的原则。总之,"社会契约化"与"互尊伦理"是一种相互促进的双向运动。相互承认代表了社会最基本的道德,而做到如康德所说,人是目的而不是手段,即构建目的王国,构成社会的理想状态。从最低层次的相互承认到最高层次的相互尊重,其间必然经过一个社会契约化的过程。①根据龚群的观点,经济领域的等价交换和社会生活领域的契约化是相互尊重的基本体现、要求与保障,而把人视为目的是相互尊重的终极目的。

课题组已经在第二章深入论述了当今中国民众对尊重的普遍需求及其对社会发展与和谐的推动作用,在此就不再泼墨重复,而是将侧重论述当前以相互尊重为立足点维护人际和谐的基本途径。

(三)以相互尊重为立足点维护人际和谐的基本要求与路径

以相互尊重为立足点来推进人际和谐,首先要求社会大众能正确认识与对待"尊重他人"和"帮助他人"联系与区别,这属于认知教育的范畴。显然,"尊重他人"与"帮助他人"对促进人际和谐都是必要的,

---

① 龚群:《相互承认与相互尊重》,《博览群书》2001年第12期。

但课题组在第三章中已经论述，在互尊互爱二者关系方面，互尊是互爱的前提与界限。由于每个人都是独立的个体，都有自己独特的境遇、感悟、需求、个性、潜能、价值观等，关爱他人必须以尊重他人的需要、自由选择、价值观为前提和基础，如果仅以自己的观念来帮助别人，那就并非真正的关爱，而是以关爱之名来行干涉之实，并且最终必然无法维持健康的亲密关系。所以，人只有相互尊重才能做到相互关爱，"尊重他人"是"帮助他人"的前提与基础。"彼此尊重"，特别是"尊重他人"应该成为个人处理与他人之间关系的底线与限制性原则。康德对此曾有过明确阐述，他将"尊重他人"称为完全的义务，也即任何时候都必须无条件履行的义务，其对立面是道德的恶并可能引起法律干预的行为；"帮助他人"称为不完全义务，即主体可以对何时、何地履行以及如何履行该项义务进行自由裁量，其实际履行值得赞赏，其对立面是无德性和值得批评、谴责，但不会引起法律干预。

其次，需要社会大众明晰相互尊重的对象内涵，这也属于认知教育的范畴。相互尊重的对象包括个人独特的"需要""感受""人格""自由意志""法律权利""个性""价值观""生活方式"等，基本途径包括行为中的相互尊重，态度中的相互尊重，还有意念中的相互尊重。总体说来，相互尊重的伦理规范可以表述为，我们在处理人与人的交互关系时，要在行为、态度和意念中尊重彼此的人格，尊重彼此的合法权利，尊重彼此的自由意志，尊重彼此的价值观，尊重彼此的生活方式、尊重彼此的独特需要、感受等。其中，尊重彼此的人格是相互尊重的前提；尊重彼此的自由意志是相互尊重的基础；尊重彼此的合法权利是相互尊重的核心与限制性原则；尊重彼此的价值观和生活方式是相互尊重的目的，尊重彼此的需要和感受是相互尊重的高级要求，尊重彼此为目的自身是相互尊重的最高境界。

最后，也是最重要的是，需要在全社会范围内推进相互尊重伦理规范的普遍践行。伴随着中国改革开放的进程，人生而平等这一观念逐渐普及，但由于受流行的财富与权势至上尊严观的影响，据本项目组的调研统计，当今中国社会中平等尊重彼此的人格尚未固化为人的处事原则，也尚未形成一种社会习俗（见附录），也即全社会尚未形成在表情、语气、语言、姿态、动作、行为中将任何他者都作为平等人格礼貌友好对待。在私人领域，特别是上下级或贫富对立的私人关系领域中，强势者对弱势者言语和态度中公开蔑视、辱骂甚至行为中的暴力殴打现象还时有发生。新闻媒体经常揭露环卫工人被打、小商贩被打、上访老百姓被打等人格尊严被公然侮辱、践踏的扭曲现象还相当普遍，以至于几乎可以被每一个普通人所听闻或亲身经历。甚至有些人坚持一种"存在就是合理"和弱肉强食的立场，认为弱势群体的人格不可能被平等尊重，这就是生物进化的正常和必要的生存状态，如果将之判断为不公平或想要扭转这一现状那简直是一种不知分寸、僭越、矫情，是对祖宗遗传的生存模式的颠覆或对强者的权利、地位和创造性的打压、剥夺和束缚。随着市场经济体制的确立，尊重彼此的自由意志这一伦理规范的必要性逐渐为民众所意识，但由于中国毕竟受 2000 多年的封建专制、等级思想、人治传统的影响，这一规范的践行还存在各种障碍和问题。比如社会生活各领域中形形色色的暴力压迫、坑蒙拐骗、霸王合同、恶意违约、专制包办、强制干涉等都属于不尊重他人自由意志的行为。随着民主法治建设进程，人们的权利意识逐渐苏醒，但实践中依然存在大量漠视、践踏他人，特别是践踏弱势群体合法权利的现象，当今大规模的恶性社会冲突很多都起因于维权。随着宽容、求同存异理念的提倡，人们对个体价值观和生活方式的多样性也在某种程度上能够认同，但事实上很多人还是很难接受身边特立独行的人物、个性与另类生活模式，同时也很难做到真正尊重自己身边的人，特别是至亲与己不同的价值观和生活模式。在亲密关系中，一方强行改造另一方的价值观所引起不可调和的矛盾事例还随处可见。以上诸情况表明，在中国践行"彼此尊重"伦理规范以推动和谐社会的进程尚任重道远。

相互尊重伦理规范的普遍践行需要社会各界的共同努力。首先需要理论界加强关于相互尊重伦理和法理的研究，包括对其作用、意义和基本要求的概括性研究，也包括对其在各种具体关系中可操作性指导研究，比如亲子关系中相互尊重的具体要求与方法，夫妻关系中的相互尊重的具体要求与方法，上下级关系中的相互尊重具体要求与方法等。我国学界当前有些人对尊重伦理进行关注和研究，但整体而言重视程度不够，有效成果不能满足当下社会生活的迫切需要。另外，"相互尊重"问题的研究跨越哲学、伦理学、法学、心理学、社会学多个学科，这一问题的深入研究既需要理论研究工作者具有较为宽广的学科背景，也需要彼此之间通过某些有效形式加强沟通与合作。随着民主、平等、权利等观念的深入人心，00后出生的孩子普遍对尊重、自主性具有极其强烈的渴求。据心理学家调研结果显示，00后的孩子如果遭到父母的打骂，绝大多数孩子会选择还手。当前很多家庭亲子关系沟通的失败主要源于孩子对尊重的需求没有得到父母很好地满足。但我国家庭教育目前大都处于自发状态，虽然成功者的个人经验、感悟在新媒体领域铺天盖地，但是理论界缺乏对经验成果的总结、普遍化，特别是缺乏对成功解决问题的经典案例研究，其中关于亲子关系中相互尊重的研究十分薄弱，心理学、教育学领域的相关研究成果推广、运用也不够。这一状况导致很多迫切需要得到指引的家长求助无门，只能在黑暗的长夜中痛苦挣扎和煎熬等待。这一情况同样适用于其他私密关系和陌生关系领域。因而理论界加强关于相互尊重的研究在当今是一项十分迫切的任务。

推进相互尊重伦理规范的普遍践行还需要在教育和文化建设中进一步加强社会主流尊严观的培育工作，使"人的尊严神圣不可侵犯"逐渐成为全社会共识，并逐步深入私密关系领域和陌生关系领域之中，使之转化为个人行动的底线和原则。关于这一点，在上文论述合理尊严观的培育中已经做过充分阐明，此处不再重复。最后，也是最重要的是，需要社会各界加强对人的尊严，特别是人格尊严和权利尊严的法律制度保障，这是推进相互尊重伦理规范践行的基石。2017年两个引发国人关注的案件于欢辱母杀人案和女博士掌掴机场人员事后处置及宣传，充分展现出法律制度对个人尊严的保障，这对全体社会成员养成维护彼此人格尊严的意识具有里程碑的意义。

三 以"自尊"为立足点来保障个人内心和谐与人际和谐

内心和谐是个人获得幸福感的基础与判断标准，同时也是人际和谐、人与自然和谐的前提。如课题组在上文论及个人尊严对社会和谐的意义曾指出，心理学研究成果表明，个人只有自己的基本需求得到满足，能够运用理性统治激情和欲望，并认可自我的存在及其价值，同时又总是能够体验到来自他人的尊重与认可时，才能真心接纳并满意于自我及与周围的环境关系，达到个人内心的和谐。其中个人基本需求的满足属于尊重人的自然本性范畴；运用理性控制激情和欲望属于自我珍重和对精神快乐，即人作为类的高贵本性的追求，可以纳入自尊的范畴；认可自我存在与价值也属于"自尊"范畴，体验来自他人的尊重属于"他尊"的范畴。总之，"自尊"和"他尊"是实现个人内心和谐的必要途径，但那些自轻自贱，如靠出卖肉体、人格、良心来谋取物质利益的人，奴颜婢膝、泯灭自我去讨好他人的人都很难赢得外界的尊重，也即一个人只有自己尊重自己，才能尊重他人，也才能赢得他人的尊重。所以在根本意义上我们必须以"自尊"为立足点来谋取他人的尊重和个体内心的和谐。自尊包括自我认同和自我珍重两个基本方面，增进自我认同和自我珍重是促进内心和谐的两大基本途径。

（一）增进自我认同促进内心和谐

以"自尊"为立足点来促进个人内心的和谐，首先要求个人能够认可自身的存在及价值，并能够体验到他人对自身存在与价值的承认和赞许，这在心理学上属于一个自我认同范畴，是建立个人自尊和自信的基础。自我认同是个体的"现实自我""真实自我""理想自我"三者保持一致性的表现，包括"自我了解"、"自我悦纳"和"自我实现"三个环节。一个实现自我认同的人，能够清楚知道自己独特的禀赋、优势、不足和究竟想要过什么样的生活，能够面对和接纳真实的自己，能平静接纳自身周围的现实，具有明确的人生目标，知道自己所处的位置和应该采取何种途径才能到达自己所想要实现的目的。一个实现自我认同的人一般精力充沛、热爱生活、奋发向上、适应性强、积极独立，不受他人和外界的影响，在追求和逐渐接近目标的过程中能够体验到自我价值以及社会的承认与赞许。一个不能实现自我认同的人则经常处于自我图式的混乱之中，即不知道自己是谁，对自己的行为缺乏控制感和预测感，想从群体的淹没中独立出来，但又往往难以找到成功的方法；角色混乱，即不知道如何给自己定位，对身边成功的人既羡慕又排斥，想要更换新角色但又经常感到失望和疲惫；自我挫败，对自己和现实不理解、不满意，对自己的评价消极和偏低，易于悲叹、抱怨和悔恨；焦虑，经常为一些事情，甚至十分微不足道的小事烦恼、忧虑、不安和恐惧。总之，个人如果不能实现自我认同，内心就不可能处于宁静和平衡之中。由于个人心理世界的复杂性，很多人终生难以实现自我认同，并总是通过各种不同程度的心理困惑、情绪紊乱,甚至身心疾病体现出来。

促使个体走向自我认同进而实现自尊自重是一项十分艰巨的任务,需要国家和社会加强科学价值观的引导,需要社会各界提供必要的心理疏导和支持渠道,还需要教育者训练个体自我调控与修炼的能力等。首先,悦纳自己的个性是自我认同的基础。这需要全社会端正对个性的认识,并构建社会整体对形形色色不同个性的宽容、理解、尊重和成全的大环境,特别是教育界应在实践中贯彻落实尊重个性的原则。尊重个性既是培养创新型人格的前提,也是对个人尊严保障的具体体现。另外,通过各种有效途径引导个体意识和接受自己的独特性和不完美性是自我了解和自我悦纳的前提。每个人都是独特的个体,具有自己的先天禀赋与不足,对自我的完美主义和抽象标准的追求以及与他人的强项攀比中的自卑是破坏自我认同的最大敌人。在这里,个人的自我教育、自我调整、自我引导是实现自我认同的最关键的力量。其次,人的真性情,尤其是先天的弱点往往只能在生活的重大变故中才能完全呈现出来。人对自我的否定和不满也经常起因于不能正确面对意料之外的重大失败,因而增加个人的阅历,特别是必要的挫折与痛苦的教育,引导个人从挫败中反思,这是使个体正确认识和定位自己,并接受自身缺陷的必要步骤;引导个体依靠自己内在的精神性力量最终战胜逆境,这是使个体内心变得强大、自足的关键。最后,个人对自我的肯定与认同最终来自个人成功的体验,因而社会为个体创造更广阔的发展空间,个人制定切合自身实际的目标,并发挥主观能动性克服种种困难,顽强追求自己的目标,最终通过自立自强实现自我的价值,这对于促动个人实现自我认同也具有十分重要的意义。

(二)加强自我珍重促进内心和谐

理性主义伦理学一般认为,欲望与激情属于人自身中的动物性成分,理性则是人与动物相区分的本质,当人的理性在与欲望、激情斗争中获得统治地位时,人就实现了作为类的本质,即德性,这也是人相对于动物的高贵性方面,属于自我珍重。相反,当人被欲望和激情支配时,人就沦为与动物生存同水平的状态,从而丧失了作为类的本质和高贵性,这属于自轻自贱和自甘堕落。而当人被某种感性欲望或具有破坏性的激情所支配时,人内心就会体验到种种消极情绪,比如饥渴、不满、忌妒、愤怒、失衡、焦灼、忧惧、亢奋等，从而失去宁静与和谐。常识中所说的"知足常乐""心平气和"所描述的就是这一道理。以"自尊"促进人的内心和谐要求引导和训练个体强化理性的力量，最终能成功控制欲望与激情。但西方社会进入文艺复兴以来，为了克服中世纪基督教的禁欲主义倾向，人的感性欲望和自然本性不断得到思想界和艺术界的肯定与讴歌。"二战"之后，理论界更是深受情感主义伦理学和非理性主义哲学的影响，对感官快乐、欲望、激情的描述、论证与推崇逐渐达到前所未有的高度；经济生活领域中又深受以凯恩斯为代表的依赖刺激有效需求来实现国家宏观调控目标观点的影响，国家和社会采取多种途径有意识地刺激人们的各种感性欲望以拉动消费和推动经济增长。随着改革开放中国的国门打开和经济发展，民众也不可避免受到全球性世俗化趋势和享乐主义思潮的渗透，过去由于各种原因，比如贫穷的制约，比如"重义轻利""存天理、灭人欲"等思想的禁锢等，被压抑的各种感性需求以井喷形式爆发。但与西方发达国家不同的是，在中国，人的感性欲望被充分肯定的同时，对自由、平等、人权、尊严等精神性价值的启蒙却并不充分。在这一背景下，人们的感性欲望日益膨胀，对精神的追求则被漠视、被矮化，甚至还可能被某些人异化评价为另类、怪癖、清高和虚伪等。当今中国社会中纵情享乐、过度消费、炫富攀比等行为相当普遍，赌博、酗酒、吸毒、嫖娼、养情妇等各种有损人自身健康、幸福、尊严和内心和谐的行为也不在少数，而民众对诸如此类的行为在道德评价方面也相当宽容。

人是理性和非理性的统一体，在特定场合中容易陷入理性和非理性的冲突之中，理性最终战胜欲望与激情需要个人自身的主观努力，也需要社会对个人提供必要的引导和支持。个人主观努力的途径有：理性思维的训练，包括理性的质疑、批判、反思、总结等能力和习惯的养成，最终形成一种独立思考、判断与抉择的能力，按原则而按非本能办事的自觉性；世界观、人生观、价值观的自我塑造，特别是一种积极、进取、高尚的人生观的自我选择、自我设计和自我追求等。心理学研究成果表明，人的意志松懈远比紧张更容易，很多时候让人豁然开朗的并非某一至理名言或向上的斗志，而是不断跌破下线的轻松及其相伴随的当下快感，因而确立人牢固的底线意识对人的自尊自重具有十分重要的意义。

社会对个体提供的引导和支援有：通过教育、社会舆论、法治等各种途径来培养个人的科学三观；训练个人的理性思维能力和培养个人的意志品质，最终力求使个人面临诱惑时，能成功运用理性统治自身的激情与欲望，并过上一种自我珍重和内心宁静的生活。

促进人的自我珍重，还要求培养个人对气节或节操的珍视，即维护自身的人格尊严的强烈意识。当个人为了某种利益而不惜使自己沦为他人的工具、傀儡，比如通过出卖健康、肉体、良心、自由意志，也即出卖个体人格来换取特定的外在好处时，个人就把自己当成了低于他人的存在物或非人的存在物，人在此种场合中就丧失了自身的人格尊严。但人作为人本身的良知和骨气在任何场合中都不会完全彻底沦丧，同时任何人也都渴望得到他人的尊重，因而没有一个人真正意愿丧失自己的人格尊严，而当一个人被迫选择丧失人格尊严的行为时，他必然要么鄙视自己，要么敌视他人和社会。所以，一个缺乏做人的基本原则和气节，靠阿谀奉承、卑躬屈膝的方式来谋求生存或利益的人内心往往处于扭曲、自卑和愤懑之中，根本不可能实现内心和谐与人际和谐。总之，保障个人的人格尊严需要国家和社会为个人提供物质丰富和公平竞争的生存环境，更需要教育界和个体自身培养个人的人格尊严意识，还需要行政和司法部门按相关法律和规范对侮辱他人的人格尊严的行为及时进行相应惩罚。

总之，自尊的构建首先依赖个人发挥主观能动性认可和接受自己，并努力实现自我的价值和成为一个道德品质高尚，能为社会他人做更多贡献的人。但人毕竟是社会中的人，人对自我的认识总是会受到他人和外界的影响，无论个性如何超脱和独立，如果社会或身边人全盘否定或贬低个人的存在、能力和价值时，个人就很难对自我及其价值形成满意感；如果社会和他人能肆意践踏个人的尊严，特别是个人的人格尊严和权利尊严，而个人又完全无能力反抗，他就更难保持自身的尊严感和内心的和谐，所以只有全社会形成尊重人的个性、价值、选择、人格和合法权利时，个人时刻体验到自尊感才能成为一种常态，并在此基础上对自己形成满意感。因而满足普通民众的自尊心理，需要国家和社会尽可能创造条件来满足个人的基本需要，保持社会制度的公平正义，以为个人生存与发展提供更好的外部环境；需要国家和社会高度重视对个体的自我认同教育与自尊自重教育，如在道德教育和心理教育中应该加强对个体正确对待和处理生活中的巨大诱惑、荣誉、重大挫折和失败的引导，加强对个人正确认识幸福与物质财富、精神快乐之间的关系的引导，加强对正确对待理性与非理性之间的关系的引导与行为训练等。最关键的是，需要全社会养成尊重人本身的社会习俗。

（三）加强自我尊重以促进人际和谐

大量经验事实证明，一个不懂得自我尊重的人是不可能尊重他人的，因为一个对自身人格尊严和权利尊严都不敏感和不珍惜的人，也很难把他人的人格和权利尊严视作必须无条件捍卫的最高价值。比如，很多自甘堕落的吸毒者，为了满足自己的感官享乐，最终都走向抢劫甚至杀人的违法犯罪道路；还有不少靠出卖肉体来谋生和谋取职务升迁的女性也难以避免破坏他人家庭和践踏他人的正当权益；酒驾是当前引发恶性交通事故的主要原因；家庭中的一员沉溺赌博、酗酒等恶习是当前引发家庭矛盾乃至婚姻解体的重要原因。因而不同个体的相互尊重建立在成员自我尊重之上，自我尊重不仅是维系个体内心和谐的基本手段，还是维系人际和谐的前提条件。所以我们当下应该倡导以自尊自重为出发点来推动相互尊重和人际和谐关系。关于如何推动人的自尊自重上文已经有较详细论述，在此不再复述。

小　结

本章基于第二章所得出的结论，即个人尊严诉求及其实现对社会和谐具有极大的推动作用，探讨立足于个人尊严构建社会和谐的基本路径。就人的尊严实现而言，需要社会加强对个人尊严的保障与促进工作，但课题组将社会努力的基本方向留在第五章。本章的目的与重点是社会和谐，所关注的是如何充分尊重和发挥个人的主体性，即侧重从个人的角度，探讨通过人的尊严的实现促进社会和谐的基本路径。无论是合理尊严观的确立，还是自我尊重和相互尊重，最终都必须依赖个人的努力来认同、贯彻和践行。在此，个人是实现人的尊严并进而推动社会和谐的主体性力量。

第 五 章

以社会和谐构建为基础的
个人尊严实现路径

个人尊严的实现需要个体的主观努力，也需要社会提供良好的外部条件。相对于个人尊严的实现而言，国家和社会更多地以"义务主体"的形式出现，承担着捍卫个人尊严的使命和保障个人尊严得以实现的义务。如第三章所论述，社会和谐是实现、保障和提升个人尊严的前提和基础，我们当下应该通过社会和谐的构建来促进个人尊严的保障与提升。课题组在本章将根据我国当前的基本国情，特别是保障人的尊严的工作领域中所存在的突出问题，以个人尊严的实现为价值诉求，重点探讨如何通过推动社会和谐，即在实现社会活力、民主法治、公平正义、诚信友爱、安定有序和人与自然和谐进程中来促进个人尊严的实现的基本努力方向。在此，社会和谐是外部条件，个人尊严的实现构成本章所要探讨的目的。

第一节 增强社会活力以奠定保障
个人尊严的平台基础

社会主义社会和谐所谋求的"和谐"不是静态的和谐，而是充满活力的动态和谐。如第二章所指出，所谓社会充满活力对个人而言就是必须保证每个人能够各尽所能、各得其所，公平竞争、共享发展成果；对社会而言就是必须保证社会生产力持续发展及各项事业能呈现勃勃的生机，人们的物质文化生活水平不断得到提高。自改革开放以来，我国生产力一直保持良好的发展态势和高速的增长，社会各项事业都得到前所未有的发展，目前已经成为全球第二大经济实体，并正进入全面决胜小康社会阶段。人们物质文化生活水平和国际地位大大提高，相较于过去任何一个时代，我国民众生活的尊严度已经有很大的改善。但我国虽然经济总量迈进超级大国的行列，但人均收入依然处于中等水平，2018年在世界排名仅居第74位，距离发达国家平均水平还有相当距离，因而国民生活的整体水平和平均水平还有待进一步提高，同时，在养老保障、医疗、教育、就业等民生领域中还存在一些可能危及普通民众尊严的实现和提升的问题。另外，由于社会领域中两极分化现象还比较严重，处于弱势地位的群体在捍卫自身的人格尊严、权利尊严、提升生活品质和实现自我价值等方面往往面临着较大的困难。我们当下应该通过进一步增强社会活力，即促进生产力的发展、改善民生，保证社会的流动性等途径来夯实保障普通民众尊严的物质基础与活动平台。

一 发展生产力、改善民生以构建保障普通民众尊严的物质性平台

衣、食、住、行基本生活条件的保障是个人生活维持作为"人"的生存水平的物质前提与基础，因而虽然和谐社会理念提出的一个重要目的是突破过去我国片面追求国民经济增长的发展模式，但社会主义社会和谐却绝对不是要忽视经济与社会的发展。我国学者甘绍平曾对这一问题进行过阐述，他指出："维护自我需要一定的物质或精神条件为前提，而在贫困及病痛的状态下，自我没有得到维护的可能，当事人根本无法行使自主的决定。就此而言，消灭绝对贫困是维护人的尊严的前提条件。"[①] 所以要使社会中所有人，尤其是普通大众都能过上有尊严的生活，首先必须保证社会生产力的持续发展和民生能得到不断地改善。保证生产力的持续发展也就是我们通常所说的，把蛋糕尽量做大，这是保障每个人可能分到更大分量蛋糕的前提条件，这在任何时候都是一个毋庸置疑的真理。

（一）当下推动中国生产力发展的前提与根本战略

一切从实际出发，把握和尊重中国国情是发展我国生产力的前提。

---

① 甘绍平：《作为一项权利的人的尊严》，《哲学研究》2008年第6期。

中国目前依然处于社会主义初级阶段，这是我国当下最基本的国情。首先，我国当前虽然生产力总量已经位于世界第二，少数科技行业居于世界领先水平，但科技创新能力总体依然比较薄弱。这主要表现为我国虽然有少数技术处于世界领先水平，比如纳米和常温超导材料技术、石油冶炼技术、激光技术、航天技术、光缆通信技术、超级水稻和其他农作物杂交技术、陶瓷技术、高压输电技术等，但也有很多行业的核心技术落后于发达国家和高度依赖发达国家，比如汽车和飞机核心部件制造、网络芯片研发等。据统计，我国 2015 年在核心技术、关键技术上对外依存度高达 50%。[1] 其次，中国人口基数庞大，位于世界第一，并且素质参差不齐，这是中国又一基本国情。这一状况决定了我国人均资源占有量低，人均国民收入快速提高难度大，普及和提高社会福利的障碍大等一系列问题。另外，中国人口老龄化趋势逐渐严重，预计到 2030 年，中国 65 岁以上人口占总人口比重将超过日本，成为全球人口老龄化程度最高的国家；2040 年中国 60 岁及以上人口占比将达 28% 左右，到 2050 年 60 岁及以上老人占全国总人口人数将超过 30%，中国社会将进入深度老龄化阶段。[2] 中国人口状况将长期影响和制约着中国经济的发展。除了生产力和人口状况这两个最大重要国情，中国还有其他一系列独特的国情，比如拥有长达 2000 多年的封建专制文化传统，民众民主和法律意识相对比较薄弱，中国是个多民族国家且边疆邻国众多，国家尚未完全统一等。

一切从中国国情出发，这是我们推动生产力持续发展的基本前提。但根据矛盾原理，矛盾双方的相互贯通、相互转化是事物发展的源泉，因而我们发展生产力还必须借鉴和吸收其他国家的一切先进经验，将中国具体国情和国外先进经验有机结合，这是发展我国生产力的基本原则。

从世界普遍趋势和中国长远利益来看，当下发展生产力必须长期坚持习近平同志五大发展理念，即创新、协调、绿色、开放、共享。课题组认为当前坚持一个关键点和两个基本战略对发展生产力具有突出意义。

---

[1] 刘璐璐：《专家：我国核心关键技术对外依存度高达 50%》，经济参考网，2015 年 12 月 22 日（http://jjckb.xinhuanet.com/2015-12/22/c_134939123.htm）。

[2] 徐梅：《中国面临人口负增长风险——专访中国人民大学人口与发展研究中心教授顾宝昌》，《南方人物周刊》2011 年第 5 期。

一个关键点是创新力培养，两个基本战略是科教兴国战略和绿色发展战略。如上文所指出，创新力不强是当前制约我国生产力发展的重要瓶颈，因而培育和提高社会各行各业的创新力是发展我国生产力的关键，这有待于利益分配领域中的激励机制，教育领域中的创新人格和创新思维培养机制，法律领域中的知识产权保护机制，文化领域中的民主、自由和尊重等价值观建设机制等的完善和发展。科教兴国战略要求把经济增长的动力立足于科技研发和人力资本开发。科教兴国不仅可以为我国生产力发展提供持续的动力，进而为广大人民群众过上有尊严的生活提供必要的物质基础，同时还可以为减少或排除个人发展中出身、财富、性别等其他偶然性因素的影响，为广大民众实现自我价值和提升个人尊严提供公平的舞台。坚持科教兴国首先要求实现经济增长从粗放型到集约化的转变，即突破传统依赖生产要素投入和能源消耗来推动经济增长的方式，不断增加科技和人力资本对经济增长的贡献率。其次，也要求避免将经济增长的基点建立在房地产和股市等虚拟经济之上，这需要全体社会高度重视实体经济、知识信息经济和科技研发事业的发展。当前广大民众对科教兴国战略的必要性有了普遍认识，国家和社会对科技研发的投资也逐年增加，取得明显成效。但如上文所说，我国科技创新水平总体有待加强，现在问题的关键是如何从体制上保证切实提高国民的科技创新能力和开拓进取精神，当下科研管理和激励体制中去行政化、个人科研工作中淡功利化，教育和文化中对创新人格培养的重视等都是推动科教兴国的必要措施。绿色发展战略要求将发展与环保、生态文明建设相结合，这是保证经济可持续增长的前提，更是保障全体民众的身体健康和居住环境优雅的基本前提，绿色发展理念本身也充分体现了对广大民众尊严的保障与促进。当前绝大多数民众对绿色发展的必要性在观念上有了一定的意识，但在行动上却有很多人为短期利益所驱动，难以真正贯彻绿色发展的战略。绿色发展战略在根本上依赖于国民现代生态观念和生态素质的培养，国家的管理和监督体制的加强，也有待于国民对环境保护和绿色产品在行动上的切实支持。欧美发达国家有些商家尝试将绿色有机食品和一般商品明确标示开来，其商品价格虽然要高很多，但还是有越来越多的民众去选择这种高品质的健康食品，这种依赖市场的力量促进绿色经济发展的方法值得我们借鉴。

(二) 改善民生的基本路径

解放和发展生产力是一切革命和改革的根本目的，但发展生产力也只是手段，其终极目的是不断提高人民群众的物质文化生活水平，这构成判断一切工作得失的最高标准。人民群众物质文化生活水平的提高具体表现为民众的衣、食、住、行、医疗、教育、养老、社会治安、生活环境、精神文化等民生条件不断提升的过程。民生改善是社会充满活力和生产力持续发展的具体表现和必然结果，也是广大民众生活尊严度不断提高的物质基础和基本标志。当一个人贫病交加且失去依靠个人努力改善生存境遇的可能性时，人就将沦陷到悲惨、无助，甚至动物式求生存本能的生活境况，尊严将无从说起。我国学者任丑曾指出了生命、人身安全和身体健康对个人尊严的意义："尊严可以不同的特殊方式丧失，在重病、暴力、折磨、毁容或整个身体被损毁改变等情况下失去了可尊重的身体时，人们甚至不愿见自己的亲友同事，把自我排除在共同体之外。"① 所以，国家和社会对人的物质文化基本需要的尊重在广义上属于保障人性尊严范畴，民生改善是保障和提升个人，特别是普通大众生活尊严度的物质性基础。

随着中国改革开放的深化，农村地区的社会保障平均水平低、看病和养老困难，基础教育落后，大中城市房价偏高，上学难，全国所面临的环境污染、食品安全、就业、收入分配、劳资关系等问题，这些都是民生领域中的突出问题。我国历届政府都高度重视民生问题，曾多次论述改善民生的基本路径。十一届全国人大五次会议政府工作报告提出，必须切实保障和改善民生，并对如何改善民生做出指示：要千方百计扩大就业；要加快完善社会保障体系；要大力推进医药卫生事业改革发展；要全面做好人口和计划生育工作；要继续搞好房地产市场调控和保障性安居工程建设；要加强和创新社会管理。党的十七大报告将改善民生作为专章论述，专门强调了收入分配的改革，提出两个"比重"的提高：一是提高居民在国民收入分配中的比重；二是提高劳动报酬在初次分配中的比重。十八大以来，以习近平同志为核心的党中央坚持与人民同呼吸，共命运，着力解决老百姓最为关心的突出问题，高度重视环境保护，

---

① 任丑：《人权视阈的尊严理念》，《哲学动态》2009 年第 1 期。

细化到冬季取暖、垃圾分类、处理畜禽养殖废弃物到养老、住房、食品安全各个方面。学界在政府报告和文件的基础上对如何改善民生也进行过广泛的、有意义的探讨。一些人针对民生领域中存在的突出问题，强调了加强公平正义和对弱势群体关怀对民生改善的重要意义；还有一些学者对民生领域的某方面的问题，比如扩大就业、完善社会保障、完善医疗卫生事业改革、推进住房保障、深化教育公平、加强收入分配改革、强化公民合法权益保障、维护社会治安、健全公共文化等都进行过较为深入的探讨，提出了不少合理化措施。笔者在此无意一一罗列，想要指出的是，尽管政府和社会各界高度重视民生问题，但任何一项民生问题的改善都不能在一朝一夕之内就能完成。民生问题往往积累日久，且涉及方方面面，比如，造成老百姓看病难和看病贵的局面的原因复杂：不同医院之间、城乡之间医疗资源配置不均衡；医疗保障体系不健全、报销制度不合理，导致个人就医自费比例过高；公立医疗机构运行机制市场化，医生在谋求最大利润动机的驱动之下普遍存在对患者过度医疗；医疗器械生产流通秩序混乱、环节过多、医生和经销商相互勾结抬高药品价格等。因而看病难和看病贵是医疗领域多个深层次问题的一个结果。要解决这一问题则必须进一步完善医疗保障体系，强化医疗的"公益性"，改变以药养医的状态，促进医疗资源的公平配置。这是一个系统工程，需要投入巨大的财力和物力才能完成。又如中心城市的住房价格居高不下也有多方面的原因，既有城镇化进程所带来的刚需增长，存量土地供求矛盾，开发商预售、囤积和炒作策略，国内外投资性需求的旺盛，保障房、公租房供给不能满足需求等原因，还有地方政府的土地财政政策，央行信贷与货币供应的过度增长，居民住房消费观的扭曲、非理性攀比和抢购心理等其他原因。我国当前的市场经济体制和依法治国方略决定中央政府的宏观调控必须在尊重市场和尊重法律的基础上才能发挥作用，因而要想短期内解决中心城市住房价格过高，让绝大部分普通百姓能在城市安居乐业，过上轻松、有品质、有尊严的生活绝非易事。不仅医疗、住房问题，其他民生问题的改善也都存在类似局面：解决的难度大，而且尽管目前全国各级政府逐步将民生纳入政绩考核标准，但却往往缺乏系统的、客观的、明确的考核标准。因而，当下解决民生问题并为个人尊严实现奠定物质基础的关键是社会各界必须真正克服过去那种唯 GDP 至上的发展标准和思路，切实高度重视民生问题，并且在实践中探索出符合中国国情和能够切实有效改善民生问题的方案。

二 增强社会流动性以构建提升普通民众尊严的机会平台

社会流动性是社会充满活力的重要表征和基本要求。社会流动性包括民众在地域上的迁徙情况水平性流动和民众在社会阶层结构上的升迁情况纵向性流动。水平性流动虽然也体现个人的事实自由，但影响个人尊严实现主要是社会纵向流动性水平。纵向社会流动性又分为代内流动和代间流动，代内流动指个人自己一生中社会地位的变迁，比如，从一个蓝领阶层上升成白领阶层；代间流动是指下一代相对于父母社会地位的变迁，比如农民的儿子成为国家科学家。社会流动性的测度方式是收入、教育和地位在代与代之间的相关系数，它的取值在 -1 到 1。合理的社会流动性意味着代与代相关系数应该在合理的范围内。如果是代与代之间的相关系数为 -1，这意味着如果上一代是穷人，那么下一代就变成富人；上一代是富人，下一代就变成穷人，这是通过大规模的财富剥夺才可能实现的代际变化。正常社会的代际相关系数都是在 0 到 1：由于有各种因素影响代与代之间的传承，比如基因、自然环境等，所以相关系数应该高于 0；但如果代际相关系数趋于 1，社会结构就会彻底地固化，父辈的收入、教育和地位会完全决定子辈的收入、教育和地位。

社会流动性是实现经济持续增长和避免中等收入国家陷阱的关键性因素，后者在根本意义上构成全体民众尊严得以保障和提升的物质平台基础。据国际社会经验显示：一国进入中等收入后很容易出现社会流动性下降、社会结构固化的趋势。这是因为当经济从"贫困陷阱"中摆脱出来之后，要素驱动的经济增长必然会带来一定程度的社会分化，而此阶段公平竞争的市场规则还往往没建立起来，在社会各阶层的利益博弈中，政府还很难扮演公平和中立的角色，已经获利的精英阶层受利益驱动一般会利用制度和政策的缺陷谋求自身地位的固化，阻碍社会流动性机制的确立和完善。因而，一个国家进入中等收入以后也就进入效率驱动阶段，在这个阶段最核心的问题是如何激励人们进行人力资本投资，即刺激人们通过学习、教育、培训、勤奋工作、创造等一切途径去努力谋求改善自己的处境，这是决定一国经济持续增长的关键因素。只有较高的社会流动性才能保证动态的机会公平，才能调动社会全体成员的积极性，进行人力资本投资，努力工作，积极创业和创新。因此，高社会流动性是促进经济持续增长和避免中等收入陷阱的核心因素，而经济的持续发展能为普通民众尊严的实现提供必要的物质基础。

正常的社会流动性不仅保障经济持续增长，还是普通民众，特别是弱势群体实现自我潜能与价值、提升自己物质文化生活水平，过上有尊严生活的必要条件。在一个相对封闭的社会中，处于社会底层的民众提升自身的机会稀少，很难通过自己的努力来改变自己的命运，所谓"龙生龙、凤生凤、老鼠生儿会打洞"，以及"学好数理化不如有个好爸爸"，"恨爹不成刚"，"寒门难出贵子"等社会性怨怼都是对社会封闭这一现象的描述。而在一个相对开放的社会中，几个阶层，特别是处于社会底层的民众，都有通过自己的努力和竞争提升自己生存境遇的较为公平的上升机会。所谓"朝为田舍郎，暮登天子堂""只要努力一切皆有可能"等期盼都是对这一社会现象的描绘。当一个社会能实现正常流动时，由于外在偶然性因素而沦陷到社会底层的智慧精英分子的积极性和创造性能够得到充分发挥，不仅如此，当这些聪明才智者具有正常渠道改变自身的生活处境时，他们一般也会拥护现有的社会制度，能自觉把个人宝贵精力和智慧挥洒到社会所需要的各行各业中，而不会把生命耗散到对各种非正当途径的钻营之中，也不会铤而走险采取极端的手段去推翻现存的社会秩序，因而社会流动性对社会秩序的稳定也具有极其重要的意义。我国古代社会很多开明的帝王都能够意识到社会流动性对社会发展和秩序稳定的重要性，历代王朝所推进的"唯才是举"用人制度的改革都是为了增加社会流动性。在当今世界，社会流动性强被学界和民众视为社会健康发展和个人尊严和价值得到保障的重要标志。美国奥尔森曾指出，当一个社会被各种利益集团所挟持，各利益集团的利益日趋固化，那么这个社会的发展就停滞了。判断一个社会是否健康发展，不要去看 GDP 如何膨胀，不要去看那些飞驰的高铁，而是去观察每个人的命运，看看同一阶层的人能否有机会和能力打破自身的宿命。总之，增加社会流动性不仅是维持经济增长的重要条件，还是个人，特别是普通民众提升自身尊严的机会平台。

我国自 20 世纪 70 年代末的改革开放曾在相当大程度上促进了社会流

动性的提高。比如从 1977 年到 20 世纪 90 代，中国农村中许多农民子弟通过高考进入国家各级大学，毕业后成为行政人员、科技人员、各行各业的精英人物，即"天之骄子"，从而实现个人命运的根本转变。但据统计，中国重点大学农村学生比例自 90 年代起不断滑落，其中，北大、清华、复旦等高校近年农村学生所占比例均为 20% 以下。造成这一状况的根本原因是城乡教育资源的不平等。不仅如此，随着全国各大高校的扩招，大学毕业生供给量不断增加，优质工作岗位竞争越来越激烈。而不同出身的大学生综合素质，特别是表达能力、组织能力、人际关系能力等都具有较大差异，出身贫困家庭的大学生很难和出身条件优越家庭的大学生竞争稀缺性的工作岗位，以至于当下农村子弟进入某些行业工作十分困难。近十年来，各种迹象表明我国的社会流动性有下降趋势，"富二代""穷二代""官二代"这些称谓所反映的正是人们对社会固化现象的认识与担忧。

课题组认为，增加社会流动性，首先，必须促进和完善公平竞争的制度建设，对于起点较低的人群，还应该尽可能为他们发展自身能力创造条件。其次，必须促进政府投资由物质资本投资向人力资本投资的转换，教育和健康水平是人力资本的组成部分，最容易造成个人竞争力和不同家庭之间的鸿沟，只有国家保证公民平等的教育机会和医疗水平，出身社会底层的人才有可能通过自己的主观努力改变命运。最后，提高各类机构维护社会流动性的责任感，社会流动性的提高根本上取决于社会不同部门对不同身份的人的公平对待和对社会弱势群体的支持和帮扶政策。

第二节 加强公平正义与民主法治制度建设以奠定个人尊严的政治基础

个人尊严的实现、保障与提升不仅需要物质基础，也需要制度的保障，完善公平正义和民主法治制度是保障个人尊严的政治基础。本节将针对当前妨碍普通民众尊严保障的几个较为突出的，且应该和能够用制度完善加以改进的社会问题，探讨当下完善公平正义与民主法治制度建设的具体路径。首先，在生产力发展水平既定的条件下，确保普通民众基本物质文化生活水平的不断改善有待于分配制度的公平与正义。我国当前不同地域、行业、阶层之间所存在的较为严重的两极分化问题不仅影响到普通民众的尊严感，而且还使那些由于各种偶然因素陷入社会最底层的贫困阶层缺乏作为人的生存的基本物质文化生活条件，过着尊严度很低的生活。针对这一现象，课题组将首先探讨如何推进公平正义的分配制度建设。其次，由于教育是个人获得全面发展和提升综合素质的基本途径，而人的综合素质是个人，特别是出身平民家庭的子弟实现自我价值，并进而体验到尊严感和过上有尊严生活的前提与基础。我国虽多年一直高度重视教育，也实行了普遍的九年义务教育，但教育资源分配不公、教育管理不公平现象也依然存在，因而当下进一步推进教育公平的制度建设依然具有十分重要的意义。再次，个人实现自身的潜能、价值和尊严依赖于社会为之提供一个公平竞争的舞台，但我国当前人才市场尚存在不同形式的歧视、特权现象（行政、事业等公共单位用人还深受人情和关系规则影响）以及其他问题，所以完善人事制度的公平竞争规则对于个人，特别是普通民众发挥自己才能，实现自身尊严具有重要的现实意义。最后，法治对于保障人的权利尊严和人格尊严具有根本性的作用，当下凸显人的尊严在法治建设中的地位对于维护人的尊严也具有重要意义。课题组在本节尝试着从这四个方面探讨以公平正义与民主法治制度建设为着力点捍卫和提升人的尊严的具体路径。

一 进一步推动收入分配制度的公平与正义

分配有广义和狭义之分。广义的分配包括对所有满足人们的基本需要的权利、财富、机会以及其他基本善和价值的分配；狭义的分配主要指财富或经济利益的分配。因为一定量的物质财富的占有量和消费量是个人过上有尊严生活的物质前提，课题组在此所要探讨的是狭义的分配制度，即收入分配的公平正义。我国当前收入分配领域存在许多问题，主要体现在：其一，居民收入在国民收入分配中比重偏低。其二，一些灰色收入没有得到应有规范。其三，同一单位内部岗位不同收入差距过大，比如国企高管和普通职工之间的收入差距过大；企事业单位合同工和全民所有制员工之间的收入差距过大等；私营企业老板与工人的经济利益分配差距过大等。其四，再分配调节收入差距乏力。其五，我国社会保障水平偏低。

针对上述问题，当下中国推进收入分配制度的公平与正义，应该确立几个原则。其一，坚持分配中"应得原则"与"平等补偿"的有机结合。"应得"是正义的核心内涵。分配领域中坚持"应得原则"，主要强调对财产持有的正义性。"应得"的标准与依据应该是"实际贡献"，而非其他任何东西。实际贡献又可以用所付出的劳动和所取得的效率或业绩来衡量。以"应得"作为分配的原则，要求分配过程中最终将个人的收入与其努力、才能、成就等直接挂钩，尽量排除利用出身、种族、性别、权力、暴力、欺骗等其他途径占有更高分量财富的可能性。应得原则允许收入的不平等，但主张这种不平等只能基于个人的贡献与努力而产生，这是保证个人实现报偿性尊严的制度基础。应得原则贯彻到再次分配领域，要求辅之以"平等补偿"原则，即依据社会团结、和谐的要求，适度调节与矫正初次分配基础上形成的有损机会公平的不平等分配。其二，坚持消灭绝对的贫困。所谓绝对贫困就是生活处于最基本的生存需求线以下的状况。在一些特定际遇中，可能因为多种原因，比如非常偶然性的厄运，使个人生活陷入极度悲惨的境地，导致其事实上享受社会发展成果的权利被剥夺。出于人道、怜悯的情怀，更出于捍卫人的尊严的考虑，我们都应该避免看到同类遭遇极度贫困、绝对被剥夺甚至饿死的命运。当今世界几大宗教的教义都强调社会正义和对穷人的责任，世界宗教发展对话组织指出："所有的宗教都把当今世界上极端的物质贫困看作对当代人性的道德控诉、人类家族的信任裂痕。"[①] 消灭绝对贫困的分配原则可以借鉴罗尔斯的公平正义观，即不追求经济收入分配的结果平等，但主张不平等的结果应该给所有人比简单的平等分配带来更大的利益，尤其是对那些处于社会最不利地位的人能产生最大的利益。消灭绝对贫困还要求完善社会福利和保障制度，从制度上保证那些不幸陷入困境，而依靠个人力量又无法从根本上改变自身处境的弱势群体能维持基本体面和有尊严的生活。

就具体途径而言，推进收入分配制度的公平正义，应该逐步完善第

---

① Fehr, Ernst, Fischbacher U. The Nature of Human Altruism, *Nature*, Vol. 420, No. 10, 2003.

一次分配、第二次分配和第三次分配制度。首先，进一步完善初次分配中的按劳分配制度。所谓按劳分配，就是按劳动的质和量进行分配。合理确定劳动的质和量的衡量与计算标准是完善按劳分配制度的关键，应该让技术含量高、难度大、完成工作量多和做出实际贡献大的劳动者得到更多的劳动报酬，避免出现多劳不能多得，甚至多劳少得，而少劳却多得的乱象。当前主要应该在各级单位贯彻同工同酬原则，加强对国有企业高管工资的监督和管理机制，调节垄断行业职工的高工资，建立所有劳动者收入随国民收入增长而不断提高的机制。完善按劳分配制度还要处理好按劳分配和按生产要素分配的关系。在我国当前以公有制为主体，其他所有制共同发展决定了资金、技术等生产要素也应该参与到初次分配，这是促进生产力发展所必需的分配方式，目前主要是必须确定生产要素与员工劳动参与分配的合理比例，实现效率和公平的有机结合，这是保证普通民众获得报偿性尊严的制度基础。其次，二次分配应该加强对贫富差距的调节功能。目前我国私营企业主、娱乐界等富有阶层存在相当严重的偷税和逃税现象，当下应该加强对高收入群体的税收征收的管理，减少税收流失，降低中低收入者的税收负担。另外应该尽快落实遗产税、赠与税等其他调节个人收入差距的新税种。同时，还应该通过社会保障事业和社会公益事业调节经济利益再分配，当前应该沿着"广覆盖、保基本、多层次、可持续"方向推进社会保障体系建设，特别是切实解决弱势群体的住房、衣食和医疗困难，使之能够持有过上有尊严生活的基本物质和文化条件。最后，推进和完善第三次分配，即通过社会慈善事业实现经济利益再分配。政府和社会各界应该通过各种途径，特别是制度建设来大力支持和激励社会各种慈善事业，提倡和引导经济收入较好的阶层对特殊贫困者进行帮扶。后两项措施是保障弱势群体尊严的基础。

二 进一步推动教育公平的制度改革

教育公平对促进个人之间的经济公平和就业公平具有重要意义，自改革开放以来，我国政府和社会各界一直高度重视推进教育公平的法制建设。公民的受教育权写进 1982 年宪法；1986 年又颁布和实施《中华人民共和国教育法》《义务教育法》，后又先后于 1995 年、2006 年对之进行了修订。《教育法》和《义务教育法》明确规定，公民或适龄儿童，不分民族、种族、性别、职业、财产状况、宗教信仰等，依法享有平等的受教育机会；国家扶持边远贫困地区发展教育事业，扶持和发展残疾人教育事业。国务院、教育部以及各级政府还颁布了一系列促进教育公平的行政法规和政策性文件，以保证所有适龄儿童都能接受九年义务教育，所有能考入大学的青少年都能接受高等教育。但目前教育领域依然存在诸多不公平的现象，主要表现为：教育资源配置严重失衡，导致城乡之间、地区之间、阶层之间两极教育差距过大；小学、中学教育阶段的重点学校、重点班设置，诱发以权择校、以钱择校等不公平的现象，制造和加剧了教育条件、教育质量、教育结果的不均衡；弱势群体，特别是进城的民工子女很难享有和城市居民同等教育权；教育过程中依然存在歧视现象，不少学生因考分、家庭出身、社会经济地位等原因，在接受教育过程中遭遇不公平待遇等。造成教育不公平的原因有很多，如经济发展不平衡，社会各阶层的两极分化，某些教育政策的不合理，妨碍教育公平的一些错误观念的固化等。

当前推进教育公平的制度建设的关键是实现教育资源配置公平。我国学者褚宏启提出了教育资源配置的三个合理性原则：平等原则，包括教育权利平等和教育机会平等；差异性原则，即不同情况不同对待，关注学生的差异性，提供多样化的教育资源以供学生自由选择；补偿原则，关注受教育者的社会经济地位的差距，要求教育资源向弱势地区、弱势学校和弱势群体倾斜。① 这三个原则已经被纳入教育法和义务教育法之中，目前的问题是如何进一步在教育管理体制中落实这三大原则。

关于教育资源配置的平等原则，当前大中城市中小学普遍存在重点学校和重点班级设置，虽教育法规定，学生以户籍所在地就近入学，但并不能阻止学生家长通过购买学区房、找关系、行贿等各种手段把自己的孩子送进重点学校和重点班。我们只有进一步完善教育资源配置和招生制度，保证每个片区都有好的中学，并保证每个片区的学生都只能凭着自己的资质、成绩、能力而非其他任何东西，比如家庭收入、社会地位、父母职业等，进入相应的学校和相应的班级。另外，在中小学阶段

---

① 褚宏启：《关于教育公平的几个基本理论问题》，《中国教育学刊》2006 年第 12 期。

的教育实施具体过程中，也存在一些较为严重的不公平问题。比如，目前我国初中和高中的教育成效和教师福利待遇普遍以升学率作为考评和判断依据，因而大多数老师在态度和精力方面，都存在明显偏爱成绩更好学生的情况，对升学无望的中等生，特别是差等生，老师事实上经常不得不采取放弃的态度，所付出的努力主要是尽量使这些孩子维持在遵守纪律的水平之上，以至于这些学生很早就在学业上自暴自弃，并进而发展到自卑和自轻自贱的心理深渊。还有一些学生家长通过行贿的方式来获得老师对自己孩子的额外关注。因而当前贯彻教育中的平等原则，不能仅依赖教师的良心和道德，还必须通过突破仅以名校升学率为教学效果考评标准的制度建设，比如将平均成绩、普通学校入学率、进出对比率等也纳入参评标准，以此来保证同一课堂内部不同学生，特别是差生，在教育过程中得到公平的待遇，都能得到平等的尊重与关注，都能学有所获，快乐成长。只有这样，才谈得上平等保障每一个学生的尊严。

关于教育资源配置的差异性原则，如果普遍采取大学校、大班级和标准化模式，校长将很难认识每一个老师，老师很难认识每一个学生，这种状况难以保证天分和兴趣不同的学生能够获得不同的教育资源。从较长远的角度来看，我们可以通过采取小微学校和小微班级制来促进教育资源配置的差异性原则的落实，这是保证老师能够尽可能充分了解每一个学生的具体情况，从而坚持因材施教的基础。另外，整个中小学阶段可以鼓励兴办特色学校，还可以要求学校尽可能为学生提供可自由选择的、丰富多样的兴趣班和特长班，高中阶段可以借鉴西方发达国家的办学经验，采取学分制，学校必考的基础课之外，为学生提供不同类别的选修课。这些机制与措施是尊重和培养学生的个性、能力的基本保障。

关于教育资源的补偿原则，过去我们关注较多的是落后地区和学校的硬件改善，但经过国家多年大力扶持落后地区和学校的校园建设之后，当前突出的问题是软件配套的公平，尤其是管理体制和师资配置的公平问题。就管理体制而言，城市中小学的管理体制相对农村地区学校管理较为完善，各学校之间以及同一学校内部不同班级之间存在一定的竞争机制，学生家长一般具有较高的文化素质，对老师和学校工作能提出合理化建议，能发挥一定的监督作用。相对城市学校而言，农村中小学管理体制有很多漏洞，各小学校之间和校内不同班级之间缺乏有力的竞争机制。目前绝大多数乡镇都设一个初中，几乎所有小学生毕业之后都能自动升入镇级初中；各镇初中在全县虽有升重点高中人数排名的竞争，但由于一个镇一般只设一个初中，因而不管其升重点高中的比率如何，这个镇绝大多数孩子没有其他选择，不得不进入这个初中就读；而一个县一般也只设一个重点高中，全县绝大多数孩子也只能选择这所唯一的重点高中就读，只有极少数孩子能考入并有条件在市级和省级重点高中就读。因而纵然农村初中、高中都有一定的升学压力，但事实上这些学校无论其升学率具体情况如何，每年就读的学生人数和综合素质变化不大。另外，农村的学生家长普遍文化水平不高，民主意识不强，对学校和老师建议、监督意识和能力都比较薄弱。这些因素都导致农村学校发展和提升动力难以达到充满激烈竞争的城市学校水平。就师资水平而言，目前大中城市的中小学教师都受过正规师范专业培训，新进小学教师一般都要求具有正规本科学历、新进初中教师大都要求具有正规硕士学历，但在落后的农村中小学，还有相当一部分老教师本人尚没有受过正规教育，或者仅有中师的学历，究其具体原因主要是优秀人才不愿回到乡村。所以总体说来，城乡中小学在管理体制和师资配置方面存在较大的差距，这导致农村很多孩子无法受到良好的中小学教育。由于父母文化水平普遍不高，缺乏教育能力，导致农村孩子家庭教育更是相对薄弱。这些因素都是导致农村子弟虽人数众多，但考入重点大学比例却不高的重要原因。① 因而目前我们不能单纯依赖倡导教师的奉献精神来改变城乡师资力量不均衡的状况，而是必须通过保证城乡学校教师地位、待遇平等的制度建设最主要的是促进乡村振兴和城乡一体化来吸引优秀师资力量，通过完善必要的竞争机制、推动不同地区的教育资源配置公平，最终保障每个人都能够获得公平的教育机会，以为个人提升尊严提供尽可能公平的起点。

三　进一步完善就业和用人选拔中的公平竞争机制

机会公平是公平正义的本质与核心要求。具有较高的综合素质是个

---

① 据统计，北京大学1978—1998年，来自农村的北大学子比例约占三成，20世纪90年代中期开始下滑，2000—2011年，考上北大的农村子弟只占一成左右。清华大学2010级学生中，农村生源占总人数的17%，同年全国农村考生的比例是62%。转自《研究称中国重点大学农村学生比例持续滑落》，央视网，2011年8月6日（http：//news.cntv.cn/20110806/102915.shtml）。

人实现自我价值和尊严的前提条件，旨在提高个人综合素质的教育公平重在保障机会公平的起点公平，而个人能依凭自身综合素质找到一个充分发挥才能的平台并进而获得与自己的能力和贡献相当的报酬，是个人实现自我价值和获得报偿性尊严的必要条件。旨在为个人提供公平竞争舞台的选人、用人制度侧重保障机会公平的过程与结果，当下制定和践履就业与用人选拔中的公平竞争机制对于个人实现自身价值与尊严具有重要意义。主张公平的正义观的罗尔斯曾将"依系于在机会公平平等的条件下职务和地位向所有人开放"作为正义的两大原则之一①，所谓"在机会公平平等的条件下职务向所有人开放"，就是要求确立选人、用人的公平竞争机制。选人和用人的公平竞争包括就业和选拔中的起点公平，过程的公平和结果的公平。就业起点公平要求雇主必须给雇佣劳动者提供公平的就业机会；就业过程公平要求每个劳动者在劳动过程中应该得到平等的尊重；就业结果公平要求劳动者应当获得公平的劳动报酬、劳动条件、劳动保障，劳动者不得因为不正当的理由丧失工作等。干部选拔的公平同样要求在用人起点上保证公平参与和竞争机制公平；用人过程中保证制度完善、程序规范、监督有效；用人结果中保证德才兼备、能办实事、被群众公认的干部能走上工作岗位等。

我国自确立市场经济体制以来，政府制定了一系列旨在推进人才市场和人事改革中的民主、平等、竞争、择优、群众公认原则的法律和规章制度。关于就业公平，我国有《中华人民共和国宪法》《中华人民共和国劳动法》《中华人民共和国妇女权益保障法》《中华人民共和国残疾人保障法》《工会法》《公务员法》《就业促进法》《关于做好农民进城务工就业管理和服务工作的通知》《国务院关于解决农民工问题的若干意见》《关于开展残疾人按比例就业工作的若干意见》《残疾人就业条例》《关于进一步规范入学和就业体检项目维护乙肝表面抗原携带者入学和就业权利的通知》等各项法律和规章、文件对之进行了规定。这些法律和规范使我国就业平等权获得法律保障，对农民工、某些传染病的群体以及其他就业歧视得到法律的制约，残疾人就业保障措施得到一定的改进。

---

① [美]约翰·罗尔斯：《正义论》，何怀宏译，中国社会科学出版社1988年版，第301页。

关于干部选拔的公平竞争，我国有《党政机关竞争上岗工作暂行规定》《党政领导干部选拔任用工作暂行条例》《党政领导干部辞职暂行规定》《公开选拔党政领导干部工作暂行规定》《关于深入整治用人上不正之风、进一步提高选人用人公信度的意见》《中华人民共和国政府信息公开条例》《党的地方委员会全体会议对下一级党委、政府领导班子正职拟任人选和推荐人选表决办法》《2010—2020年深化干部人事制度改革规划纲要》等规章制度对之进行了规定。实践中全国逐步确立和落实就业和用人中的公平竞争机制，人才市场中普遍实行双向选择机制，公务员、司法部门、注册会计师等各种就业资格证实行全国统考，行政、企事业单位用人实行公开招聘的基本制度，同时干部选拔中突破过去委任制为主，以考任制、选任制和聘任制为辅的选人和用人制度，逐步开始推进民主推荐、公推公选、综合考察、讨论决定、竞争上岗等办法，这些措施都大大推进了就业和用人中的公平竞争进程。

虽然我们为就业和用人公平已经作了很多努力，但我国目前就业和用人选拔中还存在很多不规范和显失公平的现象。比如就业起点中尚存在性别歧视、年龄歧视、健康歧视、户籍歧视、学历院校歧视；就业过程中存在薪酬歧视、社会保障和福利歧视、晋升机会歧视、就业服务歧视等。我国用人选拔中也还存在可操作性规范不足，法制化程度较低，考察方式过于简单化，监督机制不健全等一系列问题。仅就就业领域的歧视的具体事例而言，据2006年中国政法大学宪政研究所对中国十大城市的就业歧视现状进行的问卷调查显示，43%的人因为是女性、64%的人因为是残疾、46%因为年龄过大、39%因为健康而遭受过用人单位的拒绝。同年中央电视台《东方时空》和智联招聘网站联合推出的毕业生就业状况大型调查显示，有74%的求职者遭遇过就业歧视。[①] 近些年这一状况有所改善，然问题依然存在。平等的社会保障是就业公平的重要体现，但目前我国2亿多的农民工中80%没有参加任何社会保险，或即使参加也一般是自己承担全部社会保险费用，所属工作单位没有承担为自己的职工缴纳社会养老保险和医疗保险的义务，这导致农民工缴纳社会保险的实际费用远高于其他单位的正式职工。另外，我国很多单位脱离

---

① 蒋阳飞：《我国就业公平及其制度保障研究》，博士学位论文，中南大学，2010年。

实际的需要，对学历和学院做过高的要求，比如很多行政、事业和大公司都规定，只招收"985"或"211工程"院校毕业的学生，这一生硬规定将很多优秀的非"211"或"985"毕业的学生挡在门外。这些情况表明，中国就业中的生理歧视、社会保障与福利歧视、学历和学院歧视相当严峻。另外，就我国干部选拔而言，目前我国行政和事业单位在公开招考和竞聘的面试环节中依然存在按人情潜规则的暗箱操纵；在干部提升考核中对干部过往的业绩和失误缺乏科学的评定标准，上级和主要领导的主观意图起主导性作用，人民群众的知情权、参与权、选择权、监督权难以落实等诸多不公平的情况。

  当前推进我国就业和用人领域的公平竞争规范建设，应该着重从这几个方面来努力。首先，通过法治建设来进一步促进就业的公平性。我们可以专门制定一部《就业公平保障法》或修订与完善已有的《就业促进法》来保证公平就业权，主要应该规定三个方面的内容：第一，设立专门机构来维护就业公平；第二，通过法律条文中明确规定和加大对就业歧视的惩罚力度；第三，加强对弱势群体就业的法律援助和救济。由于我国当前就业歧视现象相当普遍，而就业歧视是对就业公平的直接和最大威胁，因而当前应该完善我国已有法律规范中对就业歧视及其惩罚措施的相关规定。我们可以借鉴其他国家先进经验，把就业歧视分为直接歧视和间接歧视。直接歧视的立法基础是相同的情况应当获得相同对待；间接歧视的立法基础是调整因为不应得的原因，如性别、出生或出身等因素所导致的形式上平等的机会和资源的分配然而结果的不应得和不公平。无论是直接歧视还是间接歧视都应该得到法律的明文禁止，但可以规定采取不同的方式进行处理和救济。就业公平法律条款中还应该明确规定不公平工资待遇的申诉及若申诉受到的伤害的赔偿等。其次，完善以就业公平为原则的职业标准和职业准入制度。所谓职业标准就是规范用人单位制定招聘资格与条件时所遵循的原则，主要包括职业概况、基本要求、工作要求和鉴定比重四个基本方面，其中工作要求是主体部分。如果听凭用人单位无限制行使其用人的自主权，就很容易导致就业领域中的歧视行为。国家制定完善的职业标准体系，可以为劳动者求职和用人单位选人提供参照，以约束用人单位随意制定岗位要求的行为。平等的就业准入是公平就业的前提，职业标准应根据就业公平的基本原则而制定。职业标准的制定要求非特定行业，用人单位不得对求职者的自然属性进行限制；对于求职者经过后天努力所得到的社会属性，如学历、阅历等，用人单位可以提出要求，但要求应该合理。对于有特定要求的行业，应该履行公示的原则，并证明其所限制求职者的资格与工作的关联性。再次，改革现行的户籍制度，以消除基于户籍制度的就业准入差别，建立平等的就业准入机制。改革户籍制的关键是逐步消除我国当前的城乡分割的二元结构户籍管理制度。我们应该在宪法修改中明确规定公民的自由居住权和自由迁徙权，还应该加快《中华人民共和国户籍法》的制定，将附加在原户籍制度上的各项福利制度剥离出去，从而有效地消除户籍壁垒，促进劳动者公平就业。最后，健全社会保障制度。就业和社会保障制度是紧密相连的整体，健全的社会保障体系不仅可以保证所有人的基本生活，还可以有效地解除劳动者疾病、工伤、失业等后顾之忧，这是保证就业公平的重要基础。由于课题组在本章第一节中已经简要论述过如何推进社会保障制度的改革，在此不再重述。

推进选人和用人的公平机制建设，当前的突出任务是着重完善干部人事制度，而完善干部人事制度的基本任务是推进选人、用人工作过程中的公开化、民主化、制度化、规范化和法制化的进程，当前重点是确立并落实干部的公开选拔、竞争上岗、正常流动和退出等规则，让行政、事业、国企等单位的岗位向全社会开放，最终使所有德才兼备并适合某岗位的人才都能获得公平竞争的机会。如上文所述，我国政府已经制定了一系列旨在推进干部人事制度的公平与公正的人事制度改革文件，但实践中还存在诸多问题，我们当前应该建立选人和用人公信度评价体系。我国学者张辉在《选人用人公信度评价指标体系构建研究》一文中对这一问题进行过较为全面和具有借鉴意义的讨论，他着重阐明了建立职位空缺公告制度，规范初始提名程序，完善民主推荐测评制度，完善综合考评制度，完善和规范票决制度，完善选人、用人监督制度，落实党员群众的知情权、参与权和监督权七个操作环节的细节。[①] 课题组认为，当今完善被选者公信度的评价体系和选人、用人公信度实施程序与方法对推进干部人事制度走向公平正义具有重要的意义。被选者公信度评价包

---

① 张辉：《选人用人公信度评价指标体系构建研究》，《学术研究》2010 年第 5 期。

括政治成熟度评价、能力评价和实绩评价。用人公信度实施程序与方法包括选人用人过程及环节公开化、透明化，程序公平、公正，落实民主集中制，细化共推公选条件，尽量把初始提名权交给群众，落实群众参与、知情、选拔、监督的权利，实行全程监督、接受第三方监督、加强舆论监督、公众监督力度，扩大差额考查范围，制定落实公开考察程序，任后业绩评价等环节。

四　凸显人的尊严在法治建设中的地位

人的尊严与法治存在辩证统一关系。一方面，人的尊严作为人本身的至高和绝对的价值，构成人的一切合法权利的基础、源泉和逻辑根据；另一方面，法治是捍卫个人的人格尊严和权利尊严的根本保障。自"二战"以来，很多国家都或直接或间接将人的尊严作为宪法的根本原则，其中尤以德国为代表。德国宪法典第一条第一项明确规定"人的尊严不受侵犯，尊重及保护此尊严是一切国家机关的义务"，德国学界很多人由此将人的尊严解读为"宪法的根本原则"。我国现行宪法的第一部分规定了公民的基本权利与人格尊严权，其他各部门法律紧紧围绕着个人的权利尊严的保障而展开，但我国当前已有的各项法律并没有明确指出和强调人的尊严对法律的奠基作用和终极价值意义，这一状况不利于凸显人的尊严的至高地位，也不利于充分发挥法治对人的尊严基本的保障作用和对因尊严诉求所引发的社会冲突正向解决功能。因而就加强个人尊严的保障这一目的而言，当前社会民主法治建设的一个重要任务就是凸显人的尊严在法治建设中的地位，将人的尊严明确规定为我国宪法和其他法律的基本原则、核心任务和终极价值。正确把握人的尊严在法治建设中的地位要注意以下几点。

（1）法治以人的尊严为终极价值，但这里的"人"不是个别人，不是少数人，也不是绝大多数人，而是指任何人，即具有人类基因组特征的全世界公民；这里的人的尊严也不是日常生活中我们所理解的以身份、财富、道德水平、杰出成就等为依据和标志的等级报偿性尊严，而是不讲究任何外在条件，只要作为人本身就享有的底线尊严，主要指人格尊严和权利尊严。无论个人的身份、地位和财富等存在多大差别，任何人作为人本身的人格尊严和合法权利既不多一点，也不少一点，也即同为至高价值，而且都应该受到法律的平等保护。所以我们说，作为法治的终极目标人的尊严一律平等，即使是罪犯，也享有作为人的平等尊严资格及以其为基础的合法权利。

（2）法治以人的尊严为根本原则与核心任务，要求在立法、执法、司法、守法，即法治的任何环节中都将捍卫人的尊严作为限制性原则。在立法实践中，要将保障人的尊严确立为法律的指导思想，任何有可能损害到任何人的尊严的条款都将被视为恶法，都应该坚决予以取缔。如第一章所指出，人的尊严强调的人是目的而非手段，这要求一切法律在制定过程中都应该考虑人的本性、自然的需求和行为常态，违背人的本性和常态的法律规定实际上就是在贬低人的人格和亵渎人的尊严。人的主体地位和自由本性应当构成法律的内核，在那些只见管理与规则，不见人的主体性和自由意志的规则表达中，个人事实上被当作单纯接受管理、指挥的客体，这些法律规定都与人的尊严相违背。在立法实践中，还应该加大对社会弱势群体的保护，当人处于极度贫穷状态之下，个人自由意志将极可能让位于求生存的本能，尊严无从说起。加强对弱者的立法保护，是确保人的尊严得以普遍实现的重要措施。在执法层面上，必须严格贯彻任何人在法律面前尊严一律平等的原则，反对一切形式的特权和欺压，同时要将执法的对象作为自由主体和独立人格来看待，尊重其作为人本身的尊严，这是当代法治的标志。这要求构建对具有极大随意性的行政权的严格监控机制。比如奥地利宪法法院就曾作过一判决，认为警察使用警犬来执行勤务，将使受攻击者觉得自己被当作狗一样对待，属于严重蔑视当事者身为人的尊严。在刑事司法领域，要确保犯罪嫌疑人能有尊严地接受审判与制裁。即使是"犯人"，仍然没有失去其作为人本身的尊严，不得受侮辱性对待，对其惩罚都必须严格依法进行，也即罪犯作为理性存在者也将赞同的法律条款。马克思曾论及这一观点："国家也应该把违反林木管理条例者看作一个人，一个和它心脉相通的活的肢体，看作一个保卫祖国的士兵，一个法庭应倾听其声音的见证人，一个应当承担社会职能的集体的成员，一个备受尊敬的家长，而首先应该把他看作国家的一个公民。"① 在诉讼程序中，被告有权获得自己被控

---

① 《马克思恩格斯全集》第1卷，人民出版社1995年版，第255页。

告的详细信息；有权自由地申述自己的意见和请求；有权不受非法限制提出抗辩。在司法解释中，当出现不同法律条款精神和原则发生冲突，应当以人的尊严作为协调器和总指挥，当出现无具体法律条款可依凭的情况时，可将人的尊严作为补充的漏洞。人的尊严作为法律的终极价值，应该贯穿于法制建设的整个过程，法律的根本目的就在于保障人的尊严，法治实践的每一个环节都必须符合人性、人道，一切与人的尊严相悖的法律制度都应该被抛弃或取缔。

（3）人的尊严作为法治的终极价值和我国宪法第三十八条所规定的公民人格尊严不受侵犯这二者之间既存在联系也存在区别。公民人格尊严权是公民的一项基本的权利，具有十分具体和明确的内容，集中表现为公民的名誉权、肖像权、姓名权、隐私权、荣誉权神圣不可侵犯。宪法明文禁止用任何方法对公民进行人格侮辱、诽谤和诬告陷害，如果公民这些权利受到国家权力机关、社会组织和其他第三方的侵害，公民可以援用相关法律要求对方承担相应责任，从而获得救助和补偿。而作为法治的基本原则和终极价值的人的尊严，是公民一切合法权利，包括人格尊严权的基础，它主要作为权利的源泉而非权利本身而存在，但通过公民一系列的合法的具体权利，也包括人格尊严权体现出来。我们说，对人的尊严的侵犯总是表现为对公民某项确定的权利的侵犯；反之，对公民任何确定权利的侵犯都等同于对公民的尊严的侵犯。总之，作为法治终极价值的人的尊严包含但不仅仅意指公民的人格尊严权不受侵犯，而是强调公民所有的合法权利都不受侵犯。所以我们不能将人的尊严仅理解为公民的人格尊严权，也不能主张捍卫人的尊严仅仅体现在捍卫公民的人格尊严权。

（4）人的尊严不仅是法治的终极价值，同时也是道德的终极价值，人的尊严作为法律的终极价值和作为道德的终极价值二者之间也存在既相互联系又相互区别的关系。人的尊严作为法治的终极价值侧重强调人在社会关系领域中的人格、合法自由不受任何第三方、社会组织和国家权力的侵害，它保障的是个人在与他人、社会及国家的关系中的自由空间及与之相对应的不得侵害他人同样自由的义务。人的尊严作为道德的终极价值，包含了两个方面的要求：其一，个人尊重和捍卫他人的人格尊严和权利尊严的自觉性，要求行为者在事实中自觉尊重他人权利，还要求行为者对他人的言谈举止和态度中，如语言、语气、眼神、动作、体态等方面体现出对他者作为人本身的人格的尊重，在此我们说，即使一个乞丐也应该得到作为人而非动物的基本尊重。其二，要求个人保证自己言行举止的端庄和得体，以使自身能体现出作为人区别于其他自然万物，特别是一般动物的高贵性，即要求个体自尊自重。与自尊自重相对立的自甘堕落行为，比如吸毒、酗酒、嫖妓、粗野等所有纵情于感官享乐的现象都是对个人自身尊严的践踏。因而作为道德终极价值的人的尊严构成作为法治终极价值人的尊严的基础，它主要表现为一种自我珍重的道德义务，同时也比作为法治终极价值的人的尊严蕴含了更多的内容和要求。作为法治的终极价值的人的尊严与作为道德终极价值的人的尊严二者是相互促进的关系，如果在法治实践中能落实人的尊严这一根本原则，将极大推动道德领域中人的尊严的实现；同理如果在道德实践中能彰显人的尊严这一终极价值，将极大推动法治领域中人的尊严的实现。①

凸显人的尊严在法治建设中的终极地位，要求进一步完善法制建设。首先，要通过立法进一步限制公共权力的滥用。国家和社会在权力上应当自制，不得干预属于公民能够自我决定的事项，尊重个人的自治与自决。如哈耶克指出："一个社会如果不承认每个个人自己拥有他有资格或有权遵循的价值，就不可能尊重个人的尊严。"② 其次，在立法和执法实践中，坚持人是"自我立法者"。人是自身利益的最好判断者，要求社会和第三方尊重个人出于真实的自由意志所进行的任何合法的选择，个人的真实意志在法律上拥有最高的效力，任何不经当事人同意而由他者替代所做出的选择和决断都是无效的。最后，人的尊严既表现为个人在社会上的自主决定应当为法律所尊重，同时也表现于人在私人生活领域中能够不受约束地展示自我，也即确保人有可以自由支配的独立生活空间。所以，人的隐私不受侵犯，司法实践要加强对个人的隐

---

① 关于凸显人的尊严在法治建设中的部分观点参考本项目公开发表的阶段性成果。刘睿、杨希：《论法治的终极价值目标》，《学习月刊》2014 年第 12 期。

② ［英］弗里德利希·冯·哈耶克：《自由秩序原理（上）》，邓正来译，生活·读书·新知三联书店 1997 年版，第 93 页。

私的保护。①

第三节　加强诚信友爱建设以奠定保障个人尊严的伦理基础

个人美德与其尊严存在密切的联系。一方面，人的美德或良好的品格是人作为类超越于其他一般动物的高贵性的体现，美德彰显个人的尊严。斯迈尔斯在《品格的力量》一书中指出，品格是世界上最强大的动力之一和最宝贵的财富，"它是人的良好意愿和人的尊严方面的财富。在这方面进行投资的人们——虽然不能在世俗的物质方面变得富有——但是，他们可以从赢得的尊敬和荣誉中得到回报。因此，在生活中区分良好的品质是必要的，这样，勤劳、美德和善行就应该是最高尚的品德，具备这些品德的人也就是一流的人"②。另一方面，美德的核心要求正是尊重每一个人的尊严。尼达吕梅林曾指出："我将以人的尊严，以对每位人类个体的尊重的规范性取向，视为一种伦理（人道的）核心。"③ 因而对人进行道德培育是提升个人自身尊严和捍卫他者尊严的重要途径。在人的道德品质中，诚信与友爱美德对个人尊严的捍卫与提升又具有特别重要的意义，鉴于课题组在第三章中已经论述过诚信和友爱美德对人的尊严的促进与捍卫作用，在这一节中课题组将直接论述以保障和提升人的尊严为出发点的社会诚信友爱道德建设的基本路径。

一　以个人尊严为目的加强诚信建设的基本路径

当前中国由于社会转型带来的新旧伦理规范的交替，法律权威在全社会领域中尚没有树立起来等历史和现实原因，我国诚信缺失和诚信危机相当普遍，以至于现实生活中几乎每个人都有上当受骗，被当作傻瓜愚弄，人格和权利尊严遭到侵犯的糟糕经历；以至于父母不得不将防骗作为一种生存的必要技能传授给自己的孩子；更甚至于不少

---

① 胡玉鸿：《法律的根本任务在于保障人的尊严》，《法治研究》2010 年第 7 期。
② ［英］斯迈尔斯：《品格的力量》，宋景堂等译，北京图书馆出版社 1999 年版，第 6 页。
③ 转引自甘绍平《作为一项权利的人的尊严》，《哲学研究》2008 年第 6 期。

人认为高明的伪装、撒谎是值得敬佩和仿效的生存策略与智慧，从而形成扭曲的尊严观。在当今中国，在全社会范围之内加强诚信建设不仅对完善市场经济秩序，推动社会发展具有重要意义，也对个人发展，特别是提升个人的道德尊严和保障他者的人格与权利尊严具有突出的意义。因为诚信既是一项个人美德，又是一项社会公共生活所必须遵循的基本规则，所以我们应该坚持把诚信美德培育与完善诚信机制相结合，以推动诚实守信社会风尚的形成。如邓小平所说："制度好可以使坏人无法任意横行，制度不好可以使好人无法充分做好事，甚至会走向反面。"① 全社会范围内诚信机制建设是保证社会全体成员在意识和行动中都能做到诚实守信，也即尊重任何他者为人本身的基础。课题组在下文中先探讨诚信机制培育的基本路径，然后再探讨诚信美德培育的基本路径。

（一）诚信机制建设的基本路径

1. 构建诚信约束机制

其目的是督促各行为主体信守合同和承诺，从而规范市场经济秩序。构建诚信约束机制要把传统的诚信理念从熟人关系扩展到任何行为主体关系之间的规范和准则。首先，要明确规定主体的经济信用活动的决策权限和拖欠风险职责；要在社会中增设信用管理专职部门，负责记录和评估行为主体的信用情况，并对行为主体的信用进行独立的、科学的、定量化的审核，以作为第三方与之合作的重要依据。当前构建诚信约束机制的一项重要任务是借鉴发达国家的经验，建立个人诚信制度。个人诚信制度包括个人信用登记机制，个人信用评估机制，个人信用风险预警机制，个人信用风险管理机制，个人信用风险转移机制。目前国际社会在个人诚信制度方面有三种比较成熟的模式：其一，以英、美为代表的由征信公司依法自由经营信用调查和信用管理的业务的市场模式；其二，以欧洲大陆为代表的由公共机构为主导进行信用调查和信用管理的中央信贷登记模式；其三，以日本为代表的由银行协会会员制机构与商业性机构共同进行信用调查和信用管理的社会信用管理模式。

---

① 《邓小平文选》第 2 卷，人民出版社 1994 年版，第 333 页。

2. 构建诚信评估机制

信用评价机制就是综合运用定性与定量方法对行为主体的信用情况做出评判的过程和方式，具有判断和导向作用。信用评价机制在防范信用风险、降低全社会的信息成本和引导社会资源合理配置方面具有重要作用。建立诚信建设的评价机制需要做好以下几方面的工作：（1）高度重视信用评价行业的发展。政府应该对信用评价机构的建设与发展给予足够的重视和政策扶持。（2）积极培育评价市场，加快建设社会诚信服务系统。（3）进一步加快信用评价部门自身的建设。一方面要求加强信用评价行业自身队伍的建设，首先必须保证从业人员具有诚信、公正、客观、守法的道德品质，具备管理、财务、审计、金融等多元化的知识结构和较强的专业分析、判断和总结能力。其次要求加强信用评价部门组织系统的建设，建立规范的资信评估机制和预警机制。由专业资信评估机构根据个人、企业、政府、事业单位机构的信用资料对个人、企业、政府、事业单位机构的信用状况和风险程度进行综合评定，对有可能发生的信用风险做出预警。

3. 构建诚信建设的赏罚激励机制

依法设置诚信赏罚激励机制能够杜绝绝大多数企业和个人的欺诈和投机行为。良好信用记录是个人和企业在市场交易中的无形资产，能帮助个人和企业获得更多的发展机会。设置诚信奖励机制关键是在客观评估的基础上，对信用良好的企业和个人记录在特定的数据库中，并对其进入市场给予一定的资金和政策的鼓励和扶持。惩罚机制则要求将不守信用企业的信用情况也记录在特定的数据库中，并根据特定主体失信情节严重程度，进行经济惩罚，在整改期限内，阻止它们再度进入市场。

4. 构建诚信建设的监管机制

各级政府应该按照相关法规，加快建设企业和个人信用服务体系；建立政府信息公开制度和企业信用公共信息平台，实现社会和个人对政府、企业、个人的信用信息查询、交流与共享的制度化和社会化；建立由工商、税务、质检、公安、银行、会计、审计、保险等系统成员共同组成的信用管理和监督组织；强化全社会成员的诚信意识，增强新闻媒体、社会团体和个人的诚信监督作用。①

我国当前初步确立由银行、主管部门、商业性机构等多元主体参与的征信系统机制，目前的主要任务是进一步统一和完善包括政府、企业、社会团体在内的组织和个人的信用约束、评估、激励和监督机制。

（二）诚信美德培育的基本路径

诚信美德培育也即通过教育、环境熏陶等途径来培养个人对诚信的内涵、诚信的价值以及诚信的判断标准的正确认识与践行自觉性，主要包含诚信知识和诚信价值观培育两个方面，其核心内容是诚信价值观的培育，即引导个体深刻意识到，诚信美德对于社会合作和个人发展的重要性，特别是对于个人价值与尊严的意义：诚信美德和习惯不仅可让人终生受用，更是人之为人的根本，缺乏诚信不仅是愚蠢的，更是可耻的、遭人鄙视的。诚信观的培育必须依赖家庭、学校和社会三种渠道协力合作完成。其中，家庭主要承担诚信价值教育和诚信习惯培养的职责，学校主要承担诚信认知教育职能，社会承担对诚信美德的环境熏陶、舆论支持、风尚引领的作用。

家庭是孩子的第一学校，父母是孩子的第一老师，家庭教育应该是诚信美德培育的起点和最重要的环节。当前绝大多数父母能够意识到诚信美德的重要性，一般也会主动要求孩子做一个诚实的人，但是由于家庭教育中存在一些误区，导致孩子容易出现诚信缺失的现象。比如：家长本人有对他人或孩子过于轻易许诺却不完全兑现的习惯；家庭成员矛盾的教育理念和目标让孩子无所适从、被迫伪装；家长过于注重学习成绩、吃苦精神培养或对孩子要求过于完美而不尊重孩子的玩耍和娱乐的天性而使孩子被迫撒谎等。家长应该从多个方面努力培养孩子的诚信美德。比如，培养孩子讲真话，勇于面对、承认自己的错误，言必行、行必果的习惯；对于孩子自觉诚实守信的行为，即使面临或可能遭受损失、风险也要及时给予肯定；对社会种种不守信的行为，父母要态度鲜明地进行谴责和批判。但在所有措施中，家长严于律己和率先垂范对孩子的诚信教育具有最为重要的意义。孩子易于接受暗示和模仿父母，家长本人言必行、言必有信、有错必改的良好品格和道德修养是对孩子最好的

---

① 吴潜涛、赵爱玲：《论构建社会诚信机制》，《齐鲁学刊》2004年第2期。

诚信教育。

学校教育对个人的诚信美德培育也具有十分重要的意义。人有意识的行为无不受观念的指引，学校可以通过多种途径对诚信知识、诚信价值、诚信缺失的危害、诚信建设的途径等进行深入和系统的解析、研究和探讨，使学生全面把握诚信原则的内涵、意义及其具体要求、国际社会诚信建设的先进经验、我国当前对失信行为的制度制约和救济路径等。学校不仅是诚信知识讲解的重要理论阵地，还是诚信美德塑造的实践基地，可以通过教学活动之外的其他教育活动和完善学校管理形式等途径培育学生诚信美德，比如通过加强对学生考试作弊、学生论文写作剽窃的管理和监督力度来培育学生的诚信美德，激励学生以诚实守信为荣，以欺骗失信为耻。

社会对个人的诚信美德培育作用主要体现在为全体社会成员营造一种诚实守信的社会风尚和生活与工作环境。社会团体、组织可以通过各种途径监督、揭露、谴责、打击和惩罚社会生活不同领域中的坑蒙拐骗的行为，褒扬和奖励个人面临巨大困难和诱惑却坚守诚信原则的行为。最终在全社会形成以诚信为荣、以失信为耻的道德风尚，并在全社会形成巨大合力，能够有效预防和制约失信行为。

二　以个人尊严为目的加强友爱规范建设与美德培育的基本路径

友爱作为一种具有普遍性的道德规范和个人美德，其核心要求有两点：其一，任何个体，无论其财富、身份、地位等具体情况如何，彼此之间都应该在礼节和态度中保持相互的尊重和友善的态度；其二，尽量帮助他人。友爱规范的第一项要求，即彼此尊重和友善待人是平等捍卫人的人格尊严底线要求，也是一项完全道德义务，即在任何情况中都必须履行的义务。我国由于深受2000多年封建社会等级尊严观的影响，人格尊严平等这一观念还尚未深入人心，社会尚未形成平等待人的友爱风尚，这是一个为大家所共同感知的问题。在现实生活中，很多人对友爱规范还缺乏自觉意识和行为习惯，往往根据对方的权势、财富占有量或对自身的影响作用来决定自己对他人采取何种态度：对熟人圈的同等级别者大多能有意识履行友爱的基本规则，而对级别高者往往在礼节和态度中过分尊重乃至赤裸裸的巴结和奉承；对级别低者则易于在礼节和态度中公然忽视、怠慢，乃至轻蔑和侮辱；对陌生人则经常采取冷漠、防范至排斥和敌对态度。以上四种态度中后面三种情况都体现出行为者对自身或他人人格尊严的不够尊重或公然践踏。友爱道德规范的第二项要求积极帮助他人，从广义上讲属于对他人人格中促进式尊重。根据康德的观点，不帮助他人同样是不以他人人格中的人性为目的，即不捍卫他人作为人本身的尊严的表现。乐于助人一直是我国所倡导的一项传统美德，但由于深受农耕文明带来的血亲观念的影响，现实中不少人十分愿意帮助自己的家人、家族成员和亲朋，对陌生人的苦难则往往缺乏一种人道主义的悲悯情怀，容易倾向于采取一种明哲保身和麻木不仁的态度。这些情况都表明，当下在全社会范围内加强友爱伦理道德规范建设和美德培育对捍卫和促进人的尊严具有重要意义。鉴于弱势群体往往无力依靠自身力量来捍卫自身尊严这一现实情况，培养全社会对弱势群体的友爱精神，弘扬平等尊重和积极扶助弱势群体的社会风尚是捍卫人的尊严的必然要求。

虽然人人都渴望友爱，"友善"也被纳入我国社会主义核心价值观构成部分之中，但当前我国学界对友爱伦理规则建设和美德培育的关注并不充分。课题组认为，加强友爱道德规范和美德建设首先需要理论界对这一规范的基本内涵、重要意义、具体要求和建设途径进行深入和充分的探讨。其次需要家庭、学校和社会高度重视，并在实践中通过各种途径大力推动友爱道德规范建设和友爱美德的培育。比较直接的措施有：各单位的人事部门可将"友善"作为一项用人和选拔人的品德考核参考指标；教育部门将"友爱"、"友善"作为学校思想品德教育的重要内容与目标等。比较间接的措施有：国家可以借鉴发达国家的经验，通过税收制度、慈善监管制度等的改革与完善来促进社会慈善公益事业的发展，以加强对弱势群体的社会帮扶；社会可通过各种媒体友爱进行道德规范和美德培育。

当前我国很多家长和老师很重视对未成年个体的友爱美德培育，但普遍存在一个比较突出的问题，那就是很多家长往往只是将"友爱"作为能有助于个人形成良好公众形象，并最终有助于个人成功或发展的实用德性交给孩子，并没有重视友爱本身对人类共同生活的重大价值，更没有将"友爱"精神奠基于对人性尊严的保障和促进之上，即缺乏从友爱本身价值出发的引导。因而现时期加强友爱美德培育的重点应该是，引导学生从友爱对人类共同生活的价值和友爱精神对人性尊严的维护和促进的意义出发，来引导未成年个体逐渐养成友爱美德。

第四节 维持社会的安定有序以奠定保障个人尊严的秩序基础

如课题组在第三章所指出，社会的安定有序是人的尊严实现的前提条件，这是因为人的尊严的实现、保障和促进都需要一个稳定的、有秩序的外部环境。根据马克思矛盾分析法，矛盾是事物发展的动力与源泉，矛盾具有普遍性和客观性，任何国家和社会在发展过程中总是会面临着一系列社会矛盾和问题，社会的安定有序和稳定发展必须在有效化解社会矛盾中才能实现。对现阶段我国所面临的比较突出的社会问题有一个较为全面的和清晰的认识，并在这个基础上采取有针对性的措施以有效解决这些问题，这是化解社会矛盾，构建安定有序的社会，并进而为保障人的尊严奠定秩序基础的基本途径。

一 我国当前可能影响社会安定的主要问题

我国正处于社会转型期和改革的攻坚阶段，剧烈的社会变动引发和潜藏着一系列社会问题，其中有些社会问题不仅作为事实而存在，而且为民众所感受，成为民众对政府和社会不满心理的现实根源，如果不能及时得到妥善解决，将有可能引发非理性对抗，从而危及社会的安定有序，并对当事人的生活造成破坏性影响。当前我国面临主要社会问题如下。

（一）两极分化问题

随着我国以公有制为主体的多种经济成分格局和社会主义市场经济体制的确立，社会利益主体和分配方式逐渐走向多元化，我国城乡之间、东西部地区之间、行业之间、个人之间的收入也呈现两极分化问题。国际社会经验告诉我们，一定程度的两极分化对于调动社会成员的积极性，推进社会的发展是必要的，但两极分化必须保持在一定的限度之内，否则将给社会稳定带来一系列问题。如果基尼系数在

0.3—0.4，表示收入差距相对合理，超过 0.4 表示收入差距过大，0.4 是国际警戒线，超过 0.5 表示收入差距过大，0.6 以上表示收入差距悬殊。我国自 1999 年以来，国家统计局出示的基尼系数多年在 0.4 之上，2017 年为 0.467。

两极分化问题不仅体现在不同人的个人收入差别中，还体现在其他一系列差别之中。城乡之间收入存在差距。英美发达国家城乡收入差距一般是 1.5 倍。据国家统计局统计，我国 1978 年城市收入是农村收入的 2.37 倍，2003 年为 3.2 倍。[①] 十八大以来，在党中央和全国人民共同努力下，这一差距在不断缩小，但依然存在差距，2016 年城乡居民人均可支配收入之比为 2.72（农村居民收入 = 1）[②]。区域之间收入存在差距。1981 年城镇居民收入最高的上海市的人均收入是收入最低的山西省人均收入的 1.62 倍（599∶370）；2002 年最发达的东部省份人均收入是最落后的西部省份的 5 倍（15822∶3121），最发达的上海市人均收入为 32258 元，是最落后省份的 10 倍[③]；2009 年上海市人均收入（26973 元）依然是落后省份甘肃（5902 元）4 倍多[④]。区域收入差距有扩大趋势："2017 年人均可支配收入最高的省份是上海，人均可支配收入为全年 58987 元，收入最低省份西藏为 15457 元，二者比值为 3.8，该比例在 2018 年上半年提高到 4.7。"[⑤]

收入差距过大将不可避免地导致贫困阶层人数不断扩大，低收入阶层的购买力或有效需求难以拉动，这必将最终制约经济发展。而在我国由于社会保障和福利制度尚不健全，收入差距过大还将直接影响到为数众多的底层民众生活的品质与尊严。同时，不同家庭出身的孩子起点公

---

① 转引自杨清涛《和谐之道——社会转型期人民内部利益矛盾解析》，人民出版社 2009 年版，第 84 页。

② 《城乡收入差距继续缩小》，中国政府网，2017 年 7 月 18 日（http：//www.gov.cn/xinwen/2017 - 07/18/content_ 5211368.htm）。

③ 转引自杨清涛《和谐之道——社会转型期人民内部利益矛盾解析》，人民出版社 2009 年版，第 85 页。

④ 高连水等：《我国居民地区收入差距的变动趋势及其解释》，《中央财经大学学报》2012 年第 3 期。

⑤ 宋扬：《区域收入差距扩大现象值得警惕》，中国社会科学网，2018 年 9 月 28 日（http：//www.cssn.cn/jjx_ yyjjx/yyjjx_ qyjjx/201809/t20180928_ 4662288.html）。

平难以保证,容易阻碍社会阶层的正常流动,使社会丧失活力;低收入阶层长期陷入贫困又看不到改善的希望时,在面临重大困难、刺激或诱惑时,就容易铤而走险,引发经济犯罪,甚至泄愤式犯罪,在危害社会的同时摧毁自己的人生。总之,过于严重的两极分化容易导致经济犯罪剧增,若底层群众生活艰难、被剥夺感过强又改善无望还可能导致政治和社会的动荡,这些已经形成国际共识并且已被拉美国家经验所证实。当两极分化由社会分配不公引起,对社会的危害将更为直接和严重。在中国当今社会,可以说人们不患"不均",而患"不公"。当某些人的高收入由暴力、权力、诈骗、犯罪、钻法律和政策空子等途径获得,就会误导很多社会成员,包括社会精英将主要精力不是用于创造财富,而是用于争夺财富之中,同时也会造成处于社会底层但却遵纪守法、诚实劳动的民众强烈的被剥夺感、心理失衡,从而形成仇富和仇官等不利于社会稳定的社会心理与情绪。根据中国社会科学院 2006—2011 年中国社会状况综合调查,两极分化问题引发公众关注度排名在物价和看病难、看病贵的后面,2008 年 28.0% 的人认为这是一个严重的社会问题,2011 年 30.6% 的人认为这是一个严重的社会问题①,2015 年 33.05% 的人认为这是一个严重的社会问题②,在严重社会问题基本上排序第三。鉴于两极分化问题存在的长期性、复杂性及其对社会发展的重要影响,课题组在此将之作为影响社会安定的第一个问题列出。

(二) 物价问题

近些年来我国物价水平总体比较稳定,但与普通老百姓日常生活息息相关的物品或服务价格,比如食品、服装、住房、医疗、非义务教育培训费用价格具有持续上扬的趋势。物价增长速度如果超过普通工薪阶层的收入上涨速度,导致其实际收入和生活品质下降,就可能引起人们的心理不安全感和不满情绪的增长。据中国社会科学院"中国社会状况综合调查"(CSS)显示,在各类人群中,民众认为最为严重的社会问题

---

① 转引自李炜《中国当前社会问题的特征及影响机制分析》,《黑龙江社会科学》2012 年第 6 期。

② 王俊秀等:《中国社会心态调查报告》,中国社会科学网(http://css.cssn.cn/css_sy/lncgxz/201706/P020170615356124032911.pdf)。

排在前面两项的依次是物价上涨（2008年63.5%；2011年58.9%），看病难、看病贵（2008年42.1%；2011年43.0%）。① 据较近一项调查显示，2015年民众反映最大的生活问题是家庭收入低，日常生活困难，其中有57.32%的人认为看病难、看病贵是社会重大问题。② 看病难主要属于医疗服务费用价格偏高问题，这一问题在农村表现得更为严重。虽然目前全国农村已经建立合作医疗体系，但是医疗服务价格持续走高，且目前医院大多还普遍存在以药养医，过度医疗的情况，农民到二甲特别是三甲医院看病报效比例有限，看病对他们来讲依然是一个难以承受的负担。不少农村老人生病后无法得到很好的治疗，被迫选择等待死亡或为减轻子女负担和自身的痛苦自杀死亡。无论哪一种情况都属于没有尊严地离开这个世界。城市居民同样也存在畏惧生病的问题，这主要是由高端医疗服务价格昂贵和医保报销范围和比例有限的矛盾造成。纵然有社会保障，但大多数单位职工住院实际需要个人承担30%左右的各类医疗费用，一些重病患者还需全额承担外国进口药物和材料的高昂费用。因而治病对很多家庭依然是沉重负担，有人将这一现象形象描绘"一生病就回到解放前"。另外，在2003年前后，一二线城市住房价格持续走高，仅以具有代表性的内地二线城市武汉市为例，2003年武汉市三环内房子均价为2000元/平方米左右，2015年达15000元/平方米，2014年武汉市人均年收入近3万元，一个三口之家年收入为9万元，但三环内一套130平方米的房子近200万元，即使全家不吃不喝也尚需20年才能攒够房款，因而近些年相当比例的民众认为住房价格过高是一个严重的社会问题。最后，当前全体国民都有着旺盛的教育需求。虽我国早就普及九年义务教育，但城市中幼儿园教育、小学和中学各种课堂外教育培训费、择校费、赞助费年年攀升，因而近些年也有相当比例的人认为教育收费过高是一个严重社会问题。民众实际工资如果跟不上物价上涨的速度，生活品质就会下降，个人的尊严感和幸福感也会随之下降。

---

① 转引自李炜《中国当前社会问题的特征及影响机制分析》，《黑龙江社会科学》2012年第6期。

② 王俊秀等：《中国社会心态调查报告》，中国社会科学网（http://css.cssn.cn/css_sy/lncgxz/201706/P020170615356124032911.pdf）。

(三) 网络安全问题

所谓网络安全指通过采用各种技术和管理措施,使网络系统正常运行,从而确保涉及个人隐私、商业内部信息、国家机密等网络数据的可用性、完整性和保密性。随着全球进入信息化时代,我国近20年信息技术和应用都得到飞速发展。新媒体取代传统媒体成为引领社会舆论的主导性力量,金融、交通、国防、商业及其他各行各业都依赖网络来保存数据、调度和运行。因而当下网络安全成为保障我国意识形态安全、国家安全和经济社会发展安全的决定性因素。但相对而言,我国大多数行为主体的网络安全意识和防范风险的能力都不够强。近些年不断攀升的电信财产、感情诈骗案和个人、企业隐私被搜索、监控的问题就是这一问题的反应,给国人的财产和人身安全带来极大的危害,同时也严重侵犯了个人的私人生活空间,这些都导致个人安全感和尊严感下降。另外,我国网络系统的大多数核心技术还依赖外国,技术命门被他国掌控,甚至可能被输出国提前设置翻墙的钥匙和后门,这种情况给我国政府保护国家机密和企业保护商业机密带来极大的难度。正是基于对信息产业和保障网络安全的重要性的认识,党中央高度重视信息产业的发展,提出网络强国和国际互联网治理的理念。但由于数据和信息发展、存储和传播的特殊性,任何国家都很难保障网络的绝对安全性,更何况我国信息技术总体还处于落后发达国家,特别是落后于美国的状况。因而当今时代网络安全问题将可能是长期危及我国广大民众尊严的保障和社会安定有序的重要问题。

(四) 其他公共安全问题

在我国社会转型深化期,公共安全事故不断。比如雪灾、地震、洪涝和旱灾、泥石流、非典、口蹄疫、禽流感等天灾;不断爆发的食品安全事件,如三鹿奶粉、敌敌畏火腿肠、苏丹红、过氧化氢水、福尔马林、孔雀石绿等各种致癌、致畸、致命有毒实物;药品安全事件,如2006年一年中的齐齐哈尔第二制药公司假药事件、石家庄第四制药有限公司劣药事件、鱼腥草事件、欣弗事件等人祸;还有诸如山西煤窑的矿难以及不断攀升的交通安全事故,等等。这些公共安全事件极大危害了涉事民众的生命、财产的安全,造成民众心理恐慌、创伤,特别是人为的安全事故,体现出有过错行为主体对他人的生命、健康和权益的亵渎,践踏当事人的尊严，往往引起民众强烈的不安全感和愤懑。人为的公共安全事故一般由少数人的私欲或疏忽引起，但其有效处理则总是要花费巨大的人力、物力和财力，处理不当还很容易激化社会矛盾。

在各种公共安全事故中，食品安全和环境污染问题成为中国与发达国家相比较中的两大软肋，也是高技术、高资产者移民海外的两个主要动因，造成了国家高额成本培养的优秀人力资源大量流失，同时也引起资金大量外流①，成为影响国家长远发展的重要原因。不仅如此，这两个问题还日益引发民众的关注和不满，据调查，2015年有36.4%以上的民众认为食品很不安全或不大安全，环境污染影响居民生活质量也成为人们普遍关注的问题。② 这两大问题在某些特定场合下有可能成为企业与当地民众，干群关系恶性冲突的导火索。

（五）贪污腐败问题

在中国社会由传统走向现代转型期，由于各种原因，如人的贪婪、自私自利和趋乐避苦的本性，西方拜金和享乐主义价值观的浸淫，个人，特别是干部的道德和理想信念的迷失等主观原因，公务员名义工资偏低所引发的利益补偿动机，党和国家权力机关监督机制不健全，全体民众法治和规则意识不够强等，导致自改革开放以来，以权谋私、权钱交换的腐败问题一直存在，并一直是人们相当不满的问题。自党的十八大以来，在全面从严治党的基本方略下，腐败问题得到相当程度的遏制，但腐败现象依然以各种隐蔽的方式存在，我们目前依然处于攻坚战阶段。腐败不仅妨碍公平竞争，还恶化干群关系，败坏党的形象和凝聚力。更关键的是，腐败体现的是一种等级特权，以权谋私侵犯普通民众的合法权利，践踏民众的尊严，从根基上冲击着党执政的合法性，并成为人们仇官心理的现实土壤。在特定情境中，往往成为群体性上访、抗议，甚至与地方政府对抗性暴力冲突的直接原因。根治贪污腐败问题有待于民主法律制度，特别是监督机制的完善；有待于为政者的公仆理念、对公民合法权益的敬畏意识

---

① 据统计，截至2013年中国移民海外的总人数为930万，约2.8万亿元资产移民海外。转引自《报告称中国海外移民总人数近千万2.8万亿资产被转移》，观察者网（http://www.guancha.cn/society/2014_01_22_201351_s.shtml）。

② 王俊秀等：《中国社会心态调查报告》，中国社会科学网（http://css.cssn.cn/css_sy/lncgxz/201706/P020170615356124032911.pdf）。

的养成；还有待于全体社会成员民主法治意识的健全。

（六）社会整合能力相对下降问题

改革开放以前，我国是一个高整合低分化的社会。改革开放以后，我国逐渐出现高分化低整合的特点。虽相对于三权分立和多党制民主的欧美国家，我国社会，特别是政府依然具有很强的整合能力，但我国社会整合能力相对于计划经济时期则有所下降和弱化。主要表现在以下几个方面：其一，国家行政整合能力下降。改革开放以前，我国在计划经济、集权体制和一元化意识形态的基础上建立起强大的国家对社会的整合力量，国家几乎大包大揽一切社会事务，有效实现了行政对社会的整合。但这种整合力量以牺牲社会活力和个人的自主性为代价，成为改革开放的突破口。改革开放以市场经济、放权、全面借鉴和吸收人类一切优秀文化成果为思路，逐渐破除了已经不适合中国当前生产力和基本国情的国家整合力，但同时导致国家对社会的整合能力逐渐下降。其二，传统社会整合能力日益弱化。改革开放前，以农业文明为基础的初级社会具有高度的同质性，血缘、地缘、伦理道德规范、社会习俗、社会舆论等都是实现社会整合重要基础，家庭、家族和社区等都是实现社会整合的重要单位。随着工业化、现代化、城市化、对外开放的进程，社会分化和流动加速，社会逐渐走向异质化和多元化，这使得建立在同质性基础上的传统整合力量逐渐降低。

在国家行政和传统社会的整合能力下降的同时，新的社会整合机制尚不健全，导致社会整合中可能出现某些断裂和无序状态。改革开放随着国家的放权让利，我国完成"市民社会"和"政治国家的分离"。国家对社会的直接干预逐步减少，但作为一个曾长期依赖于国家的新型社会，市民社会所必需的法治权威尚不能在短期内确立。在社会转型期相当长的时间内，社会自治能力和自我组织水平都不高，尚不能形成自我运行、自我管理、自我消化和吸收新的异质因素，比如社会阶层分化基础上产生的农民工就既不能被城市整合，也不能被乡村社会所整合。这导致在整个转型和交接期，社会许多领域都存在管理和整合的空白环节，甚至局部无序和紊乱状态。比如我国在合作化运动中建立的农村人民公社在改革初期迅速解体，但绝大多数地区的新的农村社会组织实际上处于挂名和瘫痪状态，而农民普遍法治意识又不健全，不懂得运用法律来捍卫自己合法权利或协调纠纷,这就导致农村出现的纠纷和冲突往往很难通过理性与和平的途径来解决。

除了以上比较突出的社会问题,我国的社会转型还激化了一些原本就存在的社会问题,比如民工潮与民工待遇问题,犯罪和社会治安问题,人口与就业问题,社会保障问题,雇员和雇主之间的矛盾问题,能源和资源短缺等问题。这在上文论及维持人与自然关系的和谐的迫切性中已经有所论述,在此不再重复。

二 以个人的尊严为目的构建安定有序社会的基本思路

构建安定有序的社会需要诸多条件,针对当前我国所面临的突出社会问题,我们应该着重从两个方面来努力。一方面,通过经济、政治和文化等领域中具有长效性和长期性的建设为安定有序奠定基础和提供安全阀;另一方面,在吸收国际社会先进经验的基础上,加强应对突发事件的机制建设。由于构建社会安定有序的长效性条件和捍卫个人尊严的社会条件具有一致性,这些内容在本章前半部分中已经详细探讨过,课题组在此只是将其概括和提炼为构建社会安全阀的机制,但并不再展开详述,而将侧重探讨如何加强应对突发事件机制建设的问题。

(一)构建社会"安全阀"机制的主要措施

(1)发展生产力,高度重视并有效解决民生问题,特别是完善分配调节机制和促进社会保障机制建设,为社会的安定有序奠定物质基础。

(2)进一步完善民主法治和公平正义的制度建设,为社会的安定有序奠定政治基础。

(3)加强弘扬正能量的思想和道德建设,为社会的安定有序奠定思想文化基础。

除了以上三个基本方面,坚持以人民为中心的政策立场和以人为本的政策价值取向,创新社会利益表达、整合机制,强化利益共享的机制建设,创新社会管理机制,系统优化社会结构等措施也对构建社会的安全阀机制具有重要意义。

(二)加强应对突发事件机制建设的主要措施

1. 完善权利救济与纠纷解决机制

当前国际社会普遍采取权利救济与纠纷解决多元化机制。救济主体可以分为公力救济，其核心是司法救济；社会救济，即由依法建立的公益组织、社会团体、中介机构提供的救济或纠纷解决方式；私力救济，即当事人在法律框架自行协调解决纠纷或借助于非正式的第三方参与解决纠纷。纠纷解决的方式包括协商、调解和裁决等。我国已经初步形成多元化的权利救济与纠纷解决机制，当前完善权利救济与纠纷解决机制的重点是推进各项权利救济与纠纷解决机制的独立性、公正性和实效性；鼓励提供更多的可供选择的纠纷解决方式，特别是非诉讼替代性纠纷解决程序，以满足不同的需求和价值取向，并及时、高效地解决问题。

2. 创新社会矛盾调解机制

第一，健全社会矛盾预警机制。所谓社会矛盾预警机制是指能够对社会矛盾防患于未然，即当社会矛盾处于潜伏期，能够监测、及时察觉、预警有关迹象，并采取果断处置的组织体系和制度设计。这样可以取到"花少量的钱预防，而不是花大量的钱治疗"，以隐性的方式取得解决问题的效果。健全社会矛盾的预警机制包括健全社会矛盾信息的收集和处理机制，要求及时、全面和准确收集可能导致社会矛盾爆发的信息；完善社会矛盾的监测机制；及时编制预警方案等步骤。

第二，健全社会治安防控机制。当前重点是加强法治建设，推进依法管理；农村社会治安防控机制建设；加强城镇社区治安防控机制建设；加强公共场所的治安防范机制建设；做好矛盾纠纷排查调处工作，妥善处理群体性事件。在健全社会治安防控机制中，政府应该落实领导责任，提供物质技术支持，社会则应该把握正确的舆论导向，提供强大的舆论支持。

第三，健全人民调解机制。人民调解工作的基本程序是受理纠纷、调解纠纷和履行协议。当前健全人民调解机制重点是需要发展多种形式的人民调解组织，拓宽人民调解的工作范围，规范人民调解委员会的工作，依法确认人民调解协议的法律效力，提高人民调解员的素质，加强人民法院对人民调解委员会的指导。

第四，健全社会心理调解机制。当前重点是不断满足人民日益增长的物质和文化生活需求，有效协调各种社会矛盾，促进社会的公平、正义；加强社会主义精神文明和先进文化建设，营造健康、积极的社会心理氛围；加强有效的社会心理支持系统，特别是对社会弱势群体的精神慰藉与心理疏导、帮扶。

第五，健全社会矛盾调节的应急机制。当前的重点是把常态管理与应急处置有机结合，灵活运用各种手段，发挥社会组织和力量在应急中的重要作用；完善上下沟通机制，第三方调停机制；发挥深入细致的思想政治工作的作用。

第六，健全社会矛盾调解的监督、考核和追究机制。当前重点是明确社会矛盾调节工作的领导制，明确领导职能和职责；加强全程实时监控；形成科学的绩效考核指标体系；完善事后调查分析制度；健全责任追究制度。①

小 结

本章以社会和谐的六个特征为基础，重点探讨了着眼于人的尊严的实现的社会和谐构建的基本思路和措施。其中，人与自然的和谐作为社会和谐的基本维度和重要特征，是人的生存和尊严得以实现的前提条件，但鉴于课题组在第四章中已经对实现人与自然的和谐的具体路径进行过较为充分的探讨，因而在此章不再重复讨论。人类自诞生以来一直追求更加美好的社会，社会和谐是古今中外人类的共同理想。以"和谐"作为社会目标，要求突破仅以经济增长、国力强大、社会安定、文化繁荣等目标为根本目的发展模式的局限性，虽也追求发展的秩序性、均衡性、协调性、全面性和动态性，但更强调"个人尊严"为其终极价值取向，这与中国古代社会，特别是封建社会所追求的社会和谐有着本质的区别。虽然我国封建社会少数思想家也提倡"君为轻"，"民为本"，但封建社会所推崇的社会和谐的根本目的是"秩序"，旨在维护稳定的统治秩序、个人内心的宁静和人与自然的和平相处。其中，稳定的社会秩序主要依靠专制制度和封建伦理纲常来维系，强调下级对上级的服从，封建帝王处于社会等级的最高端；个人内心的宁静主要依靠提倡个体的道德自律、反省等途径来实现；人和自然的和谐相处则建立在对自然较低的开发度和"天人合一"、"道法自然"等观念的基础上。封建社会所致力的社会

---

① 勒江好、王郅强：《和谐社会建设与社会矛盾调节机制研究》，人民出版社2008年版，第263—338页。

和谐并不重视社会的创新与活力,也不重视社会民主法治,公平正义,在封建社会中特权合法化和公开化,腐败深入骨髓,生产,特别是科技创新缓慢,这是封建社会难以克服的种种弊端。以"个人尊严"作为终极价值的社会主义社会和谐构建对社会的发展提出了一系列新的要求:其一,要求社会建设把社会的稳定、秩序与人的尊严保障相结合。安定有序是社会主义社会和谐的前提条件和基本特征,但如果社会的和平、稳定和秩序不是建立在平等保障人的人格、权利尊严的法律制度的基础上,而是通过渗透等级、服从精神的伦理纲常或专制制度,甚至借助国家暴力机关对广大民众的自由和个性的高压来实现,这种以奴役为基础的安定社会就不是我们所要构建的社会和谐。另外,贫穷和民众生活品质低劣的社会也不是我们所要构建的社会和谐,以人的尊严为根本目的的社会主义社会和谐,不仅要追求社会的安定有序,更要追求社会的活力与发展,民生的改善,以便能够为个人尊严的保障奠定必要的物质基础。其二,要求社会和谐建设不能仅以经济、社会、文化等任何非人的物化方面发展为根本目的。社会主义社会和谐要谋求经济和社会的发展和社会的勃勃生机和活力,物质与精神财富的持续增长,但如果经济与社会的发展不能有助于社会民众,尤其是普通大众的物质文化生活水平的提高,不能有助于公民合法权利的保障,即不能有助于个人尊严的实现,那么这也不是我们所要构建的社会和谐。其三,要求社会和谐构建不能把任何人仅用作为手段。我们所要构建的社会和谐以"个人尊严"为根本目的,但这里的"人"不是指少数人,更不是指个别人,而是指任何人。我们主张,上至国家各行各业精英、名流,下到普通黎民老百姓的人格尊严和权利尊严一律平等。我们既反对少数人相对于大多数人的特权,同时也反对大多数人对少数人的暴力和专制,如果任何人的利益和尊严通过牺牲或践踏其他人的尊严来获得,那么这就不是我们所要建设的社会和谐。其四,要求社会和谐建设中的一切工作得失必须以是否有利于个人尊严的实现和提升为终极标准和价值取向。我们经济、社会、文化、军事、外交等一切领域的发展都要以个人尊严为中心,以人的需要、人的权利、人的自由、人的发展为最高原则,不允许富国穷民的状况出现,不允许专制下的和平出现。其五,以个人尊严为根本目的社会和谐,不仅要捍卫个人的尊严,还要促进提升个人的尊严。保障个人尊严的起点是捍卫人的生命的尊严,我国刑法、民法还有其他诸多法律都将保障人的生命权作为最高原则。但我们不能仅停留在捍卫人的生命尊严层面,还要捍卫人作为人而生存的基本权利,后者要求国家和社会为所有人提供维持人的自由和体面生活的基本物质文化条件,为此我们将人的就业权、社会救济权纳入法律,我们颁布最低工资法,不断发展社会保障和社会福利事业。提升个人的尊严要求个人不断追求道德完善和充分挖掘自身的潜能与创造性,要求社会不仅要捍卫人作为人而生存的权利,还要为人的发展,即为个人实现其潜能和价值创造条件,这包括大力发展教育事业、完善公平正义制度建设,促进社会流动,维持国家经济持续增长等各方面的努力,其终极目的是为个人的发展和尊严的提升提供更多机会和更广阔的舞台。最后,需要指出的是,就人的尊严的实现,特别是个人尊严的捍卫而言,因其陷入尊严危机(尊严诉求失败或遭到公然践踏)的情境和原因总是具体的和千差万别的,因而需要社会各界针对本领域捍卫人的尊严工作的常见问题,制定具体的、可操作性的制度与规则,以贯彻"人是目的"这一尊严原则,并有效捍卫个人的尊严,这属于具体应用领域的问题。本项目仅立足于社会和谐对个人尊严的实现重要作用,指出了当下中国社会为保障和提升民众的尊严应该努力的基本方向,关于具体应用问题还有待学界进一步研究与发展。

附 录

社会若干阶层尊严现状调研

导 言

一 调研背景及意义

（一）调研背景

随着经济与社会的发展，个体对尊严的诉求越来越强烈。正是由于深刻把握到这一时代性呼吁，2010年时任总理温家宝在政府工作报告中将"让人们过上有尊严的生活"作为执政理念而提出："我们所做的一切就是让人民生活得更加幸福，更有尊严，让社会更加公正，更加和谐。"这一执政理念的提出引发了学界对人的尊严问题进行研究的热潮。当今学术界对人的尊严问题的理论探究成果虽然比较多，但实证研究成果却屈指可数。

我们通过中国知网所检测当前国内关于人的尊严问题的实证研究成果要么侧重于提供尊严观的评测工具，要么侧重于农村大学生尊严感及其影响要素的研究，既没有涉及其他的阶层，也没有对他们所面临的尊严危机及其应对措施进行探究。同时调研方法都存在单一，样本量太小，样本的选取可能不具备代表性的问题。针对国内实证研究存在的不足，课题组决定选择几个比较有代表性并构成人民群众主体的几个有代表性阶层为调研对象，历时6个月，经过3个轮回调研，通过大量的访谈资料和2731份问卷，对工人、农民、学生、高校教师、自由职业者等几个阶层的尊严观现状，各自所面临的尊严危机及其化解进行调研，以期丰富理论界关于人的尊严问题的研究，并为在实践中捍卫人的尊严和构建和谐社会提供一定的启示。

(二) 调研意义

1. 理论意义

目前学界对人的尊严问题的研究成果主要是理论分析，同类主题的实证研究非常稀少，因而本项目组调研可以丰富和发展学界相关领域的研究。另外，项目组根据书稿主体内容的主要观点，特别是人的尊严的基本内涵设计了一套相对全面的调研问卷，可为以后相关调研提供一定借鉴。

2. 实践意义

调研数据和结论可为社会各界在实践中保障和提升民众的尊严和构建社会和谐提供一定的事实材料与依据；可为思想政治教育中实施尊严教育工作提供一定的参考依据。

二 调研的主要内容

(一) 调研内容

第一，调查社会若干阶层的尊严观现状，重点了解社会大众对尊严与幸福关系、尊严与面子关系、尊严与财产关系、尊严与权势关系、尊严与自由关系、尊严与职业关系、尊严与个人价值关系等事关个人精神内核与幸福感诸多问题的观点与意见。并在此基础上，了解大学及高中学生、大学教师、农民、工人、自由职业者等各阶层捍卫个人尊严的常见方式。

第二，了解大学及高中学生、大学教师、农民、工人、自由职业者阶层尊严感。

第三，调查大众所面临的尊严危机及其化解措施。了解当前大学及高中学生、大学教师、农民、工人以及自由职业者阶层各自所经历的尊严被践踏的情况，以及各自所采取的态度与应对措施。

(二) 调研创新点

第一，调研主题新、内容新：本次调研问题设计以项目主持人对"个人尊严与社会和谐的互动关系"深入分析为主要理论依据，并侧重围绕人的尊严现状分析而展开。

第二，调研对象覆盖面较广：本次调研对象涉及大学及高中学生、大学教师、农民、工人以及自由职业者阶层。

第三，注重数据的真实性：本次调研把问卷调研与访谈相结合，在数据处理过程中特别重视回收问卷的真实性，舍弃掉答案雷同的问卷，以尽最大努力保证调研数据和调研结论的客观性与科学性。

（三）关于调研对象的说明

在课题组的实证调研中，首先考虑到大学、高中学生总体具备一定理论水平和独立思考能力，且其成长家庭来自社会不同阶层，学生的观念和情况在某种程度上可以代表社会大众的现状，因而课题组选取了以高中生、大学本科生及研究生为主体的学生阶层为主要取样对象；另外，考虑到工人、农民是我国人民民主专政政权的基础性力量，大学教师代表高级知识分子，自由职业者是社会群体一个重要的分支，因而也对这一阶层作了调研。其中自由职业者取样主要来自会计师事务所的员工和个体工商户；工人取样来自国有企业、外资企业和私营企业。需要说明的是，本项目调研的主要目的是掌握社会大众的尊严现状及其内在的差异性，学生、教师应该属于知识分子，即广义的工人阶级的一部分，但为凸显二者的不同，在此将二者作为两个不同阶层或群体。

（四）调研的不足之处

由于经费和精力的限制，本课题只涉及了大学及高中学生、大学教师、农民、工人以及自由职业者等几个社会阶层，还没有涉及国家和社会管理者阶层、有产者阶层、服务阶层、城乡无业失业者阶层等，且即使已经涉及的几个主要阶层，对学生外的其他阶层取样的数量和来源也存在相当的局限性，某些问题也只是选择了学生或教师群体来调研。所以，调研结论虽能反映问题，但难以保证其精确性，这有待以后研究工作中进一步推广和完善；另外，本次调研问卷的某些问题的答案选项还有待进一步厘清逻辑联系和提炼。

第一节 社会若干阶层的尊严观现状

人有意识的行为无不在一定的观念指导下进行。个人尊严观决定着个体在现实中对自身尊严需求满足度的感知或评价，也指导着人将采取何种方式来实现和捍卫自身的尊严，对个人捍卫尊严的方式乃至社会和谐都有着重大影响。而当前我国正处于改革开放的攻坚时期，各类社会冲突层出不穷，这促使我课题组对社会各阶层的尊严观现状展开实证研究，以为现实中人的尊严捍卫工作和社会主义和谐社会构建提供一定的事实资料。

一 社会若干阶层对人的尊严内涵的认识

何谓人的尊严，何谓人的尊严的根据？何谓人的尊严的标志与载体？对这些问题的回答构成了人的尊严的基本内涵。

（一）对何谓人的尊严的认识

课题组通过一个包括 9 个选项的多项选择题来对大学及高中学生、大学老师进行了调研。

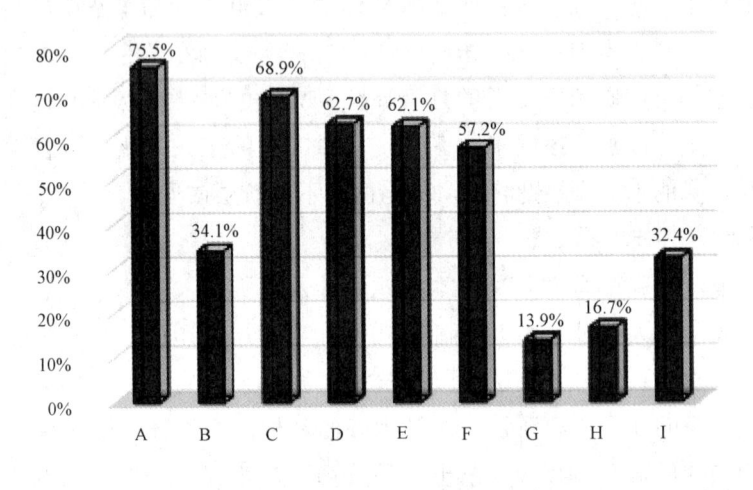

图1 社会各阶层对尊严的理解（n = 848）

A. 尊严就是人被自己和被他人所尊重
B. 尊严就是衣、食、住、行、安全等基本需求得到满足和保障
C. 尊严就是人格不受侮辱、诽谤
D. 尊严就是自身价值得到实现和认可
E. 尊严就是个人权利不被践踏
F. 尊严就是个性、自主性能力得到自身认可和他人承认、尊重
G. 尊严就是拥有让他人羡慕并能支配他人的财富和权势
H. 尊严就是具有较高的社会地位

I. 尊严就是具有良好的和被他人钦佩的道德修养

如图1所示，在所有的848位受访者中，绝大多数人表示人的尊严就是人被自己和被他人所尊重以及人格不受侮辱、诽谤，其所占比率分别为75.5%和68.9%。有相对较多的人也表示尊严就是自身价值得到实现和认可，个人权利不被践踏以及个性、自主性能力得到自身认可和被他人承认、尊重，其所占比率分别为62.7%、62.1%、57.2%。此外，还有相对较少的人表示尊严就是衣、食、住、行、安全等基本需求得到满足和保障，具有良好的和被他人钦佩的道德修养，其所占比率分别为34.1%和32.4%。最后，相对最少的人认为尊严就是具有较高的社会地位；拥有让他人羡慕并能支配他人的财富和权势，其所占比率分别为16.7%和13.9%。

根据以上的数据，我们可以看出：就总体而言，绝大多数学生和大学教师将尊严理解为诸如权利、人格、自由、价值等人的内在的、固有的、平等的价值，而相对较少地被归结为诸如社会地位、财富与权势等外在的、等级性的价值。这表明学生阶层和大学教师对于尊严在总体上有着较为理性的认识。但是，通过数据我们还可以发现，在全部受访的848名学生和大学教师中，仅32.4%的人将尊严视为具有良好的和被他人钦佩的道德修养，这表明作为尊严的重要内在根据的道德品性被学生阶层和大学教师相对忽视。

(二) 对人的尊严根据的认识

1. 尊严与自由

自由构成人作为类高于动物尊严的根据，个体对自由的不同理解将决定了其对尊严诉求的具体内容和捍卫自身尊严的具体方式。鉴于自由概念的复杂性，课题组集中调查了大学及高中学生、研究生和大学教师为主体的自由观。

(1) 对自由的理解

A. 自由意味着摆脱自然界的束缚

B. 自由意味着个人正当的自主性选择不被社会和他人干涉

C. 自由意味着个人任何自我决定都不被干涉

D. 自由意味着个人能够追求并实现自我设计或梦想

E. 自由意味着摆脱感官欲望与激情的束缚

F. 自由是人区别于动物的本质特征之一，唯有人能够凭借理性获得

自由

G. 其他

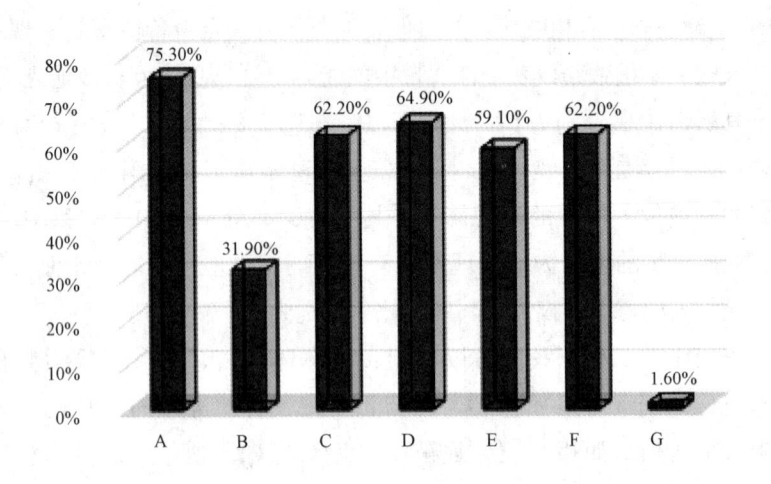

图2 社会各阶层对于自由的理解 （n=252）

如图2所示，在所有的252名受访学生和大学教师中，75.3%的人认为自由意味着摆脱自然界的束缚。64.9%的人认为自由意味着个人能够追求并实现自我设计或梦想。另外，认为自由意味着个人任何的自我决定都不被干涉，自由是人区别于动物的本质特征之一的人均为62.2%。59.1%的人认为自由意味着摆脱感官欲望与激情的束缚。最后，仅有31.9%的人表示自由意味着个人正当的自主性选择不被社会和他人干涉。

根据以上的总体数据我们可以看出：在所有受访者的观念中，自由更多地意味着人相对高于动物而独有的外在自由与内在自由，同时还表明相当比例的人追求自我设计、自我发展、自我实现的自由，这反映出受访者对于自由在总体上有着相对正确的理解。但是，我们还要看到，在涉及自由选择、决定这一含义时，有62.2%的人认为自由意味着个人任何的自我决定都不被干涉，而仅有31.9%的人认为自由意味着个人正当的自主性选择不被社会和他人干涉，这初步反映出了不少受访者具有追求"绝对的自由"的思维倾向。

（2）对自由与尊严的关系的理解

人作为类因为生而具有理性而具有了其他自然万物所不具备的内在自由与外在自由，自由赋予了人高于其他自然万物的尊严，因而自由应该构成人的尊严根据，但并不是所有人都认可这一观点。

A. 是
B. 不是
C. 有一定的关系

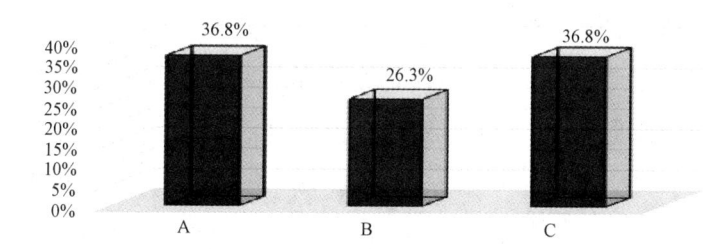

图3 大学教师对于"自由是人的自由的根据"的观点的看法（n = 19）

如图3所示，在所有的19位受访大学教师中，有7人认为自由是个人尊严的根据，其所占比率为36.8%。另有7人则表示自由与人的尊严存在一定的联系，在某种意义上自由可被看作人的尊严的根据，其所占比率亦为36.8%。最后，还有5人认为自由并不是个人尊严的根据，其所占比率仅为26.3%。而根据以上的数据分析我们可以看出：在大学教师中，较多数的人认可自由作为个人尊严的根据的意义，但也有部分人否认自由对于尊严的基础性作用。

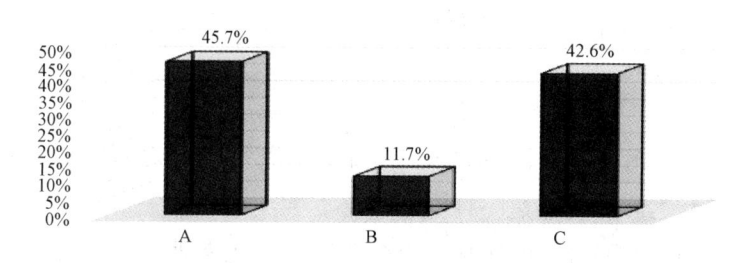

图4 学生群体是否认为"自由是人有尊严的根据"（n = 230）

至于学生阶层,如图 4 所示:在全部 230 位受访学生中,有 105 人认为自由是个人尊严的根据,其所占比率为 45.7%;有 98 人则认为自由与人的尊严存在一定的联系,在某种意义上自由可被看作人的尊严的根据,其所占比率为 42.6%;最后,仅有 27 名学生不认同自由是个人尊严的根据,其所占比率仅为 11.7%。而根据以上的数据分析我们可以看出:在学生阶层中,绝大部分人完全或基本赞同自由构成人的尊严的根据。因而较之大学老师群体,学生更为认同自由对于尊严的实现有着重要作用。

2. 尊严与个人价值

个人价值具有两层含义,其一,指人作为人本身所具有的绝对价值和至高价值,这是任何具有人类基因组特征的生命享有平等人格尊严和权利尊严资格的根据;其二,个人因充分发挥其潜能对社会做出重大贡献从而被他人肯定、认可和赞美所得到的报偿性尊严,因而维护个人尊严也就是要承认个体的价值。

如图 5 所示:在所有 236 名受访学生和大学教师中,有 161 人表示个人价值与人的尊严直接关联,但是个人价值的大小并不因此决定个人尊严的高低,其所占比率为 68.2%;有 131 人则表示个人价值得到他人的肯定与尊重将使人更有尊严,其所占比率为 55.5%;此外,有 62 人肯定了个人价值作为人的尊严的根据的意义,其所占比率为 26.3%;最后,还有 52 人肯定了个人价值的实现对于个人尊严的意义,其所占比率为 22%。

A. 个人价值是个人尊严的根据之一,它决定人是否有尊严

B. 个人价值实现得越充分人就越有尊严

C. 个人价值得到他人的肯定与尊重将使人更有尊严

D. 个人价值与人的尊严直接关联,但是个人价值的大小并不因此决定个人尊严的高低

E. 其他

根据以上的数据分析我们可以看出:大部分受访者均认为个人价值与人的尊严之间的关系是一种充分不必要的关系,个人价值影响着个人的尊严,但是个人价值的实现与否并不决定人的尊严,个人价值的大小也并不决定着人的尊严大小,也即个人价值并不构成个人尊严的根据。同时,根据以上数据我们还可以看出:在相当部分学生和大学教师的思

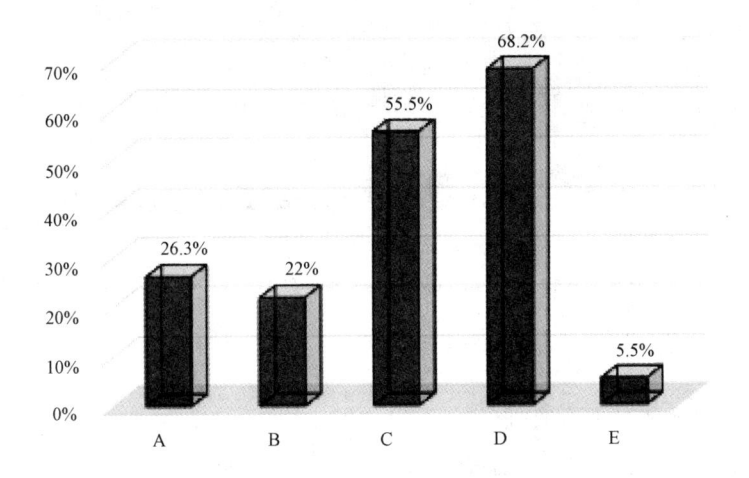

图 5 社会各阶层对尊严与人的价值关系的理解（n = 236）

想观念中，尊严的实现与获得他人的认可之间存在较为密切的联系。

（三）社会若干阶层对人的尊严的标志与载体的认识

1. 尊严与面子

在部分人的观念中，面子与尊严有着密切的联系，面子常常被简单地视为尊严，而为了体现或捍卫自我所谓的"尊严"，部分人不惜奢侈浪费，大搞排场。为了探析社会若干阶层对于尊严与面子的关系的理解，课题组选取了以大学、高中学生及研究生为主体的学生阶层以及大学教师群体为主要调研对象展开实证研究。

如图6所示：在所有的252名受访学生和大学教师中，有179人表示面子和尊严有一定的关系，但两者不完全等同，其所占比率为71.1%。有38人表示面子就是尊严，有面子就有尊严，其所占比率为15.1%；此外，仅有24人表示面子和尊严没有任何关系，其所占比率仅为9.5%。而根据以上对学生阶层和大学教师的总体数据分析我们明显可以看出：在大部分学生和大学教师的观念中，大多数人具有较为理性的认识，即肯定面子与尊严有一定的联系，但并不完全等同。但在部分人的观念中，面子直接等同于尊严，这反映出在对面子与尊严的认识上，学生阶层与大学教师存在某种程度上的认识偏差。

A. 面子就是尊严，有面子就有尊严

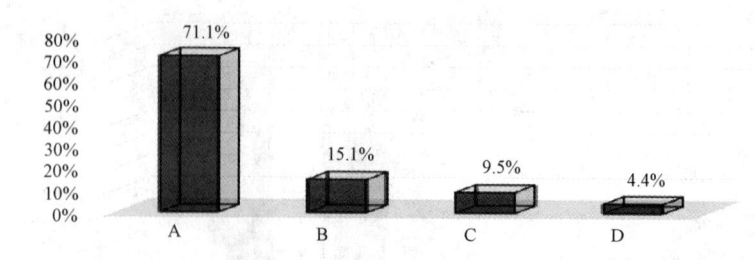

图6 社会各阶层对尊严与面子关系的理解 （n=252）

B. 面子和尊严有一定的关系，但两者不完全等同
C. 面子和尊严没有任何关系
D. 不清楚两者有什么区别

2. 尊严与财产

A. 人的尊严由财产所决定，财产的多少决定人尊严度的高低
B. 财产多一定有尊严，但是没财产也不一定就没有尊严
C. 财产多不一定有尊严，但是没财产则一定没有尊严
D. 财产多不一定有尊严，没财产也不一定就没有尊严
E. 是否有财产和人是否有尊严没有任何关系
F. 其他

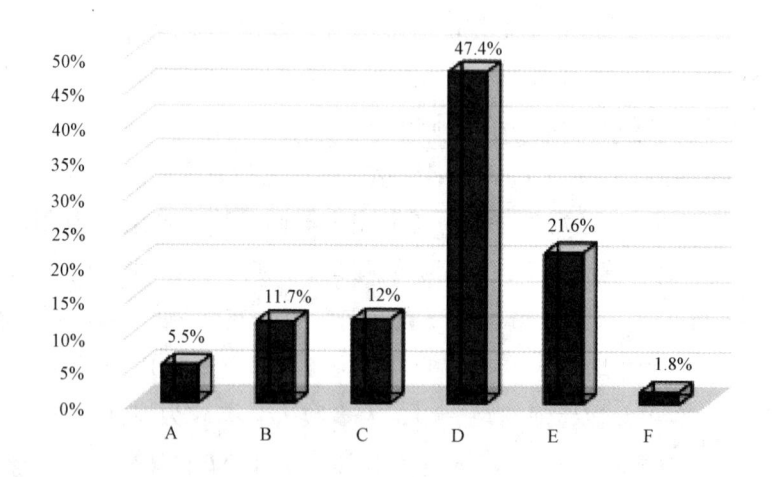

图7 各阶层对于尊严与财产关系的理解 （n=384）

如图7所示：在所有384名各阶层受访者中，有21人认为人的尊严

由财产所决定，财产的多少决定人尊严的高低，其所占比率为 5.5%。有 45 人则认为财产多一定有尊严，但是没财产也不一定就没有尊严，其所占比率为 11.7%。此外，还有 46 人则认为财产多不一定有尊严，但是没财产则一定没有尊严，财产在一定程度上决定人的尊严，其所占比率为 12%。而在表示财产多不一定有尊严，没财产也不一定就没有尊严方面，有 182 人对此表示认同，其所占比率高达 47.4%。最后，还有 83 人则表示是否有财产和人是否有尊严没有任何关系，其比率达到 21.6%。

综合以上数据，我们可以看出：对于这一问题不同群体和个体意见分歧较大：有相当比例的受访者表示，个体是否有财产是人是否有尊严的必要条件或必要不充分条件，即认为财产是尊严的载体或财产在某种程度上构成人的尊严的载体，这一倾向在农民阶层中表现较为突出。在受访 21 位农民工中，有 47.6% 的人认为财产是尊严的必要条件或必要不充分条件，尊严由财产所决定或在一定程度上由财产所决定；但也有近 30% 的人否定财产和尊严之间的关系。

3. 尊严与权势

A. 是否有权势决定人是否有尊严，权势的大小决定人尊严度的高低
B. 权势大一定有尊严，但是没有权势也不一定就没有尊严
C. 权势大不一定有尊严，但是没有权势则一定没有尊严
D. 权势大不一定有尊严，没有权势也不一定就没有尊严
E. 是否有权势和人是否有尊严没有任何关系
F. 其他

如表 1 所示，在认为权势是尊严的必要条件或必要不充分条件方面（A、B、C 三项），分别有 21.8% 的大学及高中学生、24.9% 的大学教师、27.1% 的工人以及 33.3% 的自由职业者对此表示认同。而在表示尊严与权势没有必然关系或根本没有关系方面（D、E 两项），则又分别有 76.9% 的学生、75% 的教师、70.9% 的工人和 66.7% 的自由职业者对此表示认同。由此可知，虽就总体而言，人们对于尊严与权势二者之间的关系存在较为合理的理解，在他们的思想观念中，权势并不构成尊严的标志与载体，但以上阶层中平均有 1/4 以上的人认为权势构成尊严的根据和载体。值得注意的是，57.1% 农民工阶层表示权势是尊严的必要条件或必要不充分条件，权势决定或在某种程度上决定人的尊严方面，其

比率远远高于其他四个阶层。而在表示尊严与权势没有必然联系或根本没有任何关系方面，仅有 42.8% 的人对此表示认同，其比率亦远远低于其他四个阶层。由此我们可以清楚地看出，较之其他受访阶层，在农民工阶层的思想观念中，权势在更大程度上构成人的尊严的标志与载体，他们对尊严与权势关系的认识上存在着更为明显的偏差。

表1　　　　　社会各阶层对于尊严与权势关系的理解　　　　　单位：%

	大学、高中学生 （n=377）	大学教师 （n=52）	工人 （n=48）	自由职业者 （n=15）	农民工 （n=21）
A	4.8	3.8	14.6	13.3	19
B	7.7	19.2	8.3	13.3	23.8
C	9.3	1.9	4.2	6.7	14.3
D	41.9	50	39.6	6.7	19
E	35	25	31.3	60	23.8
F	1.3	0	2.1	0	0

4. 尊严与权利

A. 权利不被践踏才会有尊严

B. 只有先有尊严，权利才对我们有意义

C. 人的尊严是一项权利，即不被侮辱的权利

D. 人的尊严是权利的根基和目的，权利的行使是为了凸显、保障人的尊严，它是人的尊严的具体化表现

E. 权利和尊严有一定的关系，但两者关系不大

F. 权利和尊严没有任何关系

G. 其他

如图8所示：在所有306位受访者中，相对最多的人表示尊严是权利的基础，而权利是尊严的表现和保障，其所占比率达到62.7%；有相对较多的人则表示尊严是人的不受侮辱的权利，其所占比率为37.9%。同时，还有相当部分的人则表示权利不被践踏才会有尊严；只有先有尊严，权利对我们才有意义，其所占比率分别为28.8%和24.5%。而在认为权利和尊严两者关系不大方面，其所占比率为18.6%，最后，相对最少的

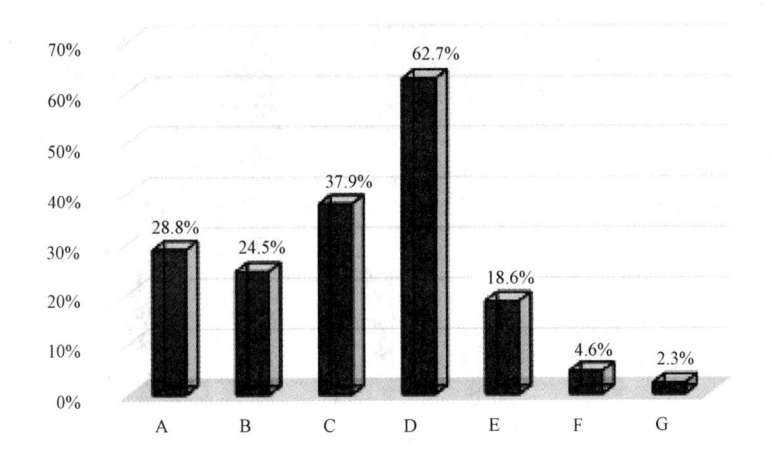

图 8 社会各阶层对于尊严与权利关系的理解（n = 306）

人则认为尊严与权利没有任何关系，其所占比率仅为 4.6%。

根据以上的数据可以看出：就总体而言，大多数受访者均明确肯定了尊严和权利之间的联系，认为尊严是权利的根基和目的；尊严赋予权利以意义和神圣性，权利受尊重是有尊严的前提。也有相对较少的人认为尊严从属于权利。值得注意的是：有 23.4% 的受访者否定了权利与尊严之间的关系，认为尊严与权利关系不大或根本没有关系。可见，在对尊严与权利关系的认识上，受访者群体存在一定程度上的认识偏差。

5. 尊严与职业

A. 职业决定人的尊严，职业好坏决定人尊严度的高低
B. 职业好一定有尊严，但是职业较差也不一定就没有尊严
C. 职业好不一定有尊严，但是职业较差则一定没有尊严
D. 职业好不一定有尊严，职业较差也不一定就没有尊严
E. 职业的好坏和人尊严的高低没有任何关系
F. 其他

如图 9 所示：在所有的 325 名各阶层受访者中，有 140 人认为职业好不一定有尊严，职业较差也不一定就没有尊严，其所占比率为 43.1%；有 77 人则表示职业的好坏和人的尊严的高低没有任何关系，其所占比率为 23.7%；有 53 人则认为职业好不一定有尊严，但是职业较差则一定没

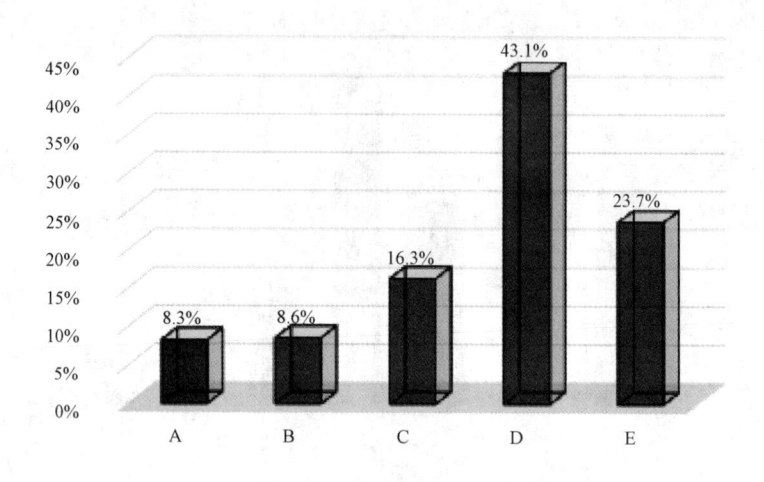

图9 各阶层对尊严与职业关系对理解（n=325）

有尊严，职业在一定程度上决定人的尊严，其所占比率为16.3%；此外，还有28人则表示职业好一定有尊严，但是职业较差也不一定就没有尊严，职业在一定程度上决定尊严，其所占比率为8.6%；最后，还有27人认为职业决定人的尊严，职业好坏决定人尊严度的高低，其所占比率为8.3%。

综合以上数据可以看出：多达67.4%的受访者均表示职业的好坏与尊严的高低并没有必然的联系或没有任何的关系；但也有相当部分的受访者认为，职业是人有尊严的必要条件或必要不充分条件。另外，根据课题组调研统计数据显示，分别有33.3%的工人、34.7%的学生以及42.9%的农民工认为尊严由职业所决定或被其部分决定，这表明三者仍在相当程度上将职业视作尊严的标志与载体，其中农民工阶层在此方面的倾向尤为明显。

（四）社会若干阶层对尊严与幸福关系的理解

课题组对常识中人们对尊严与幸福的关系的认识进行了调查。

A. 只有有尊严才能过得幸福

B. 过得幸福就有尊严

C. 有尊严的生活就是幸福的生活

D. 两者没有任何关系

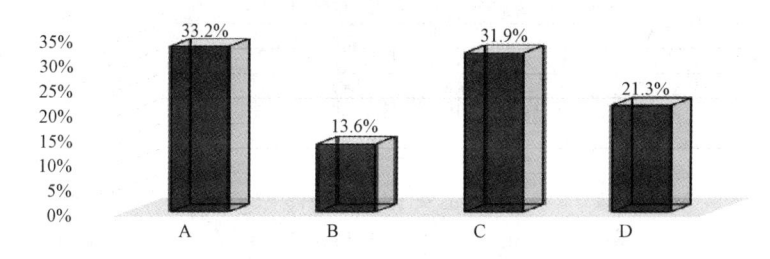

图10　社会各阶层对尊严与幸福关系的理解（n=235）

如图10所示：在所有235名受访者中，有78人表示有尊严才能过得幸福，其所占比率相对最高，为33.2%；还有75人则表示有尊严的生活就是幸福的生活，其所占比率为31.9%；有32人认同过得幸福就有尊严，其所占比率为13.6%。而根据以上的数据分析我们可以看出：在大部分学生和大学教师的观念中，尊严与幸福存在密切联系。其中，有相对最多的受访者倾向于肯定尊严对于幸福的前提作用，只有尊严得到尊重与保障，幸福的生活才有可能实现。另外，还有相对较多的人倾向于认为尊严与幸福是一种对应和相互促进的关系，即有尊严能够使人更幸福，更幸福也能使人更有尊严。此外，还有相对较少的人倾向于认为幸福对于尊严的先决作用，认为过得幸福就有尊严。最后，还有50人则认为尊严与幸福没有任何关系，它们是两个完全不同的概念，在此方面其所占比率为21.3%。

二　社会若干阶层对如何捍卫人的尊严的认识

（一）社会若干阶层对尊严得到捍卫与受到践踏标准的理解

1. 个人尊严得到捍卫的标准是什么

关于对个人尊严得到捍卫的标准的理解，课题组选取了以大学、高中学生及研究生为主体的学生阶层为主要调研对象并以访谈为主要方式展开调研。在所有120名受访大中学生及研究生中，根据所得材料显示，三者在对个人尊严得到捍卫的标准方面存在有如下共识：

第一，自我价值、德性得到他人和社会的认可与肯定。

第二，人格和合法权利得到他人和社会的尊重与保障。

第三，能够得到公平、平等的对待。如"价值得到他人的认可，当然前提是能够被公平地对待让自己去实现价值"。

访谈统计表明,虽然大学、高中学生及研究生在关于个人尊严捍卫的标准方面存在着普遍共识,但相较于大学本科生与研究生,高中学生在此方面存在一些不同的认识,主要表现为如下三点:

第一,大学本科生及研究生更为强调外界的尊重与认可对于个人尊严捍卫的作用,而高中学生则认为个人尊严的捍卫首先是必须肯定自我,自尊自重。

第二,高中学生较为注重自我的物质、精神、情感等的满足对于尊严捍卫的作用。

第三,高中学生在自我尊严的捍卫措施方面表现得更非理性。如"凌驾于亿人之上"便是尊严得到捍卫,"宁可我负天下人,不可天下人负我"等。

2. 个人尊严受到侵犯的标准是什么

A. 自我的生命健康、人身安全不被尊重或受到他人危害

B. 自我的地位、社会角色不被认可

C. 自我的贡献、价值不被他人认可

D. 自己的人品、行为方式被他人谴责、批评、议论

E. 在礼节与言行上被侮辱、被诬陷、被诽谤

F. 自我的个性、情感被否定

G. 自我的基本需求被否定

H. 自我的能力被轻视

I. 自我的合法权利被侵害

J. 个人的自主性和不危害他人的自我决定、选择被忽视或剥夺

K. 自己被当成没有情感、自由的物体或纯粹工具而被对待

L. 其他

如表2所示,所有受访阶层均较为重视自我的生命健康、人身安全被尊重或受到他人保护对于保障个人尊严的作用,其中对教师阶层、自由职业者阶层和农民工阶层而言,这是个人尊严得到保障的最重要的标准,三者中分别有70%、68.2%以及44%的人对此表示认同。同时,所有受访阶层内部均有相对较多的人表示自己的人品、行为方式被他人谴责、批评、议论是个人尊严被侵犯的标准。其中学生阶层将其视为自我

尊严不受侵犯的最重要的准则，而在自由职业者阶层和农民工阶层看来，这亦是其自我尊严受保障的重要标准。

表2　　　　　　　各阶层尊严受到侵犯的标准　　　　　　单位：%

	大学、高中学生 （n=823）	大学教师 （n=60）	工人 （n=64）	自由职业者 （n=22）	农民工 （n=25）
A	56.5	70	70.3	68.2	44
B	42.9	66.7	75	40.9	28
C	50.5	70	46.9	22.7	32
D	57.6	58.3	51.6	54.5	36
E	55.9	36.7	56.3	45.5	36
F	35	35	15.6	13.6	8
G	31.6	25	21.9	4.5	16
H	30	25	26.6	18.2	0
I	36	50	17.2	13.6	8
J	32.2	38.3	28.1	27.3	0
K	41.9	30	37.5	40.9	20
L	5.3	0	1.6	0	0

此外，无论是大学、高中学生阶层、自由职业者阶层还是农民工阶层，三者均相对忽视个人的地位、社会角色不被认可对于自我尊严维护的影响，在此方面其所占比率分别为42.9%、40.9%和28%。而大学教师阶层和工人阶层则较为重视其对于个人尊严的保障作用，其中工人阶层更是将其视为个人尊严受保障的最重要的标准，而大学教师阶层则将其视为个人尊严受保障的第二大标准，在此方面两者所占比率分别为75%和66.7%。最后，在所有受访阶层中，除了大学教师阶层，其他受访各阶层均较为重视在礼节与言行上不被他人侮辱、诬陷与诽谤对于保障个人尊严的作用，其中农民工阶层对此尤为重视，在其观念中，这是自我尊严得到保障的第二大标准。

根据以上的数据分析我们可以看出：就总体而言，各受访阶层对于自我尊严受到侵犯的标准均存在较为合理的理解，但是鉴于各受访阶层均相对认同自己的人品、行为方式被他人谴责、批评、议论是自我尊严被侵犯的标准,这在某种程度上反映了社会大众自我尊严意识的泛化和主观化。

(二) 社会若干阶层对如何保障人的尊严的认识

1. 个人应该如何保障自身的尊严

A. 积极捍卫自己的人格尊严,对他人的侮辱和践踏采取必要的抗议

B. 珍惜并捍卫自己的合法权利与利益

C. 保障自身的基本物质生活水平

D. 捍卫自身的自主性,抗议他人、社会和外界不正当干预

E. 避免自己的行为举止、生活方式堕落至动物性水平

F. 不允许他人对自己的批评、谴责

表3　社会各阶层对如何尊重和保障自身尊严的认识　　　单位:%

	大学、高中学生 (n=823)	大学教师 (n=60)	工人 (n=65)	自由职业者 (n=19)	农民工 (n=25)
A	65.7	65	60	68.4	48
B	62.2	78.3	73.8	52.6	48
C	39.1	68.3	53.8	52.6	28
D	51.4	58.3	53.8	36.8	24
E	41.3	41.7	53.8	36.8	8
F	11.1	3.3	7.7	0	4
G	11.4	8.3	6.2	10.5	4
H	12.2	11.7	18.5	26.3	12
I	50.1	36.7	38.5	26.3	20
J	26.2	36.7	35.4	31.6	36
K	47.3	46.7	27.7	21.1	20
L	50.9	50	64.6	73.7	36
M	10.9	8.3	15.4	0	4
N	2.9	1.7	1.5	0	0

G. 不允许他人对自己的管制和干预

H. 通过谋求更大的权势与财富来保障自身的尊严

I. 悦纳自己的个性,相信自己的能力,不妄自菲薄

J. 注意自己在公众眼中的形象

K. 珍惜和捍卫自己的名誉、前途和身体

L. 在任何人面前、任何时候均做到不卑躬屈膝、不自轻自贱、不自暴自弃

M. 自身尊严遭受侵犯,将不惜采取一切措施进行反击、报复

N. 其他

如表3所示,根据所得数据,首先就总体而言,各受访阶层在思想认识上均较为重视积极捍卫自己的人格尊严;珍惜并捍卫自己的合法权利与利益;在任何人面前、任何时候均做到不卑躬屈膝、不自轻自贱、不自暴自弃等对于保障自我尊严的作用。其中,在大学、高中学生阶层和农民工阶层看来,积极捍卫自身的人格尊严是个体保障自我尊严的最重要的途径,在此方面两者所占比率分别为65.7%和48%。而在大学教师阶层、工人阶层和农民工阶层看来,珍惜并捍卫自己的合法权利与利益则是个体保障自我尊严的最重要途径,在此方面三者所占比率分别为78.3%、73.8%和48%。此外,在自由职业者阶层看来,在任何人面前、任何时候均做到不卑躬屈膝、不自轻自贱、不自暴自弃是个体保障自我尊严的最重要途径,在此方面其所占比率为73.7%。

根据以上的分析我们可知,各受访阶层对于如何尊重和捍卫自我的尊严有着较为合理的认识。但是,鉴于以上群体均较为忽视自我形象的提升对于保障个人尊严的作用,这表明他们对于如何保障自我的尊严仍存在一定程度的认识偏差。

2. 个人应该如何保障他人的尊严

如表4所示,所有受访阶层均较为重视尊重他人的人格尊严、他人的合法权利与利益对于保障他人尊严的作用。其中,在自由职业者阶层、工人阶层、大学教师阶层和学生阶层看来,尊重他人的人格尊严是保障他人尊严的首要原则,在此方面其所占比率分别为100%、82.8%、78.8%和75.3%。同时,在所有受访阶层中,除了大学教师阶层和大学、高中学生阶层,无论是自由职业者阶层、工人阶层还是农民工阶层,其内部均有相对较多的人认为应在他人尊严受辱时出手帮助受欺辱者,并谴责、鄙视施暴者以实现对他人尊严的保障。其中,在农民工阶层看来,这是保障他人尊严的首要原则,在此方面其所占比率为42.9%。这表明

较之大学教师阶层和大学、高中学生阶层,农民工阶层、自由职业阶层和工人阶层在认识上更为倾向于通过积极促进他人的尊严的实现来保障他人的尊严。

表4　　各阶层关于如何保障他人尊严的认识　　单位:%

	大学、高中学生 (n=823)	大学教师 (n=52)	工人 (n=29)	自由职业者 (n=9)	农民工 (n=7)
A	75.3	78.8	82.8	100	28.6
B	64.9	75	75.9	88.9	14.3
C	65.1	75	69	77.8	14.3
D	39.1	48.1	34.5	44.4	14.3
E	31.1	38.5	69	66.7	42.9
F	37.7	46.2	10.3	11.1	0
G	49.7	46.2	34.5	0	28.6
H	50.9	40.4	44.8	55.6	0
I	45.4	30.8	41.4	66.7	28.6
J	32.7	30.8	51.7	77.8	42.9
K	43.5	30.8	34.5	22.2	0
L	14.6	21.2	44.8	55.6	14.3
M	3.8	5.8	27.6	11.1	14.3

A. 尊重他人的人格尊严

B. 尊重他人的合法权利与利益

C. 认可、尊重他人的个性、能力与价值

D. 尊重他人不危害第三者的自主选择

E. 认可他人的人品

F. 尊重他人的身份、地位

G. 不歧视他人

H. 不在言行礼仪中侮辱他人

I. 不诽谤、不诬陷他人,不玷污他人的名誉

J. 在他人尊严受辱时出手帮助受欺辱者,并谴责、鄙视施暴者

K. 积极关爱他人、帮助他人

L. 从来不当众批评和谴责他人

M. 其他

此外,各受访阶层内部还有相对较多的人表示认可、尊重他人的个性、能力与价值是保障他人尊严的重要原则,其中大学教师阶层和农民工阶层尤为重视这对于保障他人尊严的作用,在两者看来,这是保障他人尊严的第二大准则。最后,在各个受访阶层中,大学教师阶层还相对重视尊重他人不危害第三者的自主选择对于保障他人尊严的作用,在此方面其所占比率为48.1%。而工人阶层则还相对重视认可他人的人品对于保障他人尊严的作用。自由职业者阶层则还较为重视不诽谤、不诬陷他人,不玷污他人的名誉对于保障他人尊严的作用。而较之工人阶层与自由职业者阶层,农民工阶层除了重视认可他人的人品;不诽谤、不诬陷他人,不玷污他人的名誉对于保障他人尊严的作用外,还相对重视不歧视他人对于保障他人尊严的作用。

综合以上的数据分析,我们可以看出:虽然各受访阶层对于如何保障他人的尊严有着较为多元化的认识和较为全面的思考,但不可忽视的是,各受访阶层大多数人倾向于消极地尊重他人,而不能较好地通过积极地促进他人的尊严来实现对他人尊严的保障,这在某种程度上表明各受访阶层对于如何保障他人的尊严仍存在着认识上的缺陷。

3. 国家与社会应该如何保障个体的尊严

如表5所示,在认为国家和社会应该如何尊重和保障个体的尊严方面,所有受访阶层内部均相对认为国家和社会应该为民众实现个人价值、提升自身物质文化生活水平创造更为安定、公平、公正的制度环境;应该在全社会打造平等尊重人的社会氛围;应该为所有民众,特别是弱势群体提供基本的物质文化生活条件。这表明,社会大众对于国家和社会应当如何尊重和保障人的尊严存在较为多元的认识和相对全面的思考。

A. 应该为所有民众,特别是弱势群体提供基本的物质文化生活条件

B. 应该帮助民众行使自身权利过程中排除来自国家公权力的侵害

C. 应该帮助民众行使自身权利过程中排除来自第三方的危害

D. 应该在全社会打造平等尊重人的社会氛围

E. 应该为民众实现个人价值、提升自身物质文化生活水平创造更为安定、公平、公正的制度环境

F. 国家只需要完善市场经济体制，让民众完全自由竞争
G. 国家只需要努力发展经济，让百姓生活富裕
H. 国家只需要完善并执行相关法律
I. 其他

表5　　各阶层对国家和社会应如何尊重与保障人的尊严的认识　　单位：%

	大学、高中学生 (n=823)	大学教师 (n=44)	工人 (n=31)	自由职业者 (n=9)	农民工 (n=6)
A	54.3	52.3	48.4	77.8	66.7
B	50.8	72.7	64.5	88.9	0.0
C	49.8	45.5	61.3	55.5	66.7
D	56.7	56.8	71	55.5	33.3
E	69.4	65.9	64.5	66.7	16.7
F	15.6	15.9	6.5	22.2	0.0
G	12.3	6.8	9.7	0.0	0.0
H	14.3	4.5	6.5	22.2	0.0
I	5.6	2.3	6.5	0.0	0.0

在学生阶层看来，国家和社会应将为民众实现个人价值、提升自身物质文化生活水平创造更为安定、公平、公正的制度环境作为尊重和保障个人尊严的首要原则，在此方面其所占比率为69.4%。工人阶层则认为国家和社会应将在全社会打造平等尊重人的社会氛围作为尊重和保障个人尊严的首要原则，在此方面其所占比率为71%。而农民工阶层则认为国家和社会应同时将为所有民众，特别是弱势群体提供基本的物质文化生活条件；帮助民众行使自身权利过程中排除来自第三方的危害作为尊重和保障个人尊严的首要原则，在此方面其所占比率均为66.7%。最后，在自由职业者和大学教师阶层看来，国家和社会要尊重和保障个人尊严，则必须首先帮助民众在行使自身权利过程中排除来自国家公权力的侵害，在此方面两者所占比率分别为88.9%和72.7%。

而在表示国家仅需完善市场经济体制，让民众完全自由竞争或只需要努力发展经济，让百姓生活富裕以及只需要完善并执行相关法律从而

尊重和保障个人尊严的尊严方面，社会各阶层内部均有相对较少的人对其表示认同。其中，农民工阶层无人对这三点表示认同，而自由职业者阶层和学生阶层在上述方面所占比率则相对较高，这在某种程度上表明，两者在对国家和社会应该怎样尊重和保障个人尊严的认识上存在一定的偏差，而这值得我们给以关注。

（三）社会若干阶层对如何提升个人尊严的认识

1. 个人应该如何提升自我的尊严

我们主要通过一个包括九个选项的多选的问题来了解学生对于个体应该如何提升自我尊严的认识（见表6）。

表6 大学教师和大学、高中学生对如何提升自我尊严的认识（n = 842）

选项	百分比（%）
努力提高自己的物质文化生活水平	42.3
努力增加自己的财富与权势	21
努力谋求对他人的比较优势和支配力	18.1
努力谋求更好的工作，以提高自己的身份地位	25.5
努力提升自我的道德修养与自律能力	72.7
努力提升自我能力、实现自我的价值，并使自己的奋斗、价值被别人认可	72.3
增强自己的社会责任意识与奉献意识，为国家和他人做出更多的贡献	57.4
提高自己的正义感与公义感，敢于和社会不良势力作斗争，敢于出手帮助受欺辱人群	50.8
其他	5.2

如表6所示，在所有842名受访者中，绝大多数人表示提升自我尊严意味着努力提升自我的道德修养与自律能力；努力提升自我能力、实现自我的价值，并使自己的奋斗、价值被别人认可，其所占比率分别为72.7%和72.3%。相对较多的人则认为应该增强自己的社会责任意识与奉献意识，为国家和他人做出更多的贡献；提高自己的正义感与公义感，敢于和社会不良势力作斗争，敢于出手帮助受欺辱人群，其所占比率分别为57.4%和50.8%。此外，还有相当多的一部分人则认为应该努力提高自己的物质文化生活水平，其所占比率为42.3%。有相对较少的人则

认为应该努力谋求更好的工作，以提高自己的身份地位，其所占比率为25.5%。最后，有相对最少的人则表示应该努力增加自己的财富与权势；努力谋求对他人的比较优势和支配力，其所占比率分别为21%和18.1%。

通过以上的数据分析我们可以看出：就总体而言，在大学、高中学生阶层和大学教师的观念中，尊严的提升更多地被理解为个人价值、道德修养等的实现与提升，而较少地被理解为作为尊严外在标志的财富、权势与社会地位等的增加与提高。同时，人的尊严的提升与人的社会责任的承担之间有着较为紧密的联系，个人越充分地承担了自我的社会责任，其尊严便将得到更大程度上的提升。

2. 国家与社会应该如何促进个人尊严的提升

鉴于广大青年学生是社会未来的主体，又具有较高的知识与文化，对于诸多社会问题有关注的热情和一定的理性思考能力，在此次调研中，我课题组共选取了45名高中、大学本科生及研究生进行重点访谈。而根据访谈资料显示，在对国家和社会应该如何促进个人尊严的提升的认识上，其普遍持有如下观点：

A. 国家和社会应大力发展生产力，提高民众的物质文化水平和质量。如"政府应为民众提供基本的物质文化生活条件"，"大力发展生产力，提供良好的物质基础，尽快实现小康社会"等。

B. 应坚持依法治国，加强社会主义法治建设。如"健全相关的法律法规，保护公民正当合法权益"，"依法治国，不要让一些保护人权的法律成为一纸空文"等。

C. 国家和社会切实维护民众的自由和平等权。如"消除特权主义，使人与人之间相互平等，相互尊重"，"有尊严的本质是在自由平等的旗帜下公民权利得以保障和实现"等。

D. 大力发展教育科学文化事业，促进教育公平。如"关注弱势群体和欠发达地区接受职业教育的发展情况"，"提高公众知识水平和科学文化素质，使社会公众得到良好的教育"。

E. 国家和社会要完善相应的社会保障制度和公正、公平的社会分配制度。如"完善诸如医疗保险、养老制度等社会保障制度"，"保障公民的合法权益，必须高度关注民生，努力扩大就业，加大国民收入分配制度改革"。

F. 社会应该加强对公众的尊严观教育。如"国家和社会应帮助人们树立正确的人生观、价值观,努力提高公民的道德修养","加深民众对尊严的理解,唤醒全社会的尊严意识,形成维护自己尊严,不侵犯他人尊严的内在约束机制和氛围"。

第二节 社会若干阶层尊严感现状

一 社会若干阶层的尊严意识

(一)能否意识到尊严的重要性

不同的个体对于尊严有着不同的理解与看法,其需求的强烈程度亦存在有某种程度上的差异。

表7　　各阶层是否意识到尊严对人的重要性并在日常生活中尊重自身和他人　　单位:%

	高中、大学学生 (n=709)	大学教师 (n=57)	工人 (n=67)	自由职业者 (n=20)	农民工 (n=24)
总是	45.4	59.6	46.3	10	41.7
一般	43.3	38.6	49.3	85	41.7
偶尔	8.3	1.8	4.5	5	12.5
很少	1.6	0	0	0	4.2
从未	1.4	0	0	0	0

根据表7我们可以看出:在表示自己总是能够意识到尊严的重要性方面,分别有59.6%的大学教师、45.4%的高中及大学学生、46.3%的工人、41.7%的农民工以及10%的自由职业者对此表示认同,另外每一个阶层都有相当比例的人表示,一般情况下都能意识到尊严的重要性。这表明,绝大多数民众在通常情况下能够意识到尊严的重要性,但也有少部分民众表示只是偶尔或从来没有意识到尊严的重要性。从图表看来,相比较而言,大学教师阶层和高中、大学学生阶层的自我尊严意识相对较强,其中尤以大学教师阶层的自我尊严意识相对最强,而工人阶层以及自由职业者阶层的尊严意识相对较弱。

（二）能否自觉捍卫自我及他人的尊严

在所有36名受访大中学生及研究生中，当被问及其能否自觉捍卫自我及他人的尊严时，除三人表示因从未碰到过自我或他人尊严侵犯的情况之外，在剩余的33名受访者中，仅有2人表示自己从未采取过任何措施，听之任之或忍气吞声，而31人则表示自己会采取一定的措施来捍卫自我与他人的尊严，这在某种程度上表明学生阶层自我的尊严意识较为强烈，能够较为充分地意识到保护自我及他人尊严的重要性。

而学生阶层在捍卫自我及他人尊严的方式的选择上，呈现多元化倾向，归结起来大致有如下几种：

A. 采取法律的手段来捍卫自我的尊严。当自我尊严受侵害时，在所有31名采取了捍卫措施的学生中，有10人表示自己采取了或将会采取法律的措施来捍卫自我的尊严，其所占比率为32.2%。具体示例为："小时候出去玩，等待小伙伴时被无良青年黑钱，当青年们拿钱走后，我立刻报警，做笔录，一周后青年被拘留，让我来指认"。

B. 采取暴力手段，以武力解决。在所有31名学生中，有7人（全为男生）表示在自我尊严受到侵害时，采取了或将采取武力还击的方式来捍卫自我的尊严，其所占比率为22.6%。例如："和别人争吵，如果发现理论争吵无法解决就动手打架"，"发脾气，和别人打架，从此他不会再欺负你"。

C. 与他人友好协商，以捍卫自我的尊严。在所有31名学生中，有7人表示在自我尊严受到侵害时，采取了或将会采取友好协商的方式来捍卫自我的尊严，其所占比率为22.6%。例如："等待双方冷静下来，找对方对话；私下找对方好友或周围人进行协调""一般利用自己的知识进行坚决反击。但如果觉得他人并无恶意，就提醒他人，自己实在不行就找别人或者法律援助。比如暑假在外地打暑假工，而老板在核算工资时少给我钱，然后我就拿着工资清单和他协商，并请他在下个月的工资上给我补齐"。

D. 进行自我提升、自我证明以捍卫自我的尊严。有7名学生表示当自我的尊严受到了他人的侵害时，并不会当即还击，而是通过不断地提升自我的学识、能力、道德、价值等来进行自我证明，以赢得他人的尊重，其所占比率为22.6%。例如："暗下决心做好一件事证明自己的能力,挽回尊严"。

E. 寻求外界的帮助,以捍卫自我的尊严。当自我尊严受侵害时,在所有31名学生中,有7人表示自己将通过寻求父母、老师、朋友乃至政府、社会舆论等外在力量的帮助来谋求自我尊严的捍卫,其所占比率为22.6%。

F. 与他人据理力争。有6名学生表示当自我的尊严受到侵害时,将会与他人争辩,以维护自我的尊严,其所占比率为19.4%。例如:"当自身或他人尊严受到损害时,与他人争辩,维护个人尊严。"

根据以上访谈结果我们可以看出:相对多数的学生能够采取较为理性、合理的措施来捍卫自我的尊严,但也有少部分学生倾向于用暴力等非理性手段捍卫自己的尊严。但是,在所有的受访学生中,大部分学生仅仅谈到将如何捍卫自我的尊严,而对于如何捍卫他人的尊严,并未做出充分的回答。这在某种程度上表明,在日常生活中,大部分学生并无较为强烈的捍卫他人尊严的意识。

二 社会若干阶层的尊严感

尊严感是指人作为类或个体对自身是否具有优越感和是否被他人所尊重的一种情感体验和评价,它促使人追求和捍卫自身的尊严,同时又要求避免侮辱和轻视。就其性质而言,尊严感是一种内隐情感,是一种有别于物质享受的心理感受与精神满足,具有主观性与个体性的特点。就其产生的条件而言,尊严感产生于一定的社会环境与一定的人际关系之中,在一定的社会环境下,个体会形成对自我的看法,并在此基础上而形成自尊。在与他人的交往中,个体能够感知到他人对自我的看法与尊重,并最终在自尊与他尊的基础上而形成自我的尊严感。个体的尊严感越高,其自我的内心亦必定更趋于宁静与和谐,而这不仅使人更加幸福,还更有助于社会的整体和谐。同时,个体越充分地感受到来自他人与社会的尊重,其自我的尊严感亦必定越高,其亦将更倾向于还他人以关爱与尊重,这必然有助于个体与他人之间的和谐的实现,从而更有助于社会整体和谐的构建。

课题组围绕决定个人尊严感几个最重要的影响因素而展开调研。

(一) 基本物质文化生活需求是否得到满足

有尊严的生活首先是一种个人能维持作为"人"的生存的生活，即衣、食、住、行等基本物质生活条件能得到充分保障的生活。

表8　　　　　　　　是否觉得目前物质生活得到基本满足　　　　　　单位：%

	大学教师 （n=57）	工人 （n=67）	自由职业者 （n=22）	农民工 （n=25）
总是	31.6	26.9	22.7	28
一般	52.6	59.7	54.5	52
偶尔	7	7.5	9.1	12
很少	3.5	6	9.1	8
从不	5.3	0	4.5	0

根据表8我们可以看出：在四个受访阶层中，表示自我的物质文化需求一般能够得到满足方面，分别有59.7%的工人、54.5%的自由职业者、52.6%的大学教师以及52%的农民工对此表示认同。同时，在表示自我的物质文化需求总是能够得到满足方面，则又分别有26.9%的工人、22.7%的自由职业者、31.6%的大学教师以及28%的农民工对此表示认同。而在表示自我的物质文化需求仅偶尔、很少乃至从来不能得到满足方面，各受访阶层所占比率均相对较低，但是农民工和自由职业者阶层在此方面比率相对较高。这表明，绝大多数民众通常情况下能体验到物质文化需求的满足感。其中，大学教师阶层的物质文化需求得到了相对最好的满足，而自由职业者阶层和农民工阶层自我物质文化需求的满足感相对较低。

(二) 社会若干阶层的人格尊严感

尊严作为人本身的至高价值和绝对价值表明任何人的人格一律平等，人格尊严不受侵犯是保障个人尊严的底线。课题组将重点就社会若干阶层是否爱惜、尊重自己的名誉，是否能够做到对任何他者不卑躬屈膝、自卑自贱，他人是否尊重自我的名誉，是否体验到他人在礼节和行为上的尊重以及是否感受到他人公然的侮辱等方面来展开实证研究，以把握社会各阶层人格尊严感。

1. 他人是否尊重自己的名誉

如图 11 所示，在所有 845 名各阶层受访者中，在表示他人是否尊重自己的名誉、隐私方面，有 495 人表示一般情况下他人能够尊重自己的名誉和隐私，其所占比率为 58.6%；有 208 人则表示他人总是能够尊重自己的名誉和隐私，其所占比率为 24.6%；在表示他人偶尔尊重自己的名誉和隐私方面，有 67 人对此表示赞同，其所占比率为 7.9%；还有 74 人则表示他人很少尊重自己的名誉和隐私，其所占比率为 8.8%；有 1 人表示他人从不尊重自己的名誉和隐私。

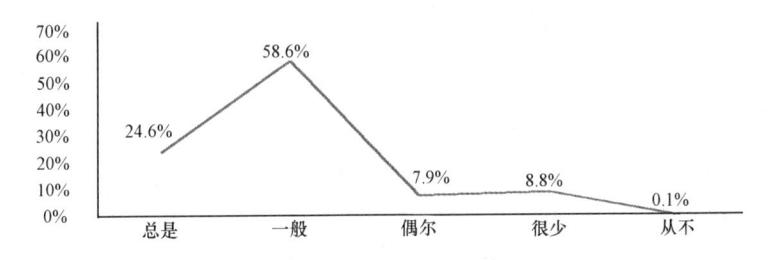

图 11　他人是否尊重自己的名誉、隐私（n = 845）

根据以上的数据我们可以看出：绝大部分受访者表示他人总是或在一般情况下能够尊重自己的名誉和隐私，但还有相对较少的受访者表示他人仅偶然甚至很少尊重自我的名誉与隐私，这说明大多数人的名誉和隐私并没有总是得到很好的保护。

2. 是否经常体验到他人在礼节与行为上的尊重

在行为和礼节上总是尊重他人，这是保障人的尊严的基本要求，也是社会文明和个人修养的象征。根据表 9 我们可以看出：在所有受访阶层中，分别有 90% 的自由职业者、78.9% 的大学教师、76.1% 的工人、58.6% 的高中及大学学生以及 52% 的农民工表示，在通常情况下，能够体验到他人礼节与行为上的尊重。但分别只有 5% 的自由职业者、14% 的大学教师、10.4% 的工人、18.6% 的高中及大学学生以及 24% 的农民工表示总是能够体验到他人礼节与行为上的尊重方面，且也有部分人表示自己仅偶尔、很少能体验到他人在礼节与行为上的尊重，其中农民工阶层和高中、大学学生阶层所占比率相对较高，又尤以农民工阶层相对最高, 所占比率为 24%。这表明, 就总体而言, 虽然当前绝大多数人在通常情况下能够在礼节与行为上尊重他人, 但尚没有形成一种社会风尚和很强的自觉意识。

表 9　　　　是否经常体验到他人在行为和礼节上对自己表示尊重　　　　单位:%

	高中、大学学生 (n=700)	大学教师 (n=57)	工人 (n=67)	自由职业者 (n=20)	农民工 (n=25)
总是	18.6	14	10.4	5	24
一般	58.6	78.9	76.1	90	52
偶尔	15.9	7	7.5	5	16
很少	4.7	0	6	0	8
从未	2.3	0	0	0	0

3. 是否感受到他人公然的侮辱

如图 12 所示:在所有的 876 位各阶层受访者中,在表示自己是否感受过他人公然的侮辱与不尊重方面,有 416 人表示自己仅偶尔感受到他人公然的侮辱与不尊重,其所占比率为 47.5%;有 248 人则表示自己很少感受到他人公然的侮辱与不尊重,其所占比率为 28.3%;还有 121 人则表示自己通常能感受到他人公然的侮辱与不尊重,其所占比率为 13.8%;此外,在表示自己总是感受到他人公然的侮辱与不尊重方面,有 50 人对此表示认同,其所占比率为 5.7%;最后,在表示自己从未感受到他人公然的侮辱与不尊重方面,仅有 41 人对此表示认同,其所占比率为 4.7%。

人格不得受公然侮辱是捍卫人的尊严的底线中的底线,而根据以上的数据,我们可以看出:仅有 33% 比例的人很少或从来没有感受到公然的侮辱。这表明,人格受到侮辱感是大众一种较普遍的经历。

(三) 社会若干阶层的权利尊严感

尊重和保障公民的合法权利也是捍卫人的尊严的底线。我课题组从是否敬重自身的合法权利,他人是否敬重自身的合法权利以及他人是否尊重自己不危害到他人的自由选择等三个方面来对社会若干阶层的权利尊严感展开实证研究。

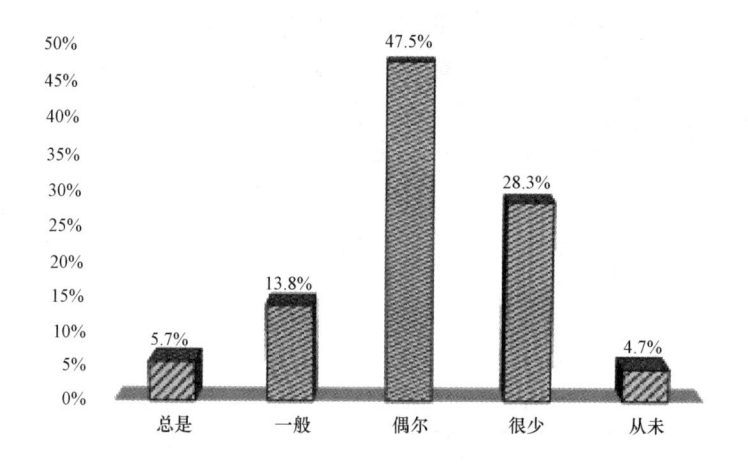

图 12　在日常生活中是否感受过他人公然的侮辱与不尊重（n = 876）

1. 个体是否敬重自身的合法权利

对这一问题课题组选择 34 名大学生进行访谈。经课题组访谈统计分析，大学生都具有尊重自己某些权利的意识，其中最为重视的是自身的生命安全权和财产权，在这两方面分别有 23 人和 20 人表示认同，其所占比率分别为 51.1% 和 44.4%；相对重视自我的人身自由权、隐私权和名誉权，对此分别有 17 人、15 人和 14 人表示认同，其所占比率分别为 37.8%、33.3% 和 31.1%；较为重视自我的平等权，对此有 9 人表示认同，在此方面其所占比率为 20%。同时，调查显示，学生阶层比较忽视被选举权、肖像权和宗教信仰自由权，对此分别有 14 人、11 人和 6 人表示认同，其所占比率分别为 31.1%、24.4% 和 13.3%；最不重视的权利则是选举权，在此方面有 23 人表示认同，其所占比率为 51.1%；另外，对取得赔偿权、荣誉权、监督权及检举权等权利也重视不够。

2. 他人是否敬重自身的合法权利

根据表 10 我们可以看出：在所有受访阶层中，在表示他人通常尊重自身的合法权利方面，分别有 85% 的自由职业者、80.6% 的工人、75.9% 的大学教师、64.8% 的高中及大学学生以及 56% 的农民工对此表示认同。但值得注意的是，在表示他人总是尊重自身的合法权利方面，则分别只有 15% 的自由职业者、11.9% 的工人、14.8% 的大学教师、

28.1%的高中及大学学生以及24%的农民工对此表示认同。而在表示他人仅偶尔、很少乃至从来不能尊重自身的合法权利方面,各受访阶层所占比率均相对较低。总体而言,各个受访阶层能感受到在通常情况下他人能尊重自己的合法权利,但合法权利总是能得到尊重的比例却并不高,且几个阶层感受不一,其中学生阶层在此方面的情况相对最好,而农民工阶层在此方面的情况则相对较差。这说明,大多数民众认为个人的权利尊严并不能总是得到有效的捍卫。

表10　　　　　　　自身的合法权利是否得到他人的尊重　　　　　单位:%

	高中、大学学生 (n=698)	大学教师 (n=54)	工人 (n=67)	自由职业者 (n=20)	农民工 (n=25)
总是	28.1	14.8	11.9	15	24
一般	64.8	75.9	80.6	85	56
偶尔	4.9	5.6	4.5	0	16
很少	1.7	3.7	3	0	4
从未	0.6	0	0	0	0

3. 他人是否尊重自己不危害到他人的自由选择

据表11我们可以看出:在所有受访阶层中,在表示自身不危害到他人的自由选择一般能够得到他人的尊重方面,分别有85%的自由职业者、68.7%的工人、64%的农民工、59.3%的大学教师以及59.6%的高中及大学学生对此表示认同。同时,在表示自身不危害到他人的自由选择总是能够得到他人的尊重方面,则又分别有10%的自由职业者、17.9%的工人、28%的农民工、29.6%的大学教师以及26.1%的高中、大学学生对此表示赞同。这表明,就总体而言,社会大众通常能感受到他人对自身不危害到他人的自由选择尊重。而具体到各受访阶层来看,自由职业者阶层和工人阶层在此方面受尊重的情况相对较差,其中自由职业者的情况相对最差。

(四)社会若干阶层的个性、能力与价值的被肯定感

课题组就个人是否认可自我的个性;是否认可自我的能力;是否认为自我价值得到实现或正在得到实现;他人是否认可自我的个性与能力

以及他人是否肯定自我价值等五个方面，对大中学生及研究生为主体的学生阶层，中学教师和大学教师为代表的教师阶层，以国企、私企以及外企为代表的工人阶层，自由职业者阶层和农民工阶层等五个社会阶层为主要调研对象展开实证研究。

表11　　　　自身不危及他人的自由选择是否能够得到他人尊重　　　　单位:%

	高中、大学学生 (n=698)	大学教师 (n=54)	工人 (n=67)	自由职业者 (n=20)	农民工 (n=25)
总是	26.1	29.6	17.9	10	28
一般	59.6	59.3	68.7	85	64
偶尔	11.2	9.3	10.4	5	4
很少	2.6	1.9	3	0	4
从未	0.6	0	0	0	0

1. 是否认可自己的个性

如图13所示：在所有734名受访者中，有383人表示自己一般情况下都能认可自我的个性，其所占比率为52.2%；有261人则表示自己总是认可自我的个性，其所占比率为35.6%；此外，还有67人则表示自己仅偶尔认可自我的个性，其所占比率为9.1%；而在表示自己很少认可自我的个性方面，仅有17人对此表示赞同，其所占比率为2.3%；最后，在表示自己从不认可自我的个性，仅有6人对此表示赞同，其所占比率过小，几乎可以忽略不计。由此可知，总体而言，社会各阶层在对自我个性的认同方面仅处于较高水平。

2. 是否认可自己的能力

据表12我们可以看出：总体而言，社会大众对自我能力的认可处于较高水平。但在所有受访阶层中工人阶层最为相信自我的能力，其对自我能力的认同感处于相对较高的水平，农民工阶层对自我能力的认同感相对最低。而较之自由职业者阶层，学生阶层对自我能力的认同感虽然在总体上相对较高，但是学生阶层内部在对自我能力的认同方面两极化倾向更为明显。

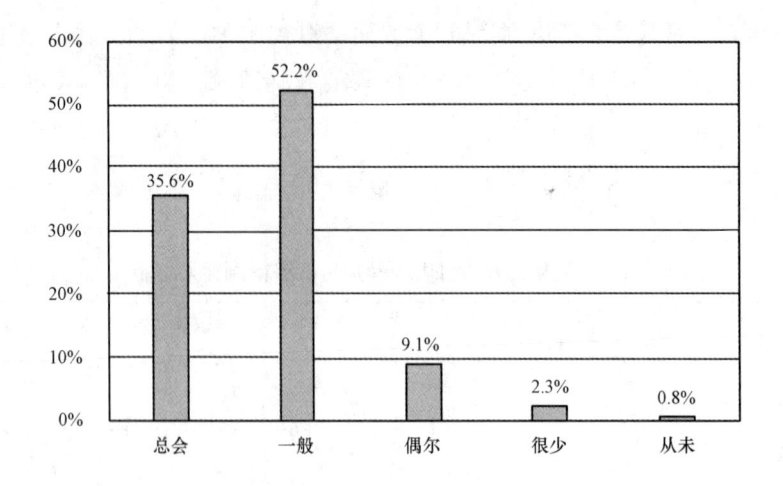

```
60%
         52.2%
50%
40%
   35.6%
30%
20%
10%         9.1%
                  2.3%
                       0.8%
 0%
  总会  一般  偶尔  很少  从未
```

图 13　各阶层是否认可自己的个性（n = 734）

表 12　　　　　　　各阶层是否相信自己的能力　　　　　　单位：%

	高中、大学学生 （n = 699）	大学教师 （n = 54）	工人 （n = 67）	自由职业者 （n = 22）	农民工 （n = 25）
总是	35.5	33.3	50.7	27.3	28
一般	52.5	61.1	40.3	63.6	56
偶尔	9.3	3.7	4.5	9.1	4
很少	2.1	1.9	4.5	0	12
从未	0.6	0	0	0	0

而根据课题组在此方面对高中、大学学生阶层所展开的访谈显示，205 名参与访谈的高中、大学学生表示影响其自我能力认同感的因素集中表现为如下几点：A. 学习受挫，考试成绩较差。如"我自己有时因为对自己学习的要求太高而错误地评估了自己的实力，结果学习得到的只有失望，严重的时候甚至都不想学了"。B. 失恋，情感受挫。"有一个朋友喜欢上一个姑娘被拒绝了，他就感觉天塌了一样，做什么都没有兴趣，从而使得他的学习成绩一落千丈，最后有许多门功课都没及格，被迫延迟毕业。" C. 受到老师、父母的批评。"曾经有同学因老师批评就自暴自弃，颓废堕落，最后退学"，"初中时因为老师的排斥和不认可对自己产

生怀疑"。D. 与周边人进行比较而丧失信心。"一般表现为发现他人能力远高出自己时，自己便对自己产生怀疑，情绪低落。"E. 自我心理障碍。"给自己消极的心理暗示，首先想到的是我能行吗？太慢了，我做不到。怠于尝试，对新事物总抱有一种莫名的恐惧。害怕出现在人前，不敢在人前展示自己表达自己。"

3. 是否认为自我的价值得到实现或正在得到实现

根据表13我们可以看出：在表示一般情况下认为自己的价值能得到实现或正在得到实现方面，分别有75%的自由职业者、67.9%的大学老师、55.2%的工人、51.4%的高中及大学学生、48%的农民工对此表示认同；在表示总是认为自己的价值得到实现或正在得到实现方面，其所占比率则又分别为10%、17%、13.4%、19.5%和28%；在表示仅偶尔、很少乃至从来不认为自己的价值得到实现或正在得到实现方面，各受访阶层内部均有相当部分的人对此表示认同，其中工人阶层、学生阶层以及农民工阶层所占比率相对较高，分别达到31.3%、29.2%和24%。这表明，就总体而言，大部分受访者认为自己的价值在一般情况下能够到实现。所不同的是较之其他受访阶层，自由职业者阶层和工人阶层对自我价值实现的认可度相对更低，其中尤以工人阶层相对最低。而学生阶层和农民工阶层在对自我价值实现的认可方面两极化倾向则较为明显。

表13　　　各阶层是否认为自我的价值得到实现或正在得到实现　　单位:%

	高中、大学学生 （n=699）	大学教师 （n=53）	工人 （n=67）	自由职业者 （n=20）	农民工 （n=25）
总是	19.5	17	13.4	10	28
一般	51.4	67.9	55.2	75	48
偶尔	20.5	13.2	16.4	10	16
很少	7.7	1.9	11.9	0	4
从未	1	0	3	5	4

4. 他人是否认可自己的个性与能力

据表14我们可以看出：在表示他人一般情况下能够认可自己的个性与能力方面，分别有76%的大学教师、72%的高中及大学学生、70%的自由职业者、67.2%的工人、52%的农民工对此表示认同；在表示他人总是认可自我的个性和能力方面，其所占比率则又分别为16.7%、10.4%、20%、19.4%和24%；而在表示他人仅偶尔、很少乃至从来不认可自己的个性与能力方面，学生阶层和农民工阶层内部有相对较多的人对此表示认同，其中又尤以农民工阶层所占比率相对较高，所占比率达到24%。这表明，就总体而言，大多数人认为自己的个性与能力在一般情况下能得到他人的认可与尊重，但是农民工阶层在自我个性与能力受尊重感受方面的两极化倾向较为明显。

表14　　　　　　　他人是否认可自己的个性与能力　　　　　　单位:%

	高中、大学学生 （n = 675）	大学教师 （n = 54）	工人 （n = 67）	自由职业者 （n = 20）	农民工 （n = 25）
总是	10.4	16.7	19.4	20	24
一般	72	76	67.2	70	52
偶尔	12.4	5.6	9	5	16
很少	4.3	1.7	4.5	5	8
从未	0.9	0	0	0	0

5. 他人是否肯定自我的价值

根据表15我们可以看出：在表示他人一般情况下能够肯定自我的价值方面，分别有77.8%的教师、68%的农民工、65.7%的工人、65%的自由职业者、60.5%的学生对此表示认同；在表示他人总是尊重自身的价值方面，其所占比率则又分别为9.3%、8%、10.4%、10%和15.3%；而在表示他人仅偶尔、很少乃至从来不肯定自我的价值方面，各阶层内部均有相当部分的人对此表示认同，其中教师阶层所占比率相对最低，其比率仅为13%。这表明，就总体而言，各阶层的自我价值在一般情况下都能得到他人的肯定，所不同的是较之其他受访阶层，教师阶层在此方面的被认可度相对最高。

表 15　　　　　　他人是否肯定和称赞自己的个人价值　　　　单位:%

	高中、大学学生 （n=699）	大学教师 （n=54）	工人 （n=67）	自由职业者 （n=20）	农民工 （n=25）
总是	15.3	9.3	10.4	10	8
一般	60.5	77.8	65.7	65	68
偶尔	19.5	13	16.4	20	20
很少	4.3	0	7.5	5	4
从未	0.4	0	0	0	0

综合表 15 分析我们可以看出：就总体而言，农民工阶层和自由职业者阶层自我个性、能力与价值的被肯定感相对较低，学生阶层自我个性、能力与价值的被肯定感居中，工人阶层自我个性、能力与价值的被肯定感则相对较高，教师阶层自我个性、能力与价值的被肯定感相对最高。

（五）行为和道德品质的高贵感

捍卫人的内在自由对人自身提出了自尊自重，不得沉溺于动物性生存方式的要求，即彰显、完善和提升自身道德的义务。个体如若能切实按照以上要求实现对自我道德的提升，其内心将必然产生自豪感和高贵感，而这将极大地提升自我的尊严感。同时，任何具有正常思维的人都渴望自己的德性得到他人的肯定与赞美，这亦将极大提升自身的尊严感。鉴于此，课题组从是否认为自我的行为举止端庄得体，是否认为自我的生活方式有节制，是否认为自己正直、人品好以及是否感受到他人对自己行为、生活方式和道德品质的赞美四个方面，对社会若干阶层行为、生活方式和道德品质的高贵感展开实证调研，从而为社会主义和谐社会的构建提供一定的理论参考。

1. 是否认为自我的行为举止端庄得体

根据表 16 我们可以看出：在表示自己一般情况下能够做到行为举止端庄、得体方面，分别有 72.7% 的自由职业者、68.2% 的工人、64.9% 的学生、63.2% 的教师以及 56% 的农民工对此表示认同；在表示自己总是能够做到行为举止端庄、得体方面,其所占比率则又分别为22.7%、25.8%、25.8%、31.6%和20%;而在表示自己仅偶尔、很少乃至从来不能做到行为举止端庄、得体方面,农民工阶层所占比率相对较高,达到24%。这表明,就总体而言,各阶层对自己行为举止的端庄、得体具有较高的评价,其中教师阶层对自身修养的认同度相对最高,自由职业者阶层和农民工阶层对自身修养的认同感相对不高,又以农民阶层相对最差,而工人阶层和学生阶层在对自身修养的认同上较为接近。

表16　　　　各阶层是否认为自己的日常行为举止端庄、得体　　　　单位:%

	高中、大学学生 (n=701)	大学教师 (n=57)	工人 (n=66)	自由职业者 (n=22)	农民工 (n=25)
总是	25.8	31.6	25.8	22.7	20
一般	64.9	63.2	68.2	72.7	56
偶尔	7.1	3.5	4.5	0	12
很少	1.3	1.8	1.5	4.5	4
从未	0.9	0	0	0	8

2. 是否认为自己正直、人品好

据表17我们可以看出:在表示一般情况下能够认为自己是一个正直、人品好的人方面,分别有77.3%的自由职业者、72%的农民工、47.3%的教师、46.3%的工人以及45.2%的学生对此表示认同;在表示总是认为自己是一个正直、人品好的人方面,其所占比率则又分别为22.7%、20%、50.9%、50.7%和44.3%;而在表示仅偶尔、很少乃至从来不认为自己是一个正直、人品好的人方面,各阶层所占比率均相对较低,但是农民工阶层和学生阶层在此方面所占比率则相对较高。而根据以上的数据分析我们可以看出:在所有受访阶层中,工人阶层和教师阶层对于自我品格的认同处于相对较高的水平,而其他受访阶层均仅能在一般的程度上认可自我的品格,其中自由职业者阶层和农民工阶层对于自我品格的认同感相对较低。

表17　　　　　各阶层是否认为自己算一个正直、人品好的人　　　单位:%

	高中、大学学生 （n=723）	大学教师 （n=55）	工人 （n=67）	自由职业者 （n=22）	农民工 （n=25）
总是	44.3	50.9	50.7	22.7	20
一般	45.2	47.3	46.3	77.3	72
偶尔	4.1	1.8	3	0	0
很少	2.9	0	0	0	4
从不	3.5	0	0	0	4

3. 是否感受到他人在上述方面对自己的赞美

如表18所示，在表示自己一般能够感受到他人对自我行为举止、道德品质的肯定与赞美方面，分别有70.4%的教师、60%的农民工、58.2%的工人、52.4%的自由职业者以及52%的学生对此表示认同；在表示自己总是能够感受到他人对自我行为举止、道德品质的肯定与赞美方面，其所占比率则又分别为13%、8%、10.4%、9.5%和15.4%；而在表示自己仅偶尔、很少乃至从来不能感受到他人对自我行为举止、道德品质的肯定与赞美方面，则又分别有32%的农民工、38.2%的自由职业者、32.7%的学生、31.4%的工人以及16.7%的教师对此表示认同。这表明，虽然就总体而言他人均一般能够肯定各阶层的行为举止和道德品质，但也有相当部分人并未能充分感觉到他人对自己的行为举止和道德品质的认可。

表18　　　　　　　是否感受到他人对自己行为举止、
生活方式、道德品质的肯定与赞美　　　单位:%

	高中、大学学生 （n=702）	大学教师 （n=54）	工人 （n=67）	自由职业者 （n=21）	农民工 （n=25）
总是	15.4	13	10.4	9.5	8
一般	52	70.4	58.2	52.4	60
偶尔	27.2	16.7	25.4	28.6	32
很少	4.6	0	6	4.8	0
从未	0.9	0	0	4.8	0

以上数据显示，总体而言，各阶层受访者对自我行为举止和道德品质的认同上处于较高水平，但存在不同程度上的差别。根据调研结果显示，在所有受访阶层中，无论在是否认为自我的行为举止端庄得体、自己正直、人品好方面，还是在是否感受到他人对自我行为举止和道德品质的肯定与赞美方面，农民工阶层和自由职业者阶层的情况均相对较差，而教师阶层、工人阶层和学生阶层则相对较好。

第三节　社会若干阶层所面临的尊严危机及其化解途径

一　社会若干阶层所面临的尊严危机

我课题组重点人格尊严与权力尊严受侵犯，自我价值提升受阻碍，自我践踏尊严等四个方面来对高中、大学学生、大学教师、工人、农民工和自由职业者的尊严危机现状展开实证研究。

（一）人格尊严受侵犯现状

1. 人格尊严受侵犯的频率

根据表19我们可以看出：在表示自己的人格尊严从未受到侵犯方面，分别有7.2%的自由职业者、8.3%的老师、9.3%的学生、17.6%的农民工以及12.8%的工人对此表示认同；在表示自己的人格尊严一般情况下受到侵犯方面，其所占比率则又分别为14.3%、16.7%、18.3%、41.2%和16.1%；而在较少体验到人格侮辱方面，工人、老师、学生表示认同的比例较高，农民最低，学生中随学历提高而随之降低；而在表示自己的人格尊严受到侵犯的次数较多乃至很多方面，各受访阶层内部均有部分人对此表示认同，其中自由职业者阶层所占比率相对最高，为21.4%。人格尊严的维护是捍卫人的尊严的底线，但根据以上的数据分析我们可以看出：各阶层内部大部分人均表示自我的人格尊严曾受到过侵犯，这表明在我国维护个体人格尊严依然是一项十分严峻的任务。而在各阶层中，自由职业者阶层和农民阶层的人格尊严受侵犯的情况较为严重。

表19　　各阶层尊严受侵犯的次数多不多　　单位:%

	高中、大学学生 (n=399)	大学教师 (n=24)	工人 (n=31)	自由职业者 (n=14)	农民工 (n=17)
很多	5	8.3	6.5	0	11.8
较多	10.8	4.2	6.5	21.4	5.9
一般	18.3	16.7	16.1	14.3	41.2
较少	56.6	62.5	58.1	57.1	23.5
从未	9.3	8.3	12.8	7.2	17.6

2. 人格尊严受侵犯的具体表现

A. 名誉没有得到他人尊重

B. 他人在言语、礼节和行动上对自己轻慢或忽视

C. 受到他人公然的鄙视、羞辱、粗暴和非人的对待

D. 您的不危害第三方的自主选择被他人无端干涉

E. 隐私被他人侵犯

F. 您自身的肖像权被他人侵犯

G. 其他

表20　　各阶层人格尊严受侵犯的具体表现　　单位:%

	高中、大学学生 (n=399)	大学教师 (n=23)	工人 (n=28)	自由职业者 (n=9)	农民工 (n=6)
A	28.8	17.4	7.1	11.1	16.7
B	74.2	65.2	60.7	66.7	33.3
C	28.1	8.7	25	11.1	0
D	44.4	8.7	32.1	33.3	66.7
E	52.4	30.4	25	11.1	0
F	19	0	7.1	0	0
G	5	0	7.1	11.1	0

如表20所示，在表示自我的人格尊严受到侵犯方面，各受访阶层内部均有相对最多的人表示受到过他人在言语、礼节和行为上的轻慢或忽

视。而除了自由职业者阶层，无论是学生阶层、教师阶层还是工人阶层，自我的隐私被他人侵犯均是其人格尊严受侵犯的重要表现，在此方面，三者所占比率分别为 52.4%、30.4% 和 25%。同时，无论是学生阶层、教师阶层、自由职业者阶层还是工人阶层，其内部均有相对最少的人表示自我的肖像权曾被他人侵犯。并且对所有受访阶层而言，其人格尊严受侵犯较少地表现为自我名誉受侵害。此外，根据以上图表我们还可以看出：在受到他人公然的鄙视、羞辱、粗暴和非人的对待方面，工人阶层和学生阶层所占比率相对较高，分别为 25% 和 28.1%。

（二）权利尊严受侵犯现状

在对社会各阶层权利尊严受侵犯现状的调研中，课题组主要就社会各阶层的生命权、财产权、名誉权、荣誉权、肖像权、隐私权、选举权、被选举权、平等权、人身自由权、宗教信仰自由权、对国家机关及其工作人员的批评、建议、申述、控告、检举权，取得赔偿权等权利的被侵犯的频率，以及其受到侵犯的具体表现来展开调研。

1. 权利尊严受侵犯的频率

根据表 21 我们可以看出：在表示自我权利尊严从未受到过侵犯方面，分别有 30% 的农民工、20% 的自由职业者、18.2% 的教师、12.4% 的学生以及 24.4% 的工人对此表示认同；而在自我权利尊严受到侵犯的次数较少方面，其所占比率则也分别为 60%、60%、59.1%、55.4% 和 48.9%。维护个体的权利尊严是捍卫人的尊严的基石，而根据以上数据分析，各受访阶层绝大部分受访者自我的权利尊严均受到过侵害，这表明捍卫权利尊严在我国是一项艰巨的任务，其中学生阶层在此方面的情况尤为严峻。

表21　　　　　　各阶层尊严受侵犯的次数多不多　　　　　单位：%

	高中、大学学生 （n=233）	大学教师 （n=22）	工人 （n=45）	自由职业者 （n=10）	农民工 （n=10）
很多	9	4.5	4.4	0	0
较多	11.2	0	2.2	20	0
一般	12	18.2	20	0	10

续表

	高中、大学学生 （n=233）	大学教师 （n=22）	工人 （n=45）	自由职业者 （n=10）	农民工 （n=10）
较少	55.4	59.1	48.9	60	60
从未	12.4	18.2	24.4	20	30

2. 权利尊严受侵犯的具体表现

A. 财产权被他人侵害

B. 人身安全受威胁

C. 未受到他人平等对待

D. 自己的信仰被他人干涉嘲笑

E. 自己的人身自由被他人限制

F. 自己的选举权与被选举权被他人侵犯

G. 自身对国家机关及其工作人员的批评、建议、申述、控告、检举权未得到有效保障

H. 其他

表22　　　　　各阶层尊严曾受侵犯的具体表现　　　　　单位：%

	高中、大学学生 （n=232）	大学教师 （n=23）	工人 （n=49）	自由职业者 （n=13）	农民工 （n=21）
A	59.1	30.4	30.6	46.2	38.1
B	57.3	8.7	24.5	23.1	14.3
C	53.4	39.1	49	30.8	52.4
D	43.1	17.4	26.5	30.8	28.6
E	81	4.3	22.4	30.8	14.3
F	19.4	26.1	26.5	30.8	19
G	16.4	30.4	38.8	38.5	23.8
H	4.7	4.3	10.2	7.7	0

如表22所示，在具体权利尊严受到侵犯方面，除了自由职业者阶层和学生阶层，其他阶层内部均有相对最多的人表示未受到他人平等的对

待,其中农民工阶层所占比率为52.4%,而工人阶层和教师阶层在此方面所占比率则分别为49%和39.1%。对所有受访阶层而言,自我的财产权受到他人侵害均是其自我权利尊严受侵害的重要表现。此外,对各受访阶层而言,除了学生阶层和农民工阶层,自身对国家机关及其工作人员的批评、建议、申述、控告、检举权未得到有效保障均是其自我权利尊严受侵犯的重要表现。而在自我人身安全受威胁方面,除了学生阶层,其他各阶层均较少地受到人身安全威胁。根据以上的数据分析我们可以看出:从整体来看,各阶层受访者的权利尊严受侵犯主要表现为自我的平等权、财产权以及自身的政治权力受侵害,而相对较少地表现为自我的人身安全以及人身自由权受侵害。

(三)个人价值提升受阻碍现状

青年学生是国家的未来与希望,我课题组选取了以中学生、大学本科生和研究生为代表的学生阶层为主要目标阶层,对这一问题展开实证研究。

如表23所示,有相对最多的人表示自我个人的能力和个性的局限性影响着自我价值的提升,其所占比率为44.7%;有相对较多的人则表示社会不够公平正义,民主法治制度不健全,阻碍着自我价值的提升,其所占比率为34.9%;此外,有数量一般的人则认为社会竞争过于激烈,机会过少以及社会存在种种就业和用人的歧视现象是阻碍自我价值提升的原因,其所占比率分别为26.3%和23.2%。还有相对较少的人则表示政府的不作为,自我家境不好,个人起点相对较低,父母不能提供有力帮助等因素阻碍着个人自我价值的提升,其所占比率分别为18.4%和17.7%。最后,相对最少的人认为交友不慎,给自己带来了不良影响是阻碍其自我价值提升的原因,所占比率为13.6%。

表23　您在实现自我价值的过程中受到过哪些阻碍 (n=479)

选项	百分比(%)
社会不够公平正义,民主法治制度不健全	34.9
自己个人的能力和个性的局限性	44.7
家境不好,个人起点相对较低,父母不能提供有力帮助	17.7

续表

选项	百分比（%）
政府的不作为	18.4
社会竞争过于激烈，机会过少	26.3
社会存在种种就业和用人的歧视现象	23.2
交友不慎，给自己带来了不良影响	13.6
其他	1.9

根据表23的数据我们可以看出：就总体而言，影响着学生阶层自我价值提升的主要原因大致可以被归结为自我的局限性、社会环境的制约以及家庭的制约三个方面。

（四）自我践踏尊严现状

自尊与他尊是人获得尊严的两种主要方式，其中自尊是他尊的前提，个人只有自尊自重，才可能获得他人的尊重。但在现实生活中，有部分人因为种种原因却在自觉或不自觉地践踏着自我的尊严，其具体表现为：自轻自贱，对他人卑躬屈膝以讨好他人；生活无节制，放纵堕落，不爱惜自我的前途、名誉和身体。这部分人面临着严重的自我认同、自我尊重的危机。课题组以青年学生为主要调研对象，对其进行了较为广泛、深入的访谈。

在青年学生或其身边人是否曾自轻自贱，对他人卑躬屈膝以讨好他人方面，课题组共对197名大学、高中学生及研究生进行了调研访谈，其中高中学生95人、大学生71人、研究生27人。而根据访谈所得资料显示，在所有197名学生中共有57人表示自己或自己身边的人曾自轻自贱，对他人卑躬屈膝以讨好他人，其所占比率为28.9%。就不同学历和性别而言，60名中学男生中有17人表示自己或身边人曾自轻自贱，对他人卑躬屈膝以讨好他人，而35名中学女生中则有7人对此表示认同，其所占比率分别为28.3%和20%。在47名大学男生中有21人表示自己或身边人曾自轻自贱，对他人卑躬屈膝以讨好他人，而24名女生中则有5人对此表示认同，其所占比率分别为44.7%和20.8%。在7名研究生男生中有4人表示自己或身边人表示曾自轻自贱，对他人卑躬屈膝以讨好他人，而20名研究生女生中则有3人对此表示认同，其所占比率分别为57.1%

和15%。

而根据以上的访谈数据我们可以看出：就学生整体而言，有相当部分的人表示自己或自己身边的人曾自轻自贱，对他人卑躬屈膝以讨好他人，这在某种程度上说明，在整个学生阶层中，践踏自我尊严的情况较为严重。同时，就各个学生群体而言，较之中学生和研究生，大学本科生践踏自我尊严的现象更为普遍。而就男女生而言，无论是高中学生、大学本科生还是研究生，男生践踏自我尊严的情况较之女生均更为严重，其中本科生和研究生在此方面的现象尤为普遍。

根据访谈所收集到的材料显示，学生群体自轻自贱，对他人卑躬屈膝以讨好他人的原因可大致归结为如下两个方面：

（1）为追求爱情或为维持爱情而表现的自轻自贱，卑躬屈膝。
（2）为谋得利益而趋炎附势，讨好他人。

二 尊严危机给社会若干阶层带来的影响

（一）人格和权利尊严受侵犯带来的影响

A. 痛苦、沮丧，内心不和谐、不宁静
B. 使自己尊严感、幸福感缺失
C. 愤怒，事后会思考如何去挽回自己的尊严
D. 不舒服后会很快自我调整，尽量息事宁人
E. 其他

表24　　　各阶层人格与权利尊严受侵犯给自身情绪带来什么影响　　　单位:%

	高中、大学学生 (n=233)	大学教师 (n=24)	工人 (n=47)	自由职业者 (n=13)	农民工 (n=21)
A	62.2	37.5	38.3	46.2	28.6
B	48.1	29.2	14.9	30.8	23.8
C	59.7	20.8	42.6	61.5	57.1
D	19.3	62.5	57.4	46.2	42.9
E	3	8.3	4.3	7.7	0

如表24所示，在自我人格尊严和权利尊严受到侵犯时，老师阶层和

工人阶层最普遍的表现为内心不舒服，但是会很快进行自我调整，尽量息事宁人，而相对最少地表现出愤怒，并事后思考如何去挽回自己的尊严。而农民工阶层和自由职业者阶层则与此相反，两者会最普遍地表现出愤怒，并将事后思考如何去挽回自己的尊严，在此方面其所占比率分别为57.1%和61.5%。最后，较之其他阶层，学生阶层中则有相对最多的人表示自己会痛苦、沮丧，内心不和谐、不宁静，其所占比率为62.2%。可见自我人格尊严和权利尊严受到侵犯对内心和谐造成的消极影响在学生阶层中表现得尤为明显。

（二）自我价值提升受阻带来的影响

课题组选取了以大学、高中学生及研究生为主体的学生阶层为主要调研对象对这一问题展开实证研究。

A. 自己内心不和谐、不宁静

B. 使自己尊严感、幸福感缺失

C. 使自己的生活乃至自己家庭的生活陷入困境

D. 未给自身带来任何影响

E. 其他

如图14所示，当自我价值受阻时，学生阶层中，有328人表示自己内心会不和谐、不宁静，所占比率为68.5%；有227人表示自己尊严感、幸福感会缺失，所占比率为47.4%；有67人则表示自己的生活乃至自己家庭的生活陷入困境，所占比率为14%；最后，则有38人表示自我价值受阻并未给自身带来任何影响，所占比率为7.9%。这表明，自我价值提升受阻给学生阶层带来的影响更为明显的表现为对其心理上的影响。

三　社会若干阶层化解自我尊严危机的措施

（一）捍卫自我人格与权利尊严的措施

A. 程度轻则默默忍受，程度重则还击

B. 自己私下去找对方友好协商交涉

C. 以后找机会进行打击报复

D. 立即采取非理性方式进行毁灭式还击

E. 通过自己积极的努力进行自我证明

F. 寻求法律帮助

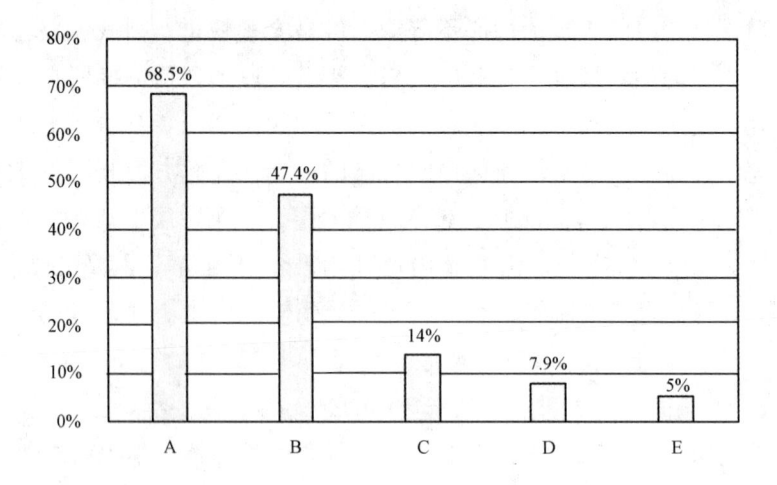

图 14　自我价值实现受阻给自身带来了什么影响（n = 479）

G. 寻求亲朋好友的帮助

H. 寻求德高望重的人的调解

I. 寻求政府的帮助

J. 寻求社会舆论的支持

K. 寻求上司、领导的帮助

L. 寻求村委会、居委会的帮助

M. 听之任之，未采取任何措施

N. 其他

表 25　　各阶层尊严受到侵犯后采取的措施　　单位：%

	高中、大学学生 (n = 233)	大学教师 (n = 24)	工人 (n = 46)	自由职业者 (n = 13)	农民工 (n = 21)
A	62.2	33.3	43.5	30.8	33.3
B	48.1	37.5	19.6	46.2	23.8
C	59.7	4.2	6.5	7.7	9.5
D	65.7	0	8.7	0	4.8
E	67.8	66.7	67.4	46.2	57.1
F	45.1	33.3	37	53.8	23.8
G	37.8	4.2	19.6	38.5	14.3

续表

	大学、高中学生 (n=233)	大学教师 (n=24)	工人 (n=46)	自由职业者 (n=13)	农民工 (n=21)
H	45.9	12.5	19.6	23.1	19
I	45.1	8.3	19.6	23.1	19
J	49.4	16.7	23.9	15.4	14.3
K	62.7	20.8	26.1	23.1	14.3
L	12	8.3	13	30.8	33.3
M	0.1	8.3	8.7	7.7	4.8
N	0.3	0	2.2	7.7	0

据表 25 我们可以看出：通过积极的努力进行自我证明是所有受访阶层捍卫自我权利和人格尊严的重要方式。同时，在所有受访阶层内部均有相对较多的人表示当自我权利和人格尊严受到侵犯的程度较轻时自己一般默默忍受，程度重则进行还击。其中，工人阶层和农民工阶层在此方面的倾向尤为明显。此外，就学生阶层而言，当自我权利和人格尊严受到侵害时，相对较少地寻求法律的帮助而更倾向于立即采取非理性方式进行毁灭式还击，在此方面其所占比率为 59.7%。而其他各受访阶层所采取的方式则与学生阶层相反，更倾向于寻求法律的帮助而极少进行非理性的还击，其中仅有 9.5% 的农民工、4.2% 的教师、6.5% 的工人以及 7.7% 的自由职业者曾采取非理性的方式来捍卫自我的权利与人格尊严。

就总体而言，社会各阶层捍卫权利尊严和人格尊严的意识均较为强烈，而在捍卫自我权利和人格尊严方法的选择上，各阶层受访者倾向于自己采取措施，而相对较少地通过寻求外界的帮助来捍卫自我的尊严。此外，在方法的选择上，大多数人均较为理性，但也有相当部分的受访者表现出非理性的倾向，其中学生尤为明显。

(二) 提升自我价值的措施

鉴于青年学生群体自我价值的实现对于整个国家长远发展的重大意义，本课题组仅选取了以大学、高中学生及研究生为主体的学生阶层为对象对这一问题进行调研。

如表 26 所示，在所有 479 名受访学生中，相对最多的人表示曾自己通过积极的努力，克服自我的局限，以正确乐观的态度迎接社会、生活的挑战来提升自我价值，其所占比率为 71.6%；也有相对较多的学生则表示自己还通过积极远离给自己造成不良干扰的人与物，寻求亲朋好友的帮助来提升自我价值，其所占比率分别为 45.9% 和 45.7%；此外，还有数量较少的学生则表示当受到明显的不公正对待时，自己曾寻求法律的帮助，所占比率为 23%。最后，也有少数学生表示，自己曾通过寻求政府、上司或领导的帮助来提升自我的价值，其所占比率均为 10.2%，或根本不采取任何措施，听任自我价值提升受阻，其所占比率为 9.6%。

表 26　自我价值受损时所采取的措施（n = 479）

选项	百分比（%）
通过自己的努力，克服自我的局限，以正确乐观的态度迎接社会、生活的挑战	71.6
寻求亲朋好友的帮助	45.7
寻求政府的帮助	10.2
寻求上司、领导的帮助	10.2
当受到明显的不公正对待时，寻求法律帮助	23
积极远离给自己造成不良干扰的人与物	45.9
听之任之，未采取任何措施	9.6
其他	2.7

根据以上的数据分析我们可以得出，就总体而言，学生阶层对于提升自我价值的意识较强，绝大部分学生能够通过自我主观的努力或通过寻求外界的帮助来促进自我价值的提升，如果寻求外界的帮助，学生阶层相对倾向于寻求与自我关系亲密者的私人力量的帮助。

第四节　调研结论及启示

一　调研结论

通过以上对社会若干阶层关于人的尊严内涵的认识和如何捍卫人的尊严的认识的调研，我们可以得出如下结论：首先，就社会若干阶层对人的尊严内涵的认识而言，各受访阶层绝大多数人对于何谓人的尊严，何谓人的尊严的标志与载体等均有着正确的认识，但仍有相对部分的受访者，尤其是大学生群体较为忽视作为尊严的重要内在根据的道德的价值。此外，还有相当部分的受访者在某种程度上认为财产、权势、职业等对于人的尊严起着决定的作用或部分决定着人的尊严的实现；有一部分人否定了价值作为尊严内在根据的意义，而过于强调了自由对于个人尊严的意义。这表明社会大众中有一定比例的人对人的尊严根据、标志与载体存在着错误的认识。

其次，就社会若干阶层对于如何捍卫人的尊严的认识而言，各受访阶层绝大多数人对于个人尊严受到捍卫与践踏的标准，对于如何保障人的尊严以及促进个人尊严的提升在总体上均有着正确的认识，但是我们还要看到受访者中有相当部分的人将自己的人品、行为方式被他人谴责、批评、议论看作自我尊严受侵犯的表现，这在某种程度上反映了一些人自我尊严意识的泛化和主观化，其思想认识中存在追求所谓绝对的、不受规范与束缚的自由与尊严的意识倾向。同时，在对个人应该如何保障自我尊严的认识上，较少人认为应该注意自己在公众眼中的形象；在个人应该如何保障他人的尊严的认识上，大多数人倾向于消极地尊重他人，而不够重视积极促进他人的尊严的努力；在对国家与社会应该如何保障个人尊严的认识上，在各阶层受访者中有部分人表示：国家只需要完善市场经济体制，让民众完全自由竞争；国家只需要努力发展经济，让百姓生活富裕；国家只需要完善并执行相关法律。以上结论综合表明，社会大众中有一定比例的人对如何捍卫人的尊严的认识上存在一定程度上的偏差。

通过以上对社会若干阶层尊严感现状所进行的实证研究，我们大致可以得出如下结论：

首先，就总体而言，各受访阶层无论是学生阶层、教师阶层、工人阶层、自由职业者阶层还是农民工阶层，其中大多数人对自我物质生活的满足感、人格尊严感、权利尊严感、自我的个性、能力与价值的被肯定感以及对自我行为和道德品质的高贵感均处于较高水平，但也有部分人处于较低水平，特别是依然有少部分人认为自己的人格尊严和权利尊严，即底线尊严并没有得到有效捍卫。这表明，保障人的尊严的工作依然任重道远。

其次，就各个受访阶层而言，其尊严感存在不同程度上的差别。根据调研结果显示，在所有受访阶层中，就整体而言，工人阶层和教师阶层自我的整体尊严感相对较高，其中教师阶层的自我尊严感则最高。自由职业者阶层和农民工阶层对自我物质生活的满足感，自我的人格尊严感，自我的个性、能力与价值的被肯定感以及自我行为和道德品质的高贵感均处于相对较低的水平。学生阶层整体尊严感相对高于自由职业者阶层和农民工阶层，然而又低于工人阶层和教师阶层，这表明学生阶层的整体尊严感处于中等水平。

通过对社会若干阶层的尊严危机的经历、影响和采取的措施调研可以得出如下结论：

首先，就尊严危机的经历而言，从总体上来看，社会各阶层的人格尊严和权利尊严受到了较好的尊重与保护，这在某种程度上反映了我国社会的发展和进步与社会主义和谐社会建设取得了初步的成效。但是我们还要看到，仍有相当部分的受访者表示其自我的人格和权利尊严受到了来自外界的侵犯，即有陷入危机的经历。就社会各阶层人格尊严受侵犯的具体表现来看，较多地表现为在行为礼节层面的侵犯，而相对较少地表现为受到他人公然的鄙视、羞辱、粗暴和非人的对待。统计数据显示，农民工阶层和自由职业者阶层人格尊严受侵犯的频率相对较高，教师和工人阶层人格尊严受侵犯的频率则相对较低。就社会各阶层权利尊严受侵犯的具体表现来看，大多数人表示其财产权、平等权等受到过侵犯。统计数据显示，学生阶层和自由职业者阶层权利尊严受侵犯的频率相对最高。就自我价值提升受阻的主要原因而言，学生认为主要有自我的局限性，社会环境的制约以及家庭的制约三个方面。最后，就践踏自我尊严情况而言，有相当部分学生表示自己或身边的人曾自轻自贱，对他人卑躬屈膝以讨好他人。

其次，就尊严危机带来的影响和采取的措施的调研而言，在总体上，大多数受访者表示，无论是自我的权利和人格尊严受侵犯，还是自我的价值提升受阻碍，普遍导致内心的痛苦、沮丧，而丧失内心的和谐与宁静，自我的尊严感与幸福感亦因此而相对缺失。但大多数人倾向于采取理性的措施，独立地捍卫自我的尊严；但也有相当部分的受访者，特别是学生立即采取了毁灭式还击或在事后找机会进行打击报复等非理性方式捍卫自身的尊严。就各个受访阶层而言，当自己的人格和权利尊严受到侵犯后，绝大多数人均较多地通过自己积极的努力进行自我证明从而捍卫自身的权利尊严和人格尊严，而自由职业者阶层则更多地采取法律措施来捍卫自我的尊严。当自我价值提升受阻时，绝大部分学生能够通过自己的主观努力或寻求外界的帮助来提升自己的价值。

二 调研启示

如本书主体第三章和第四章所指出，在全社会范围内培育合理的尊严观是夯实社会和谐的思想基础，对个人尊严的正当维护是促进社会和谐的重要途径。本课题对社会若干阶层尊严现状调研结果启示我们，当下必须加强民众理性尊严观的培育和个人尊严正当维护以促进社会和谐。

（一）加强民众理性尊严观的培育以促进社会和谐

1. 加强民众对人的尊严根据的理性认识

人的尊严观对个人捍卫自身尊严的自觉意识和方式选择具有根本的指导意义。根据课题组调研结果显示，部分民众对何谓人的尊严以及该如何捍卫人的尊严尚存在不正确的认识。一些人将财富、权势、绝对自由视为人的尊严根据和载体；一些人否定个人价值和道德对人的尊严的决定作用。因而当下必须对全体民众加强关于人的尊严根据的教育。首先，就尊严与价值的关系而言，国家和社会应使全体民众意识到：任何人都具有不以财富、权力、性别、民族、身体以及其他任何外在偶然因素为转移的绝对价值，即只要具有人类基因组的特征，都自动拥有尊严主体的资格，平等享有人格和权利尊严；同时任何个体都具有以实现个人潜能、德性、对社会做贡献为基础的差异性报偿尊严，也即个人价值，享有与其努力相应的荣誉和物质奖励。其次，就尊严与自由的关系而言，国家和社会还应该引导公众明白：人虽因自由本质具有相对于自然其他万物的尊严，但人的自由必须与他人同样自由的和谐共存，也不能违背自然规律与国家法律和规章制度，这决定了人的自由总是具有相对性，人的尊严必须和只能建立在有限的自由之上。

2. 加强民众对捍卫人的尊严方式的理性认识

根据课题组调研结果显示，就个人应该怎样捍卫自我的尊严而言，各受访阶层虽然在总体上能够采取较为合理的方式捍卫自身尊严，但也有一部分存在抽象排斥外界的干预，追求绝对自由以及谋求诸如财富与权势等外在的、等级性价值的倾向，还有少数人主张通过暴力、报复等手段来排除干预和捍卫自身的尊严。这在某种程度上表明一部分人对如何捍卫自身尊严的认识还存在一定的偏差。国家和社会应该加强关于捍卫人的尊严的理性方式的教育。就个体应该如何尊重和保障自身的尊严而言，应引导民众意识到人的尊严与财富、权势等外在的、等级性价值的联系与区别：财富、权势在根本上与人的人格、权利尊严资格没有关系，只与报偿性尊严相关联，且只有出自个人努力、成就、贡献才具有报偿性尊严的意义。就个体应该如何提升自我的尊严而言，国家和社会应引导民众认识到：自我尊严的提升是一项对自我的义务，它不应该建立在对他人的支配与超越之上，而是必须通过自身的道德完善、价值实现和尽其所能为社会做贡献才能获得。最后，还应该引导民众通过合法的、理性的途径来捍卫自身尊严。

3. 加强民众对捍卫他人尊严方式的理性认识

课题组的实证调研成果表明，各受访阶层具有一定的捍卫他人尊严的意识，但并不能保证在行为、礼节、态度等方面一贯坚持平等尊重他人，也不能做到总是认可他人的个性和价值，且更倾向于消极地尊重他人，对积极帮助他人重视不够。我们应该在全社会培育平等礼貌待人和尊重人本身的风尚，同时应该引导民众充分认识到尊重他人的个性、价值对于捍卫他人尊严的意义，倡导乐于助人的传统美德，特别是弘扬对社会弱势群体的帮扶精神。

（二）加强个人尊严的正当维护以促进社会和谐

1. 强化自我认同教育提高个人尊严感

根据调研结果显示，各受访阶层普遍缺乏对自我的能力、个性、价值强烈的认同感，从而大大影响了其尊严感。要推动这一问题的解决，必须引导社会大众深刻认识到：无论个人的出身、财富占有量、权势、职业、社会地位、性别、年龄、民族等所有具体情况如何，每一个人都是一个独立的、平等的个体，且都拥有其固有的、与众不同的禀赋、能力和价值，因而人都必须学会接纳自己和发展自己，也即确立自信心，实现自我认同，这是提高广大民众尊严感的重要基础。

2. 积极采取措施促进个体合理尊严诉求的满足

任何具有正常心智的人都渴望自己的权利、人格、自由、德性与价值得到自己和他人的认可与尊重，也渴望自身的德性与价值能够得到充分的提升与实现，这就是对尊严的诉求。在课题组的实证调研中，在问及社会、他人是否尊重自我的人格、权利、道德、个性、能力与价值时，各阶层受访者均有相当部分人表示未能总是体验到外界应有的尊重，并有陷入尊严危机的亲身经历，其中农民工阶层和自由职业者情况相对较差。这在某种程度上表明，社会各阶层，尤其是以农民工阶层为代表的社会弱势阶层的尊严诉求未能得到较好地满足。同时调研结果还显示，虽然自我的局限性是阻碍个体价值提升的最主要原因，但是社会制度环境、竞争环境等的制约则对阻碍个体价值尊严的提升也有着深刻的影响。

针对这一情况，国家和社会应该积极采取措施，在全社会范围内构建平等尊重人本身和保障人的尊严的社会制度和道德风尚。国家还必须谋求经济的持续发展和社会生产力的稳步提高，以夯实保障广大民众，尤其是社会弱势群体尊严的物质基础，并为民众提供更多的就业机会，为广大民众自我价值的实现创造更为广阔的平台；国家还应该促进公平正义的各项制度建设，维持社会正常的流动性，为广大民众尤其是社会弱势群体的个人发展和尊严的提升创造条件。

3. 凸显人的尊严在法治建设的地位

根据调研结果显示，各受访阶层中均有一定比例的人表示，其人格尊严和权利尊严受到了不同程度上的侵害，预防和救济人的尊严所遭受的侵害的根本途径是法治。我们当前应凸显人的尊严在法律中的地位，将人的尊严明确规定为我国宪法和其他法律的基本原则、根本任务和终极价值。我国捍卫人的尊严的具体法律条款相对缺乏，捍卫人的尊严的法律的明文规定主要见于现行《宪法》第三十八条"中华人民共和国公民的人格尊严不受侵犯，禁止用任何方法对公民进行侮辱，诽谤和诬告陷害"，以及民法、刑法中对宪法这一条款的具体落实。这一规定仅涉及公民的人格尊严保护，但人的尊严涵盖人的一切合法权利，人格尊严仅是其中很小的组成部分。我们应该进一步凸显人的尊严在法治建设中的地位，明确规定人的尊严是宪法和法律的终极价值和目标，并结合当今公众尊严受侵犯的具体现状和突出问题，有针对性地完善各部门的具体法律，从而真正做到法有所出、法有所依、法有所指，以切实加强对人的尊严的法律保护。另外，还要进一步加强关于人的尊严保障的执法力度，保证有法必依，执法必严和违法必究。总之，为社会公众，尤其是社会弱势群体尊严危机的化解提供法律保障，这是实现、保障和提升个人尊严最基本的措施。

参考文献

中文类

1. 翻译著作

［美］阿纳·比莱茨基：《人的固有尊严：人权的本质》，陆象淦译，《第欧根尼》2011年第12期。

［美］博格：《康德、罗尔斯与全球正义》，刘莘等译，上海译文出版社2010年版。

［英］伯林：《论自由》，严复译，译林出版社2003年版。

［德］菲利普·布鲁诺奇：《人类尊严的道路》，包向飞译，《社会科学战线》2013年第5期。

［德］康德：《实用人类学》，邓晓芒译，上海人民出版社2005年版。

［德］康德：《康德书信百封》，李秋零译，上海人民出版社2006年版。

［德］康德：《论优美感与崇高感》，何兆武译，商务印书馆2001年版。

［苏］阿尔森·古留加：《康德传》，贾泽林等译，商务印书馆1997年版。

［美］格伦顿：《权利话语——穷途末路的政治言辞》，周威译，北京大学出版社2006年版。

［美］卡伦·荷妮：《神经症与人的成长》，陈收等译，国际文化出版公司2001年版。

［美］亨廷顿：《变动社会的政治秩序》，李盛平等译，华夏出版社1988年版。

［英］霍布斯：《利维坦》，黎思复等译，商务印书馆1985年版。

［法］卢梭：《论人类不平等的起源》，高修娟译，上海三联书店2009

年版。

［德］鲁道夫·冯·耶林：《为权利而斗争》，胡宝海译，中国法制出版社 2004 年版。

［美］约翰·罗尔斯：《正义论》，何怀宏、何包刚、廖申白译，中国社会科学出版社 1988 年版。

［美］约翰·罗尔斯：《正义论》，何怀宏译，中国社会科学出版社 2001 年版。

《马克思恩格斯文集》（1—10 卷），人民出版社 2009 年版。

《马克思恩格斯选集》第 1 卷，人民出版社 1972 年版。

《马克思恩格斯全集》第 31 卷，人民出版社 1976 年版。

《马克思恩格斯全集》第 3 卷，人民出版社 1960 年版。

［美］马斯洛：《马斯洛人本哲学》，成明译，九州出版社 2003 年版。

［意］皮科·米兰多拉：《论人的尊严》，顾超一、樊虹译，北京大学出版社 2010 年版。

［英］约翰·斯图亚特·密尔：《功利主义》，刘福胜译，光明日报出版社 2007 年版。

［英］约翰·斯图亚特·密尔：《论自由》，于庆生译，中国法制出版社 2009 年版。

［美］斯金纳：《超越自由与尊严》，陈维纲等译，贵州人民出版社 1988 年版。

［英］斯迈尔斯：《品格的力量》，宋景堂等译，北京图书馆出版社 1999 年版。

［德］席勒：《秀美与尊严》，张玉能译，文化艺术出版社 1996 年版。

［古罗马］西塞罗：《论义务》，王焕生译，中国政法大学出版社 1999 年版。

［英］休谟：《道德原则研究》，曾晓平译，商务印书馆 2006 年版。

［英］休谟：《人性论》，关文运译，商务印书馆 2008 年版。

［古希腊］修昔底德：《伯罗奔尼撒战争史》，谢德风译，商务印书馆 1978 年版。

［古希腊］亚里士多德：《政治学》，吴寿彭译，商务印书馆 1981 年版。

［古希腊］亚里士多德：《尼科马可伦理学》，廖申白译，商务印书馆

2009年版。

［英］亚当·斯密：《道德情操论》，蒋自强等译，商务印书馆2007年版。

2. 中文专著

《邓小平文选》第2卷，人民出版社1994年版。

邓晓芒：《康德哲学讲演录》，广西师范大学出版社2005年版。

管仲：《管子》，北方文艺出版社2013年版。

韩德强：《论人的尊严——法学视角下人的尊严理论的诠释》，法律出版社2009年版。

勒江好、王郅强：《和谐社会建设与社会矛盾调节机制研究》，人民出版社2008年版。

李蜀人：《道德王国的重建》，中国社会科学出版社2005年版。

李震山：《人性尊严与人权保障》，元照出版公司2000年版。

刘睿：《康德尊严学说及现实启迪》，中国社会科学出版社2013年版。

彭劲松：《和谐社会的利益关系》，中共中央党校出版社2006年版。

《十六大以来重要文献选编》（上），中央文献出版社2005年版。

杨清涛等：《和谐之道——社会转型期人民内部利益矛盾解析》，人民出版社2009年版。

俞可平主编：《西方政治学名著提要》，江西人民出版社2001年版。

于凤梧等：《欧洲哲学史教程》，福建人民出版社1989年版。

吕不韦：《吕氏春秋》，贵州人民出版社2009年版。

张文显：《法理学》，高等教育出版社2001年版。

朱力：《走出社会矛盾冲突的漩涡——中国重大社会性突发事件及其管理》，社会科学文献出版社2012年版。

徐贲：《通往尊严的公共生活》，新星出版社2009年版。

3. 中文论文

包则庆：《分配公平，促进社会和谐——基于罗尔斯正义原则视角》，《福建广播电视大学学报》2008年第6期。

卞敏：《构建充满活力的社会主义和谐社会》，《东南大学学报》2006年第1期。

蔡丽华：《收入分配不公与社会公平正义探析》，《当代世界与社会主义》2012年第1期。

蔡明婧、王尧:《论尊严的界限》,《金田》2014 年第 300 期。
蔡益群:《和谐社会建设中安定有序的要素体系探析》,《探索》2007 年第 5 期。
常家树:《法国青年骚乱的动因、影响和警示》,《当代青年研究》2006 年第 1 期。
曹明德:《从人类中心主义到生态中心主义伦理观的转变——兼论道德共同体范围的扩展》,《中国人民大学学报》2002 年第 3 期。
岑峨、熊琼:《论现代诚信制度的法律构建》,《河南师范大学学报》2012 年第 9 期。
陈桂生:《"德育目标引论"》,《北京大学教育评论》2003 年第 4 期。
陈海燕:《论公平正义与社会主义和谐社会的构建》,《山东教育学院学报》2005 年第 6 期。
成海鹰:《人的尊严与人的异化》,《哲学动态》2012 年第 3 期。
成海鹰:《论尊严》,《伦理学研究》2012 年第 7 期。
成海鹰、周燕:《尊严不只是一项权利》,《思想战线》2014 年第 5 期。
陈红艳:《公平正义:和谐社会正义观的使命与归宿》,《传承》2008 年第 9 期。
陈理:《构建社会主义和谐社会的提出》,《当代中国史研究》2012 年第 11 期。
陈黎东:《公民道德建设与和谐社会构建》,《南都学坛》2007 年第 7 期。
程建国:《论构建社会主义和谐社会的时代背景及科学内涵》,《科技致富向导》2008 年第 7 期。
陈金钊:《和谐社会建设:法制及司法理念》,《法学论坛》2007 第 3 期。
陈瑞华:《程序正义的理论基础——评马修的尊严价值理论》,《中国法学》2000 年第 3 期。
陈为智:《当前中国社会问题理论研究述评》,《甘肃理论学刊》2010 年第 1 期。
陈延斌、王体:《中西诚信观的比较及其启迪》,《道德与文明》2003 年第 6 期。
陈志尚:《准确把握以人为本的科学内涵》,《北京大学学报》2005 年第 3 期。

褚宏启：《关于教育公平的几个基本理论问题》，《中国教育学刊》2006年第12期。

褚宏启、杨海燕：《教育公平的原则及其政策含义》，《教育研究》2008年第1期。

崔青青：《改善民生：以人为本之首要》，《毛泽东思想研究》2009年第3期。

崔永和：《发展生产力的多维路径及其生态伦理审视》，《人文杂志》2008年第6期。

代峰：《论人的尊严之向度》，《道德与文明》2011年第3期。

戴桂斌：《正义究竟是什么：公平、权利还是美德？》，《襄樊学院学报》2011年第5期。

邓俊：《近十年以来我国青少年犯罪研究综述》，《河南科技大学学报》2012年第2期。

董德福、程宸：《社会主义和谐文化建设的路径依赖》，《江苏大学学报》2008年第1期。

董志强：《我们为何偏好公平：一个演化视角的解释》，《经济研究》2011年第8期。

窦宝臣：《和谐社会建设要坚持用人公平》，《党建研究》2007年第2期。

段成荣：《法国青年骚乱对我国流动儿童政策制定的警示》，《中国青年研究》2008年第4期。

范从来：《中国通货膨胀的动态特征研究》，《经济研究》2011年第7期。

范国睿：《教育公平与和谐社会》，《教育研究》2005年第5期。

费凡：《对改善民生的本质思考》，《中央社会主义学院学报》2008年第8期。

付融冰、张慧明：《中国能源的现状》，《能源环境保护》2005年第2期。

傅治平：《生态文明：和谐社会的第四乐章》，《北京联合大学学报》2007年第9期。

高德胜：《人的尊严与教育的尊严》，《高等教育研究》2012年第2期。

高连水等：《我国居民地区收入差距的变动趋势及其解释》，《中央财经大学学报》2012年第3期。

高晓春、贺彩英：《构建和楷社套执政理念提出的时代背景和对策选择》，

《辽宁省社会主义学院学报》2006年第1期。

甘绍平:《作为一项权利的人的尊严》,《哲学研究》2008年第6期。

龚群:《相互承认与相互尊重》,《饱览群书》2001年第12期。

龚向和、董宏伟:《人性尊严与农民平等权的保护》,《时代法学》2010年第4期。

公彦水:《正义与平等:公平分配的内涵解析》,《社科纵横》2010年第8期。

谷树忠、胡咏君、周洪:《生态文明建设的科学内涵与基本路径》,《资源科学》2013年第1期。

顾华祥:《论构建社会主义和谐社会的法制建设》,《重庆大学学报》2005年第5期。

国家统计局课题组:《和谐社会统计监测指标体系研究》,《统计研究》2006年第5期。

郭长军:《公平正义与诚信》,《吉林师范大学学报》2011年第11期。

郭德宏:《中国现代社会转型研究评述》,《安徽史学》2003年第1期。

郭戈:《和谐社会与教育发展》,《教育研究》2007年第8期。

郭华茹、蒋霞:《中国共产党90年改善民生的基本特点及启示》,《武汉理工大学学报》2011年第4期。

韩德强:《论义务本位和权利本位的尊严观》,《文史哲》2006年第1期。

韩庆祥:《"以人为本"的科学内涵及其理性实践》,《河北学刊》2004年第5期。

韩跃红、孙书行:《人的尊严和生命的尊严释义》,《哲学研究》2006年第3期。

韩震、俞吾金等:《社会公平正义与政治文明建设》,《中国社会科学》2009年第1期。

贺来:《有尊严的幸福生活何以可能?》,《哲学研究》2011年第7期。

何包钢:《自尊道德和尊严政治》,《道德与文明》2014年第3期。

赫雅书、刘金福、李燕:《关注尊严层面的民生问题》,《长白学刊》2011年第2期。

何影:《利益共享:和谐社会的必然要求》,《求实》2010年第5期。

胡椿、董悦:《社会主义和谐文化研究综述》,《大理学院学报》2009年第 3 期。

胡军：《社会建设：构建社会主义和谐社会的核心内容》，《毛泽东邓小平理论研究》2005 年第 5 期。

胡晓燕：《柏拉图和谐社会新解》，《理论探索》2006 年第 2 期。

胡玉鸿：《法律的根本任务在于保障人的尊严》，《法治研究》2010 年第 7 期。

黄飞：《尊严：自尊、尊重和受尊重》，《心理科学进展》2010 年第 7 期。

蒋阳飞：《我国就业公平及其制度保障研究》，博士学位论文，中南大学，2010 年。

贾高建：《社会转型与社会冲突》，《中共中央党校学报》2005 年第 11 期。

贾建芳：《构建社会主义和谐社会的重点难点问题解析》，《马克思主义研究》2006 年第 3 期。

贾中海、张景先：《三种经典公平正义理论之比较》，《理论探讨》2011 年第 4 期。

焦国成：《关于诚信的伦理学思考》，《中国人民大学学报》2002 年第 5 期。

江曙光：《中国水污染现状及防治对策》，《资源与环境科学》2010 年第 7 期。

竭长光、张澍军：《论"以人为本"的民生底蕴》，《高校理论战线》2010 年第 12 期。

金生鈜：《教育与人的尊严》，《西北师大学报》2000 年第 1 期。

兰久富：《社会转型与价值冲突》，《北京师范大学学报》1999 年第 3 期。

李海平：《论人的尊严在我国宪法上的性质定位》，《社会科学》2012 年第 12 期。

李红卫：《生态文明建设—构建和谐社会的必然要求》，《学术论坛》2007 年第 6 期。

李路路：《和谐社会：利益矛盾与冲突的协调》，《探索与争鸣》2005 年第 5 期。

李福源、樊勇：《生态文明与和谐社会》，《探求》2006 年第 1 期。

李累：《宪法上"人的尊严"》，《中山大学学报》2002 年第 6 期。

李杰、邝智孟：《金钱权势与人的尊严——由罗尔斯〈正义论〉引起的思考》,《湘南学院学报》2013年第6期。

李炜:《中国当前社会问题的特征及影响机制分析》,《黑龙江社会科学》2012年第6期。

李伟:《构建社会主义和谐社会理论的时代背景、理论贡献和指导意义》,《思想政治教育研究》2007年第3期。

李旭平:《走出对人类中心主义认识的误区——对当代生态环境问题的反思》,《山西高等学校社会科学学报》2001年第12期。

李怡、易明:《论马克思的尊严观》,《马克思主义研究》2011年第10期。

李砚忠:《关于"社会主义和谐社会"的研究综述》,《求实》2007年第3期。

廉思:《世界范围内青年运动新趋势研究——对"茉莉花革命"、英国青年骚乱、美国"占领运动"的分析》,《中国青年研究》2013年第12期。

廖福霖:《生态文明建设与构建和谐社会》,《福建师范大学学报》2006年第2期。

林俊风:《从以人为目的到人的自由全面发展——兼论马克思对康德的合理性继承和发展》,《探求》2004年第5期。

林来梵:《人的尊严与人格尊严——兼论中国宪法第38条的解释方案》,《浙江社会科学》2008年第3期。

廖福霖:《生态文明建设与构建和谐社会》,《福建师范大学学报》2006年第2期。

廖小平:《论诚信与制度》,《北京大学学报》2006年第11期。

聂磊:《分配公平正义问题再探——基于公民权利的视角》,《现代经济探讨》2009年第12期。

刘成玉、蔡定昆:《教育公平:内涵、标准和实现路径》,《教育与经济》2009年第3期。

刘大伟:《保障和改善民生的基本路径探析》,《经济论坛》2014年第6期。

刘东建:《和谐社会研究述评》,《教学与研究》2006年第2期。

刘复兴:《市场条件下的教育公平:问题与制度安排》,《北京师范大学学报》2005 年第 1 期。

刘素民：《自然法："和谐"的哲学基础与价值指向》，《华侨大学学报》2007 年第 3 期。

刘睿：《相互尊重的价值与要求》，《中国教育报》2017 年 11 月 16 日。

刘睿：《论密尔的尊严观》，《湖北大学学报》2015 年第 2 期。

刘睿：《尊严与尊严的维护》，《中国教育报》2012 年 7 月 20 日。

刘睿：《何谓有尊严的生活》，《中国教育报》2014 年 10 月 24 日。

刘睿：《论人的尊严》，《科学社会主义》2012 年第 5 期。

刘睿：《论以和谐为取向的尊严观建设》，《江汉论坛》2013 年第 4 期。

刘睿：《"人的尊严"概念及其演变的研究综述——以康德尊严概念的研究综述为重点》，《成都理工大学学报》2015 年第 2 期。

刘睿、杨希：《论法治的终极价值目标》，《学习月刊》2014 年第 12 期。

刘燕：《中国社会转型的表现、特点与缺陷》，《社会主义研究》2011 年第 4 期。

刘文芳：《统筹协调利益关系在和谐社会建设中的作用》，《山西政报》2009 年第 12 期。

刘远传：《论社会发展与人的发展》，《华中师范大学学报》1999 年第 9 期。

刘应君、秦国文：《从控制理论看转型期我国青少年犯罪的原因》，《理论研究》2004 年第 2 期。

刘佑生：《论有尊严的生活》，《伦理学研究》2012 年第 1 期。

卢风：《人道主义、人类中心主义与主体主义》，《湖南师范大学社会科学学报》2012 年第 26 卷。

卢倩：《我国公平正义型分配制度体系的构建》，《行政论坛》2010 年第 5 期。

陆德生：《社会主义和谐社会的提出、构建及其意义》，《江淮论坛》2005 年第 3 期。

陆树成、刘萍：《关于公平、公正、正义三个概念的哲学反思》，《浙江学刊》2010 年第 2 期。

陆新元、熊跃辉等：《人与自然和谐是构建和谐社会的物质基础》，《中国人口资源与环境》2005 年第 3 期。

陆玉敏：《公平正义与制度建设》，《科学社会主义》2008年第3期。

寇东亮：《科学发展观："人的尊严"的全面确证》，《郑州大学学报》2011年第5期。

罗豪才、宋功德：《和谐社会的公法建构》，《中国法学》2004年第6期。

罗玉达：《论社会转型期的主要社会问题与社会控制机制的运用》，《贵州大学学报》1995年第3期。

马岭：《国家权力与人的尊严》，《河北法学》2011年第11期。

糜海燕、符惠明、李佳敏：《我国社会转型的内涵把握及特征解析》，《江南大学学报》2009年第2期。

彭柏林：《公平正义的时代话语——"社会公平正义与政治文明建设"全国学术研讨会综述公平正义的时代话语》，《马克思主义与现实》2008年第5期。

戚畅：《论和谐文化与和谐社会的关系》，《东北师大学报》2011年第3期。

戚序：《论建设社会主义和谐文化》，《理论学刊》2006年第3期。

秦宣：《论和谐社会的内涵》，《马克思主义与现实》2007年第1期。

任云丽：《近年来和谐文化建设研究综述》，《思想理论教育导刊》2007年第2期。

任丑：《人权视阈的尊严理念》，《哲学动态》2009年第1期。

石柏林：《安定有序社会的法学内涵与构建》，《广州大学学报》2008年第7期。

沈壮海：《社会主义和谐文化建设的若干思考》，《马克思主义研究》2007年第8期。

沈杰：《西方发达国家个人诚信制度及其运行机制》，《学术论坛》2002年第2期。

石中英：《教育公平的主要内涵与社会意义》，《中国教育学刊》2008年第3期。

宋林飞：《中国社会转型的趋势、代价及其度量》，《江苏社会科学》2002年第6期。

宋希仁、黄显中：《和谐社会与公民道德》，《道德与文明》2005年第2期。

宋言奇：《生态文明建设的内涵、意义及其路径》，《南通大学学报》2008年第7期。

孙国华：《公平正义是化解社会矛盾的根本原则》，《法学杂志》2012年第3期。

孙景澈：《简谈儒家和谐思想对构建现代和谐社会的启示》，《黑龙江史志》2014年第9期。

孙君恒：《分配正义的两种当代模式》，《河南师范大学学报》2003年第5期。

孙佑海：《生态文明建设需要法治的推进》，《中国地质大学学报》2013年第1期。

孙伟、黄培伦：《公平理论研究评述》，《科技管理研究》2004年第4期。

谭培文：《以改善民生为利益机制推进社会主义核心价值认同》，《马克思主义研究》2010年第5期。

唐凯麟：《尊严：以人为本的新诠释》，《光明日报》2011年1月31日。

田翠翠：《公平正义的内涵与历史演变》，《学习与实践》2007年第11期。

田国强：《和谐社会构建与现代市场体系的完善》，《经济研究》2007年第3期。

田正平、李江源：《教育公平新论》，《清华大学教育研究》2002年第1期。

王朝全：《论生态文明、循环经济与和谐社会的内在逻辑》，《软科学》2009年第8期。

王春玺、哈战荣：《对社会主义公平正义的时代解读》，《科学社会主义》2009年第3期。

王大贤：《尊严的本质与当代中国人尊严的实现》，《安徽理工大学学报》2012年第6期。

王登峰、黄希庭：《自我和谐与社会和谐》，《西南大学学报》2007年第1期。

王东：《论诚信观的培养》，博士学位论文，辽宁师范大学，2008年。

王福玲：《尊严的发展历程》，《学术园地》2012年第3期。

王福玲：《维护人的尊严：道德建设的核心课题》，《江西社会科学》2013

年第 5 期。

王光荣：《解决民生问题的路径研究综述》，《东方论坛》2012 年第 3 期。

王汉林：《社会主义和谐社会理论主要研究观点综述》，《扬州大学学报》2009 年第 3 期。

王海明：《公平正义与以人为本》，《中国德育》2008 年第 9 期。

王继宁：《诚信友爱和谐社会的重要标志》，《社科纵横》2001 年第 1 期。

王磊：《论尊严与以人为本新内涵》，《现代商贸工业》2010 年第 18 期

王善迈：《教育公平的分析框架和评价指标》，《北京师范大学学报》2008 年第 3 期。

王孝哲：《努力实现经济利益收入分配的公平正义》，《东南大学学报》2010 年第 10 期。

王泽应：《论人的尊严的五重内涵及意义关联》，《哲学动态》2012 年第 3 期。

王臻荣、常轶军：《论社会主义和谐社会视野下的公民利益表达》，《政治学研究》2007 年第 2 期。

王伟光：《正确处理人民内部矛盾，构建社会主义和谐社会》，《中共中央党校学报》2006 年第 6 期。

文学平：《论尊严的内涵及其类型》，《华中科技大学学报》2012 年第 4 期。

乌凤琴、司廷才：《诚信友爱是和谐社会六个基本特征之一》，《求索》2006 年第 1 期。

吴家庆、吴敏：《论和谐社会构建中的利益协调》，《湖南师范大学社会科学学报》2006 年第 7 期。

吴淑香、郭倩倩：《人格尊严之平等保护——以弱势群体为视角》，《黑河学院学报》2012 年第 10 期。

吴潜涛：《诚信友爱：社会主义和谐社会的一个基本特征》，《郑州轻工业学院学报》2006 年第 5 期。

吴潜涛、赵爱玲：《论构建社会诚信机制》，《齐鲁学刊》2004 年第 2 期。

伍人平、彭坚：《从传统的人类中心主义走向理性的人类中心主义》，《求实》2004 年第 12 期。

吴玉宗：《建设公共服务型政府是构建和谐社会的根本途径》，《社会科学

研究》2005 年第 5 期。

吴祖春：《和谐内涵析论》，《社科纵横》2009 年第 8 期。

吴忠民：《人的尊严：公正的底线》，《中国经济时报》2003 年 3 月 21 日。

夏红霞：《诚信友爱——构建和谐社会的道德基础》，《前沿》2006 年第 6 期。

夏自军：《权力入笼与人民尊严的时代审视》，《江南社会学院学报》2013 年第 9 期。

许建香：《公平正义与统筹各方利益关系》，《陕西省委党校学报》2011 年第 3 期。

许淑萍、路晓庆、唐晓英：《论事业单位人事制度改革中的公平公正》，《黑龙江社会科学》2008 年第 3 期。

许文英：《浅论诚信友爱是构建社会主义和谐社会的道德基础》，《贵州民族学院学报》2008 年第 2 期。

徐梦秋：《公平的类别与公平中的比例》，《中国社会科学》2001 年第 1 期。

徐信华：《"充满认亏才"与"安定有序"——构建社会主义和谐社会必须处理好的一对关系》，《理论学习与探索》2005 年第 2 期。

薛二勇：《论教育公平发展的三个基本问题》，《教育研究》2010 年第 10 期。

阎志刚：《社会转型与转型中的社会问题》，《广东社会科学》1996 年第 4 期。

严学钧：《应得正义与分配公平》，《学术论坛》2007 年第 3 期。

杨方：《正义：和谐社会建设的核心价值目标》，《伦理学研究》2009 年第 1 期。

杨熠：《中西思想家对"人的尊严"的论述》，《河北法学》2012 年第 1 期。

杨鲜兰：《论社会发展与人的发展的辩证统一》，《湖北大学学报》2004 年第 9 期。

姚建龙：《远离辉煌的繁荣：青少年犯罪研究 30 年》，《青年研究》2009 年第 1 期。

姚建宗:《法治的人文关怀》,《华东政法学院学报》2000 年第 3 期。

易培强:《改善民生要着力解决的几个问题》,《湖南师范大学社会科学学报》2010 年第 3 期。

袁敏:《教育公平研究综述》,《现代教育科学》2010 年第 3 期。

翟振明、刘慧:《论克隆人的尊严问题》,《哲学研究》2007 年第 11 期。

战涛:《让人民生活更有尊严是实践以人为本的内在要求》,《哈尔滨市委党校学报》2011 年第 1 期。

张宝华:《论和谐社会与个人道德建设》,《东岳论丛》2005 年第 7 期。

张斌:《马克思主义关于人的发展与社会发展问题》,《信阳农业高等专科学校学报》2009 年第 3 期。

张波:《关注"人的尊严"——以构建和谐社会为视角》,《信阳农业高等专科学校学报》2011 年第 6 期。

张纯成:《天人关系与人的生存》,《河南大学学报》2004 年第 4 期。

张纯成:《为自然抑或为人》,《自然辩证法研究》2006 年第 12 期。

张存生:《着力改善民生的路径思考》,《内蒙古电大学刊》2010 年第 5 期。

张改娥:《博爱与仁爱》,《河南师范大学学报》2010 年第 5 期。

张红薇:《构建和谐社会的道德基础》,《当代世界与社会主义》2007 年第 5 期。

张辉:《选人用人公信度评价指标体系构建研究》,《学术研究》2010 年第 5 期。

张良才、李润洲:《关于教育公平问题的理论思考》,《教育研究》2002 年第 12 期。

张翮、杨丽:《21 世纪中国人口素质问题研究》,《经济研究导刊》2012 年第 19 期。

张清:《公平发展与减少贫困——分配正义如何可能?》,《学习与探索》2007 年第 3 期。

张青兰、刘秦民:《生态文明:社会主义和谐社会的基石》,《理论导刊》2007 年第 1 期。

张容南:《古典尊严理念与现代尊严理念之比照》,《华东师范大学学报》2011 年第 3 期。

张三元：《以人为本：以人的尊严为本——基于马克思主义人学的视角》，《思想理论研究》2012年第5期。

张世芳：《诚信友爱：构建和谐社会的道德基础》，《中共山西省直机关党校学报》2008年第3期。

张文显：《构建社会主义和谐社会的法律机制》，《中国法学》2006年第1期。

张贤明：《社会主义和谐社会与政府责任》，《政治学研究》2006年第4期。

张小虎：《转型期中国社会犯罪率态势剖析》，《宁夏大学学报》2002年第1期。

张艳丽：《民生改善问题及规制路径初探》，《中国行政管理》2011年第10期。

张燕青、龚高健：《大力保障和改善民生的路径探析》，《发展研究》2011年第9期。

张艳涛：《活力与和谐是构建和谐社会的两块重要基石——基于动力机制与平衡机制相协调的视角》，《安徽大学学报》2009年第1期。

曾建平、王玲玲：《追寻公正：和谐社会的价值取向》，《马克思主义与现实》2005年第3期。

曾晓平：《自由的危机与拯救》，博士学位论文，武汉大学，1995年。

郑杭生：《关于和谐社会建设的几个问题》，《江苏社会科学》2005年第5期。

郑杭生：《抓住改善民生不放，推进和谐社会构建——从社会学视角领会十七大报告的有关精神》，《广东社会科学》2008年第1期。

郑广祥：《论人与自然和谐的三个维度》，《经济与社会发展》2012年第2期。

郑永廷、聂立清：《论社会主义和谐文化建设的基础与价值取向——兼论思想政治教育的文化视野》，《学校党建与思想教育》2007年第5期。

中国社会科学院课题组：《努力构建社会主义和谐社会》，《中国社会科学》2005年第3期。

周浩、龙立荣：《公平敏感性研究述评》，《心理科学进展》2007年第4期。

周连春：《社会主义和谐社会的价值取向》，《科学社会主义》2009 年第 2 期。

周珊珊：《尊严观问卷的编制与实测》，博士学位论文，西南大学，2011 年。

周玉东：《公平正义与社会和谐的伦理思考》，《社科纵横》2008 年第 12 期。

周志强：《中国现状——发展趋势及对策》，《能源与环境》2008 年第 6 期。

朱力：《对"和谐社会"的社会学解读》，《社会学研究》2005 年第 1 期。

朱林：《心灵和谐的内涵和途径之探析》，《江汉论坛》2012 年第 3 期。

朱文兴：《论维护公平正义与构建和谐社会》，《国家行政学院学报》2005 年第 3 期。

外文文献

Beyleveld and R. Brownsword, *Human Dignity in Bioethics and Biola*, New York: Oxford University Press, 2001.

Richard Dean, *The Value of Humanity in Kant's Moral Theory*, New York: Oxford University Press, 2006.

Paul Guyer, *Kant on Freedom, Law, and Happiness*, New York: Cambridge University Press, 2000.

Paul Guyer, *Kant and the Experience of Freedom: Essays on Aesthetics and Morality*, New York: Cambridge University Press, 1993.

Tomas E. Hill, *Dignity and Practical Reason in Kant's Moral Theory*, New York: Cornell University Press, 1992.

Kant, *Lectures on Ethics*, New York: Cambridge University Press, 1997.

George Kateb, *Human Dignity*, New York: Harvard University Press, 2011.

Robert P. Kraynak and Glem Tinder, In Defense of Human Dignity, *Essays for Our Times*, Edited by Robert University of Notre Dame Press, 2003.

John Laird, The Ethics of Dignity, in Philosophy, Vol. 15. No. 58 (Apr. 1940)

Michael J. Meyer, Kant's Concept of Dignity and Modern Political Thought, in *History of European Ideas* 1987, Vol. 8. No. 3.

Leslie Arthur Mulholland, *Kant's System of Rights*, New York: Columbia University Press, 1990.

Louden, Robert, *Kant's Impure Ethics-from Rational Beings to Human Beings*, New York: Oxford University Press, 2000.

Markus Rothhaar, *Human Dignity and Human Rights in Bioethics: The Kantian Approach*, Med Health and Philos, 2010.

J. B. Schneewind, *The Invention of Autonomy: A History of Modern Moral Philosophy*, New York: Cambridge University Press, 1998.

Victor J. Seidler, Kant, *Respect and Injustice-The Limits of Liberal Moral Theory*, Routledge & Kegan Paul, 1986.

Oliver Sensen, *Kant's Conception of Human Dignity*, Kant-Studyien, 100. Jahrg. Walter de Gruyter, 2009.

Oliver Sensen, Dignity and the Formula of Humanity, in *Kant's Groundwork of Metaphysics of Moral-A Critical Guide*, Edited by Jens Timmermann, Cambridge University Press, 2009.

Oliver Sensen, Kant's Conception of Inner Value, *European Journal of Philosophy*, Blackwell Publishing Ltd, 2009.

Susan M. Shell, *Kant and the Limits of Autonomy*, New York: Harvard University Press, 2009.

Jens Timmermann, *Kant's Grounwork of the Metaphysics of Morals-A Commentary*, New York: Cambridge University Press, 2007.

Allen W. Wood, *Kant's Ethical Thought*, New York: Cambridge University Press, 1999.

后　　记

本书作为我的国家社会科学基金项目"个人尊严与社会和谐良性互动研究"最终结项成果是对我前期围绕该主题研究的阶段性成果的系统化和深化，其中关于个人尊严的思考，部分内容吸收了我2013年已经公开出版的《康德尊严学说及其现实启迪》和数篇论文的一些观点，但本书增加了对社会和谐的理论考察，并重点围绕个人尊严与社会和谐的互动关系展开全书的构思与研究。在完成本项目的研究过程中，我在时间、精力方面得到了女儿熊梓琦、母亲胡淑宜女士的大力支持，她们对我的理解和爱促使我不断思考人生的意义和个人的使命，她们与我深层次精神交流与碰撞是我写作的动力和灵感的源泉。这部著作是我献给她们的礼物。另外，本书关于人的尊严的大多数观点已在我的博士学位论文《康德尊严学说研究》中初步提出，武汉大学哲学学院曾晓平教授对我关于人的尊严问题的理论研究提供了基本的学术视野、研究范式和方法指导，并促动了我与国际学界的研究接轨；湖南大学岳麓书院舒远招教授对本书的章节安排和基本观点提出过十分有启发性的观点，还不吝时间阅读了本书的初稿，并就具体问题提出了十分细致和宝贵的观点。在此我要十分感谢两位恩师对我无私的提携。最后，我还要重点感谢的是湖北大学马克思主义学院2013级思想政治教育专业的八位同学：许泉亮、任怡、杜忠启、王硕、曹爽、罗芬、蒋宇蕾、谢昌醒，他们出自对本项目研究主题的兴趣，主动要求参加到本项目的研究，组织、实施了本书的最后一章的实证研究。其中许泉亮（现于湖南大学马克思主义学院攻读硕士研究生）和任怡（现于湖北大学马克思主义学院攻读硕士研究生）还负责了实证研究部分的报告初稿的写作工作和终稿的校对工作。我在这个调研活动报告中所发挥的作用限于对调研问卷题目的设计、调研方法、调研报告撰写的指导以及对调研报告的修改和定稿工作。

  由于精力和水平有限，本书还有很多地方存在问题与不足，特别是附录实证调研部分，调研对象中学生所占份额过大，对其他社会若干阶层的取样和访谈资料尚不够充分，也没有对有产者阶层、国家和社会管理阶层、服务阶层等其他社会阶层展开调研，尚需进一步完善。总之，对本书请各位专家和同行不吝批评与指正！

刘睿
2019 年 1 月 10 日